FLENSBURGER HEFTE

Über Tod und Sterben

Denk es, o Seele!

ZUM THEMA DIESES HEFTES

Klaus-Dieter Neumann

Wer hat uns also umgedreht, daß wir,
was wir auch tun, in jener Haltung sind
von einem, welcher fortgeht? Wie er auf
dem letzten Hügel, der ihm ganz sein Tal
noch einmal zeigt, sich wendet, anhält, weilt -
so leben wir und nehmen immer Abschied.
Rainer Maria Rilke (Duineser Elegien, VIII)

Der Blick auf den Tod in gegenwärtiger Zeit stößt auf ein ganzes Gewebe von Paradoxien, die sich in fortwährendem Maskentanz ergießen. Kaum hat das Denken zugegriffen, überwältigt den festen Begriff schon ein Größeres zu neuem Tanz um Totem und Tabu. Allein die Tatsache, daß der Tod des einzelnen Menschen tabuisiert wird und zunehmend an Bedeutung verliert, steht in einer beziehungsreichen Polarität zu der Allgegenwärtigkeit des Todes in den heutigen gesellschaftlichen Verhältnissen. Nie zuvor baute eine Gesellschaft in so starkem Maße auf das Tote, auf die Beherrschung der Todeskräfte und ihre technische Anwendung, vor allem auch in der Perfektionierung einer gigantischen Tötungsmaschinerie. Nie war den Menschen der fremde Tod so nah und der eigene Tod so fremd! Eine erste Deutung dieses neuzeitlichen Totentanzes kann man aus einem Ausspruch des Heidelberger Mediziners und Philosophen Heinrich Schipperges gewinnen: "Wir haben zwar gelernt, mit der Bombe zu leben. Wir haben es aber verlernt, mit dem Sterben zu leben." Angesichts des kalten Todes, der in einer falschen Gestalt mit einem Eiseshauch unsere gesellschaftlichen Strukturen durchzieht, haben wir es verlernt, nach dem Sterben als einem Lebensprozeß zu fragen, und den eigenen Tod soweit aus dem Bewußtsein verdrängt, daß nicht einmal die einfachen und naheliegenden Fragen an den eigenen Tod gestellt und mit Aussicht auf Vertiefung bewegt werden.

Max Frisch
Fragebogen

1. Haben Sie Angst vor dem Tod und seit welchem Lebensjahr?

2. Was tun Sie dagegen?

3. Haben Sie keine Angst vor dem Tod (weil Sie materialistisch denken, weil Sie nicht materialistisch denken), aber Angst vor dem Sterben?

4. Möchten Sie unsterblich sein?

5. Haben Sie schon einmal gemeint, daß Sie sterben, und was ist Ihnen dabei eingefallen:
a. was Sie hinterlassen?
b. die Weltlage?
c. eine Landschaft?
d. daß alles eitel war?
e. was ohne Sie nie zustandekommen wird?
f. die Unordnung in den Schubladen?

6. Wovor haben Sie mehr Angst: daß Sie auf dem Totenbett jemand beschimpfen könnten, der es nicht verdient, oder daß Sie allen verzeihen, die es nicht verdienen?

7. Wenn wieder ein Bekannter gestorben ist: überrascht es Sie, wie selbstverständlich es Ihnen ist, daß die andern sterben? Und wenn nicht: haben Sie dann das Gefühl, daß er Ihnen etwas voraushat, oder fühlen Sie sich überlegen?

8. Möchten Sie wissen, wie Sterben ist?

9. Wenn Sie sich unter bestimmten Umständen schon einmal den Tod gewünscht haben und wenn es nicht dazu gekommen ist: finden Sie dann, daß Sie sich geirrt haben, d.h. schätzen Sie infolgedessen die Umstände anders ein?

10. Wem gönnen Sie manchmal Ihren eignen Tod?

11. Wenn Sie gerade keine Angst haben vor dem Sterben: weil Ihnen dieses Leben gerade lästig ist oder weil Sie gerade den Augenblick genießen?

12. Was stört Sie an Begräbnissen?

13. Wenn Sie jemand bemitleidet oder gehaßt haben und zur Kenntnis nehmen, daß er verstorben ist: was machen Sie mit Ihrem bisherigen Haß auf seine Person beziehungsweise mit Ihrem Mitleid?

14. Haben Sie Freunde unter den Toten?

15. Wenn Sie einen toten Menschen sehen: haben Sie dann den Eindruck, daß Sie diesen Menschen gekannt haben?

16. Haben Sie schon Tote geküßt?

17. Wenn Sie nicht allgemein an Tod denken, sondern an Ihren persönlichen Tod: sind Sie jeweils erschüttert, d.h. tun Sie sich selbst leid oder denken Sie an Personen, die Ihnen nach Ihrem Hinschied leidtun?

18. Möchten Sie lieber mit Bewußtsein sterben oder überrascht werden von einem fallenden Ziegel, von einem Herzschlag, von einer Explosion usw.?

19. Wissen Sie, wo Sie begraben sein möchten?

20. Wenn der Atem aussetzt und der Arzt es bestätigt: sind Sie sicher, daß man in diesem Augenblick keine Träume mehr hat?

21. Welche Qualen ziehen Sie dem Tod vor?

22. Wenn Sie an ein Reich der Toten (Hades) glauben: beruhigt Sie die Vorstellung, daß wir uns alle wiedersehen auf Ewigkeit, oder haben Sie deshalb Angst vor dem Tod?

23. Können Sie sich ein leichtes Sterben denken?

24. Wenn Sie jemand lieben: warum möchten Sie nicht der überlebende Teil sein, sondern das Leid dem andern überlassen?

25. Wieso weinen die Sterbenden nie?

Fragen wachsen; echte Fragen bringen Fragen hervor, sie sind die Fühler und Wegbereiter des Denkens. Da das Denken unser Handeln bestimmt, werden auch bereits Fragen durch die Ausrichtung des Denkens lebenspraktisch. Und der Fragebogen von Max Frisch läßt sich nun mannigfach erweitern; nur ein Beispiel: Möchten Sie nicht nur wissen, *wie* Sterben ist, sondern auch, *was* das Sterben ist? Sterben wir erst im Moment des Todes bzw. beginnt das Sterben erst, wenn uns die Frist bis zum unausweichlichen Eintritt des Todes überschaubar und schmerzlich bewußt wird? Oder beginnt das Sterben nicht schon viel früher - womöglich schon mit der Geburt als ein lebenbedingender Sterbeprozeß mit dem Tod als "Wandlung zu höheren Wandlungen" und als "Kunstgriff, viel Leben zu haben", wie Goethe es ausdrückt? Wie weit sich einem letzteres auch erschließen mag: der Tod ragt wesentlich tiefer in das Leben herein als dies gemeinhin für bedeutsam erachtet wird. Der Tod ist keine starre Größe, und nur eine seiner Masken ist der schwere Hammer, der die Stunde schlägt, wie ihn beizeiten wohl alle Menschen mit Matthias Claudius empfinden. Der eigene Tod ist durchlässig und mit der Individualität des Menschen verbunden. Vom Menschen hängt es ab, wie weit er sich schon im Leben den Tod aneignet und in einem Bewußtseinsprozeß überwindet. Die Menschheit hat die Schwelle des Todes bereits überschritten! Es bedarf jedoch der Realisierung dieser Tatsache durch eine geistige Entwicklung des Menschen, damit daraus heilsame Impulse für das Erdenleben entstehen können. Ob diese Entwicklung aber *tatsächlich* vollzogen wird, wie es notwendig wäre, und in welchem Maße die menschliche Seele eine Unsterblichkeit erlangt hat, darüber gibt man sich nur allzu leicht Illusionen hin.

Erich Fried
Beim Nachdenken über Vorbilder

Die uns
vorleben wollen

wie leicht
das Sterben ist

Wenn sie uns
vorsterben wollten

wie leicht
wäre das Leben

Inwiefern es heute überhaupt noch berechtigt ist, mit wonnevoller Selbstverständlichkeit von der Unsterblichkeit der Seele zu sprechen, ist die eigentlich bedrückende Frage, die das 20. Jahrhundert stellt. Mit Auschwitz ist der Tod ein anderer geworden. Man kann nicht mehr in gleicher Weise wie vorher über den Tod sprechen, ohne daß das Wort zerbricht.

Paul Celan
Todesfuge

Schwarze Milch der Frühe wir trinken sie abends
wir trinken sie mittags und morgens wir trinken sie nachts
wir trinken und trinken
wir schaufeln ein Grab in den Lüften da liegt man nicht eng
Ein Mann wohnt im Haus der spielt mit den Schlangen der schreibt
der schreibt wenn es dunkelt nach Deutschland dein goldenes Haar Margarete
er schreibt es und tritt vor das Haus und es blitzen die Sterne er pfeift seine Rüden herbei
er pfeift seine Juden hervor läßt schaufeln ein Grab in der Erde
er befiehlt uns spielt auf nun zum Tanz

Schwarze Milch der Frühe wir trinken dich nachts
wir trinken dich morgens und mittags wir trinken dich abends
wir trinken und trinken
Ein Mann wohnt im Haus der spielt mit den Schlangen der schreibt
der schreibt wenn es dunkelt nach Deutschland dein goldenes Haar Margarete
Dein aschenes Haar Sulamith wir schaufeln ein Grab in den Lüften da liegt man nicht eng

Er ruft stecht tiefer ins Erdenreich ihr einen ihr andern singet und spielt
er greift nach dem Eisen im Gurt er schwingts seine Augen sind blau
stecht tiefer die Spaten ihr einen ihr andern spielt weiter zum Tanz auf

Schwarze Milch der Frühe wir trinken dich nachts
wir trinken dich mittags und morgens wir trinken dich abends
wir trinken und trinken
ein Mann wohnt im Haus dein goldenes Haar Margarete
dein aschenes Haar Sulamith er spielt mit den Schlangen

Er ruft spielt süßer den Tod der Tod ist ein Meister aus Deutschland
er ruft streicht dunkler die Geigen dann steigt ihr als Rauch in die Luft
dann habt ihr ein Grab in den Wolken da liegt man nicht eng

Schwarze Milch der Frühe wir trinken dich nachts
wir trinken dich mittags der Tod ist ein Meister aus Deutschland
wir trinken dich abends und morgens wir trinken und trinken
der Tod ist ein Meister aus Deutschland sein Auge ist blau
er trifft dich mit bleierner Kugel er trifft dich genau
ein Mann wohnt im Haus dein goldenes Haar Margarete
er hetzt seine Rüden auf uns er schenkt uns ein Grab in der Luft
er spielt mit den Schlangen und träumet der Tod ist ein Meister aus Deutschland

dein goldenes Haar Margarete
dein aschenes Haar Sulamith

Ein falscher Tod wirkt in der Welt, der uns aus kalter Fremde so nahe gekommen ist, weil Menschen ihn instand setzten und das Menschsein in das Gegenteil verkehrten. Am Ende des Zweiten Weltkrieges fiel als Ergebnis und Frucht der Zerstörung die Atombombe - "Instant-Auschwitz", wie Joseph Weizenbaum sie nennt -, und seither besteht in zunehmendem Maße die Möglichkeit, daß sich die Menschheit zerstört. Wenn aber die Menschheitsentwicklung in Gefahr ist, macht es keinen Sinn, ohne Bedenken von der Unsterblichkeit der Seele zu sprechen.

Paul Celan
Totenhemd

Was du aus Leichtem wobst,
trag ich dem Stein zu Ehren.
Wenn ich im Dunkel die Schreie
wecke, weht es sie an.

Oft, wenn ich stammeln soll,
wirft es vergessene Falten,
und der ich bin, verzeiht
dem, der ich war.

Aber der Haldengott
rührt seine dumpfeste Trommel
und wie die Falte fiel,
runzelt der Finstre die Stirn.

Paul Celan
Inselhin

Inselhin, neben den Toten,
dem Einbaum waldher vermählt,
von Himmeln umgeiert die Arme,
die Seelen saturnisch beringt:

so rudern die Fremden und Freien,
die Meister vom Eis und vom Stein:
umläutet von sinkenden Bojen,
umbellt von der haiblauen See.

Sie rudern, sie rudern, sie rudern -:
Ihr Toten, ihr Schwimmer, voraus!
Umgittert auch dies von der Reuse!
Und morgen verdampft unser Meer!

Aus der Gleichgültigkeit und Bequemlichkeit wird dieser Tod genährt, der nur zerstört und bricht.

Erich Fried
Totschlagen

Erst die Zeit
dann eine Fliege
vielleicht eine Maus
dann möglichst viele Menschen
dann wieder die Zeit

Doch gibt es noch einen anderen fremden Tod, der den Menschen so nahe gekommen ist, der nicht totschlägt, der nicht zerbricht, sondern verbindet.

Gottfried Benn
Wie lange noch

"Wie lange noch, dann fassen
wir weder Gram noch Joch,
du kannst mich doch nicht lassen,
du weißt es doch,
die Tage, die uns einten,
ihr Immer und ihr Nie,
die Nächte, die wir weinten,
vergißt du die?

Wenn du bei Sommerende
durch diese Landschaft gehst,
die Felder, das Gelände
und schon im Dämmer stehst,
ist es nicht doch die Leere,
das Dunkel, das du fliehst,
ist es nicht doch das Schwere,
wenn du mich gar nicht siehst?

Die Falten und der Kummer
auf meinen Zügen tief,
das ist doch auch der Schlummer,
den hier das Leben schlief,
die eingeglühten Zeichen,
die Male dort und hier
sind doch aus *unseren* Reichen,
die litten *wir*.

Ja, gehst du denn zu Grabe,
daß es nun gar nichts gibt,
so gehe - ach, ich habe
dich so geliebt,
doch ist es eine Wende,
vergiß auch nie,
es gibt ein Sommerende
und Nächte, die

das Herz umfassen
mit Gram und Joch
- die du verlassen,
sie atmen noch -,
mit Schmerzen, hämmernden
Verlusten, wo
du suchst die dämmernden
Entfernten so!"

Der Tod fremder Menschen beginnt so zu einem zu sprechen, als sei es der eigene Tod, der sich dadurch aus einem egoistischen Wunschdenken löst, bis es schließlich ganz unmöglich ist, die Unsterblichkeit der Seele als isoliertes Gut zu denken. Sie wird nur unter ihren realen Voraussetzungen denkbar: in Verwobenheit mit der ganzen Menschheit, in bedingendem Zusammenhang mit der Erdenwelt und in der Verbindung zwischen Lebenden und Toten.

Friedrich Hebbel
Requiem

Seele, vergiß sie nicht,
Seele, vergiß nicht die Toten!

Sieh, sie umschweben dich,
Schauernd, verlassen,
Und in den heiligen Gluten,
Die den Armen die Liebe schürt,
Atmen sie auf und erwarmen
Und genießen zum letztenmal
Ihr verglimmendes Leben.

Seele, vergiß sie nicht,
Seele, vergiß nicht die Toten!

Sieh, sie umschweben dich,
Schauernd, verlassen,
Und wenn du dich erkaltend
Ihnen verschließest, erstarren sie
Bis hinein in das Tiefste.
Dann ergreift sie der Sturm der Nacht,
Dem sie, zusammengekrampft in sich,
Trotzten im Schoße der Liebe,
Und er jagt sie mit Ungestüm

Durch die unendliche Wüste hin,
Wo nicht Leben mehr ist, nur Kampf
Losgelassener Kräfte
Um erneuertes Sein!

Seele, vergiß sie nicht,
Seele, vergiß nicht die Toten!

Findet die Verbindung zu diesem fremden Tod - der von sich sagt: "Ich bin der wahre Tod" - nicht statt, dann bleibt dem Menschen auch kein eigener Tod mehr und es erübrigt sich, von der Unsterblichkeit der Seele zu sprechen.

Jakob van Hoddis
Weltende

Dem Bürger fliegt vom spitzen Kopf der Hut,
In allen Lüften hallt es wie Geschrei,
Dachdecker stürzen ab und gehn entzwei,
An den Küsten - liest man - steigt die Flut.

Der Sturm ist da, die wilden Meere hupfen
An Land, um dicke Dämme zu zerdrücken.
Die meisten Menschen haben einen Schnupfen.
Die Eisenbahnen fallen von den Brücken.

Daß es aber Wege gibt, die zu einem neuen und vertieften Denken über den Tod führen, ohne dabei die schwerwiegenden Zeitfragen zu übergehen, hoffen wir, mit dem vorliegenden Heft zu zeigen.

Jacek Malczewski: Tod (1902)

Vom Jenseits

INTERVIEW MIT DR. RAYMOND MOODY

von Diethart Jaehnig

Raymond A. Moody: *verheiratet, zwei Söhne. Nach Studium der Philosophie (Spezialgebiete: Logik, Ethik, Linguistik) Promotion zum Dr. phil. und Dozentur für Philosophie. Dann Studium der Medizin, Promotion zum Dr. med. und Ausbildung zum Facharzt für Psychiatrie und Nervenheilkunde. Noch während des Studiums Beginn der Forschungsarbeit an unerklärten Phänomenen im Grenzbereich zwischen Leben und Tod. Ausgedehnte Vortragstätigkeit über dieses Gebiet.*

Diethart Jaehnig

Diethart Jaehnig: *Pfarrer der Christengemeinschaft in Denver, Colorado. Mitbegründer des Oberlinhauses im Elsaß und der seit 1984 stattfindenden Tagung "Rethink".*

Die moderne Menschheit befragt in zunehmendem Maße das Sterben und den Tod. Nicht nur aus Ohnmacht, vor allem aus Erfahrung. Die Erfahrenen, die im wahrsten Sinne des Wortes "Eingeweihten", fühlen sich berufen, ihr Erlebnis und ihre Einsicht mitzuteilen. Nicht um die Aufmerksamkeit auf *sich* zu lenken, sondern auf das große Drüben, auf das Danach; und auch, um die Furcht vor dem Tod zu beschwichtigen, zu überwinden.

Einer der ersten Verkünder der konkreten Begegnung des Menschen mit dem Tod im 20. Jahrhundert ist der Amerikaner George Ritchie. Als Aspirant des Medizinstudiums wurde der Zwanzigjährige im Herbst 1943 zur militärischen Grundausbildung in das Lager Barkeley in Texas einberufen. Unmittelbar vor Weihnachten desselben Jahres wurde er, veranlaßt durch eine schwere Erkrankung, über die Grenze zwischen Leben und Tod geführt. Er kehrte zurück und erzählte, nicht ohne Ermutigung, was er durchlebt hatte. Noch heute lebt und lehrt er aus dieser seiner Todeserfahrung. Eine Beschreibung seines "Er-sterbnisses", zu dem auch die Rückkehr gehört, hat er unter dem Titel "Return from tomorrow" (deutscher Titel: "Rückkehr von morgen") veröffentlicht.

Die Schweizerin Elisabeth Kuebler-Ross eröffnet 1969 mit der Publikation ihres ersten Buches "On death and dying" einen Reigen, der in Amerika zu dem Slogan "Thanatology boom of the 1970's" führt. In dieser Studie beschreibt sie Beobachtungen an Sterbenden, für die sie sich schon während ihres Krankenhausdienstes in Denver die Wahrnehmungsfähigkeit erworben hatte. Das Sterben erweist sich als ein Prozeß, der durch fünf Phasen führt:

Verneinung und Isolation
Unwille
Feilschen
Depression
Akzeptation

Zu dieser Zeit schließt der damals 25jährige Amerikaner Raymond Moody seine Doktorarbeit in Philosophie ab. Schon als Student wurde er von einem Professor der Philosophie auf einen Kollegen in der Psychiatrie aufmerksam gemacht; dieser Psychiater war kein anderer als Dr. Ritchie. Moody setzt sich mit dem Problem des Todes zunächst platonisch auseinander. Aber schon dem jungen Universitätslehrer der Philosophie begegnen Menschen, die von Todeserlebnissen zu erzählen haben. Diese "Bekenntnisse" und nicht zuletzt die Begegnung mit Ritchie veranlassen ihn, auf die Medizin umzusatteln.

Sein lebendiges Interesse führt ihn während seines Krankenhausdienstes zu den klinisch Toten und den an ihnen vollzogenen Wiederbelebungsversuchen. Seine Behutsamkeit und Dankbarkeit ermutigt die Zurückgekehrten, ihm zu berichten, was sie durchgemacht haben. Dabei fällt Moody auf, daß eine Gruppe von Charakteristika immer wieder auftritt, wenn auch nicht immer in derselben Reihenfolge und denselben Details. Er wagt es dann schließlich, vorsichtig zu verallgemeinern, und gelangt dadurch zu einer Synopse des Erlebens der Todesnähe. Die für den Menschen "typische" Begegnung mit dem Tod offenbart fünfzehn Merkmale:

- Unbeschreibbarkeit
- das Hören der Todesnachricht
- Gefühle von Frieden und Ruhe
- das Geräusch
- der dunkle Tunnel
- das Verlassen des Leibes
- Begegnung mit anderen
- das Lichtwesen
- Rückschau

- die Grenze
- Umkehr
- Mitteilungsversuche
- Auswirkungen auf das eigene Leben und das anderer
- neue Einsichten in den Tod
- Bekräftigung

Diese Beobachtungen veröffentlicht er dann 1975 in seinem ersten Buch "Life after Life" (deutscher Titel: "Leben nach dem Tod"). 1977 fügt er in "Reflections on Life after Life" (deutscher Titel "Nachgedanken über das Leben nach dem Tod") neue Elemente hinzu. 1987 überrascht er seine amerikanischen Leser mit "Elvis after Life", worin er psychische Erlebnisse beschreibt, die verschiedenste Leute vor und nach dem Tod des Superstars Elvis Presley (am 17. August 1977) gehabt haben - und immer noch haben. Dieser Gestorbene ist nicht zurückgekehrt, aber die "Hinterbliebenen", Fans und beinah Gleichgültige, "sehen" ihn, "hören" ihn. Der Autor geht diesen Symptomen psychologisch-kritisch nach. (Siehe dazu auch: Interview mit Carola Cutomo, FLENSBURGER HEFTE Nr.13, S.78-82). Schließlich legt sein Verlag im August 1988 mit "The light beyond" eine Fortführung seiner Studien vor, die sich inzwischen zu einer bescheidenen Forschung entwickelt haben.

"Life after Life" bleibt seine wesentliche Arbeit; denn schon in ihr kreiert der sich um Erkenntnis der Todesnähe Bemühende ein Paradigma, wie Andrew Greeley sagt. Moody hat entscheidend dazu beigetragen, den Tod anders anzusehen und anzugehen: staunender, furchtloser, liebevoller, freier. Was ihm Hunderte anvertraut haben, ist ihm zur Einsicht geworden. In dieser Einsicht lebt er, wie ein Evangelist der Todesschwelle, als ein Repräsentant der Menschen, die eine "Beinahe-Tod-Erfahrung" gehabt haben.

Mit seiner Frau und zwei Freunden führt Dr. Moody eine Praxis für Psychotherapie in Carrolton, einer kleinen Stadt in seinem Heimatstaat Georgia. In dem folgenden Gespräch, das am 17. August 1988 in Carrollton geführt wurde, geht er einige Male über die in seinen Büchern veröffentlichten Beobachtungen und Aussagen hinaus, wenn auch äußerst vorsichtig.

Die Begegnung mit George Ritchie

Diethart Jaehnig: Würden Sie bitte das Wesen Ihrer Arbeit beschreiben und ferner darstellen, wie Sie zu den 15 charakteristischen Elementen gekommen sind, die in Ihrem Buch "Leben nach dem Tod" in dem Kapitel "Die Erfahrung des Sterbens" geschildert werden, und zu denen Sie in den "Nachgedanken über das Leben nach dem Tod" weitere hinzufügten?

Dr. Raymond Moody: Was ich während der letzten 23 Jahre im wesentlichen gemacht habe, war, über 1.000 Menschen zu befragen, die die Erfahrung gemacht haben, beinahe zu sterben und nach diesem dem Tode sehr nahen Erlebnis ins Leben zurückgeführt wurden. Als ich 1965 noch ein Student der Philosophie an der Universität Virginia war, erzählte mir einer meiner Philosophieprofessoren von einem Mann, der an dieser Universität Professor der Psychiatrie war und einige Jahre zuvor ein sehr dramatisches todesnahes Erlebnis hatte, als er fast an einer doppelseitigen Lungenentzündung gestorben wäre: George Ritchie. Als ich diese Geschichte hörte, suchte ich ihn auf und war - offen gesagt - sehr beeindruckt von Dr. Ritchies Wärme und Ernsthaftigkeit sowie seiner Ausstrahlung, aber ich hatte keine grundlegenden Erfahrungen, aus denen heraus ich sein Erlebnis hätte verstehen können. So dachte ich dann auch während der nächsten Jahre nicht mehr darüber nach. Dies ging bis zum Jahre 1969; zu der Zeit hatte ich schon meinen eigenen Doktortitel der Philosophie erworben und lehrte Philosophie an einer Universität.

Eines Tages nach der Lesung; ich sollte Ihnen erzählen, daß ich Platons Phaidon lehrte,...

D.J.: Eine Zwischenfrage: Worüber haben Sie Ihre Doktorarbeit geschrieben?

R. Moody: Nun, meine Examensarbeit war über ein Thema der Ethik, über "Die Verpflichtungen aus dem Versprechen", aber meine Dissertation zur Erlangung der Doktorwürde war über ein Thema aus der symbolischen Logik.

In Platons Phaidon wird wie selbstverständlich die Frage nach dem Leben nach dem Tode aufgeworfen, aber darüber wollte ich nicht mit den Studenten sprechen. Vielmehr versuchte ich ihnen verständlich zu machen, welches der Gedanke der Allgemeinbegriffe war, die Platon in diesem Dialog beschreibt, und seine Ansicht darüber, die allgemeine Wortbedeutung erlangen. Aber als dann eines Tages einer meiner Studenten zu mir kam und sagte: "Doktor Moody, ich wünschte, daß wir etwas mehr über den Gedanken des Lebens nach dem Tode sprechen könnten, von dem Platon in diesem Dialog spricht", da wurde ich ziemlich ungeduldig. Ich hatte das Gefühl, daß dieses nicht mehr die Art Thema ist, an dem Philosophen weiterhin Interesse haben könnten, und so fragte ich ihn: "Warum wollen Sie darüber sprechen?" Daraufhin erzählte er mir, daß er vor einigen Jahren fast durch einen Unfall ums Leben gekommen wäre und währenddessen ein Erlebnis hatte, das ihn davon überzeugte, daß es sehr wohl ein Leben nach dem Tod gebe. Als ich ihn bat, mir dieses Erlebnis zu beschreiben, erkannte ich, daß es mit dem Erlebnis, das ich vor vier Jahren von Dr. George Ritchie gehört hatte, identisch war. Das war für mich ein Aha-Erlebnis; es wurde mir deutlich, daß es irgendetwas nach dem Tode geben müsse.

Im Laufe meiner Vorlesungen innerhalb der nächsten Jahre traf ich auf andere Studenten und als ich während meiner Philosophie-Vorlesungen von den Berichten nach dem Tode sprach, kamen wieder einige Studenten zu mir, um mir zu berichten, daß sie ebenfalls ähnliche Erlebnisse gehabt hätten und gerne mit mir darüber sprechen würden.

In meinen Medizin-Seminaren wurden die Schilderungen von Patienten, die eine Rückkehr zum Leben erlebt hatten, natürlich zahlreicher, und ich bemerkte alsbald, daß die Berichte der Menschen, die klinisch tot gewesen, aber zum Leben zurückgekehrt waren, untereinander große Ähnlichkeiten aufwiesen. Das hat mich tief beeindruckt, und so habe ich bis heute mehr als 1.000 Fälle von Menschen, die durch den Tod hindurchgegangen sind, gesammelt.

Sie treten sich selbst auf ganz neue Weise gegenüber

D.J.: Wie kamen Sie zu Ihrer Abhandlung über die 15 charakteristischen Elemente der Beinahe-Tod-Erlebnisse?

R. Moody: Nach geraumer Zeit bemerkte ich, daß bei allen Erlebnissen gewisse Charakteristika auftauchten, die einander ähnelten. Es war nicht so, daß jedes individuelle Erlebnis individuelle Merkmale hatte, sondern es waren 15 bis 20 Gesichtspunkte, die in allen verschiedenen Erzählungen immer wieder auftauchten. Das brachte mich zu der Erkenntnis, daß die Art der Todeserlebnisse davon abhängig war, wie lange sich ein Mensch im Stadium des nahen Todes befunden hatte. Menschen, dessen Herz zeitlich nur sehr kurz stillgestanden hatte, konnten sich meist nur an zwei bis vier dieser Stadien erinnern, nämlich daß sie hörten, wie der Arzt sagte, daß sie tot seien, während sie über ihren Körpern schwebten und daß sie durch einen Tunnel hindurch in einen Lichtraum traten. Aber je länger sie sich im Stadium des Herzstillstandes befanden, desto mehr Details konnten sie über das hinzufügen, was sie in diesem Zustand erlebt hatten. Ich begann zu erkennen, daß hier ein gemeinsames Muster zugrunde lag, und so schrieb ich alle gemeinsamen Elemente, die ich in den Erzählungen finden konnte, nieder, um einen möglichst vollständigen hypothetischen Bericht des Erlebnisses an der Schwelle des Todes zu bekommen.

D.J.: Würden Sie unter Zugrundelegung aller Ihrer Beobachtungen sowie der Informationen Ihrer Patienten, Mitbürger und Informanten, wie Sie sie manchmal nennen, sagen, daß es ein objektives Muster des Sterbens gibt, ähnlich wie es ein objektives Muster der Inkarnation gibt, wenn man an das Hineinkommen in diesen Körper - von der Empfängnis über die embryonale Entwicklung bis zur Geburt - denkt?

R. Moody: Meines Erachtens bestehen keine Zweifel darüber, daß das, was die Patienten uns erzählt haben, ein Bewußtsein von ihrem Sterben ist. Sie mögen gehört haben, daß ein Arzt oder eine Krankenschwester in ihrer Nähe entsprechende Worte fallengelassen hat. Dann aber beschreiben sie uns, wie sie sich über ihren Körper erheben und die Wiederbelebungsversuche aus einer Perspektive weit über ihrem Körper beobachten. Aus diesem Blickwinkel sind sie in der Lage, vollständig zu verstehen, was im Operationssaal vor sich geht und können auch in allen Einzelheiten beschreiben, wie es in anderen Trakten des Krankenhauses aussieht. Alles dies geschieht zu einem Zeitpunkt, während dem man glaubt, daß die Patienten tot seien.

Während sie eine geraume Weile in diesem Zustand verharren, gehen sie durch ein Erlebnis, indem sie ihr Identitätsgefühl nach innen kehren. Die Patienten drücken es folgendermaßen aus: Zu diesem Zeitpunkt, zu dem niemand in dem Raum in der Lage scheint, sie zu hören oder gar zu sehen, obwohl sie andererseits sehr wohl sehen und verstehen können, was in dem gesamten Raume vor sich geht, erleben sie, daß sie sich selbst auf ganz neue Weise gegenübertreten. Sie erfahren ihr eigenes Identitätsgefühl sehr vollkommen und erkennen, daß dieses Erlebnis mit dem Tode zu tun hat. An diesem Punkt beschreiben sie, daß sie sich eines Tunnels oder eines Durchganges bewußt sind, und sie durch den Tunnel in ein gleißendes Licht hineinschweben. Das Licht wird als besonders schön, friedlich und liebevoll beschrieben und es scheint, als ob damit alles erfüllt sei. Die meisten Patienten berichteten, daß innerhalb unseres normalen Bewußtseins intensiv gleißendes Licht die Augen verletze, daß aber das Erlebnis dieses Lichtes, obwohl es viel heller als alles, was wir uns aus den auf dieser Welt gemachten Erfahrungen vorstellen können, sei, nicht schmerzhaft oder unbehaglich auf die Augen wirken und es stattdessen ein vollkommenes Wohlgefühl verursache.

D.J.: Sehen diese Menschen das Licht mit ihren Augen?

R. Moody: Ich denke nicht. Was die Patienten uns im Großen und Ganzen sagen wollen, ist, daß sie, obwohl sie ihre Erlebnisse sehen oder hören, erzählen und beschreiben müssen, sich in einem ganz anderen Erleben befunden haben. Sie berichten, daß sie weniger den gesprochenen Worten des Arztes zuhören, sondern daß ihnen seine Gedanken bewußt werden. Fernerhin schildern sie, daß die Erlebnisse, wenn man aus seinem Körper getreten ist, den Erlebnissen einer Vision sehr viel ähnlicher seien. Ich hatte Patienten, die mir ihre Erlebnisse so beschrieben, daß sie in der Lage gewesen seien, etwas, was in der Ferne zu sehen sei, sofort in den Mittelpunkt zu rücken. Diese Art der visuellen Aufnahme steht in einem starken Gegensatz zu der, die wir in der normalen Realität im Wachzustand haben.

In jedem Falle aber beschreiben sie - im Zusammenhang mit dem bereits schon erwähnten Licht -, daß sie Angehörige oder Freunde von sich treffen, die bereits gestorben sind, und nun anscheinend anwesend sind, um sie zu begrüßen und ihnen bei ihrem Übergang behilflich zu sein. Sie treffen fernerhin auf ein Wesen, daß sie als Gott oder Christus identifizieren, je nach ihrer religiösen Tradition, und der deswegen anwesend ist, um sie in einer großen Erinnerungsvision vor das Panorama sämtlicher Erlebnisse ihres vergangenen Lebens zu führen. Sie sehen alles, was sie jemals gemacht haben, in diesem Panorama um sich ausgebreitet, und zwar aus der Perspektive einer dritten Person. Im weiteren schildern sie, daß sie unmittelbar die Wirkung dessen erfahren, was sie im Leben anderen Menschen zugefügt haben.

Hierzu möchte ich ein Beispiel geben: Ich habe einen Freund namens Tom, der ein Erlebnis an der Schwelle des Todes hatte, als er beinahe von einem Lastwagen zerquetscht worden ist. Der Lastwagen war auf Betonklötze aufgebockt und stand auf einer asphaltierten Zufahrt, der Asphalt aber hatte einen Schaden, von dem niemand wußte. Nun war es ein sehr heißer Sommertag und durch die große Hitze konnte es geschehen, daß der Klotz unter dem Lastwagen sich in ein Loch des Asphalts bohrte und der ganze Lastwagen auf meinen Freund Tom herunterkrachte. Er beschrieb, wie der gesamte Lastwagen auf ihn herunterstürzte, und wie er im selben Moment sein gesamtes Leben als Panorama vor sich sah.

Zu diesem Zeitpunkt war er ein sehr klotziger Mensch - wenn Sie verstehen, was ich meine -, ein Hochleistungsathlet, ein Schwimmer. Er war nur Athlet und absolut kein Intellektueller, zudem ein sehr rauher Bursche. Während er dieses Panorame als Rückblick auf sein gesamtes Leben vor sich hatte, bemerkte er ein Ereignis, das ihm widerfahren war, als er 19 Jahre alt gewesen ist. Zu dieser Zeit war er mit seinem Auto unterwegs und hielt an einer Kreuzung an, so daß der Fahrer im Auto hinter ihm sich sehr erregte, ausstieg, zu meinem Freund Tom angerannt kam und ihn durch das offene Fenster seines Wagens anschrie. Toms einzige Reaktion war, dem Mann mit der Faust durch das Fenster einen Schlag ans Kinn zu versetzen. Tom schilderte mir später, daß er dieses Erlebnis in seinem Rückblick aus der Perspektive einer dritten Person schaute; er sah es wie von oben herab und fügte hinzu, daß er den inneren Aufruhr dieses Mannes nachempfinden konnte, den dieser zu dem damaligen Zeitpunkt durchlitt.

D.J.: Er erlitt tatsächlich den Schmerz der anderen Person?

R. Moody: Ja, er schilderte, daß er, als der Schlag traf, der Mann war, der den Schlag erhielt und den Schmerz fühlte. Im allgemeinen erzählen uns alle Betroffenen etwas ähnliches, daß dieser Rückblick ihres Lebens in der Weise stattfindet, daß sie tatsächlich die Gefühle empfinden, die sie in anderen Menschen hervorgerufen haben.

D.J.: Bezieht sich dies nun nur auf verletzende Gefühle oder auch auf alle anderen?

R. Moody: Es sind alle Gefühle, die es gibt. Daher ist es auch kein Wunder, daß dieser Lebensrückblick auf die Menschen so verändernd und umformend wirkt, denn es ist fast eine ideale Form einer Psychotherapie. Man befindet sich in der Nähe eines Wesens, das vollständig Liebe und Wärme ist, dich akzeptiert und dir hilft, jede einzelne Begebenheit, die man im Leben durchlebt hat, wiederzusehen und sie gefühlsmäßig aus der Sicht der anderen Menschen noch einmal zu erleben.

D.J.: Was geschieht nach diesem Erlebnis des Rückblicks?

R. Moody: Sehr oft wird uns von den Patienten erzählt, daß sie Schönes sehen, himmlische Szenen, großartige Szenen, die in ihrer Schönheit überraschen. Sehr oft wird uns auch erzählt, daß ein Wesen - Christus, Gott, ein Verwandter oder ein Freund -, der anwesend ist, ihnen verständlich macht, daß sie zurück in ihren Körper müßten, weil sie Dinge hinterlassen hätten, die noch erledigt werden müßten. Und sie müssen zurückgehen! Interessant ist, daß die meisten Patienten, die über die Schwelle des Todes geschritten sind, dies nicht wollen. Die meisten weigern sich, aber sie müssen zurück.

D.J.: Andererseits beschreiben Sie aber auch Fälle, wie etwa den einer Mutter, die sehr wohl zurück will, nicht sterben will, weil sie weiterhin für ihre Kinder sorgen möchte. Wie steht es mit diesen Menschen?

R. Moody: Richtig, aber das ist etwas anderes. Die einen, die ins Leben zurückkommen, schildern, daß ihnen von einem Verwandten oder von Gott gesagt wurde, daß sie zurück gehen müßten. Andere Menschen erzählen uns, daß sie keine Ahnung hatten, wie sie zurückkommen sollten, daß sie zwar an diesem wunderschönen Ort waren, aber plötzlich die Zurückführung zum Leben begann und sie sich selbst in ihrem Körper wiederfanden. Dann gibt es noch eine Gruppe von Menschen, die uns davon erzählten, daß sie die Wahl hatten, zu bleiben oder zurückzukehren. Interessanterweise sind alle diejenigen, die die Wahl hatten zu bleiben oder zurückzukehren, mit einer Ausnahme, alles Mütter oder Eltern, die zwar lieber in dem nachtodlichen Sein geblieben wären, aber sich zum Wohle ihrer Kinder entschieden haben zurückzukehren, weil sie diese nicht allein lassen wollten.

Diese einzige Ausnahme war eine junge Frau, die ihren Grund zurückzukehren, mit folgenden Worten charakterisierte: "Mein ganzes Leben lang wollte ich Krankenschwester werden und Menschen helfen". Zu dem Zeitpunkt ihres Erlebnisses war sie im letzten Ausbildungsjahr zur Krankenschwester und sie wählte den Weg zurück, um diese Ausbildung zu beenden. Jetzt ist sie eine praktizierende Schwester.

Apostel der Liebe?

Nachdem alle Menschen zurückgekehrt sind, wird an ihnen das wirklich Faszinierende des Erlebnisses deutlich, zumindest vom Standpunkt der Psychiatrie aus gesehen. Eines wissen wir von allen Menschen: dieses Erlebnis hat ihr Leben vollständig verändert. Sie haben alle vollständig die Angst vor dem Tode verloren - nicht daß sie auf schmerzhafte oder unangenehme Weise sterben wollen -, aber aufgrund dessen, was sie geschaut haben, hegen sie nicht mehr den geringsten Zweifel daran, daß das, was wir tot nennen, einfach nur ein Übergang in einen anderen Bereich des Seins ist.

Sie kommen nach diesen Erlebnissen mit einer erneuten Verpflichtung den kleinen Dingen des Lebens gegenüber in das Leben zurück. Die Menschen erzählen mir, daß sie sich für alle Dinge des Lebens mehr Zeit nehmen, zum Beispiel um an Rosen zu riechen, zur Ruhe zu kommen, Freude an sich und an den Mitmenschen zu haben.

Eine Vielzahl der Zurückkehrenden schildert uns, daß sie in ihrem Lebensrückblick Episoden bemerkt haben, aus denen sie vielerlei gelernt haben, daß ihnen fernerhin gezeigt worden ist, daß der Lernprozeß mit dem Tode nicht abgeschlossen ist und man selbst, nachdem man gestorben ist, mit dem Lernen fortfährt. Und so ist es ein allgemeiner Nacheffekt dieses Todeserlebnisses, das die Menschen im Leben wieder zurück zur Schule gehen. Ich selbst kenne mehrere ältere Menschen, die, nachdem sie sich von diesem Erlebnis an der Schwelle des Todes erholt hatten, wieder versuchten, zurück zur Schule zu gehen, um zu lernen.

Ich denke - insgesamt gesehen -, daß es das Wichtigste aus der Sicht dieser Menschen ist, mit dem Gefühl zurückzukommen, daß ihre wichtigste Aufgabe im Leben eine liebevolle Beziehung zu ihren Mitmenschen ist. Das ist in jedem Falle das, was dieser Lebensrückblick in erster Linie zu vermitteln scheint. Viele schienen übrigens darüber überrascht zu sein, daß das Wesen, mit dem sie während des Lebensrückblickes zusammen waren, kein Interesse daran hatte, welcher Konfession sie sich angeschlossen hatten, wieviel Geld sie erworben, wieviel Macht oder welche Position sie innehatten. Das einzige, woran er Interesse hatte, war, wie weit sie gelernt hatten zu lieben. Und dies, so denke ich, ist das Allergrößte, was die Menschen aus diesem Erlebnis zurückbringen können.

D.J.: Kommen sie tatsächlich von Liebe erfüllt zurück; werden sie zu Aposteln der Liebe?

R. Moody: Das könnte ich bestätigen, allerdings würde ich ebenfalls sagen, daß dieses Erlebnis allein sie noch zu keinen Heiligen macht. George Ritchie erzählte mir einmal, und ich liebe seine Worte, folgendes: "Raymond, dieses Erlebnis läßt deine Menschlichkeit weitaus mehr zur Last werden". Er meinte damit, daß es selbst nach dieser Vision der Liebe nach wie vor schwer ist, im Alltagsleben immer daran zu denken.

"Der geistige Körper"

D.J.: In Ihren Arbeiten beschreiben Sie den Unterschied zwischen dem physischen und dem geistigen Körper. In einem Falle beziehen Sie sich selbst auf Paulus. In Ihrem letzten Werk, "The light beyond" wird von Ihnen ebenfalls berücksichtigt, wie Kinder sich ihren geistigen Körper vorstellen bzw. gesehen haben. Welcher Art ist dieser geistige Körper?

R. Moody: Das ist etwas, mit dem die Betroffenen immer wieder die größten Schwierigkeiten hatten, mir dieses genau zu beschreiben, auch wenn es zu den häufigsten Komponenten des Todesnähe-Erlebnisses gehört, aber das Erlebnis des geistigen Körpers ist scheinbar unaussprechbar, es liegt außerhalb unserer Möglichkeiten, es mit normalen

Worten zu beschreiben. Letztlich gilt das für alle Erlebnisse an der Schwelle des Todes, aber die Beschreibung des geistigen Körpers ist am schwersten. Alle Personen haben berichtet, daß sie Schwierigkeiten haben, diesen zu beschreiben; was sie allerdings berichten, ist, daß bezüglich des geistigen Körpers zunächst eine gewisse Ähnlichkeit zum physischen Körper festzustellen ist, daß er eine Form, eine Gestalt und selbst Gliedmaßen mit Strukturen von Armen zu haben, allerdings aus einem anderen Material als unser physischer Leib zu bestehen scheint. Viele Menschen beschrieben mir dieses Material als ein Bündel von Energie, eine Anhäufung von Farben; allgemein gesprochen heißt es oft, daß dieser geistige Leib mehr Licht sei, mehr Geistiges in sich habe als die Substanzen, die uns normalerweise zugänglich sind. Trotzdem scheint dieser Leib *etwas* zu sein. Er ist mehr als nichts. Ich erinnere mich genau an einen Satz der jungen Krankenschwester, von der ich vorhin sprach; sie sagte: "Ich war nicht einfach nichts". Sie meinte damit, daß sie zwar aus ihrem physischen Körper herausgetreten war, gleichzeitig auf diesen herabschaute, aber dennoch immer noch etwas war. Alle empfinden dies als sehr schwierig zu beschreiben.

D.J.: Wenn Kinder ein entsprechendes Todeserlebnis haben, so sehen sie ihren noch kleinen physischen Leib; in welcher Weise schauen sie ihren geistigen Leib?

R. Moody: Das ist ein sehr interessantes Phänomen. Mehrere Menschen, die als Kind dieses Erlebnis an der Schwelle des Todes hatten, sagten, daß sie zwar ihren physischen Leib als den eines kleinen Kindes schauten, aber sobald sie sich außerhalb dieses Leibes in der Gegenwart des Wesens, Christus oder Gott oder wer auch immer, befanden, sich als vollständig, vollwertig und reif empfanden. Niemals entstand dabei bei ihnen der Gedanke, daß sie noch ein kleines Geschöpf oder gar ein unreifes Wesen waren. Sie erschienen sich plötzlich als voll gereift.

D.J.: Entsprechend der Frage, was zuerst da war, die Henne oder das Ei, ist es möglich anzunehmen, daß der geistige Körper vor dem physischen Körper anwesend gewesen sein könnte und daß im Laufe des Lebens der physische Körper in eine fast vorgefertigten Form des geistigen Körpers hineinwächst!

R. Moody: Das ist sehr interessant. Lassen Sie es mich so sagen: Wenn Sie mich nach meiner eigenen Meinung fragen, so müßte ich eigentlich sagen, daß ich - genauso wie ich annehme, daß wir nach unserem Tod weiterleben - davon überzeugt bin, daß wir da waren, bevor wir geboren wurden. Aber das gesamte Problem wird sehr kompliziert, wenn wir versuchen zu erkennen, daß wir es hierbei mit einer ganz anderen Raum- und Zeitdimension zu tun haben als es die ist, die Sie und ich in diesem Moment einnehmen. Alle Schilderungen von einem Leben nach dem Tod, von einem Jenseits, sind in unsere Begriffe gebracht und aus Raum- und Zeitmetaphern abgeleitet. Wenn wir "ein Leben nach dem Tode" hören, so impliziert dies eine zeitliche Abfolge; genauso ist es mit "dem Jenseits" oder mit dem, "was dann kommt". All dies sind zeitliche Konzepte. Dem steht gegenüber, daß alle meine Patienten, die durch diese Todeserlebnisse gingen, mir hinterher erzählten, daß sie sich auf einer vollständig anderen Ebene des Raumes und des zeitlichen Ermessens befanden. Aus diesem Grunde nehme ich an, daß es nicht richtig ist zu sagen, daß es ein Leben nach dem Tode oder ein Leben vor der Geburt gibt. Vielleicht ist das Leben Ewigkeit, zumindest von einem gewissen Gesichtspunkte aus, aber, Diethart, das sind Bereiche, über die ich gerne mit Ihnen sprechen möchte, aber die für ein Zeitschriften-Interview zu wilde Spekulationen sein könnten.

D.J.: Das mag sein. Aber fahren Sie ruhig fort.

R. Moody: Aus meinen Lebenserfahrungen heraus beginne ich zu begreifen, genauso wird es mir aus den Gesprächen mit den Betroffenen deutlich, daß das Leben, in dem wir uns jetzt zur Zeit befinden, sehr viel mehr als nur eine Schule ist und daß wir hier leben, um bedeutende Dinge zu lernen. Dieses, so denke ich, hat insbesonders sehr viel mit Nächstenliebe zu tun; ferner wird deutlich, daß ein großer Teil unserer physischen Welt aus Abbildern und Illusionen besteht. Im wesentlichen befinden sich um uns herum illusionäre Dinge. Aber wir wurden nicht in diese Welt gesetzt, um uns gegenseitig zu verletzen. Kennen Sie den Psalm, der danach fragt: Würde Gott dich gewähren lassen, deinen Fuß gegen einen Stein zu treten? Nun, ich denke nicht, daß Gott dies würde, und so ist das, was wir in dieser Welt Stein nennen, nicht wirklich. Verstehen Sie, was ich meine?

D.J.: Ja.

R. Moody: Wir befinden uns an diesem Platz der Erde, um zu lernen. Aber wegen der Struktur des Platzes, den wir innehaben, sind wir nicht in der Lage, zeitweilig gewisse Dinge zu sehen. Denn würden wir sie sehen, so wäre kein Grund gegeben, hier zu sein. Das ist es, was ich denke, und aus diesem Grunde wird es sehr schwierig sein, über die Art der Körper zu sprechen, in denen wir verweilen, wenn wir uns in einem anderen Stadium befinden, weil sie nicht in dem Raum und in der Zeit sind, die Sie und ich gerade erfahren.

Der physische Leib als ein Tempel

D.J.: Jetzt, in diesem Moment, verstehe ich es so, daß die meisten Menschen, die Sie interviewt haben, das Leben innerhalb des physischen Körpers während des Erlebnisses an der Schwelle zum Tode als Gefängnis beschreiben. Das ist ja fast eine altertümliche Erkenntnis, denn die Beschreibung des physischen Leibes als ein Gefängnis ist nicht neu.

R. Moody: Oder als ein Vehikel?

D.J.: Ja, als ein Vehikel oder ein Behälter. Hat irgendeine Ihrer Gewährspersonen jemals den physischen Körper beschrieben, so daß sie ihn zum Beispiel als einen Tempel schilderte?

R. Moody: Ich kann mich an mehrere Personen erinnern, die das mir gegenüber erwähnt haben. Hier befinden wir uns allerdings bei generellen Schwierigkeiten im gesamten Bereich meiner Studien, von denen ich Ihnen jetzt erzählen sollte. Ich habe ungeheuer viele Berichte gehört, über 1.000 bis heute. Es vergeht nicht eine Woche, ohne daß ich nicht mit mehreren Menschen gesprochen habe. Sehr oft haben mich zum Beispiel andere Menschen gefragt, ob nicht irgendeiner meiner Zeugen darüber gesprochen habe, daß der physische Körper ihnen wie ein Tempel erschienen sei. Meist war ich geneigt, diese Frage zu verneinen, aber dann - viel später - als ich die Tonbänder der Interviews, die ich vor Jahren gemacht hatte, erneut hörte, bemerkte ich sehr wohl, daß manche Menschen darüber sprachen, daß ihnen ihr physischer Körper nicht als der eigene erschien, sondern er wie ein Tempel wirkte. Sehen Sie, das Problem dabei ist - und es ist mir häufig passiert -, daß ich viele Schilderungen, die in diesen vor langer Zeit gemachten Interviews enthalten sind, einfach nicht wahrgenommen habe, obwohl sie ausgesprochen worden sind. Insofern würde ich nicht behaupten, daß viele

Menschen von ihrem physischen Leib als einem Tempel gesprochen haben, aber mittlerweile erinnere ich mich daran, daß einige dies sehr wohl getan haben.

"Können wir noch weiterdenken?"

D.J.: Alle Erlebnisberichte, die aus Ihrer Arbeit mit den Betroffenen resultieren, konzentrieren sich lediglich auf einen bestimmten kurzen Zeitraum. Ich erinnere mich, daß die längste Zeit, die jemand auf der anderen Seite vor seiner Wiederbelebung verbracht hat, nur 15 Minuten war. Einerseits sehen wir lediglich dieses Viertel einer Stunde, auf der anderen Seite diese unglaubliche Abfolge von Erlebnissen, aber was ist eine Viertelstunde, verglichen mit ...

R. Moody: ...der Ewigkeit.

D.J.: Ja, oder selbst verglichen mit zehn oder sechzig Jahren eines Lebens. Können wir noch weiterdenken? Gibt es nicht doch ein Leben nach dem Tod? Bisher blickten wir nur auf die ersten 15 Minuten des Lebens nach dem Tod; können wir noch weiterdenken?

R. Moody: Ja, ich denke, wir können es. Natürlich haben wir auch nur Erfahrungen bis zu der Grenze, auf die Sie verwiesen haben, daß Menschen nur 15 bis 20 Minuten "tot" waren, neuerdings allerdings auch ein bis zwei Stunden. Was wir herausgefunden haben, ist, daß die Länge des Erlebnisses, das die Patienten selbst erfahren haben, nicht vollständig mit dem Zeitraum übereinstimmt, in dem der Herzstillstand vor sich ging. Eine Freundin, deren Herzstillstand bis zu 45 Minuten andauerte, faßte ihr Erlebnis in folgende Worte: "Man kann sagen, daß mein Erlebnis in einer Sekunde stattfand, genauso aber könnte ich behaupten, daß es über einen Zeitraum von 10.000 Jahren dauerte; dies würde für mich keinen Unterschied bedeuten".

Mit anderen Worten, sobald sich die Menschen in diesem Zustand des Bewußtseins befinden, ist ihr Erleben nicht notwendigerweise durch Raum- und Zeitkategorien begrenzt, so wie wir beide es momentan erfahren. In diesem Sinne ist es absolut klar, daß die Menschen erfahren, wie die Welt, in der sie sich befinden, geleitet wird.

D.J.: Dennoch, bei allen Fällen, die Sie beschreiben, besteht immer noch eine Verbindung zum physischen Körper, so als bestünde noch eine Nabelschnur vom geistigen zum physischen Körper.

R. Moody: Ja.

D.J.: Weiter reichen Ihre Untersuchungen nicht. Ich möchte meine Frage noch einmal wiederholen: können wir weiterdenken?

R. Moody: Können wir weiterdenken? So lange Sie mich nach Spekulationen fragen, macht es mir nichts aus zu antworten, sofern Sie akzeptieren, daß es Spekulationen sind.

D.J.: Natürlich!

R. Moody: Ich bin an dem Punkt, dies zu glauben. Wissen Sie, mich hat niemals jemand zuvor gebeten, darüber zu sprechen; lassen Sie mir ein wenig Zeit, damit ich meine Gedanken ordnen kann. Was denke ich über das Leben nach dem Tod? Wenn wir gestorben und völlig vom physischen Körper abgeschnitten sind, so denke ich, treten wir in eine Welt ein, in der alles Wissen für uns jederzeit verfügbar ist, in der jede Frage aufgrund dieses

Wissens sofort beantwortbar ist. Viele meiner Patienten haben ähnliches beschrieben, nämlich einen gesamten Bereich des Seins, der ungefähr dem entsprechen würde, was wir Wissen nennen, und George Ritchie - ich erwähne ihn so oft, da Sie seine Geschichte kennen - beschreibt ebenfalls diesen gesamten Bereich, in dem Menschen bemüht sind zu lernen.

D.J.: Ich erinnere mich.

"Die heiligen Bücher des Universums"

R. Moody: Andere Menschen beschreiben es ebenso. George Ritchie sagte mir einmal, daß, wenn man versuche, sich vorzustellen, daß MIT, Cal.Tech., Harvard und alle diese Institutionen in einem Paket zusammengerollt seien, diese Stätten des Wissens nicht einmal eine kleine Ecke der Bücherei ausmachen würden, die sich an dem Ort befindet, in dem er kurzfristig gelebt hat.

D.J.: Das hört sich wie das Ende des Evangeliums des Johannes an. Johannes der Evangelist beschreibt dort, daß er die Ereignisse seines Zusammenseins mit Jesus Christus niedergeschrieben habe, daß es aber noch so viel zu berichten gebe, daß, wenn dieses alles niedergeschrieben werden würde, die Welt nicht groß genug wäre, all die Bibeln zu fassen, die dafür notwendigerweise geschrieben werden müßten.

R. Moody: Das ist sehr interessant. Ich wußte gar nicht, daß Johannes dies geschrieben hat.

D.J.: Es steht im letzten Kapitel des Johannes-Evangeliums, in dem er aussagt, daß sein Evangelium bei weitem nicht vollständig ist.

R. Moody: George Ritchie beschrieb, wie er in einen Teil dieses Bereiches ging, der - wie er aussagte - sich für ihn so darstellte, als ob es die heiligen Bücher des Universums seien...

D.J.: ...die heiligen?

R. Moody: Ja, die heiligen Bücher des Universums waren dort, und es war für ihn so, daß die Bibel nur eines von ihnen ist.

D.J.: Wenn ich es recht verstanden habe, haben Sie durch Ihre Arbeit mit den Menschen, die über die Schwelle des Todes geschritten sind, erfahren, daß sie Einsicht in das Leben aller Gedanken gehabt haben, in das gesamte Netzwerk des Denkens, welches uns normalerweise nicht zugänglich ist, es sei denn, wir studieren Platons Philosophie.

R. Moody: Ja.

D.J.: Welche Art von Eindrücken bringen diese Menschen über die Natur des Denkens mit zurück? Was können wir von ihnen lernen?

R. Moody: Was mich bei diesem Phänomen am meisten beeindruckt hat, waren die Schilderungen dieser Menschen, daß sie, nachdem sie in dieses andere Stadium des Seins eingetreten waren, die Erfahrung machten, daß die Gedanken dort nicht in der normalen Weise in Form von Sprache von Mensch zu Mensch übertragen werden, sondern daß es einem statt dessen unmittelbar bewußt ist, was der jeweilig andere Mensch denkt.

D.J.: Vielleicht können wir das - unter uns gesagt - Vorahnung nennen!?

R. Moody: Ja.

D.J.: Um Vorahnungen zu haben, brauche ich nicht notwendigerweise Worte. So ist es gerechtfertigt zu sagen, daß die Menschen, die dieses todesnahe Erlebnis hatten, tatsächlich Gedanken vorausahnten.

R. Moody: Ich denke, Sie haben recht. Jeder Gedanke ist einem in diesem Bereich gegenwärtig, und dadurch - das ist etwas, was alle hervorgehoben haben - wird jede Heuchelei unmöglich gemacht.

Ich möchte noch einmal auf George Ritchie zurückkommen, da er nach wie vor in meinen Gedanken ist. George sagte, daß er sich während seines Panoramarückblickes auf sein Leben unmittelbar bewußt wurde, daß Christus ihn befragte; das erste, was er sagte, war, daß es keine Mittel gebe, dieses in Worte zu fassen. Aber das Schönste und Größte, was dieses Wesen ihn fragte, war: "Was hast du aus deinem Leben gemacht?" Und George berichtete, daß sein gesamtes Leben um ihn herum ausgebreitet war und es keine Möglichkeit gegeben habe, sich dem zu entziehen. Der erste Gedanke, der ihm dabei zum Bewußtsein kam, war, daß er ein Spurensucher bei den Pfadfindern sei.

D.J.: Ein Spurensucher bei den Pfadfindern?

R. Moody: Ja. Und George berichtete, daß dieses Wesen, von dem er begleitet wurde, lachte, allerdings nicht in spöttischer Art. Es war so, als wenn man mit einem kleinen Kind lachen würde. Jede Antwort wurde ihm in einer völlig liebevollen Art gegeben, und in bezug auf seine damalige Zeit bei den Pfadfindern sagte Christus: ''Dies ehrte dich''. Das nächste, was er bemerkte, war, daß seine Gedanken durch alle Erinnerungsbilder rasten und er jede Szene seines Lebens vor sich hatte. George sah sich als Leichtathletikstar, als Vorsitzender einer Bruderschaft im College, und wiederum bemerkte Christus: "Das ehrte dich". Aber alle diese Erlebnisse seien nicht wichtig gewesen, denn das einzige, woran dieses Wesen interessiert gewesen sei, war, auf welche Weise er zu lieben gelernt hatte. Dies fragte ihn das Wesen immer wieder. Während George dabei einfiel, daß er einigen Jungen und Mädchen im College geholfen hatte, bemerkte er, daß zwischen ihm und dem Wesen nicht mehr die Sprache stand, sondern daß er ein unmittelbares Verständnis für alle Gedanken bekam und daß die Übertragung der Gedanken durch die Sprache nicht mehr notwendig war.

D.J.: Daraus begründet sich die Möglichkeit, daß Menschen in der Lage zu sein scheinen, einen Gedanken zu erfassen, den ein anderer Mensch denkt, so daß eine Kommunikation oder gar ein Gedankenaustausch entsteht. Ich denke, daß es so ist, wie wenn man sich einem anderen Menschen mitteilen möchte, aber dazu nicht die Mittel hat, zum Beispiel wenn eine Mutter ein todesnahes Erlebnis hat und ...

R. Moody: ... sie versucht, es ihren Kindern zu erzählen...

D.J.: ... aber alles, was sie tun kann, ist zu denken, aber sie kann es nicht laut denken bzw. durch die Sprache formulieren.

R. Moody: Genau, und keiner scheint in der Lage zu sein, sie zu sehen oder zu hören. Obwohl sie andererseits sehr gut verstehen kann, was in den Gedanken um sie herum vorgeht.

Lernen von denjenigen, die aus dem Licht zurückkehren!

D.J.: Wenn wir uns alle diese Erlebnisse, die uns in diesem Moment faszinieren, andererseits aber auch unsicher machen, anschauen, denken Sie nicht, daß es darunter vieles gibt, aus dem wir lernen können: Was wäre unsere Menschlichkeit ohne die Menschen, die diese Erlebnisse gehabt haben? Welche Wirkung haben diese Erlebnisse auf die menschlichen Beziehungen, auch auf die Psychotherapie, vielleicht sogar auf das religiöse Leben und selbst auf die Seelsorge? Was können wir aus diesen Erlebnissen lernen?

R. Moody: Das haben Sie sehr schön gesagt. Das erste, was ich dazu sagen möchte, ist, daß für mich das am meisten verwirrende Merkmal der menschlichen Existenz die Neurose ist. Aus diesem Grunde ist es für mich von besonderem Interesse, daß die Schöpfungsgeschichte in der Bibel mit der Erzählung von Adam und Eva im Paradiese beginnt. Was mich an dieser Geschichte am meisten verwirrt, ist die Tatsache, daß Adam und Eva, als es ihnen gutging und sie alles hatten, was ihnen ein fröhliches Leben ermöglichte, das Leiden wählten. Etwas Ähnliches taucht bei fast allen Menschen, die ein Todesnähe-Erlebnis hatten, immer wieder auf. Warum - wenn Freude, Glück und Fröhlichkeit sehr viel weniger anstrengend sind - wählen wir immer wieder den Weg des Leidens und der Zwietracht? Das ist eines der Hauptprobleme vieler Menschen. Ich denke hierbei nicht an wirkliche Traumata oder sonstige schreckliche Ereignisse, die in unser Leben eindringen, sondern spreche über das alltägliche Leben, über die normalen Dinge, die uns allen widerfahren, über all das, dem wir uns ebenso leicht mit Freude und ohne Sorgen nähern könnten.

Bei allen Menschen, die das Erlebnis an der Schwelle des Todes hatten, konnte ich feststellen, daß die Freude anhaltend zum Mittelpunkt ihres Lebens geworden ist. Sie wollten glücklich sein und versuchen zu lernen, die anderen Menschen zu lieben. Wie Sie sich vermutlich vorstellen können, ist das im Hinblick auf die zwischenmenschlichen Beziehungen sehr schwierig. Diese Menschen kommen vollständig verändert zurück, und zwar in eine sehr positive Richtung verändert, aber es ist offensichtlich, daß nicht jeder aus ihrem näheren Umkreis dies genauso sieht. Platon beschreibt in seinem Höhlengleichnis ein Phänomen, das dem Erlebnis an der Schwelle des Todes sehr ähnlich ist. Wie Sie sich erinnern, bittet Platon uns, uns vorzustellen, daß sich in einer Höhle gefesselte Menschen befinden, die nur den Blick auf die Rückwand der Höhle freihaben, und daß wir uns fernerhin vorstellen sollen, daß einer dieser gefesselten Menschen von seinen Fesseln befreit würde, um gegen seinen Willen durch einen Tunnel zum Licht hingeschleppt zu werden. Und Platon fügt an, daß dieser Mensch - nachdem er sich an das Licht gewöhnt hätte -, sich sicherlich widersetzen würde, erneut in die Höhle hinabzusteigen. Denn er wäre mit den Menschen, die gefesselt in der Höhle stehen, nicht mehr zurechtgekommen, weil diese nach wie vor der Überzeugung seien, daß die Schatten an der Rückwand der Höhle die einzige Realität seien. Vermutlich würden die in der Höhle Gefesselten denken, daß diejenigen, die vom Licht zurückkehren, dort lediglich Halluzinationen gehabt hätten.

Ähnlich ist es mit den Menschen, die das Erlebnis an der Schwelle des Todes durchgemacht haben. Sie berichten alle, daß es sehr schwierig sei, zu diesem sehr dunklen Ort der Erde zurückzukehren, nachdem sie einen anderen Ort voller Licht wahrgenommen haben. Natürlich werden auch die Lebenswerte, die unsere Gesellschaft versucht uns einzugeben, von den Menschen, die das Licht in der anderen Welt wahrgenommen haben, zurückgewiesen. Geld, Macht und Ruhm spielen für sie keine Rolle mehr. Was für sie einzig zählt, ist die Liebe, die sie ihren Mitmenschen geben können.

Alfred Rethel: Der Tod als Freund (1851)

“Der Tod behauptet sich aufs neue”

D.J.: Ich hätte noch eine grundsätzlichere Frage: Wie denken die Menschen, die vor ihrem Lebenspanorama gestanden haben, über den Tod? Ich habe Menschen getroffen, die den Tod als einen unsichtbaren Bruder erlebt haben, der neben ihnen herging. Ist Ihnen der Tod auch als ein Wesen oder als eine Schwelle geschildert worden?

R. Moody: Ich denke, daß der Tod etwas ist, was mit unserem Körper geschieht, und daß er unserem Selbst ermöglicht, in einen anderen Bereich der Realität hinüberzutreten. Ich bin mehr und mehr zu der Ansicht gekommen, daß der Bereich, in den man nach dem Tode eintritt, auch jetzt um uns herum ist, wie eine Art einseitiger Spiegel. Meine Vermutung rührt aus den Gesprächen mit meinen Patienten, da sie alle schilderten, daß es für sie einfacher gewesen ist, in unseren Seinsbereich hineinzuschauen, als es für uns Lebende momentan ist, in die Welt nach dem Tode hineinzublicken.

D.J.: Können wir daraus schließen, daß wir auch jetzt von den Toten umgeben sind? Schließlich sprechen wir nicht nur von denjenigen, die zurückgekehrt sind, sondern auch von jenen, die in diesem anderen Bereich geblieben sind.

R. Moody: Meiner Meinung nach ist dies sehr wahrscheinlich. Sicherlich haben Sie auch in manch einem Artikel in medizinischen Zeitschriften gelesen, daß ein hoher Prozentsatz von Witwen innerhalb einer kurzen Zeitspanne nach dem Tod ihrer Ehemänner das Erlebnis gehabt haben, daß ihnen diese Ehemänner erschienen. Bei 66 Prozent der Witwen geschieht dies kurz nach dem Tod ihrer Ehemänner. Ob man entsprechend auch Witwer befragt hat, ist mir nicht bekannt, aber ich denke, daß man ähnliche Erlebnisse erfahren würde. Es ist sehr üblich für jemanden, der einen Menschen verloren hat, daß ein Erlebnis ihm einen offensichtlichen Hinweis auf diese verlorene Person gibt.

D.J.: Ich habe sogar beobachtet, daß die Witwen eher als die Witwer in der Lage sind, den Verlust des Partners durchzustehen.

R. Moody: Das ist sicherlich wahr. Die Männer in dieser Gesellschaft sind oft auch nicht dazu angehalten worden, über ihre Gefühle zu sprechen, und das schafft ihnen große Probleme.

D.J.: Ich denke, daß man auch sagen kann, daß sie eine verringerte Fähigkeit haben, mit dem Tod fertigzuwerden.

R. Moody: Absolut, denn man muß, um durch den Trauerprozeß gehen zu können, gelernt haben, seine Gefühle ausdrücken zu können.

D.J.: Die Erfahrung des Tunnels und das Sehen des Lichtes am Ende dieses Tunnels; ist das nicht wie das Überqueren einer Schwelle? Aus Ihrer Arbeit entnehme ich zusätzlich, daß es auch eine geschichtliche Seite zu Ihren Studien gibt bzw. insgesamt zu dem Phänomen der Todeserfahrungen; nämlich daß sich Menschen vor Jahrzehnten keineswegs so sehr der Nähe des Todes bewußt waren, wie wir es heute sind. Würden Sie sagen, daß die Schwelle zur anderen Welt heutzutage greifbarer ist, bzw. daß wir uns dichter an ihr befinden? Ist das vielleicht sogar ein besonderer Charakterzug der Menschheit des ausgehenden 20. Jahrhunderts?

R. Moody: Ich habe das Gefühl, daß bestimmte Menschen in der Vergangenheit ähnliche Todeserfahrungen gemacht haben, aber daß es in unserer Kultur etwas derartiges lange nicht mehr gegeben hat, daß wir uns davor verschlossen haben, über solche Dinge nachzudenken und sie zu erleben. Die Menschen haben Angst bekommen, über derartige Erfahrungen zu sprechen, weil sie besorgt sind, daß andere Menschen sie für verrückt erklären könnten. Meiner Ansicht nach ist folgendes geschehen: Vor einigen Jahrzehnten haben wir uns als Gesellschaft entschlossen, unsere Aufmerksamkeit auf Dinge zu lenken, die in einem sehr engen Verständnisrahmen nachgewiesen werden mußten; ich denke dabei an alle wissenschaftlichen Prinzipien. Diese Art zu denken wurde zu einer institutionalisierten Religion, und zur Religion dieser Gesellschaft wurde statt dessen die Erwartung, über Erfahrungen, die über den eng begrenzten Rahmen hinausgehen, nicht zu sprechen. Alle wirklich religiösen Erfahrungen wurden beiseite geschoben. Die religiöse Praxis wurde zu etwas, was man am Sonntag tut, aber nicht mehr real ist. Trotzdem geht man nach wie vor zur Kirche, aber nur, um sich dort mit Geschäftsfreunden zu treffen. Die Welt ist in ihrer Ausrichtung so materialistisch geworden, daß es einen Einbruch der spirituellen Ketzer geben mußte!

Der eine Weg, durch den sich eine Änderung der Anschauung ergeben hat, ist der, daß Menschen auf der anderen Seite waren und zurückgekehrt sind. Es ist sehr interessant, daß wir uns als Gesellschaft vor Jahrzehnten gründlich dazu entschlossen haben, nicht mehr über jene mystischen Dinge sprechen zu wollen, weil sie nicht durch unser wissenschaftliches Instrumentarium beweisbar sind. Somit verfolgten wir diesen Weg über mehrere Jahrzehnte, und jetzt - 1988 - haben wir einen Punkt erreicht, das heißt unsere Technologie und unsere wissenschaftlichen Methoden haben uns an einen Punkt gebracht, an dem wir auf der einen Seite perfekt dazu in der Lage sind, Waffen zu bauen, die unseren gesamten Planeten zerstören können - und wir haben diese Waffen schon gebaut, sie existieren -, und auf der anderen Seite haben wir Maschinen entwickelt, die Menschen von einem Zustand zurückholen, der noch vor hundert Jahren "tot" genannt worden wäre. Was glauben Sie, wie interessant es für mich gewesen ist, daß diese Menschen, die zurückkommen, erzählen, daß das richtig ist, was jene mystischen Menschen vor Jahrzehnten gesagt haben. Was für eine interessante Ironie! Und was für ein wunderbarer Zeitpunkt! Ich denke, daß wir einen Punkt erreicht haben, an dem wir vor einem großen Desaster stehen werden, es sei denn, wir wenden uns um. Daran habe ich keinen Zweifel.

D.J.: Die Tatsache, daß uns der Tod heutzutage sehr viel bewußter geworden ist, ist sicherlich auch dadurch bedingt, daß die ganze Menschheit in den letzten Jahren immer wieder mit dem Tod konfrontiert worden ist.

R. Moody: Genau. Ich denke auch, daß man darauf ein starkes Augenmerk gerichtet hat. Ich erzählte Ihnen vor einiger Zeit von der Grabstätte eines Neandertalers, die im Irak gefunden wurde, und von der man annimmt, sie sei 70.000 Jahre alt. Man entdeckte an den fossilen Abdrücken an dieser Stätte, daß die Neandertaler ihre Toten mit Hüftkleidern aus Blumen bestattet haben. Mich bringt es aus der Fassung, daß es vor so vielen Jahren einen so hohen Grad von Empfindsamkeit gegeben hat. Wahrscheinlich war der Tod für jene Menschen sehr viel präsenter als er es heute für uns ist, weil zum Beispiel Infektionen einen Teil ihres Lebens ausmachten, sie keine Möglichkeit hatten, Verletzungen zu behandeln und insgesamt sehr viel schneller starben. Meines Erachtens standen sie immer am Rande des Todes, waren des Todes immer gegenwärtig. Wir dagegen waren eine Zeitlang in unserer Gesellschaft durch unsere medizinische Technologie in der Lage, uns effektiv davor zu verschließen. Die Lebenserwartung schoß auf 70 Jahre in die Höhe und man starb sehr viel seltener an Infektionen, auch die Kindersterblichkeitsrate ging zurück. Aber der Tod behauptet sich wieder aufs neue. Die Menschen merken das allerdings, denn die Massenmedien informieren uns zum Beispiel über die Nuklearwaffen und jeder weiß heute genau, wie der Tod sich in einer enormen weltweiten Zerstörung verwirklichen könnte; er könnte durch unsere Technologie über uns kommen.

In diesem Sinne wird der endgültige Tod für mich sehr viel realer. Die Vereinigung Amerikanischer Psychiater hat vor Jahren eine sehr interessante Untersuchung über die Reaktion von Kindern auf nukleare Entwicklungen durchgeführt. Die Kinder wurden vorher nicht darüber informiert, daß die Untersuchung etwas mit Nuklearwaffen zu tun hätte, sondern sie wurden einfach gebeten, dem Interviewer ihre Sorgen zu erzählen, ihm das zu sagen, was sie am meisten beunruhige. Eine große Anzahl von Kindern betrachtete einen möglichen Atomkrieg als eine ihrer größten Sorgen.

D.J.: Ich glaube, diese Studie wurde als Grundlage für eine Meinungsumfrage in London verwendet. Etwa 500 Kinder wurden gefragt, an welche Art von Tod sie glaubten bzw. in welcher Weise sie erwarteten zu sterben. So wie ich die Mehrheiten der Antworten der Kinder verstanden habe, gaben die meisten an, daß sie erwarteten, keines natürlichen Todes zu sterben. Im wesentlichen galt ihre Angst einem Atomkrieg.

Dr. R. Moody: Ja. Und in derselben Studie wurden die Kinder, die nicht angegeben hatten, daß sie Angst vor einem Atomkrieg haben, gebeten, den Interviewern von ihren Träumen zu erzählen. Und auch ihre Träume waren voller Bilder von herausschießenden Pilzen und anderen ähnlichen Phantasien, die deutlich in Beziehung zu einer Beunruhigung über einen atomaren Krieg standen.

Albert Steffen

Wie kein anderer moderner Dichter hat Albert Steffen aus konkretem Erleben über Engelwesen und vom Hereinwirken Verstorbener in das Erdenleben geschrieben. Besonders seien hier folgende Werke genannt:

WEGZEHRUNG
Gedichte. 234 S. Ln. DM 29,- / Fr. 24,-

WACH AUF DU TODES-SCHLÄFER
Gedichte. 76 S. Ln. DM 16,- / Fr. 13,-

AM KREUZWEG DES SCHICKSALS
Gedichte. 93 S. Ln. DM 17,- / Fr. 14,-

IM STERBEN AUFERSTEHEN
Gedichte. 148 S. DM 23,50 / Fr. 19,50

PASSIFLORA
Ein Requiem für Felicitas.
75 S. Geb. DM 11.- / Fr. 9,-

DER GENIUS DES TODES
169 S. Ln. DM 25,- / Fr. 20,50

KLEINE MYTHEN
228 S. Ln. DM 28,50 Fr. 23,50

AUS GEORG ARCHIBALDS LEBENSLAUF
Roman. 333 S. Ln. DM 31,- / Fr. 25.50

DIE MISSION DER POESIE
468 S. Ln. DM 45,- / Fr. 37,-

REISEN HÜBEN UND DRÜBEN
196 S. Geb. DM 46,- / Fr. 38,-

Stellennachweise zu einzelnen Themen auf Anfrage bei
VERLAG FÜR
SCHÖNE WISSENSCHAFTEN
CH-4143 DORNACH 2

Bewußtsein in der Gemeinschaft

Viele Menschen helfen zusammen, wenn einer Hilfe braucht. Das ist das Urprinzip des Versicherungswesens, das es wieder zu erreichen gilt. Wir arbeiten an diesem Ziel durch Zusammenführung vieler Einzelinteressen. Wir bieten Ihnen differenzierte Krankenversicherungen für die Finanzierung der anthroposophisch erweiterten Medizin, genauso wie erweiterte Sachversicherungen und Lebensversicherungen. Wir erarbeiten mit Ihnen diejenige Versicherungsform, die Sie auch wirklich brauchen und helfen beratend in der Art des "Verbraucherschützers", um für Sie die geeignete und günstigste Versicherung zu finden. Nehmen Sie mit uns Kontakt auf!

Impuls

Versicherungsinitiative Vogel, Voß & Co KG,
Römerstraße 8, 7900 Ulm, Telefon 07 31 / 3 73 76,
Mitgesellschafter im Verbund Freie Unternehmerinitiativen

Sterben im Leben und Leben nach dem Tod

INTERVIEW MIT WOLFGANG GÄDEKE
von Annegret Kühl

Wolfgang Gädeke: *geb. 26.05.1943 in Bremen, Besuch der Waldorfschule, 1963 externes Abitur; Studium am Priesterseminar der Christengemeinschaft, Stuttgart, und Studium der evangelischen und katholischen Theologie, Geschichte und Psychologie in Marburg und Tübingen; einjähriges Pflegepraktikum in einer anthroposophisch-psychiatrischen Klinik. Seit der Priesterweihe 1968 Pfarrertätigkeit in Ulm, Hamburg und Kiel. Verheiratet, vier Kinder. Kurse über Ehe für Jugendliche und Erwachsene; Tätigkeit als Eheberater. Veröffentlichungen in den FLENSBURGER HEFTEN Nr.14, 20 und 22 sowie im Sonderheft 1, "Partnerschaft und Ehe".*

Der Tod eines nahestehenden Menschen erfüllt uns zunächst mit Trauer. Begegnungen, wie sie im Leben möglich waren, sind jetzt unmöglich, und doch lebt dieser Mensch zumindest in der Erinnerung fort. Das ist kein Beweis für die Unsterblichkeit der Seele, aber ein Hinweis darauf, daß der Tote uns noch nahesteht. Welche Bedeutung hat die Beziehung zwischen Lebenden und Toten? Wie kann sie gestaltet werden?

Diesen Fragen wird im folgenden Interview nachgegangen. Es soll Begriffe geben, um eigene Erfahrungen mit Sterbenden und Toten erfassen zu können, und ermuntern, sich mit diesem tabuisierten Thema zu beschäftigen.

Wolfgang Gädeke hat sich intensiv mit dem Bestattungsritual befaßt. Aus seiner reichen Kenntnis gibt er Hinweise zum Verständnis der Sterbesakramente, wie sie in der Christengemeinschaft vollzogen werden. Auch für einen Menschen, der diese Rituale für sich ablehnt, erschließen die Aussagen neue Gesichtspunkte zum Thema Tod und Sterben.

Annegret Kühl: Was ist der Tod? Wann ist ein Mensch tot? Wann beginnt das Sterben?

Wolfgang Gädeke: Es ist ganz wesentlich, wenn man eine geistgemäße Weltanschauung anstrebt, daß man den Tod nicht als ein plötzliches einmaliges Ereignis in einer kurzen Zeitspanne ansieht, sondern als einen Vorgang. Das wird auch durch die heutige Sterbeforschung und durch den medizinischen Fortschritt nahegelegt. Man kann nicht mehr sagen, ein Mensch ist tot, wenn er den letzten Atemzug tut, so wie man das früher gesagt hat, sondern man sieht schon rein aus der Betrachtung des leiblichen Vorganges beim Tode, daß es ein Prozeß ist, der sich über eine gewisse Zeit erstreckt, wo man nicht sagen kann: Jetzt, in diesem Augenblick ist er tot! Wenn man diesen Gedanken noch ein bißchen weiter fortsetzt, dann kann man sagen: Der Tod beginnt mitten im Leben. Denn das, was im Todesaugenblick oder im Todeszeitraum mit dem Leib und mit der Seele geschieht, das geschieht schon während des ganzen Lebens immer wieder. Wenn wir uns zum Beispiel die Haare oder die Nägel schneiden, ist etwas, was ursprünglich lebendig war, zum lebendigen Organismus gehörte, abgestorben und wird abgetrennt. So kann man sagen, der Tod ist seiner Grundgeste nach Trennung, Scheidung. Im wesentlichen werden im Tode die Lebenskräfte von dem physischen Körper abgetrennt, und in dem Augenblick, wo das vollständig und unumkehrbar geschieht, sprechen wir von dem Tod eines Menschen.

A.K.: Können Sie dieses fortwährende Sterben genauer beschreiben?

"Der Mensch könnte ohne den Tod gar nicht leben"

W. Gädeke: Diese Sterbevorgänge finden immer statt, wenn wir wach sind. Die Abbauprozesse, in denen organische Substanzen zu einfacheren, quasi mineralischen Substanzen abgebaut werden, gehen zum Beispiel in den Nerven vor sich. Aufgrund dieser Abbauprozesse in den Nerven haben wir unser Wachbewußtsein. Das sind ganz feine Todesprozesse.

A.K.: Dann hängt das Bewußtsein des Menschen also eng mit dem Tod zusammen?

W. Gädeke: Ja, wir haben überhaupt nur dadurch Bewußtsein, daß wir im Leibe Sterbe- und Todesvorgänge haben. Der Mensch könnte ohne den Tod gar nicht als Mensch leben. Es ist wichtig, daß der Tod als natürlicher Vorgang im Laufe des Lebens gesehen wird. Ein weiteres Beispiel ist, daß im Laufe des Lebens nicht nur Haare und Fingernägel den Weg alles Irdischen gehen, sondern auch die Zähne: Irgendwann hat man die erste Plombe in einem Zahn, und dieses Loch wächst nie wieder zu. Das bleibt tot, mineralisch, ob das nun Amalgam ist oder Gold oder nachher eine Krone. Später fällt ein ganzer Zahn aus und muß gezogen werden. Das ist ein Zeichen dafür, daß das Sterben schon im Leben vor sich geht. Das bezieht sich letztlich auf alle Organe, die werden alle alt und fangen an zu sterben. Zum Beispiel werden auch die Arterien härter, sind nicht mehr so weich, nicht mehr so beweglich, sie verkalken. Alles das sind Sterbevorgänge im Leibe.

A.K.: In welchem Lebensalter beginnen die Sterbevorgänge?

W. Gädeke: Das ist unterschiedlich, bei den Zähnen beginnt es meistens schon in der Kindheit, bei den Adern beginnt es irgendwann in der Lebensmitte, je nach Lebensart. Einen weiteren Sterbevorgang kann man bei den meisten Menschen beobachten, wenn sie Anfang 40 sind, dann ist die Linse im Auge nicht mehr so beweglich, dann wird sie härter, fester, mineralischer, und die Menschen werden weitsichtig. Das alles sind ganz feine Sterbevorgänge, in denen das, was ursprünglich lebendig, beweglich war, der Tendenz nach starr und tot wird. Das Auge stirbt nicht gleich, aber es nimmt die Richtung auf den Tod. So kann man vielleicht verstehen, warum Steiner sagt: Der Tod ist nur das Integral der Sterbevorgänge im Leben.

A.K.: Trotzdem sagt man zu einem gewissen Zeitpunkt: jetzt ist der Mensch tot.

W. Gädeke: Ja, und da hat man heute dann von der Wissenschaft her die Definition des Hirntodes, wenn also eine gewisse Zeitlang die Hirnstromkurve im Enzephalogramm auf Null ist, dann sagt man, der Mensch ist tot. Das ist aber einfach eine Verabredungsfrage, eine Definitionsfrage. Man könnte ganz allgemein sagen: In dem Moment, wo die Leibesfunktionen eines Menschen unumkehrbar nicht wieder belebbar sind, ist er tot. Es hat ja auch immer den Scheintod gegeben, bei dem Lebensvorgänge nicht unumkehrbar unterbrochen sind, und das kommt heute natürlich durch die technischen Möglichkeiten noch viel häufiger als früher vor, aber irgendwann ist eben der ursprüngliche Lebenszustand nicht mehr herzustellen, und dann ist er wirklich leiblich ganz tot.

"Herz, nimm Abschied und gesunde"

A.K.: Und dann geht der Leib den Weg alles Irdischen. Wie steht es aber mit der Seele des Menschen?

W. Gädeke: Die Seele stirbt nicht in derselben Art und Weise wie der Leib, weil sie ja keine Materie ist, weil sie nicht aus komplizierteren organischen Stoffen in einfachere mineralische zerfällt, sondern die Seele ist von einer ganz anderen Seinsqualität. Man kann da auf das erste Kapitel in Rudolf Steiners grundlegendem Buch "Theosophie" verweisen, wo deutlich auseinandergesetzt wird, inwiefern die Seele eine Wirklichkeit für sich ist, die zwar mit dem Leibe verbunden, aber prinzipiell von ihm verschieden und von ihm nicht immer abhängig ist. Die Seele ist also keine Funktion des Leibes, sondern eine Wirklichkeit für sich. Wenn man Trennung, Scheidung als Grundgeste des Sterbevorganges versteht, dann erlebt die Seele natürlich auch Sterbevorgänge. Man erlebt diese ganz deutlich im Leben, zum Beispiel wenn man Abschied nehmen muß.

A.K.: Jeder Abschied ist ein Stückchen Sterben, klingt es aus dem Gedicht "Stufen" von Hermann Hesse.

Stufen

Wie jede Blüte welkt und jede Jugend
Dem Alter weicht, blüht jede Lebensstufe,
Blüht jede Weisheit auch und jede Tugend
Zu ihrer Zeit und darf nicht ewig dauern.
Es muß das Herz bei jedem Lebensrufe
Bereit zum Abschied sein und Neubeginne,
Um sich in Tapferkeit und ohne Trauern
In andre, neue Bindungen zu geben.
Und jedem Anfang wohnt ein Zauber inne,
Der uns beschützt und der uns hilft zu leben.

Wir sollen heiter Raum um Raum durchschreiten,
An keinem wie an einer Heimat hängen,
Der Weltgeist will nicht fesseln uns und engen,
Er will uns Stuf' um Stufe heben, weiten.
Kaum sind wir heimisch einem Lebenskreise
Und traulich eingewohnt, so droht Erschlaffen;
Nur wer bereit zu Aufbruch ist und Reise,
Mag lähmender Gewöhnung sich entraffen.

Es wird vielleicht auch noch die Todesstunde
Uns neuen Räumen jung entgegen senden,
Des Lebens Ruf an uns wird niemals enden...
Wohlan denn, Herz, nimm Abschied und gesunde!

W. Gädeke: Ja, in dem Gedicht von Hesse ist das deutlich zum Ausdruck gebracht. Da, wo ein Mensch sich von etwas trennen muß, zum Beispiel wenn ein anderer Mensch stirbt, ist das für den, der zurückbleibt, auch ein Sterben, nur nicht ein leibliches, sondern ein seelisches Sterben, weil es zunächst eine seelische Trennung ist. Oder wenn - wie während und nach dem Kriege millionenfach geschehen - Menschen, zum Beispiel die Ostpreußen, die seit Generationen in ihrer Heimat lebten, mit der sie seelisch verbunden waren, diese verlassen müssen, dann sterben sie zwar nicht leiblich, aber seelisch ist das ein Tod, ein Sterben. Oder wenn die Menschen in den Bombennächten ihr ganzes Hab und Gut mit einem Mal verloren haben, dann ist das ein seelischer Sterbevorgang. Etwas, worauf man das Seelenleben abgestützt hat - Heimat, Besitz, Möbel, Kleider oder ähnliches -, ist weg.

A.K.: Liegt in diesem seelischen Verlust auch eine Wandlungs- und Entwicklungsmöglichkeit?

W. Gädeke: Ja, so ein seelisches Sterben ist nicht unbedingt negativ. In den "Stufen" heißt es: "Herz, nimm Abschied und gesunde!" Damit wird sogar das Gegenteil ausgesprochen, nämlich daß es ein Gesundungsvorgang sein kann, wenn man von bestimmten Dingen Abschied nehmen kann. Die Seele wird dadurch unabhängiger von Besitz, Heimat usw.

Das kann man an jeglicher Form von seelischer Trennung erleben. Vieles Leid, das Menschen haben, bezieht sich auf solches Trennungsleid, solchen Trennungsschmerz. Das muß nicht der Partnerverlust durch Scheidung oder Tod sein, das kann auch der Besitzverlust sein oder der Statusverlust; bei der Arbeitslosigkeit zum Beispiel oder dem sogenannten Rentenschock. Das sind auch seelische Sterbevorgänge; aber solche, die der Mensch zunächst nur erleidet.

Allgemein-menschliche Sterbeübungen

A.K.: Kann der Mensch daraus etwas für seinen Tod lernen?

W. Gädeke: Ich meine schon. Zunächst indem man darauf aufmerksam wird, daß jeder Trennungsschmerz, jedes seelische Sterben in sich die Chance birgt, die Seele unabhängiger vom Irdischen zu machen und damit zu stärken.

A.K.: Wird die Seele dadurch eigenständiger?

W. Gädeke: Ja, sie wird in sich selber erkraftet, indem sie sozusagen das Sterben übt. Letztlich sind Heimat und Besitz, Haus und Hof sowie Frau und Kinder so etwas wie eine erweiterte Leiblichkeit, in der ich lebe. Wenn ich lerne, das aufzugeben, dann ist das Sterben nicht mehr so völlig neu und unvermittelt.

A.K.: Man hat dann vor dem Tod bereits Leiblichkeiten aufgegeben, und der Lebensraum, den man dann beim Tod noch aufgeben muß, wird - physisch gesehen - immer kleiner.

W. Gädeke: Man kann auch an folgendem sehen, wie Menschen das üben können, wenn sie es bewußt wollen: Ein Ehepaar zum Beispiel hat eine große Familie, viele Kinder und ein großes schönes Haus. Wenn nun plötzlich alle Kinder aus dem Haus sind, dann wird die Leiblichkeit des Hauses zu groß und paßt nicht mehr. Aber jetzt ist es schwer, den Schritt zu tun, dieses Haus loszulassen, entweder zu verkaufen oder irgendeiner anderen Familie, vielleicht den Kindern oder später den Enkelkindern, zu geben und sich selber in ein kleineres Haus oder in eine kleinere Wohnung zurückzuziehen, d.h. die leibliche, die irdische Basis für sein Seelenleben wieder zu verkleinern.

A.K.: Wird dadurch das Seelenleben auch kleiner?

W. Gädeke: Nicht notwendigerweise, im Gegenteil, wenn das in der richtigen Bewußtheit geschieht, wenn das nicht nur als schreckliches Schicksal erlitten wird, sondern als ein Übungsschritt zum Sterben hin bewußt gewollt wird, dann kann das etwas ganz Großartiges sein. Ich kenne eine alte Frau, die hat das in fast unnachahmlicher Weise bewußt gestaltet, und wenn man die in ihrem Zimmer im Altersheim besucht, dann sieht man: die Seele wächst trotzdem, sie muß sich nicht verkleinern. Die Seele kann viel größer und reicher werden.

Ich kenne einen Menschen, der liebt Bücher über alles, ist ein Studiermensch, weiß ungeheuer viel und sammelt alte Zeitschriften und ich weiß nicht was alles, aber er hat es sich seit einigen Jahren zur Aufgabe gemacht, jedes Jahr eine ganze Reihe von Büchern, einen oder zwei Meter seines Bücherregals, auszusondern und auf Basare oder Flohmärkte zu geben. Das bewundere ich sehr. Er hat öfter in seinem Leben anderen Menschen beim Nachlaß geholfen oder diesen nach dem Tode aufgelöst, und weiß, was man auch sozial seinen Mitmenschen hinterläßt, wenn man damit nicht schon im Leben anfängt. Ich habe einmal einen Schreibtisch eines Verstorbenen aufgeräumt. Der war vielleicht im ganzen einen Quadratmeter groß und an einigen Stellen bis zu 50 cm hoch mit Papier bedeckt. Wir haben sein Testament gesucht, wir haben Stunden gebraucht, um diesen Schreibtisch zu sichten.

A.K.: Man kann dann das Gefühl haben, daß der Verstorbene an diesem Besitz hängt.

W. Gädeke: Eben, man hilft dem Verstorbenen, sich zu lösen, und unterstützt eigentlich den Sterbevorgang. Das ist eine ganz merkwürdige Hilfe, aber eine ganz wirksame. Also ich kenne diesen Menschen, der vollzieht das bereits im Leben, indem er immer etwas aussondert und sich davon trennt. Aber denken Sie daran, wie schwer es manchen Müttern fällt - wenn sie ihre Kinder einigermaßen groß haben und wissen, daß sie keine Kinder mehr bekommen -, die Babywäsche wegzugeben, sich von den Strampelhöschen zu trennen. Das wäre sozusagen das Gegenbild.

A.K.: Drückt sich darin auch ein Stillstehen, ein Nicht-älter-werden-Wollen aus? Ist Sterben, das Sterben-Üben, dem bewußten Altern verwandt?

W. Gädeke: Ja, und dazu gehört es, bestimmte Dinge, die man in der ersten Hälfte des Lebens ergreifen, sammeln und an sich ziehen muß, wieder loszulassen und wegzugeben. Das spielt auch eine ganz große Rolle im Zusammenhang mit der Kapitalbildung.

A.K.: Inwiefern?

W. Gädeke: Ich kannte eine ganz unscheinbare alte Frau in Hamburg, die ging immer mit einer uralten Handtasche an ihrem Ellenbogen auf den Markt. Wissen Sie, was darinnen war? Ein Kilobarren Gold und ein Kästchen mit Edelsteinen. Die ist mit zigtausenden von Werten über den Markt gegangen, weil sie Angst vor Einbrechern hatte. Sie hat ihr Kapital immer bei sich getragen. Also es geht um die Einsicht: Ich kann mein Kapital nicht mitnehmen. Ob das nun in Häusern und Grundbesitz, in Fabrikbeteiligungen und Aktien oder in etwas anderem besteht, ist gleichgültig. Wie gehe ich mit dem Kapital um? Lasse ich mich passiv durch den Tod davon trennen, oder vollziehe ich das vorher aktiv und sage: das kommt dahin, jenes kommt dorthin usw. - Es war neulich gerade ein Artikel im SPIEGEL über die heutigen Erbschaften, was an Reichtümern jetzt gesammelt ist und wie die Gründergeneration der BRD diese Kapitalien hinterläßt. Das ist ein großes soziales und auch menschlich-seelsorgerisches Problem.

A.K.: Wieso ist das ein menschlich-seelsorgerisches Problem?

W. Gädeke: Weil die Menschen gar nicht merken, wie sehr sie ihre Seele, ihr Selbstgefühl darauf stützen, daß sie Kapital haben. Das macht das Sterben schwieriger, weil dieses irdische Kapital ja auf jeden Fall mit dem Sterben genommen wird.

Ein Vorbereiten des Sterbens kann - muß nicht, man kann ja niemanden zwingen - darin bestehen, daß man sich bewußt von dem trennt, was man nicht mehr braucht, was man nur noch deswegen hat, weil man es nicht lassen kann. Also ich muß gestehen, ich habe im letzten Jahr zum ersten Mal angefangen, diesem Vorbild nachzueifern. Ich habe meine Bücherwand angeguckt, bin sie durchgegangen und habe einiges herausgezogen und weggegeben.

A.K.: Ist das nicht auch ein Prozeß, den man schon beim ersten Ausziehen von zu Hause, also mit 18 Jahren, beginnen kann?

W. Gädeke: Ja, das kann man sogar schon mit Kindern üben, indem man mit ihnen die Kleider, aus denen sie herausgewachsen sind, und die Dinge, mit denen sie nicht mehr spielen, anderen Kindern gibt. Dieses Weggeben desjenigen, was man nicht mehr wirklich braucht, an dem man nur noch hängt, ist ein kleiner Sterbevorgang, den man schon mit Kindern üben kann. Es ist eine deutliche Sprachfigur, wenn man sagt: "Ich hänge an den Dingen", denn mein inneres Wesen, meine Seele hängt daran.

A.K.: Kann der Besitz zum Gefängnis für die Seele werden und diese behindern?

W. Gädeke: Ja, weil die Seele sich zu sehr mit allem Irdischen, auch mit dem Leib, identifiziert. Im Tode muß dann mehr oder weniger erlitten werden, daß die Identifizierung mit dem Leibe aufgehoben wird. Je mehr die Seele vorher gelernt hat, sich nicht absolut mit dem Leib zu identifizieren, desto leichter hat sie es im Tode. Das sind Sterbeübungen, die nicht religiöser Natur, sondern ganz allgemein-menschlich sind.

Jede religiöse Übung ist letztlich eine Sterbeübung

A.K.: Können Sie noch etwas zur religiösen Vorbereitung auf den Tod sagen?

W. Gädeke: Die Religion hat - egal um welche es sich handelt - letztlich damit zu tun, daß die menschliche Seele sich von dem Leiblich-Irdischen löst und ihre Kräfte in Richtung des Geistes, in Richtung der göttlichen Welt sendet. Insofern ist jede religiöse Übung, jedes Gebet, jeder Kultus, jeder Gottesdienst letztlich eine Sterbeübung, weil die Seele sich nicht dem Leibe oder durch den Leib der irdischen Welt, sondern sich unmittelbar der geistigen Welt zuwendet, in die sie ja auch mit dem Tode eintritt.

A.K.: Inwiefern ist der Mitvollzug eines Kultus Sterbeübung? Nehmen wir die Menschenweihehandlung als Beispiel.

W. Gädeke: Die Menschenweihehandlung ist als ganzer Vorgang - neben vielem anderen - auch ein Sterbevorgang, also ein Exkarnationsvorgang. Von der menschlichen Seite her gesehen ist die Menschenweihehandlung ein Sterbevorgang, von der göttlichen Seite her ist sie ein Inkarnationsvorgang, insofern sich das Göttliche mit Brot und Wein und dann über die Kommunion mit dem menschlichen Leibe verbindet. Aber vom Menschen aus gesehen ist sie ein Todesvorgang. Das könnte man an vielen Einzelheiten auch im Vergleich mit der "Theosophie" und mit den Darstellungen Rudolf Steiners über das nachtodliche Leben zeigen, aber das würde jetzt viel zu weit führen. Es ist ein sehr komplizierter Vorgang. Grundsätzlich kann man das daran ablesen, daß die Seele sich loslöst vom Irdischen und sich zum Göttlichen hinwendet. Also die normalen leiblichen Bedürfnisse, die die Seele sonst erfüllen, werden beiseite gelassen. Beim Beten wird nicht gegessen oder geraucht.

Die Sterbesakramente in der Christengemeinschaft

A.K.: Im Zusammenhang mit dem Tod werden im sakramentalen Leben der Christengemeinschaft sechs Stufen vollzogen. Können Sie einmal nennen und näher erläutern, was die einzelnen Stufen bedeuten?

W. Gädeke: Diese sechs Stufen nennt man die Sterbesakramente. Drei davon finden vor dem Tode statt. Das ist keine Erfindung der Christengemeinschaft, sondern uralter christlicher Brauch, der in der Christengemeinschaft erneuert worden ist. Als erstes erfolgt etwas, was man früher die Beichte genannt hat, also etwas, was zur Klärung des eigenen Bewußtseins dient. Dann folgen das Abendmahl, die Kommunion, und die Heilige Ölung, die Sterbeweihe, wie man sie auch nennen könnte. Das sind die drei Sakramente, die am lebenden Menschen, der dem Tode entgegengeht, vollzogen werden, möglichst solange er bei vollem Bewußtsein ist, auf jeden Fall aber nur dann, wenn er lebt. Wenn jemand schon gestorben ist, werden diese Sakramente nicht mehr vollzogen. Also wenn jemand plötzlich durch einen Unfall so unvermittelt gestorben ist, daß der Priester erst kommt, wenn er schon tot ist, dann vollzieht man diese drei Sakramente nicht mehr.

A.K.: Das ist ja auch bei der Beichte und bei der Kommunion schon rein praktisch unmöglich.

W. Gädeke: Ja. Nachdem der Mensch gestorben ist, werden drei weitere Handlungen gehalten: die Aussegnung, die Bestattung und die Totenweihehandlung, wobei die Aussegnung - wenn irgend möglich - im Sterbehause stattfindet, in dem Raum, an dem Ort, wo der Mensch gestorben ist, was allerdings heute leider nur noch in den seltensten Fällen möglich ist.

A.K.: Findet die Aussegnung bereits unmittelbar nach dem Tode statt?

W. Gädeke: Die Aussegnung ist der erste Teil der Bestattung, und sie findet normalerweise statt, bevor der Sarg geschlossen wird, möglichst am offenen Sarg, also etwa am dritten Tag, wenn der Leib deutlich in Verwesung übergeht. Die Bestattung findet anschließend als Erd- oder Feuerbestattung, möglichst am Grabe oder an der Verbrennungsstätte, statt. Auch das kann man heute manchmal nicht mehr ganz so einrichten. Die Totenweihehandlung findet dann am Sonnabend nach der Bestattung in der Kirche mit der versammelten Gemeinde statt.

Die letzte Beichte - eine Bewußtseinsklärung

A.K.: Wir sollten jetzt die einzelnen Schritte noch einmal näher betrachten. Sie sagten, daß die Beichte dazu diene, eine Klärung des Bewußtseins herbeizuführen. Inwiefern unterscheidet sich diese letzte Beichte von den Beichten, die man vorher vollzieht?

W. Gädeke: Es ist ein alter christlicher Brauch, daß der Sterbende noch einmal Gelegenheit bekommt, im Zusammenhang des Sakramentes, d.h. im Angesicht der göttlichen Welt, auf sein Leben zurückzublicken und noch im Leben etwas auszusprechen. Dem liegt zugrunde, daß im Leben Getanes eine ganz andere Bedeutung hat als nach dem Tode Geschehenes. Nach dem Tode gibt es nämlich keine Freiheit. Nach dem Tode lebt der Mensch zunächst vollständig in den notwendigen Folgen seines irdischen Lebens. Es gibt zunächst keine Spur von Freiheit. Wir haben im Leben auch nicht furchtbar viel Freiheit, aber doch sehr viel mehr als im Nachtodlichen, wo wir sozusagen Objekte des Lebens sind und nicht Subjekte. Deswegen ist es von Wichtigkeit, daß man noch im Leben, vor dem Tode versucht, etwas zu klären, zum Beispiel mit einem anderen Menschen, mit dem man vielleicht Schwierigkeiten hatte, indem man ihm noch sagt: "Es tut mir leid", oder irgendwie versucht, das Verhältnis zu klären. Was im Leben ausgesprochen und getan wird, hat eine große Bedeutung - gerade im Angesicht des Todes -, weil es in der Sphäre der Freiheit geschieht. Andererseits weiß man auch, wie schrecklich es sein kann, wenn ein sterbender Mensch als letztes Wort seinen Angehörigen etwas Unschönes oder Ungutes sagt. Ich habe gerade vor kurzem von so einem Schicksal gehört, wo die Mutter der Tochter sozusagen im letzten Moment vor dem Sterben etwas gesagt hat, was ungut, unschön und unharmonisch war, und was diesen Menschen dann im Leben sehr bedrückt und belastet hat, weil das Schicksal nicht mehr bereinigt werden konnte.

A.K.: Kann es also vorkommen, daß an der Schwelle des Todes nicht mehr das Wesen des Sterbenden zum Ausdruck kommt, sondern seine Schwächen, daß seine sämtlichen negativen Seiten, die er hatte, wie geballt in diesem Moment zum Ausdruck kommen?

W. Gädeke: Ja, dafür gibt es grandiose Beispiele. Etwa in der Autobiographie von Wilhelm zur Linden, "Blick durch's Prisma", kommt so ein Schicksal ganz deutlich heraus. Aber eben gerade um das Umgekehrte bemüht man sich in der Beichte, nämlich im eigenen Bewußtsein, und wenn es geht, vielleicht noch im Auftrag an den Priester, für andere etwas positiv zu bereinigen.

A.K.: ...also letzte irdische Taten zu tun?

W. Gädeke: Ja, selbst dann, wenn es "nur" noch durch das Wort geht. Das könnte ein wesentlicher Inhalt der letzten Beichte sein, der über die normalen Bewußtseins- und Lebensklärungen, die in einem Beichtsakrament vollzogen werden, hinausgeht. Jedenfalls ist dieser Vorgang im wesentlichen eine Bewußtseinstatsache. Es geht darum, daß das Ich des Menschen auf Erden im vollen Bewußtsein, soweit es sein Astralleib, seine Seele noch hergibt, etwas in der Erinnerung oder in den Bewußtseinsklärungen verändert, was nach dem Tode nicht mehr möglich ist. Eine solche letzte Beichte kann auch eine Vorwegnahme dessen sein, was man dann sozusagen zwangsweise nach dem Tode im sogenannten Kamaloka erlebt. Also daß man - ähnlich wie beim Sterben-Üben - den Tod nicht erleidet, sondern gewisse Prozesse, die im Tod sonst zwangsweise vor sich gehen, bewußt selber vollzieht.

Ein weiterer Aspekt ist, daß in der Beichte selber eine Umkehrung der normalen Richtung unseres Gedanken- und Willenslebens angestrebt wird. Diese Umkehrung des Gedanken- und Willenslebens, die man in der alten religiösen Sprache die Buße genannt hat, nämlich die Sinneswandlung, die Umkehr unseres Seelensinnes, unserer Gedanken und Willensimpulse, vollzieht sich im Tode zwangsweise. Denn wir können nach dem Tode nicht mehr so denken und wollen wie im Leben. In diesem Sinne ist jede Beichte ein Einleben in die Gesetzmäßigkeit der geistigen Welt. Die Beichte findet im Bewußtsein zwischen Ich und Seele statt. Das ist der erste Schritt der Sterbesakramente.

Die Kommunion - ein Ernährungs- und Heilungsvorgang

A.K.: Wie ist es mit dem zweiten Schritt, der Kommunion?

W. Gädeke: Die Kommunion, die sich daran anschließt, ist normalerweise die letzte in diesem irdischen Leben. Natürlich kann der Mensch auch genesen, dann war es natürlich nicht die letzte Kommunion. Diese letzte Kommunion sollte - wenn es geht - mit Bewußtsein empfangen werden. Die Angehörigen können selbstverständlich dabei sein und auch die

Kommunion empfangen. Was mit der Kommunion geschieht, das wirkt in eine ganz andere Schicht als die Beichte. Das kann man schon daran sehen, daß es ein Ernährungsvorgang ist, der für uns nur halbbewußt ist. Wir wissen, was wir zu uns nehmen, und wir machen uns unsere Gedanken dazu, aber in dem Moment, wo wir es runtergeschluckt haben, wissen wir nicht mehr, was weiter damit passiert. Es ist also ein Vorgang, der aus der Bewußtseinsebene in die Lebensebene absteigt, anthroposophisch gesprochen: aus dem Astralleib in den Ätherleib, aus dem Bereich der Seele, wo unser Bewußtsein noch einigermaßen hinreicht, in den Bereich des Lebens: Deswegen heißt es in der Menschenweihehandlung, bevor die Kommunion empfangen wird, daß sie zum Leben der Seele und der Bildekräfte sein möge. Die Beichte wirkt in die Schicht zwischen Ich und Seele. Die Kommunion wirkt in erster Linie zwischen Seele und Lebenskräften. Das heißt nicht, daß das Geistige und das Leibliche nicht auch beteiligt sind, aber der Schwerpunkt liegt zwischen Seele und Lebenskräften. Die Kommunion ist so etwas wie eine heilende Arznei, so daß die Kräfte, die den Menschen krankmachen, die in der Anthroposophie die Widersacherkräfte genannt werden, sozusagen in ihre Schranken gewiesen werden. Denen wird durch die Kommunion ein Gegengewicht entgegengestellt, differenziert durch Brot und Wein. Die beiden Widersacher werden begrenzt, gedämpft. Dadurch wird die Seele, wird der ganze Mensch in einen freieren Zustand gebracht, der als drittes Element der Kommunion der Friede des Christus genannt wird.

A.K.: Bedeutet das, daß der Mensch, nachdem er seine seelischen Belastungen in der Beichte ausgesprochen hat, in der Kommunion eine weitere Beruhigung, Be-Friedigung erfährt?

W. Gädeke: Ich würde noch einen Schritt weitergehen. Da es eine Ernährung ist, erfährt der Mensch eine Art Erkraftung, eine Stärkung. Das erste, die Beichte, ist ein Bewußtseinsklärungsvorgang, das zweite, die Kommunion, ist ein Erkraftungsvorgang, ein Ernährungs- und Heilungsvorgang.

A.K.: Dieser Heilungsvorgang zielt aber nicht - wie die medizinische Versorgung - darauf ab, daß der Mensch physisch weiterlebt, sondern darauf, daß er den Schritt über die Todesschwelle kräftig gehen kann?

W. Gädeke: Ja, er zielt darauf ab, daß seine Seele und Bildekräfte nicht - dem leiblichen Zerfall parallel - vergehen müssen. Deswegen hat ein urchristlicher Kirchenvater die Kommunion, das Abendmahl, das "pharmakon athanasias" genannt, also das Heilmittel zur Unsterblichkeit. Durch die Kommunion erfahren die Seele und die Lebenskräfte, also Astralleib und Ätherleib, eine Stärkung, so daß sie sich nicht im Tode auflösen müssen, sondern Anteil an der Auferstehungsleiblichkeit des Christus gewinnen können.

A.K.: Das vollzieht man ja schon vorher im Leben mit der Kommunion: Anteil zu haben an der Auferstehungsleiblichkeit. Das gewinnt kurz vor dem Tod natürlich noch eine ganz andere Bedeutung!?

W. Gädeke: Ja, und es hat eine ganz andere Aktualität.

Die Ölung - Keimlegung für eine geistige Leiblichkeit

A.K.: Der nächste Schritt, der dann vollzogen wird, ist die Ölung. Was ist das?

W. Gädeke: Die Ölung ist das Besondere des Sterbesakramentes. Beichte und Kommunion kann der Mensch sein ganzes Leben über empfangen. Das sind sozusagen religiöse Sterbeübungen während des Lebens, die dann wie in einer großen Zusammenfassung vor dem Tode noch einmal aufklingen. Jede Beichte, jede Kommunion mündet in die letzte Beichte und in die letzte Kommunion ein. Die Ölung ist das Spezifische und das ganz Neue. Sie bezieht sich nun nicht so sehr auf das Bewußtsein, auf Ich und Seele, auch nicht so sehr auf Seele und Leben, sondern das, was mit der Ölung geschieht, bezieht sich im wesentlichen auf die Leiblichkeit. Bei der Ölung wird aus dem Hohepriesterlichen Gebet, also aus dem 17. Kapitel des Johannes-Evangeliums, in einer besonderen sprachlich-rituellen Übersetzung gelesen, und das endet mit dem Motiv des Lebens. Aber alles, was mit der Ölung zusammenhängt, meint nicht mehr das irdische Leben, sondern das geistige, obwohl der Mensch, ähnlich wie bei der Taufe, von außen berührt wird. Mit geweihtem Öl wird über den Augen und in der Mitte der Stirn jeweils ein Kreuz gezeichnet. Alchimistisch gesehen ist dieses Öl eine Substanz, die die Auflösungsprozesse des Irdischen befördert. Darüber könnte man viel sagen, auch wo das Öl im Pflanzenreich herkommt, welche Prozesse das sind usw. Vorwiegend ist das Öl Bestandteil des Blütenprozesses, alchimistisch gesprochen dem sulfurischen Prozeß. Es ist viel Wärme darin. Ausdehnung ist die Grundgeste des Öles.

A.K.: Dient die Ölung dazu, daß die Leiblichkeit, wenn sie zerfällt, der Erde zugute kommen kann?

W. Gädeke: Ja, in einer Richtung kann man das sagen. Es gibt in der Anthroposophie den Aspekt, daß das, was vom irdisch-physischen Leibe übrigbleibt, durch Verwesung oder Verbrennung, wie ein Ferment für die Erde ist, das geistig eine Wirklichkeit in die Erde hineinträgt. Das ist für ein heutiges Bewußtsein sehr schwer zu denken. Es ist ähnlich wie ein Sakrament: Geistiges kann mit Materiellem verbunden sein; das ist sehr schwer zu denken, aber man sollte es nicht unerwähnt lassen. Wenn man heute noch in manchen medizinischen Maßnahmen einen Menschen einölt, dann gibt man ihm eine zusätzliche Hülle, eine Wärmehülle, eine Art Haut.

A.K.: Gibt das Öl dementsprechend eine Hülle für die Seele, die sich mit dem Tod von der Leibeshülle trennt?

W. Gädeke: Ja. Das Öl ist sozusagen das irdische Abbild für eine innere Kraft, die - so heißt es in dem einen Teil dieses Sakramentes - dem Geiste, wenn er sich nicht mehr auf den Leib stützen kann, so etwas wie einen Träger, einen Boden gibt. In der Ölung kommt etwas ganz Zukünftiges zum Ausdruck, was man eigentlich nur mit dem vergleichen kann, was Rudolf Steiner als die Entwicklung der geistigen Wesensglieder im ersten Kapitel der "Theosophie" geschildert hat. Also im Geistigen soll es einmal einen Menschen geben, der einen geistigen Leib, ein geistiges Leben und eine geistige Seele haben soll. Dieses, was heute im Menschen nur ganz verborgen und keimhaft vorhanden ist, was Rudolf Steiner Geistselbst, Lebensgeist und Geistesmensch nennt, das wird mit der Ölung nicht vom Bewußtsein her, sondern sozusagen substantiell angeregt - so wie beim kleinen Kind in der Taufe durch die Substanzen etwas wie ein Keim gelegt wird, was noch gar nicht das

Bewußtsein des Kindes erreicht, sondern leibbildend wirkt. Mit der dreifachen Ölung wird etwas angelegt, was am Auferstehungsleib, am geistigen Christusleib des Menschen bildet. Es wird im Sakrament ganz deutlich darauf hingewiesen. Zunächst entsteht durch das Öl etwas wie eine Trägersubstanz für den leibfreien Geist. Dann wird eine lebentragende Kraft vermittelt, so daß die Lebensleiblichkeit im geistigen Sinne erhalten bleiben kann, und als drittes ist die Rede von dem Seelenleben, das im geistigen Sinne mit Hilfe des Christus über die Todesschwelle hinaus bestehenbleibt und sich entfalten kann. Also man kann sagen: Leib, Seele und Geist werden in einer geistigen Verwandlungsstufe angesprochen. Es wird dem Menschen durch die Ölung anfänglich eine neue geistige Leiblichkeit vermittelt, so daß man sagen kann, daß dieser dritte Schritt sich mehr auf den unbewußten Bereich bezieht, auf den ätherischen und physischen, aber in einer vergeistigten Form.

A.K.: Wie wirkt die Ölung auf den Sterbenden, was haben Sie da erlebt? Wie nehmen die Sterbenden die Ölung an?

W. Gädeke: Das ist natürlich eine Taktfrage und eine Frage der Vorbereitung. Wenn man einen Menschen, der langsam auf den Tod zugeht, zum Beispiel einen Krebskranken, zu begleiten hat, dann ist es natürlich ganz wichtig - das weiß man heute auch durch die Stebeforschung -, daß man den richtigen Augenblick herausfindet, über die Dinge zu sprechen. Kritisch ist es nicht, eine Ölung zu vollziehen, sondern es ist eine Kunst, den richtigen Augenblick zu finden und im richtigen Augenblick darüber zu sprechen. Ich habe noch nie erlebt, daß jemand dann sagt: "Nein, ich will das nicht." Von Kollegen habe ich allerdings erfahren, daß es vorkommt, daß jemand sagt: "Ach, ich glaube, es ist noch nicht so weit!" Dann muß man natürlich darauf eingehen. Es kommt hauptsächlich auf das Fingerspitzengefühl an, daß es zum richtigen Zeitpunkt geschieht. Aber wenn ein Mensch im Laufe seines Lebens genügend religiöse Sterbeübungen gemacht hat, dann wird er im allgemeinen auch mit der Ölung keine großen Schwierigkeiten haben. Dann kann die Ölung etwas ungeheuer Beruhigendes sein, etwas, was den Menschen sogar bis in den medizinischen Zustand hinein harmonisieren kann. Das Wesensgliedergefüge lockert sich und dann weiß man nicht: will die Seele den Leib noch einmal ergreifen oder will sie ihn jetzt endgültig loslassen? Beides ist möglich. Die Ölung befördert nicht den Tod, sondern sie befördert die Freiheit der Wesensglieder untereinander.

Ich habe vor einigen Jahren eine Frau erlebt, die schon auf der Intensivstation lag und ganz schwer krank war. Bei ihr kam nach der Ölung das Gefüge der Seele und des Leibes in einen neuen Zusammenhang. Sie war danach so harmonisch wie noch nie, und jetzt lebt sie wieder im Altersheim, beinahe besser als vorher. Aber das ist natürlich nicht die Regel. Man kann generell sagen, daß die Ölung eine die Wesensglieder harmonisierende Wirkung hat. Das ist sozusagen die subjektive menschliche Seite, die ist aber nicht der Grund, weshalb man eine Ölung vollzieht, sondern lediglich die positive Nebenwirkung. Der eigentliche Grund, die Ölung zu vollziehen, ist das vorher Genannte: Ein Keim wird gelegt für eine Leiblichkeit, die der Seele auch nachtodlich zur Verfügung steht, wenn sie die irdische Leiblichkeit verlassen hat.

A.K.: Vollziehen Sie die Ölung möglichst kurz vor dem Tode und bleiben Sie dann bei dem Sterbenden?

W. Gädeke: Das ist ganz unterschiedlich. Allgemein läßt sich dies überhaupt nicht sagen, denn das Sterben der Menschen ist individuell sehr verschieden. Ich habe bisher auch einen Idealvorgang beschrieben. Oftmals wird man erst gerufen, wenn der Mensch schon tief bewußtlos ist, so daß man keine Beichte mehr vollziehen kann. Die Frage aber ist, ob man dann noch eine Kommunion vollziehen kann. Das ist manchmal eigentlich auch schon nicht mehr möglich. Beichte und Kommunion können durchaus schon einige Wochen vorher zum letzten Mal geschehen sein und die Ölung erst später. Es muß nicht alles auf einmal geschehen, denn in manchen Fällen kann es für einen Sterbenden zu viel sein. Man muß sich bei jedem Mal wieder neu darauf einstellen und sehen, was vom dem, was ich jetzt geschildert habe, vollzogen werden kann.

A.K.: Kann durch die Art und Weise, wie ein Mensch stirbt, ein neues Licht auf die ganze Biographie geworfen werden?

W. Gädeke: Ja.

Nicht jede Leiche ist in gleicher Weise tot

A.K.: Nach dem Tod folgt die Aussegnung. Wann erfolgt sie und was bedeutet sie?

W. Gädeke: Die Aussegnung findet möglichst in dem Hause, in dem Raum statt, in dem jemand gestorben oder aufgebahrt ist. Im Sterbehause ist die Aufbahrung heute in vielen Fällen nicht mehr möglich und die entsprechenden Räume auf den Friedhöfen oder in den Krematorien sind meist nicht besonders würdig und schön. Deswegen gibt es zunehmend in der Christengemeinschaft in den neuen Kirchen Aufbahrungsräume, in denen die Verstorbenen während der ersten drei Tage nach dem Tode im Sarg liegend noch physisch als Leichnam anwesend sind und die Angehörigen, Gemeindemitglieder und Freunde an dem Sarge bestimmte Dinge der Sterbegleitung tun können. Man kennt das heute nur als Totenwache, wenn zum Beispiel Franz-Josef Strauß im Prinz-Karl-Palais aufgebahrt liegt, dann nennt man es Totenwache, wenn jeweils drei Polizisten an jeder Seite des Sarges mit ernstem Gesicht stehen - immer frontal zu den vorbeiziehenden Menschen. Da fragt man sich: Was machen die eigentlich? Das, was heute Totenwache genannt wird, ist nur noch ein Rudiment.

Wichtig ist die Erfahrung, daß sich in dieser Zeit der Leichnam noch ganz charakteristisch verändert, daß sich das Antlitz verändert, durch verschiedene Phasen geht. Das ist nicht immer gleich, aber ein gewisser typischer Verlauf besteht darin, daß der Mensch zuerst nach dem Tode oftmals noch etwas Schmerzhaftes, Mühsames oder Bedrängtes in seinem Gesicht zeigt. Eine zweite Stufe ist, daß ein ungeheurer Friede auf dem Antlitz erscheint, daß sogar so etwas wie eine Freude, ein Lächeln erscheinen kann. Eine dritte Stufe ist dann meistens am dritten Tage - aber auch das kann früher oder später sein -, so daß man ganz deutlich erlebt: Jetzt wird das Antlitz ausdrucksleer. Nicht jede Leiche ist in gleicher Weise tot.

A.K.: Das klingt paradox!

W. Gädeke: Ja, das klingt paradox. Aber wenn man wirklich kontinuierlich das Antlitz eines Verstorbenen mit Interesse, liebevoll und aufmerksam anschaut, dann kann man wahrnehmen: jetzt wird es zur leeren Hülle. Irgendwann kommt der Zeitpunkt, wo sich nichts mehr ausdrückt. Das sind natürlich Erfahrungen, die man mit Worten schlecht vermitteln kann. Man kann nur darauf hindeuten und andere Menschen dazu anregen, sich diesem Eindruck auszusetzen und dem nicht zu entfliehen oder zu meinen, daß das etwas Schreckliches sei. Aber, wie gesagt, das ist auch nur der typische Gang. Es kann auch ganz anders sein.

A.K.: Wird dieser Gang durch die Art des Todes oder durch Medikamente beeinflußt?

W. Gädeke: Ja. Man kann bei bestimmten Medikamenten das Gefühl haben, daß das Antlitz wie vermauert ist, einfach nur konserviert ist und keine innere Bildsamkeit mehr hat. Aber das sind natürlich Worte für Erfahrungen, die den allermeisten Menschen gar nicht zugänglich sind, und wo man vielleicht der Spinnerei beschuldigt werden kann, weil man meint, noch etwas zu erleben. Aber Menschen, die das wirklich bei nahen Angehörigen erleben, und die ein bißchen beobachten und empfinden, können das bestätigen.

A.K.: In diesem Heft wird auch ein Interview mit dem Bestattungsunternehmer Peter Berg, Flensburg, erscheinen, der diese Erfahrung auch schildert.

W. Gädeke: Das ist interessant. Ein Bestatttungsunternehmer erlebt das ja noch häufiger als unsereiner. Insofern ist es ja eine gewisse Bestätigung.

Aussegnung und Begräbnis - Taufe für das Nachtodliche

Die Aussegnung als ersten Teil der Bestattung lege ich möglichst nicht vorher zeitlich fest. Ich warte möglichst mit den Angehörigen zusammen ab und sehe, wie sich der Tote entwickelt, und wenn man das Gefühl hat, daß das Antlitz leer wird, dann sage ich: "Gut jetzt machen wir die Aussegnung in einigen Stunden und schließen dann gemeinsam den Sarg."

A.K.: Ist die Aussegnung wie eine Antwort auf die Taufe?

W. Gädeke: Ja. Das ganze Begräbnis ist etwas wie eine Taufe für das nachtodliche Dasein. Aber es ist eben jetzt der umgekehrte Vorgang.

A.K.: Entspricht die Ölung dann der Geburt oder der Empfängnis?

W. Gädeke: Der Empfängnis, denn sie ist eine Keimlegung. Der Tod ist in diesem Sinne wie eine Geburt.

A.K.: Und die Aussegnung korrespondiert dann mit der Taufe?

W. Gädeke: Durch Aussegnung und Begräbnis zusammen wird - wie Rudolf Steiner sagt - für das nachtodliche Leben etwas Entsprechendes eingeleitet wie für das irdische Leben durch das Taufritual. Aussegnung und Begräbnis sind zwei Teile einer Handlung, die in ihrer ganzen Art zeigen, daß sie voneinander verschieden sind. Bei der Aussegnung ist der Leib noch da. Das Weihwasser, das versprengt wird, trifft noch den Leichnam. Die physische Hülle spielt noch eine gewisse Rolle, und es geschieht der Übergang von der ersten zur zweiten nachtodlichen Erlebnisstufe. Um diesen dritten Tag herum ist alles noch irdisch. Der Tote ist sozusagen noch im Raume anwesend. Deswegen findet die Aussegnung möglichst im Sterbehause statt. Alles ist noch wie ein natürlicher Vorgang und bezieht sich auf die Lebens- und Sterbevorgänge, die nach dem Tod sichtbar sind. Nachdem vor dem Tod das Sterbesakrament vom Geistigen, vom Ich, bis zum physischen Leib gegangen ist, fängt es jetzt nach dem Tod mit dem physischen Leib, dem Leichnam, an, der noch sichtbar ist, und geht über die Lebensvorgänge zu der Seele, die noch wie im Umkreis schwebt.

Nach der Aussegnung soll sobald wie möglich die Bestattung stattfinden. Manchmal kann man direkt in der Friedhofskapelle die Aussegnung vornehmen und am Grabe dann den zweiten Teil, die Bestattung. Das geht dann direkt ineinander über, je nachdem, wie die äußeren Umstände sind. Manchmal liegt eine gewisse Zeit dazwischen. Es sollte allerdings, wenn es irgend geht, nicht viel Zeit dazwischen liegen, sondern man sollte es als eine Handlung, die zwei Teile hat, sehen. Der eine ist mehr die Abschiedssituation von der Hülle, von der Sichtbarkeit, d.h. das Physische wird endgültig dem Blick entzogen. Dann beim Begräbnis, dem zweiten Teil, ist zwar der Sarg noch da, aber der Leichnam ist schon verhüllt, und dann wird er noch einmal durch die Erde, durch das Grab verhüllt. Der Todesvorgang wird sozusagen in der Sichtbarkeit noch einmal abgebildet. Das Abgetrenntsein der Seele vom Leibe wird in der Bestattung deutlich gemacht, indem die Bestattung mit der Situationsbeschreibung beginnt, daß wir uns an dem Ort, wo wir die sterbliche Hülle den Elementen wieder zurückgeben, dorthin erheben, wo die Seele des Verstorbenen ist. Jetzt geht es eigentlich nicht mehr um den Leib, sondern im wesentlichen um die Seele des Verstorbenen. Zwar wird der Sarg noch mit Weihwasser besprengt und auch noch beräuchert - als Zeichen dafür, daß sich aus diesem Sterbenden etwas erhebt, so wie verdunstendes Wasser, so wie aus dem mineralisch körnigen Weihrauch Rauch aufsteigt -, aber die wesentliche Blickrichtung des Bestattungsrituals bezieht sich auf die Seele.

Das Begräbnis ist eine Fürbitte für die Seele des Menschen, und zwar wird alles, was da ausgesprochen wird, im Konjunktiv gesagt, während bei der Aussegnung, bei der man es noch mit dem Leichnam zu tun hat, alles im Indikativ ausgesprochen wird, also in der Aussageform. Da wird etwas, was ist, zum Ausdruck gebracht, beim Begräbnis dagegen etwas, was sein möge. In den alten Worten des christlichen Bestattungsrituals heißt es: "Requiescat in pacem et lux eterna luceat ei." - "Er möge in Frieden ruhen und das ewige Licht möge ihm leuchten." - Diese Formeln, uralte sakramentale Formeln, sind in metamorphosierter Gestalt auch im Begräbnis der Christengemeinschaft enthalten und bringen zum Ausdruck, daß das, was jetzt mit dem Toten geschieht, nicht mehr einfach als Tatsache zu beschreiben ist, sondern da wird etwas eingefügt, was man Fürbitte nennt. Wir kommen nachher bei der Begleitung der Verstorbenen noch dazu, was das eigentlich heißt, daß man den Verstorbenen etwas zusendet oder darreicht, was sie ohne das Gebet nicht haben.

Totenweihehandlung
Der Blick geht zur Seele und zum Geist des Verstorbenen

A.K.: Worauf bezieht sich die Totenweihehandlung?

W. Gädeke: In der Totenweihehandlung, die ganz unabhängig vom Vorhandensein des Leibes vollzogen wird - der Sarg oder die Urne ist dann bereits in der Erde -, geht der Blick nur noch zur Seele und zum Geiste des Menschen.

A.K.: Kann die Totenweihehandlung auch längere Zeit nach dem Tode vollzogen werden?

W. Gädeke: Ja, es ist aber - wenn irgend möglich - richtig und ratsam, sie am Samstag nach der Bestattung zu halten. Sie kann aber auch viele Jahre später geschehen, wenn aus irgendwelchen Gründen eine solche Totenweihehandlung früher nicht hat stattfinden können.

A.K.: Warum am Samstag?

W. Gädeke: Der Samstag hat eben seit altersher diesen Charakter des Sabbats, der Ruhe des Todes, auch in Erinnerung an den Karsamstag, an dem der Leichnam des Christus in der Erde ruhte, wo sozusagen alles Leben zunächst erstorben war und sich in dem erstorbenen Leben das neue Leben, die Auferstehung, vorbereitete. In der Ostkirche feiert man das eigentliche Osterereignis als die sogenannte Hadesfahrt, die Höllenfahrt Christi, und das ist das, was mit dem Samstag zusammenhängt. Der Vollzug der Totenweihehandlung am Samstag ist der Ausdruck dafür, daß im Tode ein neues Leben, eben das Leben mit dem Sakrament beginnt. Das bezieht sich jetzt auch nicht mehr auf den Leib, sondern auf die höheren Wesensglieder. Rudolf Steiner sagt, daß die Totenweihehandlung eine starke subjektive Bedeutung für den Verstorbenen hat, denn jetzt wird er sozusagen in den Gemeindegottesdienst einbezogen. Es wird auch sein Name genannt, was sonst in einer Menschenweihehandlung nie geschieht. In einem zusätzlichen Gebet wird er eingeladen, von der anderen Seite her weiterhin am Kultus teilzunehmen, denn wenn der Mensch auf Erden gewohnt war, am Kultus teilzunehmen, dann ist das ein Vorgang, an dem er auch nachtodlich mit anderen Sinnesorganen, mit anderen Wahrnehmungsorganen teilnehmen kann. Besonders dann, wenn eine Gemeinde da ist, wenn Menschen da sind, die ihn gekannt haben, die sich in der Erinnerung liebevoll mit ihm verbinden, dann können sie ihm sozusagen Auge und Ohr leihen. Dann kann er weiterhin als Verstorbener von der geistigen Welt aus am Gottesdienst teilnehmen. Das ist eine ganz uralte christliche Vorstellung. Man hat den christlichen Gottesdienst von Anfang an über den Gräbern oder sogar in den Gräbern vollzogen, in den Katakomben, und hatte immer das Gefühl, die Verstorbenen sind dabei, helfen sogar mit und können den Gottesdienst mitvollziehen. Die Totenweihehandlung ist eigentlich ein Gebet an den Vater-Gott für diesen einen Menschen. Eine Fürbitte, daß das Licht der geistigen Welt ihm leuchten möge, daß das Wort der geistigen Welt ihm tönen möge, daß die geistige Kraft ihm zuteil werde, daß er in dieser anderen Welt leben könne.

A.K.: Können Sie die Entwicklungsrichtung der drei nachtodlichen Handlungen noch einmal zusammenfassen?

W. Gädeke: Man kann sagen: Es löst sich in den drei nachtodlichen Handlungen von dem Leiblichen über die Lebenskräfte zum Seelischen und Geistigen immer weiter auf. Es nimmt sozusagen die umgekehrte Richtung wie vor dem Tod.

Nachtodliche Erlebnisse

A.K.: Was erlebt der Verstorbene nach dem Tod?

W. Gädeke: Das erste ist das eigentliche Sterbeerlebnis, das Todeserlebnis, welches Moody vielfach beschrieben hat. Es geht soweit, daß viele Menschen, die wiederbelebt worden sind, schildern konnten, daß sie eine Lichtgestalt wahrnahmen, daß sie sich selber dem Leibe gegenüber als unabhängig schauten, daß sie den Leib unter sich liegen sahen und trotzdem ein Bewußtsein von sich selber hatten. Zusätzlich schauten sie ein Panorama ihres ganzen Lebens, wie in einem großen lebendig webenden Bild vor sich. Das nennt Rudolf Steiner das Lebenstableau. Es entsteht dadurch, daß die Lebenskräfte des Menschen, die sich vollständig aus dem Leibe herausgezogen haben, ihren eigenen Gesetzmäßigkeiten folgen. Alle Erinnerungen, die guten wie die schlechten, sind in diesem Lebenspanorama verzeichnet.

Diese drei Erlebnisse: das Hinblicken auf den abgelegten Leib, das Anschauen des eigenen Lebens in Bildern und das Schauen der Lichtgestalt, von der Rudolf Steiner sagt, daß es der Christus ist, der den Menschen empfängt, sind drei ganz großartige Erlebnisse. Ferner beschreibt Rudolf Steiner den Todesaugenblick als den schönsten und großartigsten, den ein Mensch überhaupt haben kann. Das weitere Erleben kommt bei Moody nicht mehr heraus, weil die Menschen nicht endgültig sterben und es insofern nicht erleben können, es sei denn, sie wären Eingeweihte. In diesem Lebenstableau lebt der Mensch ungefähr 3.1/2 Tage, einfach in dem Anschauen seines Lebens. Ein wenig kommt noch in diesen Moody-Schilderungen - soweit ich sie gelesen habe - heraus, daß nämlich die Frage an den Menschen herantönt: "Was bringst du eigentlich mit?" Aber das ist noch nicht unangenehm, das ist noch nicht schmerzlich. Erst nach den drei Tagen wird es sozusagen kritisch.

A.K.: Sind das die drei Tage, in denen die Aufbahrung stattfindet und das Antlitz sich noch verändert?

W. Gädeke: Ja. Das sind die drei Tage, in denen sich das Antlitz des Leichnams noch als lebendig zeigt. Wie gesagt, das ist nur ein Richtwert, das kann schon nach zwei Tagen vorbei sein, aber es kann auch vier Tage dauern. - Wir hatten hier in Kiel letztes Jahr eine alte Frau, die über 90 Jahre alt war, als sie verstarb, die sah auch am vierten Tag noch wie ein junges Mädchen aus und verbreitete keine Spur von Leichengeruch. Aus alten Legenden des Mittelalters kennt man dieses Motiv: "Von seinem Leichnam strömten Wohlgerüche aus." Das gibt es tatsächlich.

Nach drei Tagen verdämmert dieses Lebenstableau, und Rudolf Steiner schildert, daß das seinen Grund darin hat, daß die Lebenskräfte sich zu einem Großteil auflösen. Das ist gut und richtig, denn genauso wie sich der physische Leib auflöst, muß sich auch der Lebensleib auflösen. Wenn der Lebenskräfteorganismus sich nicht auflöst, dann kann das zu schwierigen Dingen im geistigen Leben führen, wie es auch in dem FLENSBURGER HEFT Nr.13, "Hexen, New Age, Okkultismus", beschrieben ist. - Aber danach ist der Mensch zunächst in einem Zustand weitgehender seelischer Finsternis und Dunkelheit. Dann beginnt die Zeit, die Rudolf Steiner das Kamaloka nennt, die man im Mittelalter das Fegefeuer nannte, in der die Seele gereinigt wird. Da erlebt sich die Seele ohne physischen Leib und ohne Lebenskräfte, rein als Seele. Das ist für den normalen Menschen sehr schmerzlich, weil wir uns erst daran gewöhnen müssen, daß wir keinen Leib haben. Alles, was uns durch den Leib vermittelt worden ist an schönen und angenehmen Dingen, aber auch häßlichen, ist vorbei, aber unser Verlangen nach einem guten Essen oder die Sehnsucht nach einer schönen Wahrnehmung bleiben bestehen.

A.K.: Das hat Dante grandios in der "Göttlichen Komödie" geschildert.

W. Gädeke: Ja, diese Entbehrungserlebnisse der Seele werden in der Literatur mehrfach geschildert. Und wie ein Feuer manchmal nicht zu löschen ist, und man es ausbrennen lassen muß, so brennt dieses Feuer des Begehrens nach Erlebnissen, die nur der Leib vermitteln kann, aus. Das ist das eine, und das andere sind Kälteerlebnisse, die dadurch entstehen, daß die Seele zunächst in einer gewissen Isolation ist, in einer gewissen Dunkelheit. Grundsätzlich ist es so, daß es Einsamkeits- und Dunkelheitserlebnisse sind, die entweder dadurch überwunden werden, daß von seiten der Seele Tätigkeiten und Erlebnisse im irdischen Leben stattgefunden haben, die ein Licht bringen können, oder dadurch, daß Menschen, die noch im Leibe leben, d.h. in der Sphäre der Freiheit, aus Liebe für den Verstorbenen etwas tun, zum Beispiel Fürbitte, einen Gottesdienst oder ein Begräbnis.

A.K.: Wie lange dauert die Kamaloka-Zeit ungefähr?

W. Gädeke: Die Kamaloka-Zeit dauert ungefähr ein Drittel des vergangenen Lebens. In dieser Zeit erlebt der Mensch von sich aus zunächst nur das, was sich als Notwendigkeit aus seinem vorherigen Leben ergibt, zum Beispiel daß er all das von der anderen Seite erlebt, was er getan hat. Also die Wirkungen seiner Taten auf andere Wesen, die erlebt er auf sich zukommend und nicht von sich ausgehend. Das ist sehr schmerzlich. In diesen ganzen Ereignissen kann eine Veränderung nur durch die im Leibe lebenden Menschen eintreten, die diesem Verstorbenen durch Verwandtschaft, Liebe und Freundschaft sowie durch das Schicksal verbunden sind. Wenn diese Menschen für ihn beten, wenn sie für ihn einen Gottesdienst halten, wenn sie ihm etwas vorlesen, dann kann das eine heilsame, eine kühlende oder wärmende Wirkung in seine Einsamkeit, in seine Dunkelheit bringen.

A.K.: Sie hatten gesagt, daß der Verstorbene einer Lichtgestalt, dem Christus, begegnet. Wie ist das gewesen, bevor der Christus selber in das Totenreich abgestiegen und durch es hindurchgegangen ist?

W. Gädeke: Also, wenn ich das jetzt richtig erinnere, trat auch ein geistiges Wesen an die Stelle, aber nicht der Christus. Die Menschen haben im Todesaugenblick immer eine Geistbegegnung gehabt, aber es war ein anderes Wesen.

A.K.: Die Griechen schilderten das Totenreich, den Hades, als Schattenreich. War das Erlebnis der Toten vor dem Durchgang des Christus durch den Tod anders als danach?

W. Gädeke: Ja, aber das bezieht sich im wesentlichen nicht auf den eigentlichen Todesaugenblick, der sich auch verändert hat, sondern auf die Zeit des Kamalokas, die war in der letzten Zeit vor dem Mysterium von Golgatha etwas, was das Neue Testament ein Gefängnis nennt, was die griechische Mythologie den Hades nennt, was im hebräischen Scheol, die Schattenwelt, heißt. Das alles ist der mythische Ausdruck für einen Zustand, in dem die Seele nicht eine volle Wirklichkeit ist, sondern sozusagen nur ein Schatten ihrer selbst. Da gibt es kein Bewußtseinslicht oder nur ein ganz abgedämpftes, ein Schattenbewußtsein, und es gibt keine Entwicklungsmöglichkeit. Die Verstorbenen können nichts tun, sie sind einfach gefesselt, unfrei. All diese mythologischen Ausdrucksweisen deuten ja auf das hin. Durch Christus ist wieder Licht und Bewegung, d.h. Entwicklungsmöglichkeit in diesen Bereich des seelischen Lebens nach dem Tode hineingekommen.

A.K.: Ich habe eine Aussage Rudolf Steiners dazu herausgesucht:

"Vor dem Erscheinen des Christus war es für die Seelen der fortgeschrittensten Menschen, die das tiefste Interesse für das Erdenleben sich angeeignet hatten, in der geistigen Welt so, daß wirklich der Ausspruch des Griechen darauf paßte: Lieber ein Bettler sein in der Oberwelt, als ein König im Reiche der Schatten. Denn einsam und in finsterer Umgebung fühlten sich die Seelen in der geistigen Welt, bevor das Ereignis von Golgatha eintrat. Die geistige Welt war damals nicht in ihrer ganzen lichtvollen Klarheit durchsichtig für die, die durch das Tor des Todes kommend, in sie hineinschritten. Ein jeder fühlte sich allein, sich in sich zurückgestoßen, wie eine Mauer war es aufgerichtet gegenüber jedem anderen. Und das wäre immer stärker und stärker geworden. Die Menschen hätten sich in ihrem Ich verhärtet, die Menschen wären völlig auf sich zurückgewiesen gewesen, keiner hätte die Brücke zu dem anderen gefunden. Die Menschen wären wieder verkörpert worden, und war der Egoismus vorher schon ein sehr großer, er wäre mit jeder neuen Inkarnation ungeheurer geworden." (Rudolf Steiner: Geisteswissenschaftliche Menschenkunde. GA 107, Dornach 1959, S.251 f.)

W. Gädeke: Das ist in unserer Zeit in gewissem Sinne auch noch so, besonders natürlich, wenn der Mensch im Erdenleben keine Verwandtschaft zu geistigen Dingen erbildet hat. Dann tritt auch heute noch große Einsamkeit und Finsternis ein.

A.K.: Können die Hinterbliebenen einem Verstorbenen helfen, wenn sie wissen, daß dem Verstorbenen Einsamkeit und Finsternis begegnen? Kann der Hinterbliebene ihn dann erreichen und ihm helfen?

Festesaugenblicke im nachtodlichen Leben

W. Gädeke: Ja, schon dadurch, daß man zum Beispiel jeden Tag - und sei es nur für eine Minute - liebevoll an diesen Verstorbenen denkt, und vielleicht ein Gebet für ihn spricht. Das ist so etwas wie eine Auflichtung seines Daseins. Rudolf Steiner sagt einmal: Das sind Festesaugenblicke im nachtodlichen Leben für den Verstorbenen. Ich füge jetzt noch hinzu: weil es Freiheitsaugenblicke sind. Denn der Mensch lebt sonst nur in den Konsequenzen seines Erdenlebens in Unfreiheit und Notwendigkeit, und daß ein Lebender für einen Verstorbenen betet, kann nur aus voller Freiheit geschehen, und die Freiheit, aus der es geschieht, geht sozusagen mit zu dem Verstorbenen hin. Dadurch kann etwas Neues in das nachtodliche Leben des Verstorbenen einziehen, was sonst nicht darinnen wäre.

A.K.: Was kann man außerdem noch für den Toten tun?

W. Gädeke: Rudolf Steiner hat eine ganze Reihe von Totensprüchen formuliert, also Totengebete. Unter ihnen kann man sich etwas aussuchen, was einem naheliegt, aber man kann auch andere Gebete für den Toten im Andenken, im Vorstellen des Toten sprechen. Man kann auch aus dem Neuen Testament für den Toten lesen, zum Beispiel - wie auch während der Aufbahrungszeit - aus dem Johannes-Evangelium, oder man kann ihm auch bestimmte geisteswissenschaftliche Texte vorlesen.

A.K.: Muß der Tote sich mit dem, was man ihm vorliest, schon während seines Lebens beschäftigt haben?

W. Gädeke: Nicht unbedingt. Das ist eine schwierige Frage, die man gar nicht mehr allgemein klären kann, die eigentlich eine mehr seelsorgerliche Frage ist. Wenn jemand etwas für einen Verstorbenen tun will, muß man herausfinden, was ihn am ehesten erreichen und ihn gleichzeitig fördern könnte. Man kann auch im Nachtodlichen einem Menschen langsam etwas beibringen. Aber das kann zunächst nur einer, der mit diesem Menschen schicksalsmäßig verbunden ist. Es kann auch sein, daß man einem Verstorbenen erst einmal nur Märchen vorlesen kann.

A.K.: Die haben ja auch geistige Inhalte.

W. Gädeke: Ja, und vielleicht hatte der Verstorbene dafür einen Sinn. Es kann auch sein, daß man ihm zunächst gar nicht vorlesen, sondern nur in einer ganz einfachen Form für ihn beten kann, damit dem Engel dieses Menschen gewisse Seelenkräfte, zum Beispiel Liebe und Freiheit, zugeatmet werden.

A.K.: Kann man folgende Unterscheidung machen: Wenn ich vorlese, lese ich dem Toten direkt vor, während sich das Gebet an den Engel des Toten wendet?

W. Gädeke: Sicher, aber die beiden sind dann natürlich viel näher beieinander als im Leben. Ich meine, beten kann man auf jeden Fall für einen Menschen. So wie diese Totensprüche von Rudolf Steiner gebildet sind, kann man sich eigentlich nicht vorstellen, daß es auch nur einen gibt, den sie nicht erreichen.

A.K.: Erreicht das Gebet den Engel auf jeden Fall?

W. Gädeke: Den Engel auf jeden Fall, aber mit dem Vorlesen wäre ich etwas vorsichtiger, das gilt auch für das Neue Testament und anthroposophische Inhalte, aber das Gebet erreicht den Verstorbenen auf jeden Fall.

A.K.: In welchem Zeitraum kann man das Gebet an den Engel des Toten richten?

W. Gädeke: Auf jeden Fall nach der Bestattung durch viele Jahre. Ich würde sagen: etwa ein Drittel der Lebenszeit, solange wie das Kamaloka normalerweise dauert. Es gibt darüber sehr eindrucksvolle Berichte. Ich habe ein Buch von einer süddeutschen Prinzessin: "Zwischen Himmel und Hölle". Sie war ein bißchen hellsichtig und schildert, wie sie die Verstorbenen erlebt und für sie gebetet hat. Weil sie für Verstorbene gebetet hat, kamen auch solche, die sie kaum oder gar nicht gekannt hat. Die hat sie zuerst in einem fürchterlichen Zustand erlebt, in traumvisionsartigen Bildern. Wenn sie mit ihnen gebetet hat, haben sie sich im Laufe der Zeit aufgelichtet, bis dann ein Moment kam, in dem der Verstorbene sich verabschiedete und zu erkennen gab, daß er nun weitergehen könne.

A.K.: Also jemand, der intensiv mit seinen Toten zusammenlebt, merkt, wenn der Tote den Bereich, in dem er erreichbar ist, verläßt?

W. Gädeke: Ich meine schon, daß man, auch ohne hellsichtig zu sein, soweit wie diese Prinzessin kommen kann, so daß man merkt: ja, jetzt ist es vielleicht genug.

A.K.: Sie sprachen eben von dem Gebet in der Zeit nach der Bestattung. Wie ist es in den drei bis vier Tagen vor der Bestattung?

W. Gädeke: Beten kann man natürlich immer, aber das ist eine Sondersituation.

A.K.: Inwiefern?

W. Gädeke: Insofern als nicht nur die Seele, sondern auch von dem Lebenskräfteleib noch etwas vorhanden ist. Es ist eine andere Situation und deswegen wird dann oftmals das Evangelium gelesen.

Ist die Aufbahrung sinnvoll?

A.K.: Es war wohl auch in der Tradition Schleswig-Holsteins üblich, daß der Tote drei Tage aufgebahrt und beim Leichnam die Totenwache gehalten wurde. Ist die Aufbahrung bloß eine Sitte oder hat sie einen Sinn für den Toten bzw. die Hinterbliebenen?

W. Gädeke: Ich würde sagen, daß es für beide einen Sinn hat. Darüber haben wir in der Christengemeinschaft noch nicht ganz klare Begriffe ausgebildet. Aber wir wissen, daß wir darüber arbeiten müssen: Was ist der eigentliche Sinn dieser Aufbahrung? Einerseits ist klar, daß sie eine Bedeutung hat, weil der ätherische Leib des Menschen noch in der Nähe des physischen ist, d.h. es hat einen Sinn, diese Nähe aufzusuchen. Zweitens hat es ganz gewiß einen Sinn für die Hinterbliebenen, daß sie sich diesem genannten Vorgang aussetzen, daß sie nicht, wie das heute in der Zivilisation üblich ist, Geburt und Tod aus dem Wahrnehmungsfeld eliminieren und tabuisieren. Daß man sich dem Todeseindruck wirklich aussetzt, hat eine ungeheure Bedeutung. Also von daher hat jede Aufbahrung ganz bestimmt für die Hinterbliebenen immer einen Sinn. Es gibt heute natürlich auch Fälle, in denen keine Aufbahrung möglich ist.

A.K.: Hat die Aufbahrung auch für den Verstorbenen einen Sinn? Im Tibetanischen Totenbuch wird zum Beispiel gesagt, daß für den Verstorbenen gelesen werden sollte, auch bei dem Leichnam, damit die Dämonen an diesen Leichnam nicht herankommen können.

W. Gädeke: Ich kann mir schon denken, daß das richtig ist. Auf der anderen Seite kann eine Aufbahrung auch zum Spektakel werden, und da fragt man sich, ob der Tote dann in seiner Rückschau nicht eher behindert wird. Aber wenn man ihm in seine Lebensrückschau hinein vorlesen kann, zum Beispiel aus dem Neuen Testament, wenn er in seinem Gesamtwesen eine Aufnahmefähigkeit dafür hat, weil er das schon im irdischen Leben aufgenommen hat, dann webt man sozusagen in dieses Rückblick-Erleben die Bilder des Evangeliums mit ein. Das hat sicher eine ganz wesentliche Bedeutung. Für mich ist es tatsächlich eine offene Frage: Wenn jemand aufgebahrt ist, der mit geistigen Dingen absolut nichts zu tun haben wollte, kann man dem das Evangelium vorlesen? Vielleicht sollte man es auch gerade tun. Aber wir haben natürlich auch nicht soviel mit solchen Menschen zu tun. Deswegen bin ich da auch unsicher und würde jetzt nicht absolute Dinge darüber sagen wollen.

A.K.: Aber Sie würden sagen, daß, wenn ein Mensch ein religiöses Leben geführt hat, es sinnvoll ist, ihm während der Aufbahrung vorzulesen, um ihm dadurch vielleicht den Lebensrückblick oder auch den Übergang in das neue Lebensgebiet zu erleichtern?

W. Gädeke: Ja, aber das muß nicht ständig und dauernd sein.

A.K.: In Ostpreußen - so habe ich gehört - hat man diese 72 Stunden mit Wachablösung durchgelesen.

W. Gädeke: Ab und zu hat es dies auch in der Christengemeinschaft gegeben; aber das wäre durchaus zu befragen. Wie gesagt, darüber sind wir noch nicht so ganz im klaren miteinander und die gemeinsamen Erfahrungen sind noch nicht genügend aufgearbeitet und ausgetauscht. Daran arbeiten wir gerade, auch im Zusammenhang mit der Erstellung von Aufbahrungsräumen usw. Und da wir im Moment keinen Eingeweihten haben, der uns diese offene Frage klipp und klar beantworten kann, sind wir auf unsere anfänglichen eigenen Erfahrungen angewiesen, und das ist natürlich etwas mühsam.

A.K.: Haben Sie in Kiel in der Kirche einen Aufbahrungsraum?

W. Gädeke: Ja.

A.K.: Wie wird der von den Gemeindemitgliedern angenommen?

W. Gädeke: Während des Gespräches, ob wir den Aufbahrungsraum später oder früher bauen sollten, wurde ganz dringend gebeten, ihn gleich zu bauen. Wir haben in den drei Jahren, seitdem die Kirche steht, einige Aufbahrungen erlebt, und das war immer sehr befriedigend gegenüber dem, was sonst in diesen drei Tagen geschieht. Besser als in der Friedhofskapelle, im Krankenhauskeller oder im Gefrierfach der Gerichtsmedizin ist es allemal.

A.K.: Das ist sicherlich auch nicht so schwer.

W. Gädeke: Eben.

A.K.: Die Aufbahrung ist, wie Sie sagten, auch für die Hinterbliebenen bedeutsam, weil sie wirklich den Abschied vollziehen. Der Beerdigungsunternehmer Berg sagt im vorhin bereits erwähnten Interview, daß die Menschen heute immer häufiger den Tod verdrängen und ihn nicht erleben und gestalten, sondern sich passiv verhalten, und dann kommt nach einigen Wochen der Schock darüber, daß der Verstorbene tatsächlich tot ist.

W. Gädeke: Ja, in diesem Zusammenhang eine Kleinigkeit: Es ist mir sehr sinnvoll erschienen, daß man entweder Erde oder Tannengrün und Blumen in das Grab hinunter auf den Sarg wirft, eine Sitte, die ich nicht kannte, weil ich sie nicht erlebt hatte, die aber hier doch sehr verbreitet ist. Ich habe mich gefragt: was soll das eigentlich?, und habe mir dann gedacht: zu dem, was unvermeidlich ist, nämlich daß der Leichnam in die Erde kommt und wieder zu Erde wird, leisten die Angehörigen selber einen Beitrag. Sie vollziehen das Unvermeidliche, und das ist etwas unglaublich Heilsames. Das hatten wir als Motiv auch schon, als wir über das Sterben-Üben sprachen: das Unvermeidliche selber tun und sei es nur in kleinen Schritten. So streuen die Angehörigen die Erde selber auf den Sarg, d.h. sie vollziehen das aktiv, was sowieso geschehen muß. Darin liegt ein Teil dessen, was man heute Trauerarbeit nennt.

A.K.: Könnte man also sagen, daß die ganze Bestattung für die Hinterbliebenen einen Bildcharakter hat, der für die Trauerarbeit wichtig ist?

Begleitung der Toten

W. Gädeke: Ja.

A.K.: Ich möchte noch näher auf die Begleitung der Toten eingehen. Wie ist es mit einem Toten, den man mehrere Jahre lang vergessen und nicht beachtet hat, kann man zu diesem noch Kontakt aufnehmen?

W. Gädeke: Ja, in der Regel kann man sicher sagen, daß das möglich ist, und das bezieht sich auch auf die ersten Jahre nach dem Tod. Wenn man einen Menschen im Leben gekannt hat, wenn man eine Beziehung zu ihm hatte, und je mehr man sie hatte, desto intensiver kann man das auch nach dem Tode aufbauen.

A.K.: Rudolf Steiner drückt das so aus, daß der Tote nicht direkt hört, was man ihm vorliest, sondern nur über die seelische Verbindung wahrnehmen kann, die zwischen den beiden Menschen bestanden hat:

"In diese Welt zieht der Tote ein, aber er ist so beschäftigt in der Weise, wie wir es vorher besprochen haben, daß er nur auf dem Umweg durch sein früheres Leben einen Zusammenhang gewinnen kann mit dem, was in seiner geistigen Umgebung ist. Ich möchte ein Beispiel

Alfred Rethel: Der Tod als Erwürger (1847/48)

Alangeben: Jemand geht durch die Pforte des Todes. Er lebt in der Zeit des Sichherausfindens aus dem letzten Erdenleben. Ein Mensch, den er geliebt hat, ist noch im physischen Leibe. Derjenige nun, der noch in dem Stadium des jetzt besprochenen Erlebens nach dem Tode ist, kann nicht unmittelbar auf die im physischen Leibe lebende Seele schauen, aber es findet gleichsam eine Art von Umschaltung statt: im letzten Erdenleben haben wir den Menschen geliebt. Auf diese Liebe nun bicken wir hin. Auf dem Umweg durch die Liebe können wir den Weg finden zu einer Seele, die noch auf der Erde ist. Ebenso müssen wir auch den Weg finden zu einer Seele, die in der geistigen Welt mit uns schon lebt." (Rudolf Steiner: Inneres Wesen des Menschen und Leben zwischen Tod und neuer Geburt. GA 153, Dornach 1959, S.47).

W. Gädeke: Der Tote hat keine irdischen Ohren mehr. Aber was sich in unserer Sprache seelisch-geistig formt, das kann dann der Tote auf dem Umweg der Liebe vernehmen, wenn wir diese seelisch-geistige Beziehung unsererseits zu ihm aufbauen.

A.K.: Wie und wann macht man das? Muß man sich den Toten vorher vorstellen? Oder ist alles, was ich lese, für die Menschen, die mit mir im Leben verbunden waren und jetzt tot sind, von Bedeutung?

W. Gädeke: Nun, es kommt darauf an. Die Toten haben eine unterschiedliche Möglichkeit, von sich selber aus zu den Lebenden in Beziehung zu treten. Das größere Hindernis sind aber die Lebenden, die sich den Toten gegenüber nicht öffnen. Es ist schon eine gewisse Zuwendung, eine gewisse Öffnung der Seele zu dem Verstorbenen hin notwendig, indem man sich zum Beispiel ganz konkret sein Wesen vorstellt, wie es sich im Irdischen ausgedrückt hat, zum Beispiel: Wie hat er ausgesehen? Wie hat er gesprochen? Wie hat er sich bewegt?

A.K.: Also nicht mittels eines Fotos?

W. Gädeke: Ein Foto kann da auch hilfreich sein, aber das Wesentliche ist nicht die Leibesgestalt, sondern das, was sich in der Leibesgestalt ausspricht. Wenn wir einem Menschen gegenübertreten, dann sehen wir auch irgendwelche Materiepartikelchen und hören irgendwelche Luftschwingungen aus seinem Mund herauskommen, aber das Wesentliche ist doch, was sich in seiner Physiognomie, in seiner Gestik, in seinen Worten, in seinen Handlungen als Wesen ausspricht oder worauf dieses alles als sein Wesen deutet. Die Vorstellungen, die man sich von einem Verstorbenen vergegenwärtigt, auch bedeutungsvolle Situationen seines Lebens, sind sozusagen die Brücke oder das Hilfsmittel, mit dem man sich dem Wesen des Verstorbenen zu nähern sucht.

A.K.: Sie sagten, daß die Toten die Sprache nicht direkt verstehen. Was verstehen sie dann?

W. Gädeke: Äußerlich verstehen sie die Sprache nicht, aber die Sprache ist ja nicht nur ein äußerer Vorgang. Sie verstehen die seelische Bewegung, die der Sprache zugrunde liegt.

A.K.: Sie sprachen bereits davon, daß die Lebenden die Toten behindern können. Es gibt ein Märchen der Brüder Grimm: "Das Totenhemdchen". Die Mutter weint über das verstorbene Kind und das Kind erscheint der Mutter in der Nacht, weil das Totenhemd naß wird und es nicht zur Ruhe kommen kann. Ist dies ein Bild für eine solche Behinderung?

W. Gädeke: Genauso wie positive, fürbittende Gedanken und Tätigkeiten dem Toten hilfreich sein können, so können auch egoistische Trauergefühle - "Ach wärst du doch nicht gestorben! Bleib doch bei mir!" usw., also der Wunsch, daß der Tote wieder physisch-irdisch lebendig sein möge - den Toten natürlich belasten. Dieses Märchen ist ein schöner Ausdruck dafür, daß eine solche Belastung gegeben sein kann, denn nicht nur das Positive wirkt, das Negative wirkt auch.

A.K.: Kann man das so ausdrücken, daß dann die Hinterbliebenen den Verstorbenen nicht von der Erde weggehen lassen?

W. Gädeke: Das könnte man so sagen. Sie halten ihn sozusagen seelisch durch ihr Begehren fest. Denn "Ich will, daß du noch da bist" ist ja ein Begehren, ein Festhalten, ein Ansichklammern.

Das Aufräumen des Nachlasses - eine Hilfe für den Toten

A.K.: Sie sprachen vorhin auch von dem Aufräumen des Nachlasses. Kann das dem Toten helfen oder ihn eventuell auch behindern?

W. Gädeke: Es wird ihm helfen. Ich weiß nicht, ob ich mich da auf Rudolf Steiner stützen kann, aber die Male, bei denen ich das erlebt und selber mitgetan habe, beeindruckte mich das sehr. Es ist oft so, daß ein alter Mensch mit seinen irdischen Dingen nicht mehr zurechtkommt und auch keine Hilfe annehmen kann oder will. Dann bleibt nach dem Tode einiges übrig, was nicht so bleiben kann, was aufgeräumt werden muß: die Wohnung, die alten Kleider, die alten Papiere und die anderen Hinterlassenschaften. Wichtig wäre natürlich, daß jeder Mensch, so gut er kann, das vor dem Tod selber ordnet. Es gibt Menschen, die für ihren Todesfall alles geordnet haben, aber wenn das aus irgendwelchen Gründen nicht geschehen konnte, dann habe ich den Eindruck, daß es für den Toten eine Erleichterung ist, erleben zu können, daß man den Wust, durch den der Verstorbene während seiner letzten Lebenszeit nicht mehr durchgekommen ist, klärt, das Unwichtige dem Müllcontainer oder dem Ofen übergibt und das Erhaltenswerte vielleicht an bestimmte Menschen verschenkt. Ich habe das immer, so gut ich konnte, in den ersten drei Tagen bis zur Bestattung getan.

A.K.: Warum?

W. Gädeke: Weil ich das Gefühl hatte - das ist jetzt ganz subjektiv, ich weiß nicht, was Rudolf Steiner dazu sagen würde -, daß diese Aufräumarbeit heilsam ist, damit die Seele den Übergang nach dem dritten Tag ins reine Seelenleben möglichst unbelastet vollziehen kann. Ich habe das Gefühl, daß der Verstorbene an seine Hinterlassenschaft gefesselt ist, wenn sie nicht liebevoll aufgelöst wird. Ich halte es für einen ganz wesentlichen Totendienst, so banal das auch klingt, wenn man liebevoll ersetzt, was der Verstorbene nicht mehr hat tun können.

A.K.: Kann es für die Hinterbliebenen darüber hinaus auch eine Hilfe in der Trauerarbeit sein?

W. Gädeke: Ja, das ist aber der Nebeneffekt. Ich möchte es gerne von der anderen Seite her gesehen wissen, daß man nämlich etwas für den Toten tut. Es gibt im "Faust" ein schönes Wort dafür. Am Ende, wenn Faust stirbt und die Engel sein Unsterbliches holen, sagen sie: "Uns bleibt ein Erdenrest zu tragen peinlich und wär er aus Asbest. Er ist nicht reinlich." Da ist natürlich nicht der obengenannte Erdenrest gemeint, sondern die Erdenreste, die der Seele anhaften, die der Verstorbene nicht mehr aufarbeiten kann, was dann die Engel machen müssen. Aber es gibt auch den irdischen Erdenrest in Form der Hinterlassenschaft, und was da manchmal zutage kommt, kann sehr peinlich und gar nicht reinlich sein. Wenn man das auflöst, dann tut man etwas, was den Toten ganz sicher von Bleigewichten befreit, die er sonst als Seele an sich tragen würde, denn es ist ja *seine* Unordnung, *sein* nicht geschafftes Leben.

A.K.: Etwas Entsprechendes beschreibt Rainer Maria Rilke in dem Requiem auf Paula Modersohn-Becker sehr eindringlich, und er fragt die Tote, was er für sie tun kann oder soll. Haben Sie ähnliches von Menschen im Seelsorgegespräch gehört, daß die Toten zurückkommen und um etwas bitten, was sie noch getan wissen wollen?

W. Gädeke: Grundsätzlich gibt es das, daß die Hinterbliebenen von dem Verstorbenen etwas erleben, sei es in einer Ahnung, sei es auch in einem starken Anwesenheitsgefühl oder dann im Traum, oder sogar in einer visionsartigen Erscheinung im Wachen. Also das gibt es schon. Aber ich habe jetzt kein Beispiel im Bewußtsein, bei dem nun der Tote den Lebenden unmittelbar bittet, etwas ganz Bestimmtes für ihn zu tun. Bei der süddeutschen Prinzessin, von der ich vorhin sprach, kamen die Verstorbenen und waren oftmals zu Anfang überhaupt nicht in der Lage, ihren Willen oder Wunsch zu artikulieren. Aber das kann es sicher auch geben.

Was wollen die Toten für uns tun?

A.K.: Kommt es auch vor, daß die Toten als Ratgeber da sind, oder daß man den Eindruck hat, eine Familie, die einen Toten begleitet, gewinnt dadurch ein ganz neues Gewicht?

W. Gädeke: Ja, das beinhaltet eigentlich die Frage: Was wollen die Toten für uns tun?

A.K.: Ja!

W. Gädeke: Auch darüber hat Rudolf Steiner sich geäußert, und ich glaube schon, daß man das Gefühl haben kann, wenn man für die Toten etwas tut, wenn man sich in diesen Bereich hinein öffnet, daß dann auch etwas zurückkommt. Es ist natürlich gefährlich, das auszusprechen, weil es so leicht den Egoismus des Menschen anregt: "Ach jetzt tue ich etwas für die Toten" usw. Aber daß die Toten uns auch etwas zukommen lassen wollen, das ist ganz sicher richtig. Es gehört auch in die Grundüberzeugung des Urchristentums, daß die Toten die Helfer in unseren geistigen Bemühungen sind. Nicht umsonst hat man den christlichen Gottesdienst über den Gräbern vollzogen, nicht umsonst ist in der katholischen Messe immer die Anrufung der Heiligen, d.h. der hervorragenden Toten, vorhanden. Aber es geht nicht nur um die Heiligen, an den entsprechenden Stellen in der Menschenweihehandlung geht es letztlich um alle Verstorbenen.

Wenn man ein Verhältnis zu den Toten pflegt - so sagt Rudolf Steiner -, kann das die Wirkung haben, daß man einfallsreicher und ideenreicher in bezug auf die geistige Welt wird, daß man geistesgegenwärtig, schöpferisch wird. Denn schöpferisch werden heißt in der Sprache der "Theosophie", sich öffnen können für die vierte Region des Geisterlandes, die im dritten Kapitel beschrieben ist. Und in diese Richtung muß man sich auch bewegen, wenn man für die Verstorbenen etwas tun will. Daß die Verstorbenen ihrerseits das Bedürfnis haben, an den Erdenverhältnissen weiterhin mitzuwirken, ist auch eine Wirklichkeit. Das können sie aber nur durch die Lebenden, denen können sie aber nur etwas in die Seele geben, denn sie können denen kein Goldstück vor die Füße werfen.

A.K.: Die Verstorbenen begegnen im Nachtodlichen auch den Seelen, die sich inkarnieren wollen, den Ungeborenen. Welche Bedeutung hat diese Begegnung? Kann man sagen, daß die Toten den Ungeborenen etwas mitteilen, ihnen etwas mitgeben auf ihren Erdenweg?

W. Gädeke: Damit habe ich mich nicht so sehr beschäftigt. Daß eine Begegnung stattfindet, ist ganz klar, und daß die Verstorbenen den Ungeborenen etwas mitzuteilen haben, ist mir auch deutlich, aber dazu könnte ich jetzt nichts Näheres sagen. Es ist wohl so, daß die Verstorbenen den ungeborenen Seelen eine Art Situationsbeschreibung der Erde liefern.

A.K.: Da frage ich mich, was das wohl für ein Erlebnis für die Nachkriegsgeneration war, den Millionenheeren der Toten zu begegnen!?

W. Gädeke: Ich will nicht spekulieren, aber daß da bestimmt noch sehr viel mehr geschieht, als wir normalerweise denken, davon kann man ausgehen. Es hat nur keinen Sinn, sich das auszudenken, sondern man muß es schon dem Geistesforscher überlassen, das genau zu erforschen, und dann kann es einem einleuchten. Es ist sowieso auf diesem ganzen Gebiet gefährlich, daß man leicht ins Spekulieren gerät. Vieles von dem, was wir besprochen haben, erscheint ja sowieso vielen Menschen heute als reine Spekulation.

Es gibt noch viel zu tun auf diesem Felde

A.K.: Etwas ganz anderes möchte ich zum Abschluß noch ansprechen. Ein Kollege von Ihnen sagte einmal in einem Vortrag etwa folgendes: Das Osterereignis könnten wir heute nur bis zum Karfreitag wirklich mitvollziehen. Das weitere Geschehen, also der Durchgang des Christus durch den Tod und die Auferstehung könnten wir heute noch gar nicht voll erfassen. - Das spiegelt sich auch ein wenig in unserem Gespräch wieder. Bis zum Zeitpunkt des Todes konnten wir noch recht genaue Worte finden, doch bei allem, was über den Tod hinausgeht, war es schwieriger. Sie wiesen darauf hin, daß bei der Aussegnung im Indikativ, bei der Bestattung im Konjunktiv gesprochen wird. Angesichts des Todes überwiegen heute Trauer und Verzweiflung. Ostern, die Auferstehungs-Tatsache nach dem Durchgang durch den Tod, wird der Pfarrer den Hinterbliebenen wahrscheinlich häufig als Ausblick geben. Sie ist uns nicht so selbstverständlich wie die Tatsache des Todes.

W. Gädeke: Ja, daran spiegelt sich, daß wir noch auf dem Wege sind, Christen zu werden, daß wir nur einen Teil erfassen können, daß wir den menschlichen Teil sehen können, den Jesus am Kreuz und sein Leiden. Aber Paulus hat schon ausgesprochen, daß die Auferstehung das Wichtige ist, und wenn wir nicht an die Auferstehung glauben könnten, dann sei unser ganzer Glaube unnütz und vergeblich. Die Tat der Auferstehung, d.h. der zweite Teil des Mysteriums von Golgatha, der nach dem kommt, was man noch sinnlich erleben konnte, ist noch weitgehend Aufgabe, das stimmt schon.

Die Christen haben zu allen Zeiten gesagt: er ist für uns gestorben. Er ist Mensch geworden und hat sogar das Schicksal des Todes auf sich genommen und ist durch den Tod hindurchgegangen zu neuem Leben. Das ist das Zentrale des Christentums, aber man sieht auch an der Tatsache, die Sie eben beschrieben haben: Wir sind noch nicht so weit, daß wir das voll erleben und voll überschauen können, und bewegen uns tastend voran, dem immer näher zu kommen. Daß da noch vieles zukünftig ist, besonders was unsere Erlebnisfähigkeit auf diesem Felde angeht, das ist ganz sicher. Also, es gibt noch viel zu tun auf diesem Felde.

Das Totenhemdchen

Ein Märchen nach den Brüdern Grimm

Es hatte eine Mutter ein Büblein von sieben Jahren, das war so schön und lieblich, daß es niemand ansehen konnte, ohne ihm gut zu sein, und sie hatte es auch lieber als alles auf der Welt. Nun geschah es, daß es plötzlich krank ward, und der liebe Gott es zu sich nahm; darüber konnte sich die Mutter nicht trösten und weinte Tag und Nacht. Bald darauf aber, nachdem es begraben war, zeigte sich das Kind nachts an den Plätzen, wo es sonst im Leben gesessen und gespielt hatte; weinte die Mutter, so weinte es auch, und wenn der Morgen kam, war es verschwunden. Als aber die Mutter gar nicht aufhören wollte zu weinen, kam es in einer Nacht mit seinem weißen Totenhemdchen, in welchem es in den Sarg gelegt war, und mit dem Kränzchen auf dem Kopf, setzte sich zu ihren Füßen auf das Bett und sprach: "Ach Mutter, höre doch auf zu weinen, sonst kann ich in meinem Sarge nicht einschlafen, denn mein Totenhemdchen wird nicht trocken von deinen Tränen, die alle darauf fallen." Da erschrak die Mutter, als sie das hörte, und weinte nicht mehr. Und in der andern Nacht kam das Kindchen wieder, hielt in der Hand ein Lichtchen und sagte: "Siehst du, nun ist mein Hemdchen bald trocken, und ich habe Ruhe in meinem Grab." Da befahl die Mutter dem lieben Gott ihr Leid und ertrug es still und geduldig, und das Kind kam nicht wieder, sondern schlief in seinem unterirdischen Bettchen.

Durchleuchtete Erde

INTERVIEW MIT FRANK TEICHMANN
von Klaus-Dieter Neumann

Frank Teichmann, *geboren 1937, Dipl.-Ing. für Flugzeugbau, Studium der Agyptologie und Klassischen Altertumswissenschaften, 1968-72 Forschungsstipendium am Max Planck-Institut für Strömungswissenschaften in Göttingen, seit 1972 Leiter des Anthroposophischen Studien-Seminars in Stuttgart. Buchveröffentlichungen zu Themen der Kulturgeschichte der Menschheit.*

Das Verhältnis des Menschen zum Tod und zum Leben nach dem Tod war in der Menschheitsgeschichte erheblichen Wandlungen unterworfen. Das Gespräch mit Frank Teichmann - Autor u.a. der bisher dreibändigen Reihe "Der Mensch und sein Tempel" (siehe dazu auch die Buchbesprechung in diesem Heft) und Herausgeber des Rudolf Steiner Thementaschenbuches "Das Leben nach dem Tod" - spannt anhand einiger kulturgeschichtlicher Beispiele einen Bogen von prähistorischen Zeiten bis zur Gegenwartsaufgabe der Verwandlung des Denkens. Dabei klingt immer wieder ein Grundmotiv an, das als Beweggrund der Menschheitsentwicklung den Boden bereitet: die durchleuchtete Erde.

Wie der Tod in die Welt kam - Das Essen vom Baum der Erkenntnis

Klaus-Dieter Neumann: Im 1. Buch Mose, 3. Kapitel, ist bildhaft beschrieben, wie infolge des Sündenfalls der Tod in die Welt kam. Dort heißt es in Vers 17-19:

"Und zu Adam sprach er: Dieweil du hast gehorcht der Stimme deines Weibes und gegessen von dem Baum, davon ich dir gebot und sprach: Du sollst nicht davon essen, - verflucht sei der Acker um deinetwillen, mit Kummer sollst du dich darauf nähren dein Leben lang. Dornen und Disteln soll er dir tragen, und sollst das Kraut auf dem Felde essen. Im Schweiße deines Angesichts sollst du dein Brot essen, bis daß du wieder zu Erde werdest, davon du genommen bist. *Denn du bist Erde und sollst zu Erde werden.*"

Was kann man mit dieser Schilderung verbinden?

Frank Teichmann: Wenn wir im Bilde bleiben, ist ja der Bezug zum Gebot Gottes gegeben, das im 2. Kapitel ausgesprochen wird:

"Und Gott der Herr gebot dem Menschen und sprach: Du sollst essen von allerlei Bäumen im Garten, aber von dem Baum der Erkenntnis des Guten und Bösen sollst du nicht essen; denn welches Tages du davon issest, *wirst du des Todes sterben.*" (1. Mose 2, 16,17)

Der Auslöser des Sündenfalls ist die Verführung durch die Schlange und das Brechen dieses Gebotes, das heißt *das Essen vom Baum der Erkenntnis*; aber die Schlange sprach zum Weibe: "Ihr werdet mitnichten des Todes sterben, sondern Gott weiß, daß, welches Tages ihr davon esset, so werden eure Augen aufgetan, und werdet sein wie Gott und wissen, was gut und böse ist." (1. Mose 3, 4,5)

Das Todeserlebnis wird also durch die Aneignung des Erkenntnisvermögens eingeleitet. So wird auch in den nachher zu besprechenden Kulturen der Menschheit der Tod und das Todeserlebnis immer im Zusammenhang mit dem Erkenntnisvermögen und dem Erkenntnisvorgang gesehen. Ohne die Erlangung des Denkens - dies ist nur *ein* Aspekt der komplexen Vorgänge des im Alten Testament geschilderten Sündenfalls - wäre der Tod nicht in dieser einschneidenden Weise in die Welt gekommen, wie er fortan dem erwachenden erkennenden Bewußtsein erlebbar wurde. Die Aneignung der Erkenntnis führt aus dem Paradies hinaus, und der in die Welt eintretende Tod ist gewissermaßen der Preis dafür, daß der Mensch in der Sonderung des Erdenlebens Erkenntnis - des Guten und des Bösen - haben kann. Aus dem paradiesischen Leben in der Übereinstimmung fällt der Mensch heraus, indem er sich diesem Leben in einem Bewußtseinsakt erkennend entgegensetzt und er dadurch auch seiner selbst bewußt wird.

K.-D.N.: Ein anderes Bild von dem, wie der Tod in die Welt kam, gibt eine manichäische Legende. Rudolf Steiner referiert:

"Da wird erzählt, daß einstmals die Geister der Finsternis anstürmen wollten gegen das Lichtreich. Sie kamen in der Tat bis an die Grenze des Lichtreiches und wollten das Lichtreich erobern. Sie vermochten aber nichts gegen das Lichtreich. Nun sollten sie ... bestraft werden von dem Lichtreich. Aber in dem Lichtreich gab es nichts irgendwie Böses, sondern nur Gutes. Also hätten die Dämonen der Finsternis nur mit etwas Gutem bestraft werden können. Was geschah also? Es geschah folgendes. Die Geister des Lichtreiches nahmen einen Teil ihres eigenen Reiches und mischten diesen in das materielle Reich der Finsternis hinein. Dadurch, daß nun ein Teil des Lichtreiches vermischt wurde mit dem Reich der Finsternis, dadurch sei in diesem Reich der Finsternis gleichsam ein Sauerteig, ein Gärungsstoff entstanden, der das Reich der Finsternis in einen chaotischen Wirbeltanz versetzte, wodurch es ein neues Element bekommen hat, nämlich den Tod. So daß es sich fortwährend selbst aufzehrt und so den Keim zu seiner eigenen Vernichtung in sich trägt.

Weiter wird erzählt, daß dadurch, daß dies geschehen ist, gerade das Menschengeschlecht entstanden sei. Der Urmensch sei eben gerade das, was vom Lichtreich her gesendet worden sei, um sich mit dem Reich der Finsternis zu vermischen und das, was im Reich der Finsternis nicht sein soll, zu überwinden durch den Tod; es in sich selbst zu überwinden." (Rudolf Steiner: Die Tempellegende und die Goldene Legende. GA 93, Dornach 1979, S.70 f. Siehe dort auch den Hinweis auf S.314 ff.)

Worin liegt diese Überwindungskraft?

F. Teichmann: Beziehen wir diese Legende auf den Gegenwartsmenschen - das wäre eine Deutungsmöglichkeit -, dann können wir fragen, welche Fähigkeiten und Kräfte der Mensch in sich trägt, die aus diesem Lichtreich stammen und die er sich als solche im Erdenleben zum Bewußtsein bringen kann. Hätten Sie die Frage im Mittelalter gestellt, etwa den großen Lehrern von Chartres, dann hätten diese die Antwort noch ganz eindeutig zu geben gewußt. So sagt zum Beispiel Alanus ab Insulis im "Anticlaudian" - und damit schließt er an schon ältere Bestrebungen an -, daß die Ratio, die Denkfähigkeit, es sei, die von Gott stamme, um den Menschen auf Erden zu erleuchten. Er kann sie dann nutzen und sie durch methodisches Üben (zum Beispiel durch das Studium der sieben freien Künste) zur Weisheit verwandeln. Dadurch kann der Menschengeist dann bis in jene Reiche aufsteigen, in denen die Engel leben. Auf der einen Seite hat also die Aneignung der Erkenntnisfähigkeit den Tod zur Folge, auf der anderen Seite kann der Mensch aber im Laufe der Entwicklung durch die Verwandlung der intellektuellen Fähigkeit, die aus dem Lichtreich stammt, wiederum in eine Beziehung zu Gott treten.

Kulturgeschichtliche Wandlungen im Erleben des Todes

K.-D.N.: Warum haben sich im Laufe der Menschheitsentwicklung in den verschiedenen Kulturen auch unterschiedliche Todesvorstellungen, Schilderungen des Nachtodlichen, verschiedene Kultgebräuche usw. ausgebildet?

F. Teichmann: Weil diesen verschiedenen Ausprägungen auch unterschiedliche Todeserlebnisse und Erlebnisse des Nachtodlichen zugrunde liegen. Dieses unterschiedliche Erleben hängt mit der allgemeinen Ausrichtung einer Kultur und der sie prägenden bewußtseinsmäßigen Voraussetzungen zusammen. Je nachdem, wie sich das Leben in einer Kultur gestaltet, prägt dieses auch das Erleben des Todes und des Nachtodlichen. Um es zu verdeutlichen: Wenn ich mein ganzes Leben lang danach gestrebt habe, ein Held zu sein, möglichst viele Feinde im Kampf zu besiegen - oder um es kraß zu sagen: umzubringen -, und entsprechende Fähigkeiten und Qualitäten ausgebildet habe, dann habe ich andere Erlebnisse, die mit dem Verhältnis zum Tod zusammenhängen, und auch ein anderes Erleben in nachtodlichen Bereichen, als wenn ich mein Leben im Streben nach Weisheit verbracht habe. Das nachtodliche Erleben hängt ganz entscheidend davon ab, wie man das Erdenleben zugebracht hat.

K.-D.N.: Rudolf Steiner gibt einige Beispiele für die Unterschiede im nachtodlichen Erleben, aus denen ich eines herausgreifen möchte, das sich auf eine grundlegende menschheitsgeschichtliche Veränderung bezieht. Im Vortragszyklus "Ägyptische Mythen und Mysterien" (GA 106, Vortrag vom 14.09.1908) schildert Rudolf Steiner, daß die Menschen in alten vorchristlichen Zeiten ein langes Kamaloka durchlebten, bevor sie in die geistige Welt aufsteigen konnten, wo sie nur ein kurzes Devachan-Leben durchmachten. Er schildert weiter, daß sich dies allmählich geändert habe, so daß heute das Verhältnis umgekehrt sei. Wie ist diese grundlegende Wandlung zu erklären?

F. Teichmann: In den vorchristlichen Zeiten führte der Mensch kein im heutigen Sinne selbständiges eigenverantwortliches Leben, sondern ging ganz im Zusammenhang der Gruppe auf, ohne ein selbständiges Denken ausgebildet zu haben. Dies gilt umso mehr, je weiter man in den Zeiten zurückgeht. Der Mensch war damals auch nicht in der Weise für seine Taten und Seeleneigenschaften verantwortlich, wie wir es aus unserem heutigen Ich-Bewußtsein heraus sind, sondern er lebte in einem Maße aus einem gruppenseelischen Bewußtsein, wie es für uns heute kaum noch nachzuvollziehen ist. Erst im Laufe einer langen Entwicklung hat sich der Mensch zunehmend individualisiert, bis er schließlich auch im Kamaloka nur noch sein eigenes Leben rückwärts bis zur Geburt zu durchleben hatte. Heute dauert das etwa ein Drittel der Lebenszeit auf Erden. In alten Zeiten lebte der Mensch aber dermaßen eingebunden in die Gruppenverantwortung und in den Vererbungsstrom, daß sein Gedächtnis und sein Bewußtsein weit zurückreichten bis zu den Ahnen, und er infolgedessen sich auch nicht im Leben nach dem Tode aus diesen tiefen Zusammenhängen heraussondern konnte. Daher lebte der Mensch auch im Kamaloka nicht nur sein eigenes Leben zurück, sondern das umfassende Gruppenleben und den gesamten Strom bis hinauf zum Urahnen.

K.-D.N.: Rudolf Steiner schildert die Bewußtseinsentwicklung der Menschheit in der sogenannten nachatlantischen Zeit, in der auch wir uns befinden, untergliedert in sieben Kulturepochen, beginnend etwa mit dem Ende des achten vorchristlichen Jahrtausends und mit einer jeweiligen Dauer von rund 2.160 Jahren. Eine überschaubare Entwicklung durch Aufzeichnungen und historische Dokumente ist jedoch erst seit etwa dem Beginn des 3. Jahrtausends v.Chr. gegeben. Können Sie, bevor wir auf diese historisch überschaubare Entwicklung eingehen, etwas über das Verhältnis zum Tod der Menschheit in den Kulturepochen sagen, die vor dieser Zeit liegen?

F. Teichmann: Die Frage nach dem Verhältnis zum Tod in den damaligen Zeiten kann vom heutigen Bewußtsein aus eigentlich kaum beantwortet werden. In die griechische Kulturepoche können wir uns noch ahnungsweise zurückversetzen, aber bereits die Erlebnisqualitäten der ägyptischen Zeiten nachvollziehen zu wollen, hieße auf einen Großteil des heutigen Bewußtseins zu verzichten, auf alles, was denkendes Bewußtsein ist. Man müßte dann versuchen, sich zu vergegenwärtigen, was als Bewußtseinsqualität noch übrigbleibt. Obwohl das schwierig ist, sich in das Bewußtsein des damaligen Ägypters hineinzutasten, weil es eben so völlig anders ist als unser heutiges, ist es doch immer noch ein irdisches Bewußtsein: es erkennt Gegenstände als Gegenstände und lebt nicht in Traumwelten.

Je weiter wir nun aber in der Bewußtseinsentwicklung zurückgehen wollten, desto weniger wäre selbst dieses irdische Bewußtsein ausgeprägt. Dann hätte man sich in eine Art träumerisches, überhaupt noch nicht selbstgeführtes Bewußtsein hineinzuversetzen, ein Bewußtsein schließlich, für das der Tod in unserem heutigen Sinne überhaupt noch nicht auftrat. Der Tod wird in den damaligen Zeiten allenfalls als Verwandlung erlebt worden sein, keineswegs jedoch als das einschneidende Ereignis, durch welches er für die spätere

Menschheit zum Bewußtseinsproblem geworden ist. Dieses hat zur Voraussetzung, daß der Mensch voll in der Erdenwelt angekommen und zu einem irdischen Bewußtsein erwacht ist. Gleichzeitig damit wird ihm die Wahrnehmung der geistigen Welt verschlossen. Solange die geistige Welt für das erlebende Bewußtsein der Menschen offen war, gab es zwar einen Tod, aber kein Problem des Todes. Die Aufgabe der nachatlantischen Kulturen besteht in dem schrittweisen Ergreifen und Ernstnehmen der irdischen Welt, und das ist verbunden mit einem Abdämmern der geistigen Welt. Der Mensch erwachte erst langsam zu einem Bewußtsein, dem der Tod zum Problem wird.

Der Tod im Gilgamesch-Epos

K.-D.N.: Kommen wir zur ersten historisch greifbaren Kulturepoche, die Rudolf Steiner die ägyptisch-chaldäische Kulturepoche nennt, die also etwa den Zeitraum von 3000 bis ins 8. Jahrhundert v.Chr. umfaßt. Schauen wir zunächst auf die babylonische Kultur, die einen Ausdruck im Gilgamesch-Epos findet. Welche Rolle spielt der Tod in diesem Epos?

F. Teichmann: Es ist in diesem Epos ein Umschwung im Verhältnis der Menschheit zum Tod widergespiegelt, denn es tauchen mit Vehemenz Fragen nach dem Weiterleben des Toten und seinem Schicksal auf, die mit tiefen Zweifeln und Furcht verbunden sind. Gilgamesch, der König von Uruk, wird in diese Unsicherheit gestürzt, als sein ihm aufs engste verbundener Freund Enkidu (Eabani) stirbt.

"Gilgamesch - um Enkidu, seinen Freund,
Weint er bitterlich, läuft herum in der Steppe:
'Werd ich nicht, sterbe ich, ebenso sein wie Enkidu?
Harm hielt Einzug in meinem Gemüte,
Todesfurcht überkam mich, nun lauf ich herum in der Steppe;
Zu Utnapischtim hin, dem Sohn Ubara-Tutus,
Hab den Weg ich genommen, zieh eilig dahin.'"
Oder:
"...Enkidu, mein Freund, den ich über die Maßen geliebt,
Der mit mir durch alle Beschwernisse zog,
Es hat ihn ereilt die Bestimmung der Menschheit.
Um ihn weint' ich sechs Tage und sieben Nächte,
Ich gab nicht zu, daß man ihn begrübe,
Bis daß der Wurm sein Gesicht befiel.
Mir graute *vor meines Freundes Aussehn*,
Ich erschrak vor dem Tod, daß ich lief in die Steppe!
Meines Freundes Sache lastet auf mir,
Daß ich lief einen fernen Pfad in die Steppe!"
(Das Gilgamesch-Epos, 9. und 10. Tafel. Hg. W.v. Soden, Stuttgart 1982)

Das Problem des Todes, das hier auftritt, ist also nicht theoretisch erschlossen, sondern durch den Verlust seines Freundes, seines Raters und Mitstreiters, zu dem er keine Verbindung halten kann, existentiell erlebt. Gilgamesch macht sich auf seine weite Reise zum unsterblichen Utnapischtim, um die Rätsel des Todes zu ergründen, und selber die Unsterblichkeit zu erlangen. Auf seiner Wanderschaft lernt er durch eine Vielzahl von Prüfungen das Reich des Todes kennen und als er Utnapischtim schließlich erreicht, erhält er die Antwort auf seine Frage: "Wie tratst du in die Schar der Götter und gingst dem Leben nach?" Obwohl Gilgamesch die ihm dann auferlegte Prüfung nicht besteht, sechs Tage und sieben Nächte nicht zu schlafen, erhält er ein Kraut, daß ihm die Kraft des Lebens schenken soll. Jedoch wird ihm dies Gewächs durch die verstohlene Schlange geraubt. Schließlich gelingt es Gilgamesch doch, die Verbindung zu Enkidu wieder aufzunehmen, der ihm manche Geheimnisse der Unterwelt offenbart.

K.-D.N.: Welche Verwandtschaft besteht generell zwischen der Einweihung - der Initiation - und dem Tod, die ja auch im Gilgamesch-Epos anklingt?

F. Teichmann: Gilgamesch begibt sich zwar auf den Weg, aber er erlangt nicht die volle Einweihung, weil er die auferlegte Prüfung nicht besteht. Aber wie weit Gilgamesch auch gedrungen ist - ein Initiierter ist ein Mensch, der bereits zu Lebzeiten erfährt, was der Mensch normalerweise erst nach dem Tode erfahren würde. Und wenn wir dies einmal auf Ägypten beziehen, dann wird deutlich, daß der Eingeweihte auch schon während des Lebens die Stationen oder Prozesse des nachtodlichen Lebens durchgemacht haben muß. Für das ägyptische Verständnis kommt nach dem Tod zuerst das Totengericht, das den Menschen entweder freispricht oder ihm den Durchgang durch einen Feuersee auferlegt, der ihn von seinen Sünden reinigt (Totenbuch, Kap. 125 und 126). Das hat der Pharao schon zu Lebzeiten durchgemacht. Die bildliche Darstellung des Totengerichtes kommt nur in Noblengräbern vor. In den Gräbern der Pharaonen ist diese Darstellung jedoch ganz weggelassen, weil der Pharao diese Stufe bereits im Leben erreicht hat (mit Ausnahme der späten Gräber).

Die ägyptische Kultur -
Die Isis-Osiris-Legende

K.-D.N.: Gehen wir damit über zur ägyptischen Kultur. Können Sie den Sinn der Isis-Osiris-Legende in Beziehung zum Tod erläutern?

F. Teichmann: Das ist nicht so einfach, weil diese Legende sehr verschieden gedeutet werden kann. Es gibt ja schon am Anfang des zweiten Jahrhunderts n.Chr. ein Werk Plutarchs, das diesen Mythos auf sieben verschiedene Weisen deutet. Obwohl da dieser Mythos auf sieben verschiedene Weisen angeschaut wird, versuche ich nun die achte, indem ich ihn auf den Tod hin anschaue.

Auf den Tod bezogen ist zunächst das Entscheidende, daß sich in diesem Mythos der Sonnenlauf verbirgt. Der Sonnenlauf, der in zwei Phasen zerfällt, ist das Grundbild: eine Tagesphase, in der die Welt von außen angeschaut wird, in der der Sonnengott von außen leuchtet und die Welt von außen beleuchtet und in der er sein Leben als äußeres Leben vollbringt. Nach dem Durchlaufen dieser Tagesphase folgt der Tod des Sonnengottes und es schließt die Nachtphase an; die Nachtphase, in der das Gotteswesen selbstverständlich weiterlebt, aber von außen nicht mehr sichtbar ist, sondern nur noch von innen wahrgenommen werden kann. Das Sonnenwesen wird in beiden Seiten verschieden benannt. Der

Sonnengott der Tagesseite heißt zum Beispiel Re oder Horus und der der Nachtseite Osiris. Osiris ist gewissermaßen der Nachtaspekt des Sonnengottes, und so wechseln sich die beiden Phasen in ihrem Wandel ständig rhythmisch ab. Im Isis-Osiris-Horus-Mythos sind beide Aspekte des Sonnengottes enthalten. Denn fragen wir mit dem Ägypter, wodurch der ständige Wandel bewegt und bewirkt wird, dann kommen wir zu Isis. Die Isis ist eine Muttergöttin, die den Sonnengott am Morgen neu gebiert, der dann als Kind erscheint, dann heranwächst, zum Erwachsenen und schließlich zum Greis wird und stirbt. Bei seinem Tod befruchtet der gestorbene Gott die Isis. Das wird im Bilde so dargestellt, daß die Sonne in den Kopf der Isis eindringt - es handelt sich um eine nichtsinnliche Befruchtung und Empfängnis, um eine, die im Kopf stattfindet -, dann bildet die Isis das neue Wesen innerlich aus. Die Isis ist also dasjenige Wesen, das den Sonnenlauf mit seinen ständig wechselnden Tages- und Nachtphasen in Gang hält.

Und dieser ständige Wechsel einer sichtbaren Seite eines Wesens und einer unsichtbaren Seite eines Wesens ist auch grundlegend für das Verständnis des Menschen, da dieser sein Leben mit dem Sonnenlauf verbindet. Novalis hat sich dazu einmal in seinen naturwissenschaftlichen Studienheften (1798-99, Nr. 5) geäußert:

"Als irdische Wesen streben wir nach geistiger Ausbildung, nach Geist überhaupt; als außerirdische, geistige Wesen nach irdischer Ausbildung, nach Körper überhaupt. Wer hier nicht zur Vollendung gelangt, gelangt vielleicht drüben - oder muß eine abermalige irdische Laufbahn beginnen. Sollte es nicht auch drüben einen Tod geben - dessen Resultat irdische Geburt wäre?"

Das ist der Vorgang, der dem Sonnenlauf zugrundeliegt: "Ein Mensch, der Geist wird, ist zugleich ein Geist, der Körper wird" - nur daß hier nicht gefragt wird, wer das bewirkt.

K.-D.N.: Sind Sie der Ansicht, daß der Ägypter im Wissen um die Wiedergeburt lebte?

F. Teichmann: Da muß man unterscheiden zwischen demjenigen Ägypter, der mit den Bildern lebte und sie als äußere Bilder nahm, sie also nicht verstand, und demjenigen, der diese Bilder gegeben hat und wußte, worauf sich ein Bild jeweils bezieht. Dieser wußte auch, daß man sich vom Bild wieder lösen muß, um das Eigentliche zu erfassen, für das das Bild nur Ausdruck ist. Dazu sagt Plotin:

"Die ägyptischen Weisen bedienen sich, sei es aufgrund strenger Forschung, sei es instinktiv, bei der Mitteilung ihrer Weisheit nicht der Schriftzeichen zum Ausdruck ihrer Lehren und Sätze als der Nachahmungen von Stimme und Rede, sondern sie zeichnen Bilder, legen in ihren Tempeln in den Umrissen der Bilder den Gedankengehalt jeder Sache nieder, so daß jedes Bild ein Wissens- und Weisheitsinhalt, ein Objekt und eine Totalität, obschon keine Auseinandersetzung und Diskussion ist. Man löst dann den Gehalt aus dem Bilde heraus, gibt ihm Worte und findet den Grund, warum es so und nicht anders ist." (Aus: Plotin: Über die geistige Schönheit V, 8, 6.1)

Wenn der Ägypter also das Bild des Sonnenlaufes nicht nur äußerlich angeschaut hat, sondern sich von dem Bild lösen konnte, um den Gehalt zu ergründen, dann hat er in dem Bild vom Sonnenlauf durchaus auch den Gedanken der Reinkarnation verstehen können.

K.-D.N.: Direkt ausgesprochen findet sich der Reinkarnationsgedanke in der damaligen ägyptischen Kultur aber nicht?

F. Teichmann: Nein, verbal ist er nicht ausgesprochen, sondern nur in Bilder gekleidet, wie ich es eben als Beispiel geschildert habe. Nur in der Spätzeit Ägyptens gibt es einen

Roman, in dem die Wiederverkörperung eines Menschen durch mehrere Inkarnationen geschildert wird. Aber das muß nicht in dem hier besprochenen Sinne ägyptisch sein. In der klassischen ägyptischen Zeit, während der ägyptischen Kulturepoche, kommt die Reinkarnationsidee expressis verbis nicht vor, auch nicht im ägyptischen Totenbuch.

"Vom Ba zum Ach" - Das ägyptische Menschenbild

K.-D.N.: Welche Texte waren vorher maßgeblich, denn das Totenbuch entstand ja erst im Neuen Reich (1600-1100 v.Chr.)?

F. Teichmann: Vorher sind die Pyramidentexte, die Sargtexte und die sogenannten Unterweltsbücher entscheidend. In diesen Texten ist es selbstverständlich, daß der Mensch nach dem Tode weiterlebt, wie der Sonnengott nach dem Tode weiterlebt. Zunächst wird jeder Mensch nach dem Tode zu Osiris. Aber man muß das genauer anschauen, weil das Menschenbild in Ägypten ein differenziertes ist und der Mensch aus verschiedenen Wesensgliedern besteht, die alle ein verschiedenes nachtodliches Leben haben. Der Ka löst sich auf im Gefilde des Ka, der Ba muß das Totengericht und den Feuersee durchmachen und verwandelt sich dann in einen Ach. Das ist sozusagen der normale ägyptische Weg. Für den Pharao gilt etwas anderes, weil er diesen Weg schon zu Lebzeiten gegangen ist und also schon zu Lebzeiten ein göttliches Element in sich hat, das der normale Ägypter erst nach dem Tode erlangt.

K.-D.N.: Kann man diese eben von ihnen genannten Wesensglieder ohne weiteres mit den aus der Anthroposophie bekannten Termini gleichsetzen?

F. Teichmann: Nein, da muß man sehr vorsichtig sein, und zwar weil die Wesensglieder des Menschen sich seither auch verändert haben. Also, natürlich ist die Sache beim Leib noch einfach, dieser entspricht eben dem Leib, verwest nach dem Tode oder wird in Ägypten mumifiziert. Der Ka ist ein Lebensleib (Ätherleib) mit anderen Eigenschaften als unser heutiger Lebensleib, weil inzwischen nahezu 5.000 Jahre Entwicklung vonstatten gegangen sind. Ba wird landläufig mit dem Begriff Seele übersetzt, wobei unser Begriff Seele nicht den Begriff Ba abdeckt. Der Ba ist nur ein Teil dessen, was wir als seelische Eigenschaften bezeichnen.

K.-D.N.: Sie erwähnten es vorhin, schildern es auch in Ihrem Buch "Der Mensch und sein Tempel - Ägypten", daß der Ba im Tode durch eine Läuterung umgewandelt wird, und daß der Pharao bereits auf seinem Einweihungsweg diese Wandlung des Ba in einen unsterblichen Ba vollzieht, der dann als Ach bezeichnet wird. Und sie weisen darauf hin, daß der Normalsterbliche diese Wandlung im Nachtodlichen mit Hilfe der Hinterbliebenen vollzieht. Können Sie diese Wandlung zum Ach noch etwas erläutern?

F. Teichmann: Das ist ein komplizierter Vorgang. Die ersten großen Ereignisse nach dem Tode sind das Totengericht und die sich anschließende Läuterungszeit. Zur Zeit danach heißt es in einem Grabtext aus einem Noblengrab: "Mögest du geben" - gemeint ist der Sonnengott - "..., daß mein Gesicht geöffnet sei auf dem Weg der Finsternis, daß ich mich vereinige mit deinem Gefolge in der Unterwelt. ... Mögest du meinen Ba zu einem Ach machen, so daß ich göttlich bin und dich anbeten kann inmitten der Götter." Diese Wandlung des Ba in einen Ach findet sich auch ausführlich beschrieben in den Pyramidentexten.

Der Ba; aus dem Grab des Inherhc,
Deir el Medine (Theben-West), Grab 359. Zeit Ramses III., 20. Dynastie, um 1170 v.Chr.
Entnommen aus: Frank Teichmann: Der Mensch und sein Tempel - Ägypten; Stuttgart 1978. Der Abdruck erfolgt mit freundlicher Genehmigung des Verlages Urachhaus und des Autors.

Ach ist ein göttliches, strahlendes Element, was dann oft bei den Königen mit Horus identifiziert wird. Wenn der Pharao schon während seines Lebens durch die Reinigung seiner Seeleneigenschaften dieses göttlich-geistige Element in sich aufgenommen hat, heißt das, daß er als Eingeweihter schon zu Lebzeiten den Tod überwunden hat. Durch die Läuterung, entweder auf dem Einweihungsweg oder im Nachtodlichen, wird die Voraussetzung geschaffen, daß der Ach - Ach kommt von Jachw, "der Lichtglanz" - ungetrübt aufgenommen werden kann. Dem normalen Menschen helfen bei diesem Vorgang nach dem Tode die Hinterbliebenen, indem sie die Rituale für den Verstorbenen ausführen und ihn dadurch zu einem Ach "verklären" (sach). S-Ach ist Kausativ und heißt: zu einem Ach machen, und wird in der Ägyptologie gern mit "verklären" übersetzt, "zu einem Geist machen". Man kann also einem Verstorbenen zu seinem Geist-Sein verhelfen, indem man hier auf der Erde bestimmte Riten vollzieht. Das nachtodliche Leben des Verstorbenen ist also nicht unabhängig von demjenigen, was die Hinterbliebenen denken. Sein Bewußtsein hängt offenbar davon ab.

"Lichtgestaltungen" - Die Pyramidenanlage

K.-D.N.: Welchen Sinn und welche Bedeutung hatten die Pyramiden für das Verhältnis des Ägypters zum Tod?

F. Teichmann: Die Pyramide war auf jeden Fall Grabesstätte für den verstorbenen Pharao - das müssen wir zunächst einmal ganz deutlich festhalten. Und da der Tod und die Einweihung, wie wir gesehen haben, etwas miteinander zu tun haben, kann sie auch als Einweihungsstätte gedient haben. - Für unseren thematischen Schwerpunkt ist es interessant und aufschlußreich, sich die Gestaltung der gesamten Pyramidenanlage zu vergegenwärtigen, von der die Pyramide ja nur das Zentrum ist. Zur Pyramidenanlage gehören vier Glieder: der sogenannte Taltempel; dann der Aufweg, der hinaufführt zur Pyramide; der sogenannte Totentempel - das sind alles Ägyptologen-Bezeichnungen - und schließlich die eigentliche Pyramide.

Der Weg durch diese Anlage ist nun so gestaltet, daß, wenn man unten im Taltempel empfangen wird, man gewissermaßen eine andere Räumlichkeit betritt, in der nichts mehr an die äußere Welt erinnert. Man ist im Inneren des Taltempels in einem ziemlich dunklen Raum nur noch umgeben von Stein. Man ist umgeben von einem Material, das sozusagen Ewigkeitscharakter hat. Man gewöhnt sich an die Dunkelheit, geht dann den dunklen engen Aufweg nach oben, der lang sein kann - bei der Chefren-Pyramide zum Beispiel ca. 500 m; er kann aber auch noch länger sein -, und dann tritt man oben plötzlich aus diesem dunklen langen Gang heraus in einen offenen Hof und steht vor der gleißenden, leuchtenden Pyramide, nachdem man vorher an die Dunkelheit gewöhnt war. Das muß ein sehr beeindruckendes Erlebnis gewesen sein, wenn der Mensch aus der Dunkelheit des von Osten nach Westen verlaufenden Ganges heraustrat und plötzlich vor einem riesenhaften leuchtenden Dreieck stand. Dieses Heraustreten aus dem Tunnel und das Hinschauen auf einen leuchtenden Körper empfinde ich wie das Durchgehen durch den Tod und das Empfangen eines Lichtwesens. Es empfängt einen das Lichtwesen, das sich mit der Erde verbunden hat! Dieses Aufleuchten der Pyramide - das ist das Entscheidende - hat der Ägypter damit zusammengedacht, daß sich der Sonnengott auf der Pyramide niedergelassen hat. Denn in dem Moment, in dem sich die Sonne erhebt, leuchtet die Pyramide auf. Es ist eigentlich durchleuchtete Erde, was dem Menschen beim Heraustreten aus dem Tunnel entgegenleuchtet!

K.-D.N.: Alle Pyramidenanlagen sind jeweils im Westen des Nils so gelegen, daß man auch die landschaftlichen Gegebenheiten bereits als Grenzbereich betrachten kann.

F. Teichmann: Ja, alle Pyramidenanlagen liegen vollständig in der Wüste, im Bereich des Todes, im Westen, angrenzend an das Niltal, dessen fruchtbare Vegetation abrupt abbricht. Aber dieser Bereich des Todes ist großartig, hat gänzlich andere Gestaltungen als der Lebensbereich, hat Lichtgestaltungen.

K.-D.N.: Entspricht der in der Pyramidenanlage enthaltene Weg von Osten nach Westen dem Lebensweg des Menschen?

F. Teichmann: Ja, denn der vollzieht sich eigentlich im Dunkeln. In den späteren Pyramiden sind dementsprechend dann an den Längswänden Ereignisse aus dem Leben des Pharaos abgebildet. Der Weg endet im Westen, im Tod, mit dem Empfang des Lichtereignisses. - Die bisherigen Schilderungen beziehen sich auf den öffentlich zugänglichen Teil der Pyramidenanlage. Will man nun aber etwas über das Innere des Todes erfahren, muß man auf den nichtöffentlichen Teil blicken, dessen Zugang verborgen ist. Dieser Zugang führt von Norden in das Innere der Pyramide, also aus einer Himmelsrichtung, in der die Sonne nachts steht und nicht in der Außenwelt erscheint. Man mußte sich gewissermaßen von der Nachtseite her den Zugang erschließen, dann erfuhr man etwas über das Leben nach dem Tode, was später in den Pyramidentexten festgehalten ist. Die Pyramidentexte beziehen sich alle auf das Leben nach dem Tod.

K.-D.N.: Welche gravierenden Unterschiede bestehen zwischen den Noblengräbern und den Königsgräbern?

F. Teichmann: Ein herausragender Unterschied ist, daß sich in den Noblengräbern Abbildungen des Lebens befinden, während diese in den Königsgräbern nicht existieren. Wenn ich in ein Beamtengrab der frühen ägyptischen Kultur hereinkomme, dann ist es zunächst erstaunlich, daß die Bilder, die ich in dem Raum vorfinde, in dem sich die Kultstätte, die Scheintüre befindet, wo ich mich also an den Verstorbenen wende, daß diese Bilder sich überhaupt nicht auf das Leben nach dem Tode beziehen, sondern nur Ereignisse des Erdenlebens darstellen. Der Sinn dieser Gestaltung erschließt sich einem überhaupt erst dadurch, daß dieses Grab "Haus des Ka" heißt. Und der Ka entspricht ja jedenfalls andeutungsweise dem heutigen Lebensleib des Menschen.

K.-D.N.: In der Gegenwart erlebt der Mensch in den ersten drei Tagen nach seinem Tod - während sich sein Lebensleib auflöst und ihm ein Extrakt davon verbleibt -, daß sein ganzes Leben in Bildern wie ein Tableau vor ihm steht und er so in sein Leben zurückschaut.

F. Teichmann: Ja, aber wie vorhin schon erwähnt, darf man die Konstitution und die Bewußtseinsqualitäten des heutigen Menschen keinesfalls gleichsetzen mit denen des damaligen Ägypters. Aber selbstverständlich ist das die gedankliche Verknüpfung, die hilft, sich den Sinn dieser Grabgestaltung zu erhellen. Denn ich habe ja in diesem Raum Bilder aus dem Leben des Betreffenden tableauartig vor mir und ich schaue herein in sein Leben. Sein Lebenstableau wird festgehalten und bleibt bestehen.

In den Königsgräbern fehlen diese Bilder vollständig. Dort finden wir in den vorderen Räumen zuerst die Begegnung mit den Göttern dargestellt - Empfang der Götter und Austausch mit den Göttern -, und in der Sargkammer ist nur abgebildet, was sich auf die Nachtseite des Sonnenlaufes bezieht, vom Sonnenuntergang bis zum Sonnenaufgang. Da sind die Bücher nach den zwölf Stunden in zwölf Sektionen eingeteilt, wie der ganze Sonnengang der Nacht. Diese Bücher beziehen sich ausnahmslos nur auf das Leben nach dem Tode. Wenn man sie verstehen könnte - lesen kann man sie ja -, dann würde man auch die Ereignisse im Leben nach dem Tode verstehen. Das Noblengrab endet gewissermaßen im Lebenstableau, während der Pharao, der schon zu Lebzeiten den Einblick in den Todesbereich gewonnen hat, dieses errungene Wissen in seinem Grab abbilden läßt. Aber das ist nur für denjenigen lesbar, der es kennt: "Wer es kennt, ist einer von den Seelen bei Re", heißt es im Amduat, und kennen kann es nur der Erwählte: "Der erlesene Leitfaden, die geheimnisvolle Schrift der Dat, die nicht gekannt wird von irgendeinem Menschen, außer vom Erlesenen." (Amduat, Abriß, aus dem Schlußtitel)

K.-D.N.: Dies deutet wiederum auf den Aspekt der Pyramide als Einweihungsstätte. Können Sie diesen Aspekt noch einmal näher erläutern?

F. Teichmann: Insofern in der Pyramidenanlage etwas gestaltet wird, was sich auf das Leben nach dem Tode bezieht - wie zum Beispiel das vorhin geschilderte Durchgehen durch einen Tunnel als ein Bild des menschlichen Lebenslaufes, der sich normalerweise ohne ein Wissen über die tatsächlichen Zusammenhänge vollzieht, und das Empfangenwerden von den Göttern -, kann doch deutlich werden, daß die gesamte Pyramidenanlage von einem völlig anderen Gesichtspunkt als dem irdischen gestaltet ist. Wo aber wurden die dafür notwendigen Einblicke gewonnen? Wenn die Einweihung darin besteht, daß der Mensch zu Lebzeiten Einblicke in den Todesbereich erlangt, dann liegt es nahe, daß die Pyramide - die eigentlich eine Grabstätte ist - eben auch als Einweihungsstätte gedient hat, in der der Pharao in den nachtodlichen Bereich eingeführt wurde. Insofern ist die Pyramide eine Grabanlage, aber sie ist zugleich die Stätte, wo der Todesbereich durchschaut wird.

Bewußtseinsumwendung nach dem Tode - Die Bedeutung der Mumie

K.-D.N.: Welchen Sinn hatte die Mumifizierung?

F. Teichmann: Zunächst, wenn ich die ägyptischen Texte befrage, keinen, denn anscheinend hat die Mumifizierung nur für die Ankunft in der anderen Welt eine Bedeutung; daß die Mumie dann für das nachtodliche Leben noch eine Bedeutung hätte, finden Sie nirgends in den ägyptischen Texten erwähnt. Also scheint sie demnach nur für den Übergang wichtig und danach keine Rolle mehr zu spielen, die Mumie hat im nachtodlichen Dasein keine Funktion mehr.

Nun findet man häufiger eine bildliche Darstellung, wie die Seele wie von außen zur Mumie zurückkehrt und gewissermaßen über ihr schwebt. Man sieht auf diesen typischen Bildern, daß der Ba zurückkehrt und auf die Mumie schaut wie auf den Punkt hin, der ihm im irdischen Leben das Zentrum seiner Taten war. Das Bewußtsein im Verhältnis zur Welt

Ba, über seiner Mumie schwebend, die auf einem Löwenbett ruht.
Unter diesem, die vier Kanopenkrüge, die die Eingeweide enthalten.
Aus dem Grab des Ameneminet, Qurnet Murai (Theben-West), Grab 277, ramessidisch, 12. Jh. v.Chr.
Entnommen aus: Frank Teichmann: Der Mensch und sein Tempel - Ägypten; Stuttgart 1978. Der Abdruck erfolgt mit freundlicher Genehmigung des Verlages Urachhaus und des Autors.

wendet sich im Leben nach dem Tode um. Insofern könnte die Mumie also noch eine weitere Funktion haben, die jetzt aus diesem Bilde erschlossen ist. Im Erdenleben hat sich der Ba mit dem Leib vereinigt, hier erlebt sich der Mensch als Mittelpunkt. Er schaut hinaus in die Welt und die Welt liegt um ihn herum, außerhalb seiner selbst. Nach dem Tod kehrt sich dieses Erleben um, da lebt der Ba im Umkreis der Welt und er schaut zurück auf den Leib. Er schaut also nicht von innen in den Kosmos hinaus, sondern blickt von außen auf den Mikrokosmos hin. Und das scheint ein wichtiges Erlebnis für das Aufrechterhalten seines Bewußtseins zu sein. Ich sage "scheint", weil dies nicht unmittelbar aus den ägyptischen Texten zu erschließen ist, sondern auf einer Schilderung Rudolf Steiners beruht, in der er dieses Erlebnis der Bewußtseinsumwendung beschreibt. Und dies kommt in der bildlichen Darstellung zum Ausdruck, so daß der Ägypter dieses Erlebnis wohl in ähnlicher Weise gehabt hat. Er schaut auf seinen mumifizierten Leib als das Zentrum seines Wesens zurück und dadurch hält er nach dem Tode die Kontinuität seines Bewußtseins aufrecht.

Der Sinn der Mumifizierung liegt also darin, daß es wichtig für den Toten ist, daß er auf seine Leibesgestalt zurückblicken kann. Die Mumie ist ja nicht die Bewahrung des Leibes, sondern die Bewahrung der Leibesform, denn alle inneren Organe sind entfernt. An dieser Form gewinnt der Ägypter offenbar eine Art keimhaftes Selbstbewußtsein. Dieses Selbstbewußtsein war ja in der damaligen Zeit auch im Leben des normalen Ägypters keineswegs in der Weise ausgebildet, wie es in der Gegenwart selbstverständlich ist, denn er lebte noch nicht als selbständig denkende Persönlichkeit. Das volle selbstbewußte Persönlichkeitsgefühl, das uns heute eigen ist, war damals erst keimhaft vorhanden.

"Die goldenen Gefäße" - Das ägyptische Kulturprinzip

K.-D.N.: Rudolf Steiner weist einige Male auf den Bezug der ägyptischen Kulturepoche zur Gegenwart hin, indem er betont, daß besonders damals Keime gelegt wurden, die in unserer gegenwärtigen Kulturepoche als Früchte aufgehen. Er zitiert dann gern Johannes Kepler aus dessen Werk "Harmonices mundi":

"Ja, ich bin es, ich habe die goldenen Gefäße der Ägypter geraubt, um meinem Gott aus ihnen ein Heiligtum zu errichten, fern von den Grenzen Ägyptens." (Johannes Kepler: Harmonices mundi, 5. Buch)

F. Teichmann: Der Raub der goldenen Gefäße durch die Hebräer ist ein Topos, der im Mittelalter häufig vorkommt. Bei Alanus ab Insulis habe ich dieses Beispiel im gleichen Zusammenhang bereits fünfmal gefunden, wobei er auch immer freudig darauf aufmerksam macht, daß die Hebräer die goldenen Gefäße der Ägypter mitgenommen und eigentlich etwas Ägyptisches herübergebracht haben - selbstverständlich in verwandelter Form. Wovon mag man nun im Mittelalter und bis zu den Zeiten Keplers hin den Eindruck gehabt haben, daß es aus Ägypten stammt? Um es kurz zu sagen, da es sonst zu sehr von unserem Thema abführt: das hängt mit der Einleitung desjenigen Bewußtseinsstromes zusammen, der schließlich zur vollen Ausbildung des irdischen Erkenntnisvermögens des Menschen führt, so daß der Mensch Erkenntnisse der Naturgesetze gewinnen kann - im Falle Keplers eben astronomische Erkenntnisse. Die goldenen Gefäße sind natürlich keine gegenständlichen, sondern sinnbildliche Gefäße, in denen Goldenes gefaßt werden kann.

Das Prinzip der ägyptischen Kultur ist, bedeutsame Gedanken in Stoff, in die Materie, in Bilder einzuprägen. Man könnte sagen, daß Verkörpern von Gedanken ist das Urbild der künstlerischen Tätigkeit dieser Zeit. Immer wird etwas Weisheitsvolles in Stoff geprägt: entweder in architektonische Gestaltungen oder in Sinnbilder oder in Rituale. Es sind immer Gedanken, die darinnenstecken: Baugedanken, Bildgedanken und Gedanken, die sich in den Ritualen ausprägen. Und derjenige, der diese Gestaltungen verstehen kann, der kann wiederum zu den Grundgedanken, zu den zugrunde liegenden geistigen Zusammenhängen vordringen.

Nun gibt es funktionale - keine inhaltlichen - Entsprechungen zwischen der ägyptischen und unserer Kulturepoche, die zum Beispiel in der Zuwendung zur Stoffeswelt, insbesondere in den Erfolgen der Naturwissenschaft und Technik, ihren Ausdruck finden, denn die Ausgestaltung der materiellen Welt hat ja zur Voraussetzung, daß der Mensch die Naturgesetze erfaßt, das heißt, daß er gewissermaßen den Gedankengehalt zumindest der Stoffeswelt erkennt. Das ist aber nur eine Seite desjenigen, was sozusagen weiterwirkendes ägyptisches Kulturleben ist. Eine andere Seite ist, daß man an der ägyptischen Kultur erleben kann, daß in ihr noch eine Weisheit wirksam ist, die wir nicht mehr haben. Das war das Grunderlebnis von Jean Francois Champollion, dem Entzifferer der Hieroglyphen, denn er wollte die Gedankenwelt der Ägypter erschließen, weil er meinte, sie hätten "reinere Begriffe von Gott als seine Heiligkeit der Papst". Er suchte also die Weisheit der ägyptischen Kultur, die seither verdämmert ist. Auch dazu gibt es eine funktionale, allerdings spiegelbildliche Entsprechung: Wir müssen gewissermaßen neu entwickeln, was die Ägypter noch hatten - aber wirklich nur funktional und nicht inhaltlich. Was in der ägyptischen Kultur verschlossen wurde, muß sich bei uns wieder öffnen. In der ägyptischen Kultur kannte man noch einen Schulungsweg, wir müssen wieder einen Schulungsweg ergreifen und in die Zukunft entwickeln, jetzt allerdings ganz auf das denkende und selbstbewußte Individuum gestellt.

Die Megalithkultur - Erleben der Geistwesen in den Naturvorgängen

K.-D.N.: Zeitlich parallel zur ägyptischen Kultur entfaltete sich in West-Europa die Megalithkultur. Hatten Steinkreise, Steinreihen und Menhire eine erkennbare Bedeutung für das Verhältnis der Menschen zum Tod?

F. Teichmann: Nicht direkt oder speziell. Es gibt Menhire und Steinkreise mit Gräbern und es gibt solche ohne Gräber. Man kann die Steinkreise ganz allgemein anschauen, dann sind es Beobachtungsstätten für den Kosmos. Sie können eine Beziehung zum Tod bekommen, weil der Mensch nach dem Tod im Kosmos lebt. Dann beobachtet man also nicht nur die Himmelskörper und die Umgebung der Natur, sondern denkt an derselben Stelle, an der ein Bewußtsein für den Kosmos entwickelt wird, auch an die Toten. Wir haben in bezug auf die Mumifizierung gesehen, daß nach dem Tod eine Bewußtseinsumwendung stattfindet und die Seele gewissermaßen aus dem Umkreis auf den Leib zurückschaut. Beziehen wir dies nun auf die Megalithkultur, dann können wir annehmen, daß die Toten im geistigen

Steinkreis am Loch Roag, Insel Lewis, Äußere Hebriden, West-Schottland

Entnommen aus: Frank Teichmann: Der Mensch und sein Tempel - Megalithkultur in Irland, England und der Bretagne; Stuttgart 1983. Der Abdruck erfolgt mit freundlicher Genehmigung des Verlages Urachhaus und des Autors.

Umkreis der Naturumgebung leben, denn es lebte die Anschauung, daß die Toten auch weiterhin mit der Natur und den Menschen in Verbindung sind. So sind die Menhire, Steinkreise oder Steinreihen zwar nicht primär auf den Tod bezogen; da an diesen Stätten aber eine geistige Beziehung zur Natur aufgenommen wurde, trat man dort also auch gleichzeitig in ein Verhältnis zu den Toten. Es ist anzunehmen, daß die Seele des Megalithikers nach dem Tode eines irdischen Zentrums als Halt bedurfte und dieses Zentrum im Menhir fand. Davon berichten auch einige Legenden, in denen beschrieben wird, wie die Seele des Toten den Menhir umkreist.

K.-D.N.: Wie ist das Verhältnis der Megalithiker zum Tod?

F. Teichmann: Das Verhältnis zum Tod ist ein völlig anderes als in Ägypten oder im späteren Griechenland. Der Tod bereitet dem Megalithiker überhaupt keine Probleme, weil das Bewußtsein dieser Menschen gar nicht entsprechend ausgebildet ist. An dem Tag, als Cuchulinn die Waffen empfängt, erfährt er, daß ein Orakel ausgegeben worden ist: "Wer heute die Waffen empfängt, wird ein großer Held werden, aber er wird auch bald sterben." Als er es erfährt, sagt Cuchulinn, daß es genau das ist, was er will. Er ist noch sehr jung, will unbedingt die Waffen empfangen und sagt sinngemäß: "Wenn ich auch nur einen Tag lebe, genügt mir das, wenn ich nur ein Held werde." Das Leben war gar nicht so entscheidend, weil man selbstverständlich nach dem Tode weiterlebte und auch weiterkämpfte. Es lebte im Bewußtsein der Menschen, daß die Verstorbenen den Kämpfenden voranziehen, daß sie noch mitkämpfen, sie sind lediglich nicht mehr in einem Leib verkörpert.

K.-D.N.: Im Vortragszyklus "Der Christus-Impuls und die Entwickelung des Ich-Bewußtseins" (GA 116, Vortrag vom 09.03.1910) führt Rudolf Steiner aus, daß die Initiation des Nordens in Polarität zur Initiation des Südens stehe. Wie stellt sich diese Polarität dar?

F. Teichmann: Diese Polarität bezieht sich nicht nur auf die Initiation, sondern auch auf das Verhältnis der beiden Kulturen zueinander. Die ägyptische Kultur und die Megalithkultur stehen sich polar gegenüber. Die ganze ägyptische Kultur wird vom Bewußtsein aus gestaltet, geordnet, und alle Kultureinrichtungen und -errungenschaften sind in den Stoff eingeprägte Gedanken. Demgegenüber findet man im Norden, in der Megalithkultur so gut wie keine Bewußtseinsprägung, keine Stelle, an der ein Gedanke eingeprägt wird. Im Norden ist vielmehr maßgeblich, den Geist und geistige Wesen in der Natur zu finden, den Menschen so zu führen, daß er hinter allen Naturvorgängen Geister erlebt. So ist das Lebenselement dieser Kultur nicht das Bewußtsein, sondern Bewegung und Kraftentfaltung.

Dementsprechend sind auch die Wege der Initiation verschieden. Im Süden richtet sich dieser Weg nach innen, auf das Innere des Menschen, der Einstieg erfolgt über das Gedankenleben, und er führt zu einem sehr differenzierten Menschenbild. Im Norden richtet sich dieser Weg nach außen, auf die Welt, das Mittel ist die Ekstase, und führt zu einer differenzierten Anschauung der Welt. Der Weg des Nordens beinhaltet das ständige Bemühen, von sich loszukommen und in der Welt unterzutauchen. Das erfordert, daß der Mensch die Prozesse, die in der Welt ablaufen, mitvollzieht, also die Bewegungen miterlebt. Dadurch wird etwas von dem Geist, der in der Welt lebt, erfahren.

Die griechische Kultur - Das Schattenreich und das Licht der Mysterien

K.-D.N.: Gehen wir über zur nächsten, zur griechisch-lateinischen Kulturepoche, die etwa mit der Gründung Roms beginnt und sich bis Anfang des 15. Jahrhunderts n.Chr. erstreckt. Aus den mannigfachen Dokumenten dieser Epoche über das Verhältnis des Menschen zum Tod möchte ich nur zwei Schilderungen der vorchristlichen Zeit herausgreifen: die "Odyssee" und den Tod des Sokrates, wie er in Platons "Phaidon" dargestellt ist, weil in ihnen zwei ganz unterschiedliche Grundstimmungen dargestellt werden. Der Hauptzug dieser Stimmung in der Odyssee ist: "Lieber ein Bettler sein in der Oberwelt als ein König im Reiche der Schatten." Alle Erlebnisse des Odysseus auf seinem Weg in den Hades, in das Totenreich, sind von einer klagenden Grundstimmung durchzogen. So spricht auch der verstorbene Achilleus, als Odysseus ihm im Hades begegnet:

"Edler Laertiad', erfindungsreicher Odysseus,
Welch noch größere Tat, Unglücklicher, wagest du jetzt?
Welche Kühnheit, herab in die Tiefe zu steigen, wo Tote
Nichtig und sinnlos wohnen, die Schatten gestorbener Menschen!"
(Homer: Odyssee. Übersetzung von Johann Heinrich Voss, 11. Gesang, 473-476.)

Wie ist diese mit Klagen verbundene Vorstellung eines Schattenreiches in bezug auf die griechische Kultur zu verstehen?

F. Teichmann: Das ist das natürliche Erlebnis des Griechen, das aber einer weitergehenden Betrachtung bedarf. Zieht man noch Homers "Ilias" zu Rate, dann wird deutlich, daß der Tod für den Griechen zwar ein einschneidendes Ereignis war, daß er ihm aber im Leben mutvoll entgegenblickte: er hatte ihn zu bewältigen; diese Aufgabe stellte er sich. Achilleus weiß genau, daß er sterben muß, aber er nimmt seinen Tod an und geht bewußt darauf zu. Obwohl die Griechen wissen, daß das Totenreich nichtig und schattenhaft ist, ergreifen sie das Todeserlebnis mutvoll.

Die Grundstimmung, daß das Totenreich eigentlich ein Schattenreich sei, ist ein anderer Aspekt und sie ist verbunden mit Vorstellungen, daß es dort lauter Mühsal und Sisyphusarbeiten gibt, ein Schattenreich ohne wirklichen Seins-Charakter, in dem es kein tatsächliches Fortkommen gibt. Was sollen wir da? Eigentlich gibt es dort kein richtiges Bewußtsein mehr, keine Gestaltung, schon gar nicht eine menschliche Leibesgestalt - solche Vorstellungen bedingten diese Grundstimmung, wie sie in der Odyssee geschildert ist.

Aber auch das ist nur eine Seite der griechischen Kultur, denn demgegenüber gibt es ein Gegengewicht in den Mysterien. Aus den Mysteriensprüchen geht nämlich eine ganz andere Haltung hervor: Wer eingeweiht ist in den Mysterien, für den hat der Tod jeglichen Schrecken verloren. Er erreicht nach dem Tode ein Lichtland und bekommt einen Zukunftsausblick. Für diejenigen Griechen, die eingeweiht sind - und zu den Mysterien von Eleusis gehörten im Laufe der Geschichte Zehntausende von Menschen, und nicht nur einzelne wie in Ägypten; die griechischen Mysterien trugen also einen ganz anderen Charakter -, für sie ergab sich ein völlig anderes Verhältnis zum Tod, weil sie in den Mysterien, zum Beispiel in Eleusis, etwas vorgeführt bekommen haben, das ihnen im Hinblick auf das Nachtodliche Sicherheit gegeben hat.

Der Tod des Sokrates

K.-D.N.: Diese aus den Mysterien inspirierte Haltung schien auch Platon eigen zu sein. Im "Phaidon" liegt das Schwergewicht nun ganz und gar nicht mehr auf den Vorstellungen vom Schattenreich, vielmehr steht jetzt im Vordergrund, daß die Seele unsterblich ist und der Tod ein Wohltäter. Sokrates verfügt über die Sicherheit, von der Sie sprachen, denn er führt aus: "...daß ich mit Grund der Meinung bin, ein Mann, welcher wahrhaft philosophisch sein Leben vollbracht, müsse getrost sein, wenn er im Begriff ist zu sterben, und der frohen Hoffnung, daß er dort Gutes in vollem Maß erlangen werde, wenn er gestorben ist." (Platon: Phaidon, 64a. Übersetzt von Friedrich Schleiermacher)

Sokrates schöpft also seine Sicherheit bereits aus der Philosophie.

F. Teichmann: Ja, Sokrates sagt, daß er, sofern er sich mit der Philosophie richtig befaßt hat, er eigentlich mit nichts anderem beschäftigt war als mit dem Tod, denn - so Sokrates - das Bestreben des Philosophen ist, daß er schon zu Lebzeiten den Bereich der Wahrheit erfaßt. Und wann erfaßt die Seele die Wahrheit? Wenn die Seele unabhängig vom Leib denken kann: "...es ist uns wirklich ganz klar, daß, wenn wir je etwas rein erkennen wollen, wir uns von ihm (dem Leib) losmachen und mit der Seele selbst die Dinge selbst schauen müssen." (Phaidon, 66e)

Das Denken kann also auf der Erde schon, wenn es sich vom Leibe losmacht, die Verbindung zur göttlichen Welt herstellen. Es ist nicht unbedingt nur dasjenige Denken gemeint, wie es zunächst ungeschult auftritt - das wird noch besser herausgearbeitet bei Aristoteles am Anfang der Nikomachischen Ethik -, obwohl das schon den Menschen zum Menschen macht. Aber der Mensch kann das Denken zur Kontemplation steigern und sich dazu aufschwingen, daß es sich jenseits des Leibes selbständig erhält (Nikomachische Ethik, 10. Buch). Da wird das Denken als eintretend in den göttlichen Bereich erlebt. Sokrates weiß also, worauf er sich einläßt, weil er im Leben sein Denken fortgebildet hat. Der Tod ist für ihn das Reich der wahren Inhalte. Im "Phaidon" geht Sokrates auf die Unsterblichkeit ein, schildert dann - anknüpfend an das, was die Eingeweihten sagen - den Reinkarnationsgedanken und geht dann über in die alten Bilder, daß die Seele von einem Engel durch das nachtodliche Leben geführt wird, und das nachtodliche Dasein endet wieder in einer neuen Geburt auf der Erde. Der Reinkarnationsgedanke wird ja im "Phaidon" ausführlich dargestellt, immer anknüpfend an das, was die Eingeweihten der Mysterien sagen.

"Eine alte Rede gibt es nun freilich, die, deren wir erwähnt haben, daß, wie sie von hier dorthin gekommen sind, sie auch wieder hierher zurückkehren und wiedergeboren werden aus den Toten. Und wenn sich dies so verhält, daß die Lebenden wiedergeboren werden aus den Gestorbenen: so sind ja wohl unsere Seelen dort? Denn sie könnten nicht wiedergeboren werden, wenn sie nicht wären. Und ein hinreichender Beweis wäre dies, daß es so ist, wenn wirklich offenbar würde, daß die Lebenden nirgend anders herkämen als von den Toten." (Phaidon, 70d)

Das Mysterium von Golgatha

K.-D.N.: Kommen wir zum zusammenfassenden Abschluß noch zum Christentum. Welche Bedeutung hat das Mysterium von Golgatha für den Tod?

F. Teichmann: Wenn Sie auf das christliche Glaubensbekenntnis zurückgehen, dann finden Sie ja dort inhaltlich ausgesagt, daß durch das Mysterium von Golgatha, durch die Auferstehungstat Christi, der Tod überwunden worden ist. Und Sie finden dort bildlich ausgedrückt, daß das Christuswesen zwischen der Grablegung am Karfreitag und der Auferstehung am Ostersonntag zur Hölle abgestiegen ist - die sogenannte Höllenfahrt Christi. Sie finden das Bild im Christentum mannigfach ausgestaltet, wie Christus die Tore der "Hölle" aufsprengt - das Urchristentum war sich darüber bewußt, daß damit das Totenreich gemeint ist - und alle Seelen ans Licht zieht, die dort unten verweilen. Das Urbild, das in der byzantinischen Kultur fast immer und überall zu finden ist, zeigt, wie Adam und Eva in die Auferstehung mit hineingenommen werden. Und den Sinn dieses Vorgangs finden Sie nun im fünften Kapitel des Paulusbriefes an die Römer ausgedrückt:

"Wie nun durch *eines* Sünde die Verdammnis über alle Menschen gekommen ist, so ist auch durch *eines* Gerechtigkeit die Rechtfertigung zum Leben für alle Menschen gekommen." (Römer 5, 18)

Durch die Auferstehung Christi wird also die Aufhebung des Sündenfalls für alle Menschen eingeleitet. Wie der Sündenfall seinen Ausgang vom Urmenschen Adam und vom Essen vom Baum der Erkenntnis nahm, so beginnt die Aufhebung des Sündenfalls durch die Auferstehung Christi, die den Weg für alle Menschen zum Baum des Lebens bereitet. Daher übersetzt Emil Bock diese Stelle im Römerbrief:

"Wie also durch den Fall des Einen Alle in den Untergang hineingerissen worden sind, so wurde durch die sonnenhafte Wesenswahrheit des Einen für Alle die Wiederherstellung des Lebens eingeleitet." (Das Neue Testament. In der Übersetzung von Emil Bock, Stuttgart 1980)

Das ist der große menschheitliche Aspekt, der das eigentlich Neue verdeutlicht, das durch die Christus-Tat hereingekommen ist. Durch Christi Höllenfahrt - "auf daß er erscheine denen, die da sitzen in Finsternis und Schatten des Todes" (Luk. 1, 79) - steigt ein Gott in das Totenreich hinab und durchlichtet es für die Seelen der Toten, die er auf einen neuen Aufweg führt. Daher heißt es im Credo der Christengemeinschaft:

"Im Tode wurde er der Beistand der verstorbenen Seelen, die ihr göttliches Sein verloren hatten."

Auferstehung im Denken - "Die Kraft der Liebe in geistiger Art"

K.-D.N.: Was heißt das in bezug auf den Erkenntnisprozeß des Menschen?

F. Teichmann: Alles bisher Dargestellte vorausgesetzt, sind Erkenntnisprozesse zunächst immer Todesprozesse, Erkenntnis kann sich nur dort vollziehen, wo die Lebensprozesse zurückgedrängt sind. Daher ist auch das Bild wahr, daß das Essen vom Baum der

Erkenntnis das Todeserlebnis zur Folge hatte. Wer sich mit dem Denken, mit der Philosophie, beschäftigt, der befaßt sich mit dem Sterben und mit dem Tod, wie es im "Phaidon" ausgedrückt ist, sowohl weil die im Denken gebildeten Vorstellungen zunächst tot sind, als auch weil im Denken die Kraft zur Überwindung des Todes liegt. Denn nachchristlich - wenn ich das Mysterium von Golgatha ernstnehme - muß im Bereich des Denkens und Erkennens Auferstehung möglich sein. Der Mensch müßte also ein Denken entwickeln können, das wieder aus dem Bereich der toten Vorstellungen aufersteht, das also verlebendigt wird. Dann führt das Denken nicht mehr zu den Leichnamen des Erkennens - wie Rudolf Steiner diese toten Vorstellungen nennt -, sondern in den Bereich des Lebens. Dazu ist es notwendig, daß der Mensch sein Denken umwendet und verwandelt. Wenn ich mein Denken umwende, das heißt, wenn ich die Denkkräfte anschaue, die im Bildungsprozeß der Vorstellungen wirksam sind, dann komme ich in den lebendigen tätigen Bereich des Denkens hinein. Indem ich dieses Denken schule, gehe ich also gewissermaßen durch den Bereich des Todes, in dem nur die bereits geprägten, toten Vorstellungen anzutreffen sind, über in die Anschauung der denkenden Tätigkeit beim Verfertigen von Vorstellungen, und komme somit in einen Bereich, in dem die Vorstellungen noch lebendig sind. Diese Wahrnehmung der denkenden Tätigkeit führt auf dem Wege der Schulung bereits zu einem Geist-Erleben:

"Es ist eine Wahrnehmung, in der der Wahrnehmende selbst tätig ist, und es ist eine Selbstbetätigung, die zugleich wahrgenommen wird. Im intuitiv erlebten Denken ist der Mensch in eine geistige Welt auch als Wahrnehmender versetzt. Was ihm innerhalb dieser Welt als Wahrnehmung so entgegentritt wie die geistige Welt seines eigenen Denkens, das erkennt der Mensch als geistige Wahrnehmungswelt. (...) Denn in diesem Buche wird versucht, zu zeigen, daß richtig verstandenes Denk-Erleben schon Geist-Erleben *ist*." (Rudolf Steiner: Die Philosophie der Freiheit. GA 4, Stuttgart 1955, S.264 f.)

Im Denken muß also die Auferstehung wirksam werden, indem durch Schulung und Verwandlung der Weg zum Geist-Erleben genommen wird. Im Verlauf dieser Schulung kann der Mensch dann bemerken, wie sich im Bereich des Denkens eine Tätigkeit als wirksam erweist, die nicht nur allein von ihm stammt.

Nicht nur, daß der Mensch, wenn er sein Denken schult, sein volles Wesen in dieser Denktätigkeit entfaltet - Denken, Fühlen und Wollen sind an diesem Vorgang beteiligt -, nicht nur, daß der Mensch sich beim Erkennen in die alle Menschen verbindende Ideenwelt hineinlebt, sondern in der Denktätigkeit selbst ist auch eine Kraft anwesend, die Rudolf Steiner im Zusatz zum achten Kapitel der "Philosophie der Freiheit" die "Kraft der Liebe in geistiger Art" nennt:

"Die Schwierigkeit, das Denken in seinem Wesen beobachtend zu erfassen, liegt darin, daß dieses Wesen der betrachtenden Seele nur allzu leicht schon entschlüpft ist, wenn diese es in die Richtung ihrer Aufmerksamkeit bringen will. Dann bleibt ihr nur das tote Abstrakte, die Leichname des lebendigen Denkens. Sieht man nur auf dieses Abstrakte, so wird man leicht ihm gegenüber sich gedrängt finden, in das 'lebensvolle' Element der Gefühlsmystik, oder auch der Willensmetaphysik einzutreten. Man wird es absonderlich finden, wenn jemand in 'bloßen Gedanken' das Wesen der Wirklichkeit ergreifen will. Aber wer sich dazu bringt, das *Leben im Denken* wahrhaft zu haben, der gelangt zur Einsicht, daß dem inneren Reichtum und der in sich ruhenden, aber zugleich in sich bewegten *Erfahrung* innerhalb dieses Lebens das Weben in bloßen Gefühlen oder das Anschauen des Willenselementes nicht einmal verglichen werden kann, geschweige denn, daß diese über jenes gesetzt werden dürften. Gerade von diesem Reichtum, von dieser inneren Fülle des Erlebens rührt es her, daß sein Gegenbild in der gewöhnlichen Seeleneinstellung tot, abstrakt aussieht. Keine andere menschliche Seelenbetätigung wird so leicht zu verkennen sein wie das Denken. Das Wollen, das Fühlen, sie erwärmen die Menschenseele auch noch im Nacherleben ihres Ursprungszustandes. Das Denken läßt nur allzu leicht in diesem Nacherleben kalt; es scheint das Seelenleben auszutrocknen. Doch dies ist eben nur der stark sich geltend machende Schatten seiner lichtdurchwobenen, warm in die Welterscheinungen untertauchenden Wirklichkeit. Dieses Untertauchen geschieht mit einer in der Denkbetätigung selbst dahinfließenden Kraft, welche Kraft der Liebe in geistiger Art ist." (ebd., S.146 f.)

Durch das Mysterium von Golgatha ist das Denken seiner Möglichkeit nach ein anderes geworden. Wenn der Mensch sein Denken in der geschilderten Weise ergreift, es umwandelt, kann er auf diesem Wege der Schulung wieder eine Verbindung zur göttlich-geistigen Welt finden. Das Denken in vorchristlicher Zeit und das Denken in nachchristlicher Zeit sind somit grundsätzlich verschieden.

K.-D.N.: Können Sie auch sagen, ob in bezug auf das nachtodliche Leben des einzelnen Menschen eine Wandlung in die Zukunft hinein möglich erscheint?

F. Teichmann: Das Erleben des Nachtodlichen wird zunehmend davon abhängen, ob der einzelne Mensch dieses Auferstehungsereignis begreift und ob er die Auferstehung in der Schulung seines Denkens mitvollziehen kann. Das Verhältnis zu Christus wird nicht aus einem Gefühlsleben, nicht aus Überlieferungen und Traditionen gestaltet, sondern es muß sich tatsächlich vollziehen. Es kommt darauf an, daß ich ein *wirkliches* Verhältnis zu dem Christus gewinne. Und dieses Verhältnis gewinne ich eben durch das Erleben des gestaltenden, warmen, lichtdurchwobenen Denkens, denn darinnen strömt die Kraft der menscheneinenden geistigen Liebe. Rudolf Steiner spricht auch im Vortragszyklus "Wie kann die Menschheit den Christus wiederfinden?" (GA 187, Vortrag vom 01.01.1919) deutlich aus, daß der Christus-Impuls in der gestaltenden Kraft des Denkens lebt. Ob und wie der Mensch dazu ein Verhältnis gewinnen kann, wird auch in zunehmendem Maße Konsequenzen haben für das nachtodliche Dasein. Mein nachtodliches Erleben wird ein vollständig anderes sein, wenn ich ein lebendiges Verhältnis zu Christus gefunden habe, der das zentrale Wesen der Menschheitsentwicklung ist. Denn das nachtodliche Bewußtsein hängt davon ab, worauf ich mein Interesse im Erdenleben gerichtet habe: auf die Welt, auf das religiöse Leben, auf die moralische Welt, worauf auch immer - jede Ausrichtung des Interesses hat ihren Ursprung im Denken. Alles, was wir tun, hat seine Konsequenzen im Nachtodlichen! Nicht nur unser Erdenleben - alles, was wir tun - hängt also von unserem Vorstellungsleben, von der Pflege unseres Denkens ab, sondern auch das Leben im Nachtodlichen, denn in ihm wird aufgearbeitet, was wir im Erdenleben vollbracht haben.

Der Hauptunterschied zur vorchristlichen Zeit ist damit, daß der Mensch heute in der Lage ist, sich selbst zu führen und für seine Taten voll verantwortlich zu sein. Und darum wird in Zukunft mehr und mehr das nachtodliche Leben der einzelnen Menschen so unterschiedlich sein, wie sie ihr Erdenleben unterschiedlich gestaltet haben. Die vollständige Umwendung in bezug auf das Leben nach dem Tode durch das Mysterium von Golgatha hat sich dadurch ergeben, daß sich die Christus-Wesenheit mit der Erde verbunden hat. Der Mensch wird also im Leben nach dem Tode dem Christus nicht mehr begegnen können, wenn er ihn nicht schon im Erdenleben gefunden hat. Und davon hängt unermeßlich viel ab.

Nordlicht

Robert Crottet*

Am Ufer eines Sees trat der älteste Greis Lapplands zu einem jungen Mann, der dort fischte.

"Willst Du meine Rentierherde haben?"

"Weshalb?" fragte der junge Mann.

"Ich habe keine Kinder, und ich werde bald sterben."

"Was muß ich tun, um dein Erbe zu werden?"

"Mir folgen."

Lange wanderten sie. Nach zwei Wochen brandete ihnen das Eismeer entgegen mit seinen weißen und schwarzen Wellen. Unter einem hohen Felsen, den der Ozean vergeblich zu erschüttern versuchte, stand eine Hütte aus Granit. Robben, Walfische und Möwen spielten vor der Hütte ein Spiel, dessen Regeln nur ihnen bekannt waren.

Im Innern der Hütte brannte eine Lampe, und der junge Mann blickte sie lange an, so, als würde er angezogen von ihr. Das Licht, das sie verbreitete, enthielt alle Farben des Nordlichts. Oder besser noch: das Nordlicht selbst war in dieser Lampe. So dachte der junge Mann und konnte seinen Blick nicht von ihr wenden, so wie man ihn nicht vom Nordlicht lösen kann, wenn es am Himmel aufbricht und seine Lichtkaskaden auf die Erde schleudert.

"Sieh!" sagte der Alte. "Wir sind mitten im Sommer, aber in meiner Hütte ist es dunkel, und ich brauche das Nordlicht, um sie hell zu machen."

"Aber das Nordlicht schläft doch während des ganzen Sommers und wacht nur auf, wenn die Sonne hinter dem Horizont ist", sagte der junge Mann.

Der Alte betrachtete den Jungen, ehe er antwortete: "Ich habe das Nordlicht eingefangen in dieser Lampe, die eine Flasche ist, wie du erkennen wirst, wenn du näher hinsiehst."

Der junge Mann bekam Angst und rief: "Du hast in dieser Flasche die Seelen der Toten eingefangen, und sie leuchten während des ganzen Sommers nur für dich?"

"Ich weiß", antwortete der Greis, "ich habe das gestohlen, was wir in unserem Land die Seelen der Toten nennen, die den Lebenden die Polarnacht erhellen."

"Wer bist du?" rief der Jüngling. "Bist du ein Gott, da du die Seelen der Toten in eine Flasche sperren kannst?"

Der Alte lachte. In seinen Augen leuchtete es wild auf.

"Höre!"

Aus der Flasche tönten Laute, anfangs ein Klagen oder Seufzen, dann eine Art Gesang, ebenso wild wie der Blick des Alten.

Der junge Mann hörte es. Schweiß trat ihm auf die Stirn, und sein Gesicht wurde bleich, so sehr peinigte ihn der Gesang. Er zog sich in eine Ecke des Raumes zurück und setzte sich auf den Boden. Dort wurde er so sehr von Furcht geschüttelt, daß er sein Hemd zerriß und seine Brust sehen ließ.

"Du bist stark", sagte der Greis, "du hast genau den Körper, den ich brauche."

*Aus: "Verzauberte Wälder"

Der Abdruck erfolgt mit freundlicher Genehmigung der Nymphenburger Verlagshandlung GmbH, München.

Der Jüngling rannte zur Tür, aber er mochte noch so sehr an ihr rütteln, sie ließ sich nicht öffnen, gerade als ob der Wind sich von draußen dagegen stemmte, um zu verhindern, daß der junge Mann die Hütte verließ. Plötzlich wurde der Jüngling ganz ruhig. Er zitterte nicht mehr vor Furcht. Ihm wurde bewußt, daß er einer schrecklichen Gefahr gegenüberstand, daß er ihr nur begegnen konnte, wenn er alle Kräfte sammelte und seine Ruhe bewahrte.

So blickte er dem Greis ins Gesicht und sagte: "Du bist kein Gott, sondern ein Teufel, und ich werde dir meine Seele nicht verkaufen, sofern es das ist, was du von mir willst."

Der Alte stand auf von seinem Sitz und trat zu dem Jüngling, der nicht zurückwich.

"Ich will deine Seele nicht kaufen, sondern austauschen."

"Gegen was?"

"Gegen meine Seele. Oder, wenn du das nicht verstehst: ich werde dir deinen Körper nehmen, um dir meinen zu geben. Nein, ich glaube nicht, daß ich der Teufel bin. Aber ich habe ein Mittel gefunden, das mich vor dem Sterben bewahrt, ich bin schon zweitausend Jahre alt."

Der junge Mann betrachtete den Alten und dachte: "Ich glaube es. Er ist nicht verrückt. Er wird seine Seele in meinen Körper pflanzen und die meine in seinen. Ich werde keine Jugend mehr haben. Im nächsten Augenblick schon werde ich uralt sein. Ich bin verloren, wenn nicht ein Wunder ..."

Der Greis lächelte. "Was ist Jugend?" sagte er. "Das ganze Leben vor dir, Leidenschaften, Elend, Hoffnungen, immer getäuscht, da doch alles vom Tod verschlungen wird. Während du jetzt in einem einzigen Augenblick dies alles überspringen wirst, um plötzlich fast am Ende deines Lebens zu stehen. Sieh mich an! Trotz meiner weißen Haare, meiner Runzeln, bin ich nicht hinfällig. Ich habe mir immer die kräftigsten Körper ausgesucht. Außerdem bin ich nicht arm. Für die kleine Zeitspanne Leben, die dir noch bleibt, wird es dir an nichts fehlen. Alles, was ich besitze, wird dein sein."

"Ich brauche keinen Trost", sagte der Jüngling. Seine Gelassenheit begann den Alten zu beunruhigen.

"Noch nie während meines langen Lebens habe ich einen so gleichgültigen Menschen gesehen. Du fragst nicht einmal, wie wir es anstellen werden, unsere Seelen auszutauschen."

"Ich bin nicht neugierig."

"Nun gut, neugierig oder nicht, du wirst mir jetzt zuhören. Du kannst dir wohl denken, daß selbst der größte Hexenmeister der Erde unfähig wäre, eine solche Operation vorzunehmen. In meinem ersten Leben war ich Hexenmeister. Ich konnte alles, nur eines nicht: den Tod aufhalten. Aber ich wollte leben. Der Tod machte mir Angst.

Eines Tages fuhr ich bei Nordlicht mit meinem Boot hinaus. Das Leuchten spiegelte sich im Wasser, und dann sah ich, wie zwei oder drei Strahlen noch weiter auf den Wellen lagen, nachdem das Nordlicht erloschen war. Plötzlich fiel mein Blick auf diese Flasche in meinem Boot. Wer sie dorthin gelegt hatte, wußte ich nicht. In jenen weit zurückliegenden Zeiten kannte man solche Gegenstände noch gar nicht. Aber ich ergriff die Flasche und fing mit ihr jene drei Strahlen, die Seelen verstorbener Menschen waren. Sie ließen sich ohne Sträuben in die Flasche pressen und sagten: 'Uns ist alles andere lieber, als unter den Toten im Nordlicht zu sein. Sie sind edel dort oben und tun immer nur Gutes für alle, die ihnen lieb waren auf der Erde. Wir aber haben gern Böses getan, als wir auf Erden lebten, und langweilen uns zu Tode, weil wir gezwungen sind, ständig Gutes zu tun. Man könnte wirklich sterben vor Langeweile. Dabei sind wir inzwischen gut genug geworden und haben es nicht nötig, noch einmal zu sterben. Verbirg uns deshalb in dieser Flasche! Dieses Gefängnis auf Erden ist immer noch besser, als ewig dort oben zu sein. Wenn du irgend etwas brauchst, so werden wir es dir gern beschaffen. Die Toten haben viel mehr Macht als die Lebenden. Das ist ihr einziger Vorteil. Wir werden alles tun, was du willst, vorausgesetzt, daß es nichts Gutes ist.'

'Ich möchte ewig auf der Erde leben', sagte ich.

'Das ist genau das, was wir auch wollten', sagten sie, 'aber der Tod hat unsere Körper gestohlen.'

'Da ihr alles könnt', sagte ich, 'so helft mir, mich in einem jungen Körper niederzulassen, wenn der meine alt geworden ist.'

'Das wäre eine lohnende Aufgabe', sagten sie, 'und vor allem, sie ist nicht gut. Es wird allerdings eine schwierige Operation werden. Wir könnten es versuchen, aber nur unter der Bedingung, daß du uns für immer in dieser Flasche verwahrst. Lediglich zum Austausch der Seelen werden wir für wenige Augenblicke herauskommen müssen, danach gehen wir wieder in unser Gefängnis. Niemals aber darf uns das Nordlicht erblicken, es würde uns sofort zwingen, zu ihm zurückzukehren.'

Du siehst, ich habe dich vorhin ein wenig belogen", fuhr der Greis fort, "in dieser Flasche ist nicht das ganze Nordlicht. Es sind nur drei Tote. Aber du wirst merken, mit welcher Geschwindigkeit sie unsere Seelen austauschen. Es ist wie ein Blitz. Du wirst nichts fühlen. Ich werde nichts fühlen. Plötzlich wirst du ich sein, und ich werde du sein. Aber es eilt nicht. Wir können vorher noch ein wenig reden. Ich weiß noch gar nichts von deinem Leben. Bist du verheiratet?"

"Verlobt."

"Wird sie mir gefallen?"

Es kostete den Jüngling große Mühe, ruhig zu bleiben. Ihm war, als ob sich schon unsichtbare Hände an ihm zu schaffen machten, seine Brust durchwühlten und irgendetwas suchten.

"Ich muß ruhig bleiben", dachte er. "Noch bin ich nicht verloren. Ich bin noch ich und nicht dieser schreckliche Alte."

"Du wirst ihr nicht gefallen", sagte er laut.

"Aber ich werde ja du sein, und ich nehme doch an, daß sie dich liebt", spottete der Alte. "Halt! Spring mir nicht an die Kehle! Dazu ist es zu spät. Du kannst nichts mehr tun, weder fliehen noch mich umbringen, noch die Flasche zerbrechen - was dir übrigens auch nichts helfen würde.

Hast du einen Hund? Ja? Gut, ich will dir genau erzählen, was geschehen wird. Sobald er mich erblickt, wird mir der Hund mit einem Freudengebell entgegenstürzen. Dann wird er überrascht zurückweichen. Er wird von neuem näher kommen, um mich zu beschnüffeln. Er wird ein wenig knurren, er ist nicht ganz sicher. Bin ich wirklich sein Herr? Ich habe deine Stimme, aber ich spreche andere Worte als du. Ich habe deine Augen, aber sie blicken anders. Ich habe deine Hände, aber eine andere Art, ihn zu streicheln. Einige Tage wird er unsicher sein, und dann hat er sich gewöhnt.

Mit deiner Verlobten wird es genauso gehen. Unaufhörlich wird sie mich fragen, was mit mir geschehen sei, warum ich so verändert wirke, weshalb ich anders mit ihr rede, sie anders küsse. Und dann, eines Tages, hat sie sich gewöhnt.

Nun zu deinen Eltern, deinen Freunden. Sie werden kommen und mich besuchen, aber ich werde nicht einmal ihre Namen wissen. Ich werde ihnen erzählen, ich hätte einen Unfall gehabt, bei dem ich auf den Kopf gefallen sei und das Gedächtnis verloren habe. Oh, ich habe Übung in allen diesen Dingen seit der Zeit, da ich Körper auswechsele.

Vielleicht wirst du eines Tages kommen und mich anklagen, dir deinen Körper gestohlen zu haben. Wer wird dir glauben? Du wirst mit deiner Verlobten sprechen. Du wirst sagen, du hättest ihr gegenüber oft ganz bestimmte Ausdrücke gebraucht. Worte der Zärtlichkeit und des Scherzes. Liebende haben immer eine eigene Sprache unter sich. Du wirst zu ihr sagen: 'Nicht er ist dein Verlobter, sondern ich bin es.' Was glaubst du, wird sie tun? Wenn sie taktlos ist, wird sie dir einen Spiegel vorhalten. Du wirst sagen: 'Aber sieh meine Augen an!' Sie wird antworten: 'Gewiß, in deinen Augen ist Jugend, aber deine Haare sind weiß, und dein Gesicht ist voller Runzeln.' Und sie wird vielleicht denken, du seist ein Hexenmeister, da du die vertrauten Worte kennst, die ihr Verlobter gebrauchte. Dann wird sie die Achseln zucken und sich abwenden mit dem Gedanken: 'Dieser Alte möchte nur versuchen, mich zu verführen.'

Du wirst mich vielleicht umbringen wollen. Aber sobald du mir gegenüberstehst, Auge in Auge mit deinem eigenen Körper, wirst du es nicht wagen. Der Selbstmord gilt bei uns als eines der schwersten Verbrechen."

Der Alte hielt inne. In der Stille hörte man dumpfe und ungeduldige Laute aus der Flasche dringen.

"Seid nicht so ungeduldig!" rief der Greis. "Laßt mir die Zeit, diesen jungen Mann in seinem Verhalten zu beobachten. Ich muß ihn etwas kennenlernen. Das wird mir nützlich sein, wenn ich er sein werde."

Der Jüngling blieb unbeweglich, machte den Mund nicht auf, hörte vielleicht nicht einmal zu. Das ärgerte den Alten.

"Was ich dir erzähle, interessiert dich offenbar überhaupt nicht. Du stellst mir auch nicht einmal Fragen darüber, wie dein Leben aussehen wird, wenn du erst ich bist. Ich werde es dir sagen. Ich habe keine Familie mehr, aber mehrere Freunde. Dies hier ist nur eine unserer Wohnungen."

Und der Alte sprach von sich selber, von seinen jungen Freunden, seinen Rentieren. Er beschrieb genau, wo sich sein Geld befand, das er dem jungen Mann "großzügig" überlassen werde.

Der Jüngling hatte die Augen geschlossen.

"Du schläfst!" schrie der Alte. "Noch niemals, hörst du, niemals bei den dreißig Malen, als ich den Körper ausgetauscht habe, ist mir ein Mensch wie du vorgekommen. Alle hatten Angst. Alle flehten und weinten. Und du wagst es zu schlafen!"

Der Greis richtete sich zu seiner ganzen Größe auf.

"Also gut, wenn du keine Angst hast, dann begreife wenigstens die Ehre, die ich dir antun werde. In einigen Minuten werde ich zweitausend Jahre Erdenleben in dich eintreten lassen, zweitausend Jahre angesammelten Wissens."

Der junge Mann schlug die Augen auf.

"Wozu dient es?"

"Zu allem. Ich weiß alles. Ich habe auf alles eine Antwort. Ich bin der größte Weise der Erde."

Der Jüngling, der ganz abwesend zu sein schien, versunken in Gedanken, murmelte: "Was brauchst du noch mehr? Genügen dir zweitausend Jahre nicht?"

Der Greis warf den Kopf zurück. Aus seinen Augen schossen die Strahlen eines gewaltigen Hochmuts.

"Nein. Zweitausend Jahre sind mir nicht genug. Ich will meinem Schöpfer beweisen, daß ich noch dort erfolgreich bin, wo er scheitert. Er hat unsere Körper geschaffen. Er gibt ihnen einen Mund und Nahrung und verleiht unserem Blut Wärme. Nach einem langen Leben hat der Mund keine Kraft mehr, Nahrung aufzunehmen, und die Wärme im Blut macht der Kälte Platz. Der Schöpfer ist gezwungen, die Seele aus dem Körper zu holen, damit sie nicht mit ihm verwest. Um sein Versagen, den Tod, wettzumachen, hat er sich für die Seele eine andere Wohnung ausgedacht, in der es keine Würmer gibt, die sie zerfressen: die Ewigkeit.

Ich aber, ich habe meiner Seele dank jener Hilfskräfte, die diese Flasche der Ewigkeit vorziehen, das gegeben, was der Schöpfer ihr nicht hat geben können: die Unsterblichkeit auf Erden. Ich habe den Tod besiegt."

"Aber nicht die Würmer", sagte der Jüngling.

"Was willst du damit sagen?"

"Deine Seele ist ein alter Pilz, der von Würmern zerfressen ist."

Der Alte, immer mehr beunruhigt von der Gelassenheit des Jungen, schrie: "Noch niemals hat ein Mensch es gewagt, so mit mir zu reden. Hast du die Augen eines Hexenmeisters, daß du meinst erkennen zu können, was in meiner Seele vor sich geht?"

"Es gibt viele Dinge, die man nicht sehen kann, von denen man aber trotzdem weiß, wie sie sind. Ich weiß, daß deine zweitausend Jahre alte Seele von Würmern zerfressen ist."

Es wurde ganz still. Selbst das Gemurmel in der Flasche hatte aufgehört, und die Strahlen, die von dort ausgingen, waren fahl, beinahe farblos geworden. Der Alte hielt den Kopf auf die Brust gesenkt. Aller Hochmut war aus seinen Augen verschwunden, und man sah in ihnen nur große Müdigkeit. Er machte den Eindruck eines gefallenen Gottes, der zum ersten Male begreift, weshalb er gefallen ist. Er legte die Hand auf seine Brust, als wollte er unsichtbare Würmer daraus verscheuchen. Nicht sein Körper, sondern seine Seele war ihm plötzlich eine unerträgliche Last geworden. Sie hatte tatsächlich ein Gewicht von zweitausend Jahren.

Der Greis begriff, daß der Jüngling recht hatte: seine Seele war verwest, zerfressen vor lauter Alter. Er hob den Kopf und dachte: "Was macht es aus? Meine Seele kann nicht sterben. Sie fühlt sich alt in einem alten Körper. Sobald sie in einem jungen Körper ist, wird sie nicht mehr so schwer, nicht mehr so müde sein."

Er wandte sich zu der Flasche: "Habt keine Angst! Kein einziger Wurm, selbst wenn er unsichtbar ist, kann unsere Seelen zerfressen. Dieser junge Mann hat uns nur erschrecken und uns die Kraft rauben wollen, um die Operation zu verhindern. Fangen wir jetzt an. Es wird Zeit, daß ich in seinen Körper übergehe und er in meinen. Beeilen wir uns!"

Die Strahlen in der Flasche bekamen ihre leuchtenden Farben zurück. Ihre Stimmen, anfangs noch dumpf, wurden lauter und wilder.

Seit geraumer Zeit schon betete der junge Mann. Seine Großmutter, die ihn sehr geliebt hatte, war tot. Er flehte sie an, ihm zu Hilfe zu kommen. "Ich weiß, daß das Nordlicht im Sommer schläft", sagte er zu ihr, "aber es muß doch irgendwo sein. Wecke es auf, bitte, wecke es auf!"

Der Jüngling blickte durch das Fenster zum Himmel. Es war dunkel trotz der Mitternachtssonne, die matt auf dem Meer schimmerte. Der Alte ergriff die Flasche und öffnete sie.

Sogleich spürte der junge Mann Hände in seiner Brust. Sie suchten seine Seele und wollten sie von seinem Körper lösen.

Da flammte plötzlich ein riesiger Schein über den Himmel. Das Nordlicht breitete seine Strahlen aus, als ob eine gewaltige Blume ihre Blüten öffnete. Eines ihrer Blütenblätter drang durch das Fenster in die Hütte. Da verschwanden die Hände aus der Brust des Jünglings. Er stieß einen Freudenschrei aus. Das Nordlicht erlosch, und es war nur noch die Sonne da, die sich fern auf den Wellen schaukelte.

"Wo seid ihr?" schrie der Greis. "Kommt zurück in eure Flasche! Wir werden die Operation an einem anderen Tag mit einem anderen Jüngling machen. Dieser ist nicht geheuer. Kommt zurück! Ohne euch bin ich verloren."

Mit der Flasche in der Hand riß er die Tür auf. Er schwankte. Der junge Mann, der jetzt Mitleid empfand, stützte ihn, damit er nicht fiel.

Weinend klagte der Alte: "Das Nordlicht hat sie zurückgeholt. Sie werden niemals wiederkommen. Ich habe die Unsterblichkeit verloren."

Er trat an das Ufer des Meeres und schleuderte die leere Flasche gegen einen Felsen. Sie zersplitterte. Er selber fiel tot zu Boden.

Der junge Mann kehrte nach Hause zurück und erzählte seiner Verlobten alles, was ihm geschehen war. Sie wollte es nicht glauben. Keiner wollte es glauben.

"Wieso glaubt ihr dann", sagte er, "daß die Toten uns im Nordlicht beschützen?"

Der Tod hat viele Gesichter

Bernd Hansen

Der folgende Artikel möchte einige Beispiele von Todesglauben und Todesbräuchen aufzeigen, die sich aus der Mythologie oder den alten Epen vergangener Kulturen begründen, bzw. aus deren Relikten ergründet und entschlüsselt wurden. Die hierzu hauptsächlich verwandte Literatur ist am Ende des Artikels aufgelistet; dazu wäre noch zu bemerken, das mit der Fülle der Publikationen und wissenschaftlichen Arbeiten über z.T. längst vergangene Zeiten konträre Auffassungen unter Forschern und Wissenschaftlern zunehmen und ihre Interpretationen voneinander völlig verschieden und individuell sein können. Daher wird hier auch nur ein relativ allgemeiner Überblick mit herausgegriffenen Schwerpunkten gegeben.

TODESWISSEN - TODESGLAUBEN
in alten Mythen und Kulturen

Der Tod, das Sterben und das Leben nach dem Tode gehörten in allen Kulturen zu den zentralen Fragen oder standen sogar im Mittelpunkt des kulturellen Lebens. Je höher entwickelt die entsprechende Kultur war, desto umfassender und komplizierter waren die Kulte und Bräuche und desto mehr wurden mythische Überlieferungen in die Lebenszusammenhänge und in die Kunst übertragen - wobei Prunk und Glanz den Stellvertretern der Götter, den Priestern und Herrschern, vorbehalten war.

Der Animismus - der Gedanke an ein Fortleben nach dem Tode - war integraler Bestandteil aller Kulturen. Der zeitlich frühere Präanimismus war in einfacheren Kulturformen verbreitet und war es bis vor kurzem in sogenannten "wilden" Völkern noch immer. Dieser hat eine starke Beziehung zum Magischen und ist von vielerlei Ängsten geprägt. In den meisten der alten Hochkulturen gerieten die Einsichten in geistige Zusammenhänge irgendwann zum Selbstzweck und führten durch Machtmißbrauch u.a. zu Kriegen, zur Auflösung und ihrem jeweiligen Untergang.

Die Ansichten über die personifizierten Gottheiten des Todes, des Totenlandes, und über den Dualismus von Leib und Seele bzw. Geist waren sehr verschieden. Umso erstaunlicher sind die aufgetretenen Parallelen und Ähnlichkeiten der künstlerischen Kultgegenstände und Bilder. Hier bekundete ein reiches künstlerisches Begreifen übersinnlicher Realitäten und ein Leben mit den Mythen Einblicke in die geistige Welt.

Es kommt in alten Überlieferungen wiederholt vor, daß die eigentlich unsterblichen Götter sowie die Halbgötter oder Helden mit dem Tode zu kämpfen haben, ihn überlisten oder in die Unterwelt hinabsteigen müssen. Diese ist fast immer durch einen Fluß von der Welt der Lebenden getrennt, der mit einem Boot oder über eine Brücke überquert werden kann und an dessen Ende eine Gestalt wie ein Hüter der Schwelle als Totenrichter auftritt. Auch andere Motive und Bilder aus den Mythen und Epen der Völker kehren immer wieder.

Einiges wurde übernommen und kaum verändert (zum Beispiel durch die Römer von den Griechen). Geographische Übergänge und zeitliche Zusammenhänge ziehen sich wie ein Faden um die Welt und durch die Geschichte.

Dieser Faden führt - und damit möchte ich beginnen - von den "Altindern" über die "Indoiraner" zum "Altiranischen", wo die Götter *Mithras* und *Sraosa* über die *Cinvatbrücke*, an der die Seelen der Verstorbenen geprüft werden, ins Jenseits aufbrechen. Die beiden Götter werden von den *Fravasis* begleitet, den Geistern der nach rechtmäßigem Leben Verstorbenen. Im Altiranischen war es auch, daß die mythischen Zwillingsgottheiten *Ahura Mazdah* (Ormuzd) und *Angra Mainyu* (Ahriman) sich als das göttlich verkörperte Gute und Böse bekämpften. In diesen awestischen Überlieferungen wird die Unsterblichkeit der Seele und das Weiterleben nach dem Tode belegt. Die Bräuche der Bestattung reichten vom Aussetzen der Leiche für die Hunde und Greifvögel über das zeitlich spätere Bergen und Beisetzen der Gebeine (zoroastische Lehre, Brauchtum bei den medischen Magiern) bis zum Einwachsen und Konservieren der Leichen (Perser) oder dem Präparieren und Einnähen in Tierhäute (Skythen). Außerdem gab es, wie überall in der Welt, auch in diesen Kulturen des alten Orients, megalithische Grabanlagen oder Felsgräber aus noch älteren Zeiten.

"Über das Wasser des Todes darf deine Hand nicht hinwegfahren!"

In dem Gilgamesch-Epos der Sumerer im südlichen Mesopotamien (ab 3000 v.Chr.) gibt es Schilderungen zahlreicher Kämpfe sowie die Auseinandersetzung mit dem Phänomen des Todes. Durch die Einmaligkeit des Auffindens, Entschlüsselns und Ordnens der Tontafeln, auf denen das Gilgamesch-Epos festgehalten wurde und welche hauptsächlich Abschriften aus der Zeit um 1700 v.Chr. sind, bekommen wir einen tiefen poetischen Einblick in die ethischen und religiösen Vorstellungen aus der Zeit am "Anfang der Geschichte".

Gilgamesch, König von Uruk in Südbabylon, bricht unter anderem auch in die Totenwelt auf, um dort über den Tod seines Freundes *Enkidu* Klarheit zu bekommen. Der Tod Enkidus ist nicht überliefert, doch etliche Todesträume und Todesvisionen weisen darauf hin (7. Tafel I, 17-22; VI, 3-19 und 10. Tafel III, 25-26). In der zehnten Tafel taucht das Bild vom Wasser des Todes auf, welches Gilgamesch mit dem Fährmann Urschanabi überqueren muß, um zu Utnapischtim - einem Eingeweihten - zu gelangen. Dieser Sintflutheld (11. Tafel 116-133) soll Gilgamesch helfen, das Leben und den Tod zu verstehen (9. Tafel III, 3-6).

Das Wasser des Todes kann nur zum Preis des Lebens berührt werden. Die alten steinernen Ruder des Fährbootes scheint Gilgamesch zerstört zu haben, daher muß er hundertzwanzig neue aus Holz anfertigen, für jeden Stoß einen (10. Tafel III, 33 bis IV, 17). Bei Utnapischtim eingetroffen, folgt eine lange Rede desselben, in welcher Gilgamesch zurechtgewiesen wird, da er über den Tod seines Freundes Enkidu nicht hinwegkommt und das Todesschicksal nicht anerkennt:

> "Du wurdest nun schlaflos, doch was hattest du davon?
> Da du nicht schläfst, seufzt du ...
> Deine Adern füllst du mit Harm ...

Deine Tage, die schon ferngerückt waren, bringst du dir wieder heran.
Die Menschen, deren Nachkommen wie Rohr abgeknickt sind,
Den guten Mann, das gute Mädchen
... *nimmt weg* der Tod.
Möchte da etwa jemand den Tod sehen, jemand des Todes Angesicht,
Jemand des Todes Ruf hören?
Und doch ist es der grimme Tod, der die Menschen abknickt!
Irgendwann errichten wir ein Haus!
Irgendwann siegeln wir ein Testament!
Irgendwann teilen die Brüder!
Irgendwann herrscht Haß *im Lande!*
Irgendwann führte das Hochwasser des angeschwollenen Flusses (etwas) davon,
Libellen treiben flußab!
Ein Antlitz, das in die Sonne sehen könnte,
Gibt es seit jeher nicht.
Der Verschleppte und der Tote, wie gleichen sie einander!
Das Bild des Todes zeichnen sie nicht!
Ja, du Mensch, Mann! Seit *Enlil segnete*,
Sind die Anunnaki, die großen Götter, versammelt,
Mammetum, des Schicksals Erzeugerin,
Bestimmt mit ihnen die Schicksale
Sie haben Tod oder Leben zugeteilt,
Des Todes Tage aber nicht bekannt gemacht."
(10. Tafel, VI, 17-39)[1)]

Es wird der Ratschlag erteilt, das eigene Leid zu überwinden, um anderen zu helfen, doch Gilgamesch resigniert:

"Ach, wie soll ich handeln, wo soll ich hingehn?
Da der *Raffer das Innere* mir schon gepackt hat!
In meinem Schlafgemach sitzt der Tod,
Selbst wenn ich den Fuß an einen Ort des Lebens setzen will:
auch da ist der Tod!"
(11. Tafel 229-233)[2)]

Allerdings wird ihm, der mehr und mehr resigniert, ein Geheimnis von Utnapischtim mitgeteilt: es gäbe ein "Gewächs, dem Stechdorn ähnlich", welches das Leben finden lasse, mit Namen: "Jung wird der Mensch als Greis". (11. Tafel 266-282). Gilgamesch erlangt dieses Gewächs, jedoch wird es ihm von einer Schlange gestohlen, die sich verjüngt und ihre Haut abwirft: das ewige Leben bleibt bei den Göttern!

Aus der zwölften, der letzten Tafel des Epos, geht hervor, daß Enkidu noch lebt und aufgrund eines Tabubruches lebend in die Unterwelt verbannt wurde. Der Widerspruch zu dem Vorherigen der Dichtung ist nicht geklärt, die Gründe, weshalb er in die Unterwelt steigt, bleiben im Dunkeln. Eine herabgefallene Trommel samt Trommelstöcken will Enkidu zurückholen:

> "'Die *Trommel* aus der Erde werde ich holen,
> Die *Trommelstöcke* aus der Unterwelt werde ich holen!'
> Gilgamesch antwortet dem Enkidu:
> 'Wenn du in die Unterwelt hinabsteigen willst,
> Dann mußt du meinen Rat dir gut zu Herzen nehmen:
> Ein reines Gewand darfst du nicht anziehen;
> Sonst erkennen sie, daß du (dort) ein Fremder bist!
> Darfst dich mit gutem Öl aus der Büchse nicht salben -
> Sonst scharen sie sich zu dir, sobald sie es riechen!
> Du darfst das Wurfholz nicht auf die Erde werfen,
> Sonst umringen sie dich, die vom Wurfholz erschlagen;
> Darfst in die Hand einen Stock nicht nehmen,
> Sonst *erzittern vor* dir die Geister.
> Schuhe darfst du nicht tun an die Füße,
> Lärm in der Unterwelt darfst du nicht machen;
> Dein Weib, das du liebtest, darfst du nicht küssen,
> Dein Weib, dem du gram warst, darfst du nicht schlagen,
> Dein Kind, das du liebtest, darfst du nicht küssen;
> Dein Kind, dem du gram warst, darfst du nicht schlagen:
> Sonst wird dich der Aufschrei der Erde packen!'"
> (12. Tafel, 9-28)[3)]

Nachdem er diese Regeln alle bricht, wird Enkidu in der Unterwelt festgehalten, kommt aber wieder frei. Das Epos endet hier, doch später gefundene Tafeln mit anderem Inhalt sollen ein- bzw. angefügt werden. Die Publikation steht bevor und wird seit längerem erwartet.

"Der Tod steht mir heute vor Augen"

In der ägyptischen Mythologie nimmt die Osiris-Legende eine zentrale Stellung ein; sie diente unter anderem der Errichtung eines Mysterienspiels, der ersten verbürgten Urform des Theaters.

Osiris, Gott der fruchtbaren Erde und des Ackersbaus, wird im im Kampf um Ägypten von seinem Bruder Seth getötet bzw. in eine körperförmige Truhe gelockt und ins Meer gegeben. Angespült verfing sie sich in den Wurzeln einer Akazie und wuchs dort ein. Seine Schwester-Gattin Isis suchte und fand ihn, doch Seth bemächtigte sich des Leichnams, zerstückelte ihn und verteilte ihn über die Welt. Isis streifte umher, fand alle Teile, setzte sie zusammen und belebte sie, ließ sich von ihrem wiedererstandenen Gatten befruchten, empfing in der Gestalt eines Geiers ihren Sohn Horus. Er, der falkenköpfige Mensch, Bild für Himmel und Erde, rächte Osiris an Seth. Osiris selbst wurde zur Mysteriengottheit, durch welche die Menschen am Sterben und Wiedererwachen teilhatten; er wurde zum Schützer der Toten, und diese erlangten durch ihn das Weiterleben nach dem Tode. Herrscher und angesehene Persönlichkeiten gingen nachtodlich in den Osiris ein. Osiris wurde außerdem zum Totenrichter, der beim Totengericht die Herzen Verstorbener gegen das "Bild der Wahrheit" abwog. Der schakalköpfige Totengott Anubis, Patron der Grabespflege, half dabei. Daraus entstand die Gepflogenheit, den Verstorbenen Sprüche auf Papyrus mitzugeben, welche auf magische Weise das Herz hindern sollten, gegen seinen "Besitzer" auszusagen, um ihn nicht von "den großen Fressern" verschlingen zu lassen. Diesen großen Fressern gab man Namen wie: Därmeverschlinger, Schattenfresser, Knochenbrecher etc.

Im alten Ägypten war man davon überzeugt, daß der Mensch nach dem Tode weiterlebt und seine Seele verklärt wird. Der Leichnam wurde im Grabe vom "Ba", der Seele, verlassen. Dargestellt als Menschenvogel wurde die Seele als ursprünglich göttliche Erscheinungsform als unvergänglich angesehen. Dieser geistige Teil des Menschen kehrte irgendwann zum Körper zurück. Daher durfte sich der Leichnam nicht zersetzen, wurde einbalsamiert und konserviert und mit mehr oder minder prunkvollen Gaben und Geräten (siehe Tut-Anch-Amun) in riesigen Gräbern oder auch in den Pyramiden beigesetzt. Umgeben von Zauber und Magie, belegt mit zahlreichen Tabus, beschützt von den Göttinnen Isis, Neith, Nephtys und Selket, welche sich im besonderen um die in vier Kanophen aufbewahrten Eingeweide kümmerten, überdauerten die Leichname als Mumien Jahrtausende.

Es herrschte in Ägypten eine relative Einheitlichkeit in der Geisteshaltung. Eine reiche Welt der Symbole, Bilder und des Wissens über Leib und Seele, Leben und Tod bekundet sich in unzähligen Bauten, Denkmälern und Fundstücken. Abschließend eine Passage aus den Gesprächen eines Lebensmüden mit seiner Seele (Ägypten des Mittleren Reiches):

> "Der Tod steht mir heute vor Augen,
> Wie wenn gesund wird ein Kranker,
> Wie wenn man hinausgeht ins Freie nach dem Befallensein.
> Der Tod steht mir heute vor Augen
> Wie der Duft von Myrrhen,
> Wie das Sitzen unter dem Sonnensegel am windigen Tage.
> Der Tod steht mir heute vor Augen
> Wie der Duft der Lotosblumen,
> Wie das Sitzen am Uferdamm des Trunkenheitslandes.
> Der Tod steht mir heute vor Augen
> Wie das Aufhören des Unwetters,
> Wie die Heimkehr von einem Kriegszug...
> Der Tod steht mir heute vor Augen
> Wie die Sehnsucht, das eigne Haus zu sehen
> Nach langen Jahren der Gefangenschaft!"[4)]

Kleine Mumiendarstellung in Kalkstein aus dem Grabe der Großeltern Echnatons.
Der "Ba" des Toten, der freie, unsterbliche "Seelenvogel" ruht auf der Leibesform.
Theben-West, Tal der Könige, Grab 46, 14. Jh. v. Chr.

"Lieber ein Bettler im Reich der Lebenden, als ein König im Reich der Schatten."

Die Totenwelt und die Todesvorstellungen der Griechen - hier dargestellt, wie sie in den alten griechischen Götter- und Heldensagen zum Ausdruck kommen -, die mit geringen Abwandlungen von den Römern samt der Götterwelt übernommen wurden, haben nichts Lichtes an sich; die Totenwelt ist dunkel und sinnlos. Die Verstorbenen können zwar den Lebenden bei Mißachtung des Ahnenkultes oder bei einem Fehlverhalten erscheinen und ihnen drohen, sind aber in jedem Falle Schemen, denen kein wirkliches Sein mehr zukommt. Hades (lat. Pluto) ist der dunkle, verhaßte Gott des Totenlandes - sein Name wird von aeidés (der Unsichtbare) abgeleitet -, der die fast unsichtbaren, durchsichtigen und schemenhaften Toten bewacht. Hades raubte die sanfte Persephone - eine Tochter des Zeus und der Demeter -, welche zur Göttin der Unterwelt wurde und Züge der Milde zeigt. Zwei Drittel des Jahres lebt Persephone in der Oberwelt bei ihrer Mutter, in der dunklen Jahreszeit dagegen bei ihrem Gatten Hades, durch Zauber an ihn gebunden. Sie ist ein Bild des Pflanzenlebens auf Erden.

Zur Unterwelt führt ein Tor (pylos), welches vom zwei- oder dreiköpfigen Höllenhund Kerberos bewacht wird. Der personifizierte Tod ist Thanatos (sein Zwillingsbruder ist Hypnos, der Schlaf). Thanatos tritt allerdings nicht oft in Erscheinung, da fast jede Art des Sterbens ihre eigene Ursache und somit ihre bestimmte zuständige Gottheit hat. Ein bärtiger Fährmann, Charon, bringt die Toten in seinem Nachen über den Totenfluß Achéron (Seufzerstrom); die Toten haben den Obolus - das Fährgeld - im Mund. Fern von der Sonne und ihrer Lebenskraft führen die Toten ein schattenhaftes, unbestimmtes und doch erdenähnliches Leben. Für die Lebenden ist dies ein zwar geehrtes, aber hoffnungsloses Dasein. Erst in späteren Zeiten (ca. 6. Jahrhundert v.Chr.) bildete sich die Überzeugung heraus, einige Auserwählte könnten dieser Trostlosigkeit entfliehen und zu den Göttern aufsteigen, ihnen somit ebenbürtig werden. Die Auffassung, in jedem Menschen stecke etwas Göttliches, Unsterbliches, entstand noch später.

Bestattungen mit Prunk und Grabbeigaben, die dauernde Fürsorge für die Gräber und Totenfeste hatten nicht die Intensität und Dringlichkeit früherer Kulturen. Die Richter der Totenwelt, einer davon ist Minos, waren Schiedsrichter unter den Toten, nicht aber Richter für die Ewigkeit oder "Auferstehung".

In den Sagen der Griechen ist der Tod vieler Helden Grund zu Freundes- und Frauentrauer, zu Intrigen und Rache und Anlaß der Lebenden, sich letztendlich als ohnmächtig zu begreifen.

Den Trojanischen Krieg durchzieht ein Reigen des Tötens und der Rache: von Patroklos zu Hektor, über Achilleus zu Ajax und Paris. So wird auch Agamemnon ermordet und gerächt; Odysseus mordet die eklen Freier seiner Penelope usw. Nur wenigen gelang es, in die Unterwelt hinabzusteigen: z.B. dem starken Halbgott Herakles, Theseus und dem Sänger Orpheus, der seine verstorbene Euridike wiedergewinnen wollte, aber an seinen menschlichen Gefühlen scheiterte.

Di Manes ist der Ausdruck für die Totengeister, die "Daimones" der Unterwelt, welche die Beziehungen der Lebenden zu den Verstorbenen regeln. Sie tauchen in späteren Zeiten auf vielen Grabinschriften auf. Die *Moiren* sind das notwendige Schicksal des Menschen, der Tod, die letzte und endgültige Gegebenheit. Bei Homer wird oft von der "Moira des Todes" gesprochen; personifiziert sind die Moiren als drei Spinnerinnen: Klotho spinnt den Lebensfaden, Lachesis teilt das Lebenslos zu und Atropos (die Unabwendbare) durchschneidet den Faden. Bei den Römern wurden die Moiren zu den Parzen. Dem Menschengeschlecht (dem fünften, eisernen der griechischen Schöpfung) bleibt nur "das traurige Elend, das rettungslose Unheil" (Hesiod).

"Der Ort im Schatten des ersten Baumes der Welt"

Ganz fremd dagegen sind die alten Hochkulturen der Indianer, hauptsächlich die der *Maya*, *Inka* und *Azteken*.. Ihre Welt war eine völlig andere: heißt und grün-wuchernd-tropisch die Umgebung, der Ausdruck in ihrer Kunst und in den Kulten bizarr und grausam. Ihre Bauten waren von monumentaler Größe, das Staatsgefüge war perfekt organisiert.

Augen, Zähne, Schädel, Schlangen und Bänder in fremden, unüberschaubaren Formen und Ornamenten machen das Erkennen, Begreifen oder Wiedererkennen des Dargestellten schwer; anders als das Statisch-Klare der Ägypter oder der weltzugewandte Realismus der Griechen bzw. Römer. Das Rechtsleben der mittel- und südamerikanischen Völker, das religiöse und soziale Leben - Feste, Ernte und Spiele - waren perfekt geregelt und organisiert. Hier entstand Gewaltiges und Gewalttätiges. Von anderen Kulturzusammenhängen abgeschlossen, entwickelten sich sehr eigenständige Kulturen, die - teilweise schon in der Auflösung begriffen - durch Gewalt untergingen: oft durch goldgierige "Christen" in der Folge der Entdeckungsfahrten, und in unvorstellbar kurzer Zeit.

Bei den *Azteken* begann mit dem Sterben eines Menschen ein langes kultisches Zeremoniell. Ein Zauberer wurde gerufen und nahm eine Art Beichte ab; der Mensch starb danach reinen Sinnes. Als Sinnbild des Herzens bekam der Tote einen Stein in den Mund, eine letzte Mahlzeit und ein letzter Trunk wurden bereitgestellt. Der Leichnam wurde bandagiert und in Hockstellung begraben (Häuptlinge) oder auch verbrannt. Je nach Rang wurden Gebrauchsgegenstände, Waffen und Schmuck beigegeben und mitbegraben. Alle Seelen kamen zunächst in eine Art gegliederte Hölle; in der siebten Hölle wurde der Jadestein im Mund als Auslösung gelassen und die Seele kam zu den Göttern - unabhängig vom Lebenswandel übrigens! Krieger und tapfere Frauen stiegen beispielsweise zum Regengott Tlaloc auf, ebenfalls die Seelen der Ertrunkenen. Die lebenden Angehörigen mußten unterdessen 80 Tage lang trauern und strenge Vorschriften bis hinein ins Sexualleben einhalten.

Den Toten wurde Blut aus den Ohren und der Zunge geopfert. Die Blut- und Menschenopfer spielten innerhalb der indianischen Hochkulturen eine besondere Rolle magisch-religiöser Art. Totenkulte wurden streng gepflegt, Totenstätten, ganze Totenstädte wurden errichtet - die indianischen Pyramiden jedoch dienten in der Regel nicht als Grabmäler, sondern als Tempel und Opferstätten. Als Totengott galt *Quetzalcoatl*, der von vorn wie ein lebender Mensch, rückseitig aber als Skelett dargestellt wurde.

Die *Maya* pflegten ihre Toten innerhalb des Hauses oder im Hinterhof zu bestatten. Nach dem Tode von mehreren Familienmitgliedern wurde das Haus verlassen und als Totenort

Auf dieser Goldscheibe der Maya wird dargestellt, wie der Priester einem Menschen das Herz aus der Brust reißt, um es den Göttern zu opfern.

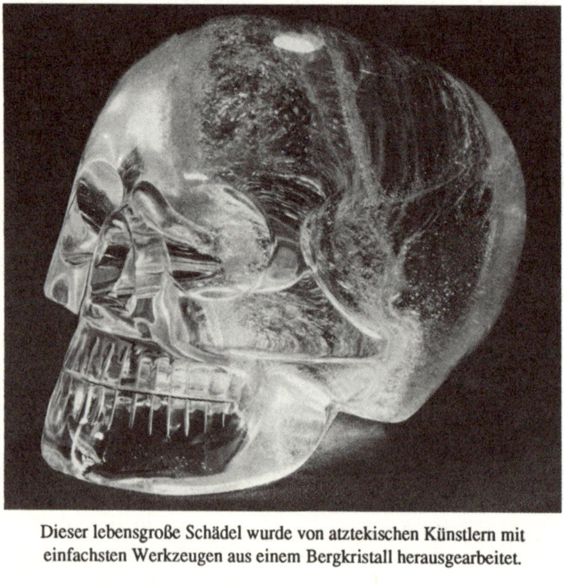

Dieser lebensgroße Schädel wurde von atztekischen Künstlern mit einfachsten Werkzeugen aus einem Bergkristall herausgearbeitet.

geehrt. Auch hier wurde die Seele als unsterblich angesehen, eine Art Himmel und eine Hölle wurden ebenfalls gedacht. Die "Guten" versammelten sich an einem Ort, der "im Schatten des ersten Baumes der Welt" lag; dort durften sie dann uneingeschränkt Kakao trinken. Die Hinterbliebenen hielten sich an gewisse Tabus, die den Verstorbenen daran hindern sollten, zurückzukehren und unangenehm zu wirken. Leichenverbrennungen und die Beisetzung der Asche in anthropomorphen Gefäßen sind ebenso verbürgt wie Bestattungen mit Prunk und Gefolge für angesehene Persönlichkeiten. Auch hier gab es Blutkulte und Menschenopfer in großer Zahl.

Bei den *Inka* ließ sich jeder Herrscher einen neuen Palast bauen. Dieser blieb auch nach dessen Tod sein Eigentum und wurde kultisch gebraucht. Verstorbene Inkas höheren Ranges wurden mit Dienern und Frauen bestattet und einbalsamiert; ihre Mumien spielten später im staatlichen Kultus eine Rolle. Allen Toten wurden Gegenstände mitgegeben; auch hier galt: große Götter für den großen Inka, kleine Götter für den kleinen. Der Körper des Verstorbenen wurde in Hockstellung mit seinem Poncho und mit Totentüchern umwickelt. Er wurde zum "huaca", einem göttlich-geheimnisvollen Wesen, welches verehrt wurde.

Die Einbalsamierung sollte auch hier der zurückkehrenden Seele eine unveränderte Leibesform erhalten; was im feuchten peruanischen Hochland allerdings etwas schwierig war. Die Mumie des Herrschers wurde im Palast aufgebahrt. Einer angefertigten lebensgroßen goldenen Statue, ihn darstellend, wurde fortwährend Speise und Trank vorgesetzt. Es gibt historische Schilderungen aus den Chroniken der Konquistadoren, in denen von thronenden Mumien auf goldenen Stühlen berichtet wird. Parallelen zu der ägyptischen Kultur sind offensichtlich. Hier ist die These Thor Heyerdahls interessant, der unter anderem mit der Expedition Ra die mögliche Verbindung vom alten Ägypten zu Peru nachweisen wollte.

Bei anderen hochentwickelten Indianerkulturen wurde der Name eines Verstorbenen tabuisiert. Ein nicht gewaltsamer, kriegerischer Tod wurde der Einwirkung von Zauber zugeschrieben, und der Medizinmann erkannte aus der Galle oder dem Blut des Toten die magische Ursache des Todes. Zur Abwehr weiteren Zaubers wurde die von allen inneren Organen befreite Leiche mit den Zweigen eines heiligen Baumes geröstet und dann begraben. Die Seele des Toten konnte jetzt zu den Vulkanen, zur Milchstraße oder zu anderen heiligen Orten aufsteigen.

Krieger ohne Angst

In der nordischen Mythologie gab es zwei Orte für die Verstorbenen: *Walhall* unter der Obhut Odins (Wotans), dem Saal der in der Schlacht gefallenen Krieger, und Niflheim (Nebelheim) unter Hel, für diejenigen Menschen, die den "Strohtod" starben.

Die Toten einer Schlacht müssen den mächtigen Fluß Thund durchwaten, dann gelangen sie nach Walhall, dem Saal mit den fünfhundertvierzig riesigen Toren. Vor Walhall treiben sie Kampfspiele, von denen sie immer sofort genesen und anschließend in der Halle feiern, bei gutem Essen und Trinken: der Eber Sahrimnir, in einem Kessel siedend, erneuert sich allabendlich und ein Met-Trunk fließt unaufhörlich aus dem Euter der Ziege Heidrun, die auf dem Dache Walhalls Eschenzweige knabbert.

Odin ist der Führer des Totenheeres. Auf sein Geheiß treffen die Walküren die Auswahl derjenigen, die in einer Schlacht auf Erden fallen sollen. Odins Totenheer wird mit ihm einst zum letzten Kampf gegen die Götterfeinde antreten, diese ziehen gegen die Asen auf dem Schiffe Naglfar aus, das aus den ungeschnittenen Nägeln der Toten besteht!

Die Welt wurde am Zeitenanfang von Odin aus dem erschlagenen Ur-Riesen Ymir geschaffen:

> "Aus Ymirs Fleisch ward die Erde geschaffen,
> Aus dem Schweiße die See,
> Aus dem Gebein die Berge, die Bäume aus dem Haar,
> Aus der Hirnschale der Himmel.
>
> Aus den Augenbrauen schufen gütige Asen
> Midgard den Menschensöhnen,
> Aber aus seinem Hirn sind alle hartgemuteten
> Wolken erschaffen worden..."[5)]
> (Grimnismal 40/41)

Hel (Niflhel, halb schwarz verbrannt, halb hellhäutig) ist, wie alles Dunkle und Schreckliche, eine Tochter des Loki. Sie thront im Nebelheim, voller Haß auf die Asen. Ihr Reich wird als eisig-neblig geschildert und ist für alle diejenigen bestimmt, die den "Strohtod" sterben, also nicht während einer Schlacht oder an einer Schlachtverletzung. Eine goldgedeckte Brücke führt über den Fluß Gjöll zu ihr, und jedem, der kommt, hält sie seine Sünden vor.

Ihr Saal heißt "Elend", ihr Geschirr "Hunger", ihre Schwelle "Einsturz" und ihr Bett "Kummer". Der Saal hat eine Decke aus Schlangen, die Gift aus ihren Mäulern tropfen, um die Sünder zu strafen. Große Sünder werden dadurch bestraft, daß sie vom Drachen Nidhöggr ausgesaugt werden (Völuspa 42/43). Bei diesen Folgen eines friedlichen oder natürlichen Todes ist es kein Wunder, daß die "Nordmänner", Wikinger oder Germanen, als Krieger ohne Angst geschildert wurden und den Gewalttod dem im Bette vorzogen. Dieses Bild von Kraft und Heroismus, in der Edda von der Schöpfung bis zum Weltenende und in den Heldenliedern dargestellt, wurde zu einem einseitig überzeichneten Leitbild völkischer Kräfte und gipfelte in den Vorstellungen eines verzerrten Volks- und Mannestums der Nazizeit.

Mit ihren sprach- und bildgewaltigen Götter- und Heldenliedern ist die Edda ein Epos, in dem List, Kampf und Tod dominieren, und ihre Götter bildeten das Weltverständnis sowie die Lebenseinstellung der "Weltmacht Wikinger".

Die dämonenhaften Kinder des ewig verschlagenen und bösen Loki verschlingen, bekämpfen und töten alles Göttliche und Menschliche. Unschuldig-schuldig tötet Hödur seinen Bruder Baldur, der Drachentöter Siegfried fällt durch Verrat. Die Welt harrt des Unterganges, doch der Neubeginn wird folgen:

"Schwarz wird die Sonne, die Erde sinkt ins Meer,
Vom Himmel schwinden die heiteren Sterne.
Glutwirbel umwühlen den allnährenden Weltenbaum,
Die heiße Lohe beleckt den Himmel.

Sie sieht auftauchen zum andernmale
Aus dem Wasser die Erde und wieder grünen.
Die Fluten fallen, darüber fliegt der Aar,
Der auf den Felsen nach Fischen weidet...

Nun kommt der dunkle Drache geflogen,
Die Natter herauf aus den Nidafelsen.
Das Feld überfliegend trägt er auf den Flügeln,
Nidhöggr, Leichen - und nieder senkt er sich."
(Völuspa 57/58/65)[6)]

Je weiter die Vergangenheit zurückliegt, desto dunkler ist das Wissen über sie und das Brauchtum jener Zeiten; je näher sie uns ist, je mehr Stämme und Volksgruppen nebeneinander oder miteinander lebten, desto reichhaltiger sind die historischen Rudimente und Überlieferungen. Megalithgräber und Steinsetzungen sind überall in Europa zu finden und ziehen sich fast über die ganze Welt. Die steinzeitlichen Relike ähneln sich untereinander sehr, genauso wie die gefundenen Gebrauchsgegenstände und die Art der künstlerischen Darstellungen.

Kleinere Grabkammern kommen in der Bronze- und Eisenzeit auf. Mit dem Schmelzen von Erzen beginnt auch das Verbrennen der Leichen (ca. ab 1300 v.Chr.) und die Beisetzung der Asche in Urnen. Es gab Einzelbestattungen mit Grabbeigaben sowie Urnengräberfelder. Das Verbrennen der sterblichen Überreste eines Menschen schloß magischen Mißbrauch mit dem Leichnam sowie Seelenzauber aus! In späteren Zeiten entstand der Konflikt in bezug auf die Verbrennung eines Toten und der christlichen Überzeugung von der leiblichen Auferstehung.

Aus der Zeit um 1000 bis 200 v.Chr. stammen die vorwiegend in Nordeuropa (Schleswig-Holstein und Dänemark) gefundenen, besterhaltenen prähistorischen Leichname, die sogenannten "Moorleichen". Hier ragt im besonderen der "Tollundmann" heraus, der einen derartig lebendig-gelösten Gesichtsausdruck bewahrt hat und so außerordentlich gut erhalten ist, daß bei seiner Auffindung die Kriminalpolizei hinzugezogen wurde: eine Bluttat in jüngerer Zeit wurde vermutet.

Der Forschung zufolge sind die Moorleichen keine hingerichteten Verbrecher oder prähistorischen Meuchelmordopfer, sondern Menschenopfer, die zur Frühjahrssonnenwende der Fruchtbarkeit, dem Ende des Winters und dem glücklichen Gelingen eines Jahres geopfert wurden. Eine Mageninhaltuntersuchung ergab bei den meisten von ihnen, daß die letzte Mahlzeit dieser in völlig verschiedenen Torfmooren geborgenen Menschen aus einem vegetarischen Brei aus Frühlingspflanzen bestand. Auch die Art der zum Teil nachgewiesenen Tötungen spricht für diesen Opfertod.

Der Kopf des Tollundmannes

Die Nordmänner der späteren Zeit wurden begraben, von Osten nach Westen, dem Lauf der Sonne zugewandt. Auch hier galt: je höher der Rang des Verstorbenen, desto aufwendiger und individueller die Grabanlage mit den Grabbeigaben (z.B. Oseberg-Schiffsfund in Norwegen).

Eine differenzierte Lehre von der Seelenwanderung gab es in hochentwickelter Form bei den Kelten, deren Druiden ihr Wissen nur von Mund zu Ohr weitergeben durften. Der sich mit dem Symbol des Kreuzes verbindende Sonnenkreis, als Zeichen für die Wiedergeburt, dokumentiert in einmaligen Bildwerken, den Keltenkreuzen, diese Auffassung zum Beginn des Christentums in den keltischen Regionen.

Bruder Leichtfuß im Totenland

In dem finnischen Nationalepos "Kalevala", in dem sich Gesänge über uralte Geschehnisse aus alten Zeiten mit neueren, schon nachchristlichen Einflüssen und Wertungen, miteinander verbunden haben, setzen sich besonders die Gesänge 14, 15 und 16 mit dem Tode und dem Totenlande "Tuonela" auseinander. In der der Kalevala eigenen Sprache - früher nur durch Gesang verbreitet -, den bildreichen Aufzählungen, Steigerungen und verdeutlichenden Übertreibungen, wird von dem Tode und der Ermordung des leichtlebigen und immer liebeshungrigen Lemminkäinen berichtet: Er wird von einem blinden "Nordlandalten" mit der "Schlangenwurzel" des Wasserschierlings erstochen, in den Totenfluß geworfen und dort zerstückelt. Aus seiner zu Hause blutenden Bürste erkennt seine Mutter das Todesschicksal Lemminkäinens und macht sich auf die Suche nach ihrem Sohn. Die Sonne erteilt ihr Auskunft über die Hergänge und führt sie zu den Überresten Lemminkäinens. Mit einem Rechen harkt sie die Stücke aus dem Flusse Tuonis, fügt sie mit Sprüchen und Zaubersalbe wieder zusammen und läßt Lemminkäinen neu erstehen.

Im 16. Gesang reist der alte Zaubersänger Väinemöinen auf der Suche nach Zauberkniffen lebendig in die Totenwelt und kann mittels Zauber und List wieder zurückkehren. Die Schilderungen des Totenreiches in der Kalevala triefen vor Krötenschleim und Schlangengift. Der weise und wahrhaftige Väinemöinen zieht das Resümee seiner Reise:

"Niemals möge Gott der gute, niemals solch ein Wesen wirken,
Das von selber strebt zu Mana, das sich drängt zum Totenlande.
Viele sind's, die dorthin finden, wenige, die Heimkehr haben.
Aus des Totenlandes Höfen, aus Manalas ewger Hausung!
...
Niemals mögt ihr, Menschenkinder, nie im langen Menschenleben,
Unrecht tun dem Unschuldvollen, schaden dem, der ohne Schuld ist!
Schlimmen Lohn erlangt man drüben in den Höfen von Tuonela:
Dort ist aller Bösen Bleibe, Lagerstatt der Schuldbeladnen:
Ruhestatt an heißen Steinen, Bett aus brennendheißen Platten,
Decke ganz aus giftigen Schlangen, dicht gewirkt aus Tuonis Würmern!"[7)]

In diesen Todes- und Totenlandgesängen ergeben sich Ähnlichkeiten zur Edda (Niflheim; Hödur tötet Baldur), zu dem Hades der Griechen und zur Osiris-Legende. In Karelien, der abgeschlossensten und einsamsten Gegend Finnlands, lebt mit dem Singen der Kalevala auch noch bis heute ein ausgeprägter Totenkult mit Totenhäusern, Totenklagen, Riten und dem Glauben an die Unsterblichkeit der Seele sowie ihrer Wiederkehr, eingebunden in christliche Überzeugung.

Mit der Christus-Tat der Todesüberwindung und der Auferstehung des Mensch gewordenen Gottes wurden in der Regel die alten Mythen und Kulte in den zivilisierten Gebieten verdrängt oder abgelöst; teilweise in späteren Zeiten auch mit Gewalt und Zwangsmissionierung. Das Jenseitsdenken wurde vom Diesseitsdenken überlagert, der christliche Kultus trat an die Stelle heidnischer Kulte und Riten, die Einzelgräber mit Grabbeigaben ver

Karelisches Grabhaus, Heimstatt der Toten und Bindeglied der Seelen

schwanden ungefähr seit der Zeit der Karolinger (9. Jahrhundert). Die Gräber wurden aus den Städten in die Vororte verlegt, und Plünderungen ließen die Grabbeigaben als nicht mehr sinnvoll erscheinen.

In den Städten wurden die Kirchhöfe enger, die Bedeutung der Grabbeigaben als Hilfen für die nachtodliche Welt schwand zugunsten einer festlichen Gewandung und der Aufbahrung unmittelbar nach dem Tod. Viele Bräuche und abergläubische Relikte überlieferten sich jedoch bis in die heutige Zeit.

ES GIBT NICHTS, WAS ES NICHT GIBT
Eine kleine ethnologische Weltreise in Sachen Tod und Todesbrauchtum

Je härter und primitiver der Alltagskampf der Menschen in den verschiedenen Kulturen und Völkern ist, je elementarer und wilder seine Umgebung, desto krassere Formen von Totenkulten bestehen, desto ausgeprägter ist das Zusammenspiel von Zauber und Gegenzauber, von Magie und den verschiedensten Riten zur Besänftigung von lebendigen Ängsten, auch den Toten gegenüber. Besonders in den tropischen Gebieten der Erde leben der Zauber mit Schädeln, Trophäen, Analogiezauber (wie Ferntötung), und auch kannibalistische Praktiken waren verbreitet. Hierzu ist zu bemerken, daß der Kannibalismus nicht dem Genuß von zubereitetem Menschenfleisch diente, sondern den toten Feind an dessen Besieger binden sollte bzw. dessen Qualitäten (zum Beispiel das tapfere Herz) beim Verzehr übernommem werden sollten. Verstorbene Verwandte, die Ahnen, wurden durch kannibalistische Praktiken geehrt oder besänftigt. Kopftrophäen (wie Schrumpfköpfe) banden die Seele des Besiegten an den Besieger.

Kopftrophäe aus der südamerikanischen Äquatorialgegend

Der Angst vor lebenden Leichnamen sowie der möglichen Wiederkehr der Toten wurde auf verschiedenste Weise begegnet. Die Totenkulte reichen vom schnellen Loswerden des Leichnams über dessen Verstümmelung bis zum Bewahren oder dem Verehren von präparierten Teilen desselben (Ahnenkult). Todesstätten wurden gemieden, verlassen oder gepflegt. Dem Tod durch Gewalt folgte oft ein vergeltender Gegenschlag (Blutrache), was unüberschaubare Metzeleien auslösen konnte. Reste dieser Bräuche leben noch in Völkern, die einen Teil ihrer Echtheit, ihrer unzivilisierten Autonomie bewahren konnten; der Großteil aller Bräuche aber ist verschwunden, wie die Völker und Stämme ebenfalls.

Doch auch in unserer mitteleuropäischen Nachbarschaft werden oder wurden bis vor kurzem - meist in ländlichen, abgeschiedenen Gegenden - die erstaunlichsten Praktiken weisheitsvoll oder abergläubisch vollzogen:

In der *Schweiz* zeugt es von außerordentlicher Überlieferungsfestigkeit, wenn gewisse Bünde am Jahrestag wichtiger Schlachten, an denen sie beispielsweise vor vier Jahrhunderten beteiligt waren, heute noch auf die betreffenden Schlachtfelder zur Totenfeier ziehen.

In *westslawischen* Bevölkerungsgruppen wird den "... Bienen das Ableben des Bauern berichtet. Den Todesfall teilt entweder die Leichenwäscherin mit, oder es wird ein schwarzer Stab umhergeschickt. Der Aufgebahrte wird nie allein gelassen. Am Abend (oder an allen Abenden) vor der Bestattung kommen die Nachbarn zusammen und verbringen die Nacht mit Trauerliedern. Der Leichnam wird im Totenschrein mit weißem Linnen überdeckt oder ihm ein solcher Kittel angetan, in die Totentruhe werden Gesangbuch und Gebete hineingelegt, den Männern das Rasiermesser, gegebenenfalls die Brille, den Frauen ein Tüchlein in die Hand, auch Nadel und Zwirn, Seife und Waschlappen mitgegeben. Dem Sarg werden von den Hinterbliebenen und den Teilnehmern am Begräbnis drei Handvoll Erde ins Grab nachgeworfen."[8)]

Slawisches Brauchtum ist es, "... dem Sterbenden eine geweihte Wachskerze anzuzünden, die er mit der Hand anfaßt, und die Verwandten versammeln sich um ihn. Die Angehörigen beten kniend, und das Sterbeglöckchen wird geläutet. Die Aufbahrung erfolgt im Festgewand, in die Westentaschen wird Kleingeld für Kerzen im Jenseits gesteckt. Bei dem Leichnam wird gebetet und gewacht, Nachbarn bringen Speise ins Trauerhaus, damit nicht gekocht werden muß. Jeder legt ein Heiligenbildchen auf den Toten. Zu weiter abliegenden Friedhöfen wird mit Ochsenbespannung gefahren und 'Weibervolk' in den Trauerwagen gesetzt, das über den Toten unterwegs 'erzählen' soll (verdunkelte Totenklage)."[9)]

In einigen Gegenden *Polens* deutet man "... den Ablauf des Menschenlebens durch seltsames Verhalten der Tiere z.B. des Hundes, Hufescharren der Rosse oder Tätigkeit der Maulwürfe, Hennenkrähen und sonstige unheilverkündende Anzeichen. Den Tod erleichtern Weihkerzen, Weihwasser, geweihte Kräuter, völliges Schweigen beim Verscheiden und Öffnen von Fenster und Türen. Die Leiche erhält nach gründlicher Waschung Totenhemd und Kappe, besonders genähte Leinensocken, aber keine Schuhe; Knoten werden sorgsam vermieden, jedoch die großen Zehen gebunden, Augen und Mund werden zugedrückt, Schlafende geweckt, Spiegel verhängt, der Uhrgang wird eingestellt, Wasser ausgegossen, Speisebereitung abgebrochen, der Hausrat umgestürzt und das Haus verlassen. Das Dorf wird durch eine Birke oder Haselrute vom Heimgang eines Ortsinsassen verständigt, trächtige Stuten werden ebenso wie schwangere Frauen zum Begräbnis nicht herangezogen. Spuren der Totenklagen sind noch erhalten. Nach dem Begräbnis soll das Beweinen aufhören, damit der Tote nicht zurückgelockt wird; um dies zu verhüten, liegt ein Beil auf der Hausschwelle. Besonders achtsam hat man mit der Bestattung bei Selbstmördern zu sein; solche Tote kehren leicht als Vampire zurück. Auch bei Getöteten herrscht große Furcht; auf ihrem Grab wird ein Haufen Steine oder noch lieber Reisig aufgeschichtet und später verbrannt. Der Vampirleiche wird das Herz mit Espenholz durchspießt, der Kopf abgehauen, das Gesicht umgewendet und zu den Füßen gelegt. Nach dem Leichenbegräbnis erfolgt eine reinigende Waschung, um die schädlichen Einflüsse aufzuheben. Den Abschluß der Feierlichkeiten bildet ein Festmahl allenfalls mit Tanz, das zumeist unmittelbar nach dem Begräbnis abgehalten wird; an der Ostgrenze läßt man dagegen erst einen bestimmten Zeitraum verstreichen. Das Pflanzen von Eiben auf dem Friedhof mag der Abwehr des Gewürms gelten, die altväterische Aufstellung von Grabhäuschen der Bannung des Toten in ein neues Heim.''[10)]

Das soll an ausführlichen Schilderungen genügen. Die Pfählung im Zusammenhang mit dem Umgang der Toen und dem Vampirglauben war tatsächlich verbreitet (Serbien, Rumänien). Das Freundlichstimmen des Verstorbenen, das Mitgeben von einer Zehrmünze oder anderer Grabbeigaben, das symbolische Reichen von Speise und Trank setzten ein Wissen um das Weiterleben der Seele voraus und verbanden dieses oft mit ganz Materiellem. Totenschmaus und ein besonderes ablehnendes Verhalten Selbstmördern gegenüber waren und sind gang und gäbe; Hochzeiten und Totenfeste führten die Veranstalter oftmals fast in den finanziellen Ruin.

In den *östlichen Kulturen* der näheren Vergangenheit muten die Bräuche und Überzeugungen fremder an, die Einzelheiten sind genauestens vorgeschrieben und begründet, zum Beispiel im Taoismus:

"Vor allem aber beherrscht der auf dem Totenseelenglauben beruhende Ahnenkult das religiöse und soziale Leben. Sogar die höchste Himmelsgottheit wird als 'himmlischer Großvater' gedacht, der über Leben und Tod waltet, das Gute belohnt und das Böse bestraft. Zu ihm reitet alljährlich vor Jahrsende die Küchen- oder Herdgottheit des Hauses empor, erstattet Bericht über das Verhalten der Hausangehörigen und kehrt am letzten Tag des Jahres wieder zurück. Diese Vorstellung wird durch allerlei symbolische Handlungen dargestellt. Das höchste Himmelswesen ist oft auch der Sonne gleichgesetzt. In vielen Gegenden genießt die 'heilige Mutter' oder 'Großmutter' eine besondere Verehrung. Sie soll auf heiligen Bergen wohnen, wird bisweilen auch mit dem Mond identifiziert, gilt als Kinderspenderin und Schutzgöttin der Kinder, an der Südostküste bei den Fischern und Seeleuten als schirmende Himmelskönigin und als Mutter der das Meer beherrschenden Drachen. Ihre Gestalt ist vielfach buddhistisch beeinflußt. Eine andere Berggottheit wird als oberste Totengottheit gefürchtet. Ihr untersteht manchmal die vielgefeierte Stadtschutzgöttin, die als oberster Stadtrichter und Totengottheit ebenfalls buddhistische Züge aufweist. Ihr zu Ehren veranstaltete Umzüge erinnern in vieler Hinsicht an die Toten- und Maskenaufzüge der Geheimbünde."[11)]

Die oft ''figural zur Darstellung gebrachte Hölle dürfte unter buddhistischem Gewande ein altes Totenreich versinnbildlichen. Neben dem dorfgemeinschaftlichen Toten- und

Ahnenkult geht der in vielen Fällen mit ersterem eng verknüpfte familiale Ahnenkult. Beiden ist vor allem gemein das Einladen, Bewirten und Wiederzurücksenden der Toten, Totenseelen, Ahnen und Ahnengottheiten. Dies geschieht entweder durch symbolische Handlungen oder durch oft verkleidete und maskierte Personen oder Attrapen, die feierlich im Zuge geleitet werden. Die familiale Ahnenfeier wird, abgesehen von den bestimmten großen Totengedenktagen, bei verschiedenen rein privaten Anlässen (Geburt, Hochzeit, Reise, Tod und dergleichen) veranstaltet."[12)]

"Wesentliche Merkmale sind: möglichst langes Zurückhalten der Leiche im Haus, damit die Seele nicht entflieht; Vorbereitung des Begräbnisses schon bei Lebzeiten; Bereitstellung von Speisen und anderen Opfern für die Tiere der Unterwelt; in Nordchina wird der Sterbende, im Süden der Tote mit den Totengewändern bekleidet; Bettung des Sterbenden mit oder ohne Totenbrett in der Nähe der Eingangstür des Hauses, damit die Seele das Haus leicht verlassen kann, sonst müßte ein Seelenloch geschaffen werden; Zusammenbinden der Unterschenkel, um zu verhindern, daß der Tote als Wiedergänger erscheint; in den Mund des Verstorbenen werden verschiedene Dinge, wie Teeblätter, Fischfiguren und dergleichen gelegt; die Leiche bahrt man im eigens überdachten Hof oder in einem besonderen Mattenzelt auf. Wenn mit dem eigentlichen Begräbnis wegen Geldmangels zugewartet werden muß - das kostspielige Hauptbegräbnis führt manchmal zur Verarmung der Hinterbliebenen -, so wird ein provisorisches Scheinbegräbnis veranstaltet. Aus Stroh oder Papier nachgebildete Pferde, Wagen, Sänften, Diener, Reiter, Hausgeräte, Geld und anderes werden verbrannt, damit sie dem Toten im Totenland zur Verfügung stehen. Ferner veranstaltet man allerlei Zeremonien und Opfer zur Besänftigung oder Vertreibung der unruhigen, obdachlosen und bösen Seelen und Dämonen, wobei manchmal Maskierte auftreten. In einigen Gegenden wird auch die Seele des Verstorbenen kurz nach seinem Dahinscheiden durch verschiedene Riten zurückgerufen. Die Lage des Grabes bestimmt der Geomant. ... Nach dem Begräbnis laufen die Teilnehmer mancherorts in größter Unordnung um die Wette nach Hause. Die am Grabe punktierte, das heißt durch Hinzufügung eines Punktes zu einem bestimmten Schriftzeichen der Inschrift vervollständigte Ahnentafel wird später im Haus aufgestellt. (...)

"Am weitesten verbreitet ist die Bestattung in Strecklage in einem Sarg. In Nordchina herrschen Hügelgräber vor, im Süden sind Steinkistengräber häufig. Die Feuerbestattung hat sich örtlich im Süden und Norden erhalten, zumeist nur noch bei buddhistischen Mönchen. Eine Art Doppelbestattung, bei der die gesammelten Knochen, bisweilen in Hockerlage, in großen Urnen beigesetzt werden, ist noch im Süden üblich. Meistens geschieht dies dann, wenn das 'Fengshui' schlecht ist, das heißt, wenn bei der Öffnung des Grabes nach drei Jahren die Knochen schwarz sind. Die Leichen pietätloser Kinder oder bei der Geburt gestorbener Frauen werden manchmal im freien Feld ausgesetzt. Jung verheiratete Personen begräbt man nicht selten ohne besondere Zeremonien, ja oft ohne Sarg. Mitunter werden sogar Tote untereinander verheiratet. Mit wenigen Ausnahmen wird die Leiche mit dem Gesicht nach Süden gewendet beigesetzt. Die Trauerzeit ist je nach dem Verwandtschaftsgrad verschieden lang, die längste muß der älteste Sohn einhalten. Diese Trauerzeit und ihre Riten und Bräuche spielen im sozialen Leben des Chinesen eine große Rolle."[13)]

Sowohl im alten als auch im derzeitigen *Japan* gibt es eine Unzahl von Begräbnisbräuchen und Toten- bzw. Ahnenfesten, die alle auf einem sehr differenzierten Glauben beruhen, der Körper und Geist unterscheidet und das Totenland als eigene Welt begreift. Die Toten- und Seelenhäuser, die Gräber, variieren und sind von Landschaft zu Landschaft sehr verschieden.

In der weiten asiatischen Inselwelt löst sich die Einheit der Völker und Volksgruppen auf, und Stämme bilden hauptsächlich die Zentren der verschiedensten Auffassungen von Leben, Tod, Körper und Seele. Wirklich *alle* Arten der Bestattung kommen vor, vom Leichenbrand über die Gerüstbestattung bis zum Endokannibalismus und der Nachbestattung der Gebeine. Es werden Tiere, früher auch Menschen, zu Ehren hoher Toter geopfert; und besonders in dichten Urwaldgebieten trifft man auf eine ausgeprägte Dämonenangst. In jeweils eigenen Überlieferungen, Sagen und Bildern existieren die unterschiedlichsten Totenländer und nachtodliche bzw. vorgeburtliche Seelenwelten. Ein wichtiges Element ist auch hier die Ahnenverehrung.

Schädel eines vornehmen Mannes.
Er wurde mit einem Gesicht übermodelliert und soll im Männerhaus der Ahnenverehrung dienen.

Als weiteres Beispiel sei *Borneo* gewählt:

''Die Bestattungsart ist sehr verschieden. Neben dem Begraben kommt, besonders im Südosten und Nordosten der Insel, die Leichenverbrennung vor. Die verkohlten Knochen werden dann in Beinhäusern beigesetzt. Besonders in Zentralborneo findet sich das Beisetzen in Höhlen. Vorläufige Bestattung in einem Totenhäuschen, bis zur völligen Verwesung aller Weichteile, und endgültige Beisetzung am Totenfest ist häufig, ebenso kommt Plattformbestattung vor. Der Bootssarg ist im Südosten bei zahlreichen Stämmen üblich. Für Häuptlinge und Vornehme werden oft Prunkgräber errichtet. Der Sarg steht dann entweder in einem prächtigen Totenhäuschen oder auf einer Holzsäule. Um ins Totenland eingehen zu können, ist für die Männer Kopfjagd und Geschlechtsverkehr, für die Frauen Tatauierung unerläßlich. Beim Totenfest sowie bei den anläßlich der Aussaat und der Ernte gefeierten Festen sind Maskentänze außerordentlich häufig.''[14)]In *Australien* lebt eine ganz besondere, uralte und tiefe Verbundenheit mit den Elementen, der Umwelt und den dort lebenden Wesen geistiger Natur. Das schlägt sich auch in den Bräuchen nieder, die sehr viel Magie und Naturzauber beeinhalten.

''Die Bestattungsart variiert oft bei ein und demselben Stamm beträchtlich. Im allgemeinen wird der Körper in Hocker- oder liegender Stellung beerdigt. In Westaustralien wird der Tote in nordsüdlicher Richtung mit dem Gesicht zur aufgehenden Sonne beigesetzt. Auf dem Grab zündet man ein Feuer an und legt die zerbrochenen Waffen darauf. Männliche Leichen werden im Norden häufig längere Zeit auf einem Baum ausgesetzt. Am Carpentariagolf wird das Fleisch des Verstorbenen verzehrt und nur das Skelett begraben. In Neusüdwales wird auch Leichenverbrennung geübt. Um den Toten an der Wiederkehr zu hindern, nimmt man in Nordqueensland die Kniescheiben heraus. Um die Trauer über den Tod eines Sippen- oder Totemgenossen zum Ausdruck zu bringen, fügt man sich in Zentralasien tiefe Schnittwunden zu. (...)

"Von der Seele und ihrem künftigen Leben hat man ganz bestimmte Vorstellungen, die allerdings bei den einzelnen Stämmen sehr unterschiedlich sind. Die Seele des Lebenden kann zeitweilig, zum Beispiel während des Schlafes, den Körper verlassen. Diese Traumseele wird bei den Wurunjeri zum umherschweifenden Geist, der bösen Zauber anstiftet. Nach dem Tode, so glauben die Wathi-Wathi, wandern die Geister zum Himmel empor; ein Geist zeigt ihnen den Weg, auf dem sie allerlei Gefahren zu bestehen haben. Im südlichen Carpentariagolf führt ein Geist die Seele zum Sternbild des südlichen Kreuzes, das als eine Leiter gedacht wird, auf der die Seele dann zur Milchstraße in das Land der Zukunft gelangt, wo es viel Wasser und Wild gibt. (...)

"Ähnlich wie um den unbegreiflichen Tod webt der Australier auch um die Entstehung des Menschen bilderreiche Mythen. Man kennt wohl den Zusammenhang von Geschlechtsverkehr und Empfängnis, glaubt aber, daß das Kind letztlich von außen, von einem Tier, einer Pflanze oder dergleichen kommt. Damit ist die Grundlage für eine Vorstellung vom Geistkind und vom Seelenwanderungsgedanken gegeben. So beruht die Baumbestattung nicht zuletzt auf der Vorstellung, daß der Seele dadurch möglichst schnell eine Gelegenheit gegeben wird, in Vögel einzugehen, die den wandernden Stämmen folgen. Auch die weitverbreitete Menschenfresserei hängt mit dem Glauben zusammen, daß man dadurch die guten Eigenschaften des Toten in sich aufnehmen kann und dies der sicherste Weg zur

Reinkarnation ist. Das Gegenstück dazu bildet das Bestreben, die Seele zu bannen und unter Aufsicht zu halten."[15]

In *Afrika*, dem Kontinent, in welchem vielleicht die kürzeste Zeit von der Entdeckung verborgenster Winkel bis zu deren völligen Veränderung und auch der Vernichtung ganzer Menschengruppen verging, nehmen die im Süden lebenden Buschmänner eine besondere Rolle ein. Von Weißen und Schwarzen wie Tiere gejagt, leben heute nur noch wenige auf ursprüngliche Weise, die meisten von ihnen dagegen als Verachtete in Ghettos. Bei ihnen, wie auch bei den Steppenjägern, gab es einen ausgeprägten Dämonenglauben und eine reiche Tiermythologie; Ängste waren überall die herrschenden Kräfte:

"Böse Geister machen den Donner, Sturm und Blitz und töten die Menschen. Man fürchtet Tote und Gespenster und verläßt fluchtartig die Stätte des Todes. Der Sterbende wird zurückgelassen. Des Toten Grab beschweren sie mit Steinen. Das ist schon eine alte, aus urgeschichtlichen Zeiten stammende Sitte. Das ganze Kapland und die Kalahari sind voll solcher Steingräber, und selbst in steinarmen Gegenden haben die Buschmänner diese Sitte beibehalten. Der Tote lebt nach dem Glauben der Buschmänner als Gespenst oder lebender Leichnam weiter. Ahnenverehrung ist jedoch dem Buschmann fremd. Er nimmt seinen Toten gegenüber eine ganz andere Haltung als etwa der Neger ein. Gelegentlich finden wir auch die Spuren einer Mondverehrung. Beherrschend tritt jedoch der Zauberglaube auf. Krankheiten, als die Wirkung eines bösen Zaubers oder feindlich gesinnter Geister, werden vorzugsweise durch magische Mittel und Handlungen bekämpft. Die Stellung eines Medizinmannes oder Zauberers ist dementsprechend beachtlich. (...) Von einigen Stämmen wird auch eine Art Einbalsamierung des Toten mit rotem Fett berichtet. Danach wurde die Leiche geräuchert und in das Grab gelegt. Gewöhnlich wurde sie in Hockerlage bestattet."[16]

Ein Namdschi-Mann in Nordkamerun schlägt die Totenglocke

Auch für Afrika gilt: Je höher die Kulturform, je ausgeprägter das soziale Gefüge der ethnischen Gruppen, desto weiter entwickelt und künstlerisch konturiert sind die Kultusformen und in diesem Zusammenhang auch die Totenbräuche. Dort, wo es Seßhaftigkeit gibt sowie Häuptlinge oder Könige (zum Beispiel bei den Massai), ist ein ausgeprägter Prunk Kennzeichen der Beisetzung der Herrscher.

Von der Naturverbundenheit der Inuit-Völker (Eskimos) und der Indianer Nordamerikas nimmt der Dämonen- und Todeszauber bis zum Süden Südamerikas immer weiter zu. Am krassesten sind gewisse Praktiken der Kopfjagd und des Kannibalismus in der äquatorialen Gegend gewesen - es gibt sehr genaue Schilderungen von Kopfjagden und Schrumpfkopfherstellungen sowie von kannibalistischen Bräuchen, die ich hier nicht zitieren möchte. Ein Großteil des Brauchtums anderer Weltgegenden, ähnlicher animistischer oder präanimistischer Überzeugung, taucht immer wieder auf, wenn auch den jeweils herrschenden Umständen (Landschaft, Tier- und Pflanzenwelt) angepaßt.

Wie eingangs schon erwähnt, gibt es diese Bräuche heute größtenteils nicht mehr und die geistigen Hintergründe bzw. Ursprünge sind verwässert, vergessen oder ausgemerzt, oft vor weniger als zwei bis drei Jahrzehnten: Urgründe ganzer Völker und unzähliger Stämme, auch diese selbst, wurden Geschichte.

DAS ANTLITZ DES TODES, DAS ANTLITZ DER TOTEN

In den christlichen Teilen der Welt, besonders in Europa, wurde der Knochenmann, der Sensenmann, zum meist grausigen Sinnbild des Todes. Er begleitet den Tod des Königs wie den des Bauern, er erntete reich in den Seuchen des Mittelalters und der späteren Zeiten. Er folgte den Soldaten aller Kriege, hinterließ immer Angst, Ohnmacht und Fragen. Etwas ganz anderes ergibt sich dagegen, wenn man dem Tode im Gesicht von Menschen begegnet. Ich habe dazu einige Totenmasken ausgewählt (*abgebildet im Interview mit Irmgard Bauer*).

Mit dem Anbruch der modernen Zeit, der Industrialisierung, schwand in der Kunst die bildliche Darstellung des Todes, die immer größer werdenden Friedhöfe wurden an die Stadtgrenzen verlegt, das Denken an den Tod verdrängt. Die Friedhöfe verkommen heutzutage zu sterilen Einheitsanlagen, Grabeskunst und bedeutungsvolle Grabsteine verschwinden im 20. Jahrhundert, bis auf wenige Ausnahmen. Einzelnen Denkern oblag es, den Tod zu begreifen, einzelnen Künstlern, ihn als Thema wieder aufzugreifen und bildlich darzustellen. Jede künstlerische Aussage ist hierbei ganz individuell.

Der Tod wurde symbolisiert oder entrückt, wie zum Beispiel in Böcklins Toteninseln oder Malczewskis Zyklen über den Tod und die Todesengel. Altes wurde aufgenommen (zum Beispiel in Rethels Totentänzen und Knochenmännern; *siehe Moody- und Gädeke-Interview*), oder der alleingelassene Mensch stand dem Sterben ohnmächtig gegenüber. Das würdevolle Sterben wird durch entstellende Krankheiten (F. Hodler: Das Sterben der Valentine Godé-Darel; *siehe Jungermann-Interview*) und einen qualvollen Tod abgelöst. Die Angst vor einem solchen Ende des Lebens lähmt die Lebenden und verhindert in den meisten Fällen eine Vorbereitung des Sterbenden und seiner Angehörigen auf den Tod.

Dreipaßscheibe mit reitendem Tod
Glaskunst nach Dürer, Nürnberg um 1502

Gottfried Benn
Mann und Frau gehn durch die Krebsbaracke

Der Mann:
Hier diese Reihe sind zerfallene Schöße
und diese Reihe ist zerfallene Brust.
Bett stinkt bei Bett. Die Schwestern wechseln stündlich.

Komm, hebe ruhig diese Decke auf.
Sieh, dieser Klumpen Fett und faule Säfte,
das war einst irgendeinem Mann groß
und hieß auch Rausch und Heimat.

Komm, sieh auf diese Narbe an der Brust.
Fühlst du den Rosenkranz von weichen Knoten?
Fühl ruhig hin. Das Fleisch ist weich und schmerzt nicht.

Hier diese blutet wie aus dreißig Leibern.
Kein Mensch hat so viel Blut.
Hier dieser schnitt man
erst noch ein Kind aus dem verkrebsten Schoß. -

Man läßt sie schlafen. Tag und Nacht. - Den Neuen
sagt man: hier schläft man sich gesund. - Nur sonntags
für den Besuch läßt man sie etwas wacher.

Nahrung wird wenig noch verzehrt. Die Rücken
sind wund. Du siehst die Fliegen. Manchmal
wäscht sie die Schwester. Wie man Bänke wäscht.

Hier schwillt der Acker schon um jedes Bett.
Fleisch ebnet sich zu Land. Glut gibt sich fort.
Saft schickt sich an zu rinnen. Erde ruft.

Der Tod durch Gewalt

Die zwei Weltkriege, die Judenvernichtungen des Dritten Reiches, der Vietnam-Krieg und sämtliche weiteren kriegerischen Auseinandersetzungen der letzten Zeit haben uns den Tod immer häufiger durch sämtliche Medien in allen Formen der Grausamkeit zugänglich gemacht. Im gleichen Maße verschwindet der Tod und das Sterben als Augenblick höchster Selbsterfahrung. Das Sterben des einzelnen spielt sich heute anonym in Anstalten, Heimen oder Krankenhäusern ab, ist im Alltag kein Thema, sondern ein Tabu! Entstellte Leichen ziehen den ganzen Tag auf Bildern oder in Filmen - in Dokumentationen oder zur Unterhaltung - an den Menschen vorbei und haben die Auseinandersetzung mit dem Komplex Tod und Sterben abgelöst. Sie führen nur noch selten zu längerer Entrüstung, werden zu schnell von dem nächsten Gewaltakt des Todes abgelöst.

Eine der wenigen Ausnahmen bildete das Bild von der Erschießung eines Vietcong durch einen südvietnamesischen Polizeioffizier: es diente als Symbol für die Unmenschlichkeit

General Loan erschießt einen mutmaßlichen Vietcong in Cholon auf offener Straße

des Vietnamkrieges und war ein verinnerlichter Teil der Protestbewegung gegen ihn sowie ein Charakteristikum für die sogenannte 1969er-Bewegung. In vielen Fällen führte die Ohnmacht des einzelnen vor der organisierten und teilweise auch legitimierten Gewalt - auch vor der Gewalt im Alltag - über die Resignation zur einseitigen Lebenszuwendung, ohne den Tod denken zu wollen und dem Leben dadurch vielleicht einen tieferen Sinn zu geben.

Anmerkungen:
1.) Das Gilgamesch-Epos, Stuttgart 1982, S.90 f.
2) ebd., S.102.
3) ebd., S.107.
4) Mythen der Welt, Luzern/Frankfurt a.M. 1976.
5) Die Edda, nach der Übersetzung von K. Simrock, Leipzig 1938, S.32.
6) ebd., S.23 f.

7) Kalevala, aus dem Urtext von L. und H. Fromm, München 1967, S. 107.
8) H.A. Bernatzik: Die neue große Völkerkunde, Band 1, Frankfurt a.M. 1954, S. 150.
9) ebd., S.174.
10) ebd., S.193 f.
11) ebd., Band 2, S.115.
12) ebd., S.116.
13) ebd., S.123 f.
14) ebd., S.324.
15) ebd., S.460 ff.
16) ebd., Band 1, S.295.

Weitere verwandte Literatur:

S. Moscati: Die Kulturen des alten Orients, München 1962.
Versunkene Kulturen, München/Zürich 1963/1970.
Gustav Schwab: Die schönsten Sagen des klassischen Altertums, Band 1-3, Gütersloh 1925.
dtv-Lexikon der Antike: Religion, Mythologie, Band 1-2; Philosophie, Literatur, Wissenschaft, Band 1-4, München 1970.
Victor W. von Hagen: Sonnenkönigreiche, München 1962.
Nordische Götter- und Heldensagen, Reulingen 1961.
H. Döbler: Die Germanen, Gütersloh 1975.
Das Nibelungenlied, nach H. A. Junghans, Leipzig 1875.
G. Kehnscherper: Hünengrab und Bannkreis, Neumünster 1983.
P. V. Glob: Danske Oldtidsminder, Kopenhagen 1969.
P. V. Glob: Mosefolket, Kobenhagen 1969.
Yrjö von Grönhagen: Finnische Gespräche, Berlin 1941.
F. J. Dockstader: Indian Art of the Americans, New York 1973.

Thomas Bernhard
Ich weiß keine Straße mehr

Ich weiß keine Straße mehr die hinaus führt
ich weiß keine Straße mehr
komm hilf
ich weiß nicht mehr
was mich befallen wird
in dieser Nacht
ich weiß nicht mehr was Morgen ist
und Abend
ich bin so allein
o Herr
und niemand trinkt mein Leiden
keiner steht an meinem Bett
und nimmt die Qual mir ab
und schickt den Wolken mich
und grünen Flüssen
die ins Meer hinrollen
Herr
mein Gott
ich bin den Vögeln ausgesetzt
dem Schlag der Uhr die berstend
meine Seele kränkt
und mir mein Fleisch verbrennt
o Herr in meinem Wort ist Finsternis
die Nacht die meine Fische schlägt
unter dem Wind
und Berge schwarzer Qual
o Herr erhöre mich
o hör mich an
ich will nicht mehr allein die Übelkeit
und diese Welt ertragen
hilf mir
ich bin tot
und wie der Apfel roll ich
in das Tal
und muß ersticken
unterm Holz des Winters
o mein Gott ich weiß nicht mehr
wohin mein Weg mich führt
ich weiß nicht mehr was gut und schlecht ist
auf den Feldern
Herr mein Gott in Gliedern
ich bin schwach und arm
mein Wort verbrennt in Traurigkeit
für Dich.

Im Grenzbereich zwischen Leben und Tod

Der Atem stockt, das Auge bricht, das Herz steht still - unverrückbare Symptome des Todes, die seit Jahrtausenden das endgültige Ende eines menschlichen Lebens kennzeichneten. Aber der Tod hat sich verändert! Noch vor kurzem galt derjenige Mensch als tot, dessen Herz mit dem Schlagen innehielt, dessen Kreislauf zum Stillstand kam, dessen Atem aussetzte und dessen Gehirn und zentrales Nervensystem nicht mehr versorgt wurden.

Fast alle Organfunktionen - mit Ausnahme der Bewußtseinsfunktion des Gehirnes - können heute durch Maschinen ersetzt oder zumindest vorübergehend übernommen werden. Wer noch vor Jahrzehnten unweigerlich als tot galt, dessen zu schwache Lebenskräfte können heute durch Maschinen ersetzt werden, so daß der betreffende Mensch neuerlich selbständig weiterleben kann oder aber für den Rest des Lebens - wenn es eines ist - als Anhängsel verschiedener Maschinen dahinvegetieren.

Der Arzt, der vorwiegend das Leben zu schützen hat, kommt hier - durch die Dehnung der Todesgrenze - in einen Bereich, wo es nicht mehr deutlich ist, ob er das Leben eines Patienten schützt oder nur das Sterben verlängert. Dies gerät zu einer Machtfrage: Darf der Patient das uneingeschränkte Selbstbestimmungsrecht in bezug auf sein Leben und seinen Tod ausüben, oder hat der Arzt das Recht, seinen Lebenserhaltungswillen dagegen zu setzen und den Tod beliebig hinauszuzögern? Dürfen wir heutzutage sterben, wann wir wollen, oder müssen wir leben, solange ein Arzt dieses will?

Sicherlich ist dies eine ungewohnte Fragestellung, aber sie ist real. Je mehr man sich mit der Frage des Todes, des Freitodes und der Sterbehilfe in jeder Form befaßt, desto deutlicher wird es einem werden, wie differenziert man hier urteilen muß und wie schwierig es ist, zu einer allgemeinen Entscheidung zu kommen. Und dies gilt in erhöhtem Maße für die verantwortlichen Entscheidungsträger; in erster Linie also für die Ärzte, aber auch für einen Seelsorger, der um einen konkreten Rat gefragt wird. Letztendlich ist die Fragestellung an uns alle gerichtet und die Entscheidungsfindung Aufgabe eines jeden Menschen: für den eigenen Tod oder den konkreten Rat, den man in bezug auf einen Sterbenden zu geben hat.

Soll der Mensch ein völliges Selbstbestimmungsrecht auf seinen Tod - Freitod und aktive Sterbehilfe inbegriffen - bekommen, oder darf dem Menschen das Recht auf seinen eigenen Tod - zum Beispiel in Form von aktiver Sterbehilfe - genommen werden? Entscheidet man sich gegen die aktive Sterbehilfe, so stelle man sich eine Situation vor, in der ein querschnittgelähmter Mensch - vielleicht ein naher Verwandter - seit Jahren unter den entsetzlichsten Qualen dahinsiechen muß, der nur den einen Wunsch hat, sterben zu dürfen, mit dem man alles versucht hat, über den Sinn des Lebens, des Leidens, über ein Leben nach dem Tode zu sprechen, der aber trotzdem sterben will. Hat man dann noch das Recht, ihm sein Recht auf Selbstbestimmung über seinen eigenen Tod abzusprechen?

Kann es andererseits sein, daß dem Freiheitswillen des einzelnen Menschen die Menschheit als ganzes sowie die Schöpfung als solche eine Grenze setzt, der sich der einzelne zu beugen hat?

Ist es überhaupt möglich, eine allgemeine, für alle geltende Entscheidung zu treffen bzw.

gesetzlich festzulegen? Ist die grundsätzliche Entscheidung - zum Beispiel für oder gegen aktive Sterbehilfe - auf alle Menschen anzuwenden, weil der Tod angeblich der große Gleichmacher ist, oder sollte man eher nach differenzierten Lösungsmöglichkeiten - nach jeder Richtung offen - suchen, weil jeder Mensch seinen ganz individuellen Tod stirbt, bedingt durch sein Schicksal, aber verändert, eingeschränkt oder erweitert durch die Lebensumstände unserer Zeit?

Ich sprach mit zwei Persönlichkeiten, die sich diese Entscheidung nicht leicht gemacht haben, aber die sich entschieden haben - denn das Leben verlangt nach einer Entscheidung - und die - zumindest, was die aktive Sterbehilfe betrifft - gegensätzlicher Ansicht sind: mit dem Jesuiten Prof. Dr. theol. Philipp Schmitz, der an der Philosophisch-Theologischen Hochschule St. Georgen in Frankfurt Moraltheologie lehrt, und mit Hans-Henning Atrott, dem Präsidenten der Deutschen Gesellschaft für Humanes Sterben.

Während Prof. Schmitz der aktiven Sterbehilfe ablehnend gegenübersteht, weil er die freie Entscheidung des einzelnen Menschen durch die "planetarische Solidarität aller Lebenden", durch den Wert des Lebens an sich und durch die Achtung vor dem von Gott geschaffenen Menschen begrenzt sieht, treten Hans-Henning Atrott sowie die DGHS - die nicht zuletzt während der Barschel-Affäre stark in das öffentliche Blickfeld getreten ist, weil sich der ehemalige Ministerpräsident Dr. Uwe Barschel höchstwahrscheinlich aufgrund der Anweisung der DGHS-Broschüre "Menschenwürdiges und selbstverantwortliches Sterben" den Freitod gegeben hat - für die grenzenlose Selbstbestimmung des Patienten ein und damit auch für das Recht des Menschen auf aktive Sterbehilfe, beschränkt auf die Fälle, in denen ein Mensch nicht mehr in der Lage ist, sich den Freitod geben zu können.

Philosophisch-Theologische Hochschule St. Georgen, Frankfurt

Der Sterbeprozeß als Chance für die Menschheit

INTERVIEW MIT PROFESSOR DR. PHILIPP SCHMITZ (SJ) von Wolfgang Weirauch

Philipp Schmitz: *Prof. Dr. theol., Prof. für Moraltheologie an der Philosophisch-Theologischen Hochschule St. Georgen, Frankfurt/Main, Mitglied des Ordens der Gesellschaft Jesu. Nach "Postdoctoral fellowship" an der Yale-Universität (1970), zahlreiche Lehraufträge in den Vereinigten Staaten, meistens an der Graduate Theological Union, Berkeley/California. Berater in kirchlichen Gremien. Publikationen zur allgemeinen, ökologischen, medizinischen Ethik.*

Wolfgang Weirauch: Was ist für Sie der Tod, sowohl aus medizinischer als auch katholisch-theologischer Sicht?

Prof. Dr. Philipp Schmitz: Der Tod ist für jeden Menschen die Erfahrung einer großen Ohnmacht. Diese Ohnmacht ist wohl auch für die meisten in einem gewissen Grade mit einer Absurdität verbunden, da es allem widerspricht, was sie bisher erfahren haben. Sie fühlen sich ausgeliefert und stehen vor einer Leere, die sie nicht verstehen. Man kann das nachempfinden, wenn man über den Tod nachdenkt. Allerdings ist mit dem Tod eine weitere Erfahrung verbunden, nämlich daß man in einer aktiven Trauer bestehen kann. Der Sterbende hat das Gefühl, er könne aus diesem letzten ohnmächtigen, absurden Augenblick eine Zusammenfassung seines Lebens gewinnen. Auf der einen Seite ist er also passiv ausgeliefert, andererseits ist der Tod die aktive freie Bestimmung des Menschen.

W.W.: Hat der Todesaugenblick - und vor allem auch der Schmerz sowie das Leiden vor dem Tod - für Sie eine wesenhafte Bedeutung?

P. Schmitz: Auf jeden Fall. Der Schmerz bestärkt zwar einerseits die Erfahrung der Sinnlosigkeit, da er allem widerspricht, was den lebendigen Menschen glücklich macht, was er sich wünscht und was er will. Auf der anderen Seite ist der Schmerz das Mittel, an dem die Werthaftigkeit der freien Entscheidung erlebbar wird. Das scheint gewagt: Viele der Zeitgenossen haben heutzutage große Schwierigkeiten, dem Schmerz eine eigene Werthaftigkeit zuzumessen. In der Tradition des Christentums muß man aber darauf hinweisen, daß er eine ethisierende Wirkung hat, vorausgesetzt man nimmt ihn an.

Selbstbestimmung bei Wiederbelebung

W.W.: Sie schildern in Ihrem Artikel "Selbstbestimmung bis in den Tod?" (in: Stimmen der Zeit, 4/88) einen Fall, bei dem ein Mensch mit Atemstillstand in eine Klinik eingeliefert wird, der im voraus bestimmt hatte, keine lebensverlängernden Praktiken an ihm vollziehen zu lassen. Klinikarzt und Hausarzt stritten sich um diese Lebensverlängerung bzw. um die

Selbstbestimmung des Patienten bezüglich der Unterbindung einer weiteren Lebensverlängerung. Wie sollte Ihrer Meinung nach - auch in bezug auf die Wiederbelebung - vorgegangen werden, wenn der Patient vorher verfügt hat, daß an ihm im Falle eines irreparablen Schadens keine lebensverlängernden Maßnahmen durchgeführt werden sollen?

P. Schmitz: Im Hintergrund dieser Überlegung stehen zahlreiche Klagen von Krankenschwestern und Pflegern, die in den Intensivstationen arbeiten und beobachten, daß vielfach - wenn bereits der Herzstillstand eingetreten ist - Reanimation durchgeführt wird. Ärzte meinen, darauf nicht verzichten zu können. Der Druck, der auf ihnen lastet, wird noch gesteigert, wenn andere Ärzte und Krankenschwestern um den wiederzubelebenden Körper herumstehen. Wie sollen sie da noch unkonventionell entscheiden können. Um dafür gerüstet zu sein, braucht es einer längerfristigen ethischen Reflexion. Es muß bedacht werden, ob es Arten und Weisen gibt, die Reanimation auszusetzen bzw. gar nicht erst zu beginnen. Bei einer solchen Reflexion darf man nicht vergessen: Es muß für jeden Arzt ein gutes Gefühl sein, einen Menschen wieder in das Leben zurückzuführen, der scheinbar schon aus diesem geschieden ist. Darin kommt sein Wille zu helfen am schönsten zum Ausdruck. Auf der anderen Seite muß seine Tätigkeit, in diesem Fall die Reanimation, eine Grenze haben. Er kann nicht immer das Menschen- und ärztlich Mögliche tun. Die Frage ist also, wo seine Lebenserhaltungspflicht ihre Grenze hat.

W.W.: Gibt es für Sie - im Hinblick auf die Körperfunktionen - diese Grenze der Lebenserhaltungspflicht?

P. Schmitz: Zunächst hat die Lebenserhaltungspflicht dann eine Grenze, wenn der Patient tot ist. Das klingt natürlich sehr selbstverständlich, aber es wird zunehmend schwieriger festzustellen, wann jemand tot ist. Früher war das anders; wenn das Herz gebrochen war und der Atem stillstand, dann waren dies die eindeutigsten Kennzeichen des Todes. Der Arzt mußte nur Atem- und Herzstillstand feststellen.

Heutzutage lassen sich die vitalen Funktionen, sowohl der Atem- als auch der Herztätigkeit, durch Maschinen nachbilden. Insofern sind diese beiden Kriterien nicht mehr brauchbar. Nun nimmt man als Kriterium nur den Hirntod an. Ein Hirntoter gilt als klinisch tot. Allerdings tauchen nun Probleme auf; diese "Todesart" läßt sich nur unter den Voraussetzungen einer umfangreichen Apparatemedizin - zum Beispiel mit einem EEG - feststellen, oder aber unter Beobachtung bestimmter Todeskriterien über einen längeren Zeitraum hinweg. Wenn unmittelbar und sofort Entscheidungen gefällt werden müssen, so kann sich der Arzt nicht auf ein absolut gesichertes Faktum beziehen. Der Todeszeitpunkt wird zu einer Variablen in der Hand des Arztes. Er hängt ein bißchen von seiner Einschätzung ab.

Bei seiner Einschätzung spielen dann nicht nur die medizinischen Daten eine Rolle, sondern auch ethische Kriterien, ob bei diesen Menschen die Verlängerung des Lebens noch sinnvoll ist. In bezug auf die zu erwägenden Elemente, die man dem Begriff "Lebensqualität" zuordnen kann, ist der Arzt überfragt, denn allein ist er nicht in der Lage vorauszusagen, ob dieser Mensch eine ausreichende Lebensqualität haben wird und ob er sie überhaupt wünscht. Idealiter müßte der andere Mensch selbst, der Patient, in das Gespräch einbezogen werden. Oft kann er das nicht. Wir stoßen damit automatisch auf die Frage, wer anstelle des Patienten, der sich wegen seiner Bewußtlosigkeit nicht mehr äußern kann, Antwort geben sollte. Darf an seine Stelle ein Verwandter, eine Ethik-Kommission oder jemand anderes treten? Erleichtert die Willensfindung eine klare Patientenverfügung, die dem Arzt vorliegt? Über sie wäre - wenn auch indirekt - ein Gespräch zwischen dem Arzt und dem im Koma liegenden Patienten möglich.

Eines läßt sich festhalten: Die Grenze der Lebenserhaltungspflicht des Arztes liegt bei dem Patienten selbst, bei seiner Einwilligung.

W.W.: Sehen Sie mit der Intensiv- und Apparatemedizin Gefahren heraufkommen, die Grenzen des Lebens zu überschreiten, welche bisher als unumstößlich galten?

P. Schmitz: Die Gefahr liegt einerseits darin, daß Ärzte - ohne daß sie es müssen - oftmals mehr tun als gut wäre, und daß eine genügende Kooperation mit dem Patienten - unterstützt durch die Gesellschaft, in der wir leben - noch gar nicht entwickelt ist. Die Gefahr liegt also darin, daß die freie Bestimmung des Menschen nicht genügend ausgeschöpft wird. Andererseits ist die Apparatemedizin natürlich selbst eine Quelle der Gefahr, die zu Mißbrauch die Möglichkeit bietet.

W.W.: Wenn die Lebensverlängerung mit Hilfe der Intensivmedizin nur noch eine Verlängerung des Sterbens ist, so steht für Sie also das Selbstbestimmungsrecht des Patienten - im Falle der Wiederbelebung - an erster Stelle?

P. Schmitz: Ja, das Problem besteht in der Feststellbarkeit der Selbstentscheidung. Es hat immer wieder berühmte Fälle gegeben - zum Beispiel den in der katholischen Presse vielfach diskutierten Fall des Kardinals Benelli, der von den Ärzten aufgegeben worden war und nach Hause zurückkehrte, um dort sterben zu können, und zwar unabhängig von der Apparatemedizin -, bei denen Menschen ihre freie Entscheidung gefällt haben, hier und jetzt zu sterben. Für die Zukunft müßte das leichter gemacht werden. In Rechtsunsicherheit sieht die Klinik heute noch Hilfeleistung bis zur letzten Möglichkeit vor.

Arzt und Patient müssen in ein Gespräch eintreten

W.W.: Nehmen wir an, der bewußtlose Patient hat sich zeitlebens schriftlich nicht geäußert, daß er keine Lebensverlängerung im Falle einer Wiederbelebung wünscht, es war aber sein Wille, den er zum Beispiel seiner Frau mitgeteilt hat. Wie ist in so einem Fall vorzugehen; gilt die Übermittlung des Willens durch die Frau als das Primäre oder sollte an dieser Stelle der Arzt, der vielleicht die Lebensverlängerung wünscht, entscheiden?

P. Schmitz: Ich habe den Eindruck, daß sich sowohl die kirchliche als auch die philosophisch-medizinische Ethik auf diesem Felde in einem großen Argumentationsnotstand befinden. Aus den USA kommt eine Literatur, deren Grundaussage es ist, die Entscheidung des Patienten solle in den Mittelpunkt der Überlegungen gestellt werden. Die traditionelle medizinische Ethik war dagegen der Ansicht, der Arzt sei es, der die größere Verantwortung habe, um diese Fragen von seiner Perspektive aus zu beantworten.

Nun wird man sich natürlich fragen, wer dann letzten Endes entscheiden solle. In einer gewissen Hinsicht kann der Patient am besten entscheiden, andererseits ist der Arzt in einer privilegierten Stellung. Deswegen muß man alles tun, daß beide vorher in ein Gespräch eintreten. In dem Fall, den Sie anführen - jemand hat die Lebensverlängerung abgelehnt, dies aber nicht schriftlich äußern können, es aber seiner Frau mitgeteilt -, ist der Arzt verpflichtet, alles zu tun, um sich an die Entscheidungen des Patienten heranzutasten. Bisweilen hat der

Arzt dazu keine Zeit, zum Beispiel wenn der Patient bereits auf der Intensivstation liegt. Umso mehr wäre es von Vorteil, wenn der Patient vorher entsprechende Wünsche bezüglich seines Lebensendes geregelt hätte, in einer schriftlichen Form dem Arzt präsentierbar.

Leider gibt es für diese Vorschläge, die von der Ethik gemacht werden, noch keine etablierte Form. Zwar werden von der ominösen "Deutschen Gesellschaft für Humanes Sterben" Patientenverfügungen vorgelegt, aber deren Umtriebe haben dem berechtigten Anliegen nur geschadet.

W.W.: Aber dann wäre es doch der konsequente Schritt, daß jeder Mensch eine derartige Patientenverfügung vor seinem Tode schriftlich niederlegt!

P. Schmitz: Im Prinzip wäre dies konsequent. Wer es will, der sollte es tun.

W.W.: Bedarf es einer regelmäßigen Erneuerung einer solchen Patientenverfügung, im Falle, daß dergleichen durch einen Großteil der Bevölkerung hinterlegt würde? Es könnte ja sein, daß der Patient mitterweile seine Meinung geändert hat, er aber wegen Zeitmangels diese Patientenverfügung nicht mehr hat abändern können.

P. Schmitz: So eine Patientenverfügung muß immer wieder abgeändert werden. Ich kann nicht als 20jähriger eine Patientenverfügung erstellen, die dann für mein gesamtes Leben gilt. Sie sollte mit Verwandten, Bekannten und vor allem mit dem Hausarzt immer wieder durchgesprochen werden, damit sich nicht faktisch - und auch nicht in der realen Lebenserwartung - Fehler einschleichen. Die schriftliche Niederlegung einer derartigen Patientenverfügung bleibt eine Krücke. Das Ideal wäre die lebendige Aussprache zwischen dem Arzt und dem Patienten. Nur wo die nicht mehr zu erreichen ist, ist die schriftliche Niederlegung der Verfügung eine Möglichkeit der Verständigung.

W.W.: Machen Sie Unterschiede in Beziehung auf die Wiederbelebung in und außerhalb von Kliniken?

P. Schmitz: Ärzte brauchen - wie andere auch - praktisch handhabbare Regeln. Bei einem Unfall, bei dem es überhaupt keine Möglichkeit gibt, den Patienten zu befragen oder von einer Patientenverfügung zu wissen, gilt die Regel: die Wiederbelebung wird immer durchgeführt. Wenn ein Arzt oder ein Unfallwagen an eine Stätte eines Unfalls gerufen werden, müssen sie reanimieren. In einem solchen Fall ist keine Zeit, durch eine ethische Überlegung durchzugehen.

Selbstbestimmung bei künstlicher Ernährung

W.W.: Es taucht ein anderes Phänomen auf: der Fall Quinlan. Ein irreversibel gehirngeschädigtes Mädchen hängt an der Beatmungsmaschine, ist bewußtlos, Eltern und Arzt entscheiden sich nach langer Zeit dafür, die Maschine abzustellen. Man tut es, aber das Mädchen atmet allein weiter. Was jetzt? Konsequenterweise müßte man auch die künstliche Ernährung einstellen, wenn man sich für den Tod des Patienten entscheidet. Hat die Unterbrechung der künstlichen Ernährung für Sie eine andere Qualität als die Nichtanwendung der Wiederbelebung?

P. Schmitz: Interessanterweise sehen Ärzte bei einem derartigen Fall kein großes Problem; sie äußern, es sei ja ihre Aufgabe, einen Menschen grundsätzlich nicht verdursten zu lassen. Ich habe aber die künstliche Ernährung in meinen Artikel aufgenommen, weil ich untersuchen wollte, wo die Grenze der Selbstbestimmung liegt. Einerseits liegt sie - das hatte ich schon festgestellt - beim Willen des Patienten. Aber es ist mir klargeworden, daß es eine weitere Grenze gibt: Die Gesellschaft und die Kultur, in der wir leben, setzen von sich aus noch einmal eine Grenze für die Selbstbestimmung. Mit Karen Quinlan, die nach Abschaltung der Beatmungsmaschine spontan weiteratmetete, beschäftigten sich die Gerichte wieder. Sollte der Karen Quinlan die Nahrung vorenthalten werden dürfen, um sie durch Schwächung des Organismus sterben zu lassen?

Ihre Erörterungen zeigen, daß sich unsere Kultur an diesem Punkt sträubt; sie macht die Voraussetzung, daß man niemandem - selbst seinem ärgsten Feind nicht - Nahrung vorenthält. Das deutet sich darin an, daß man in Ländern, in denen die Todesstrafe noch verhängt wird, dem Kandidaten ein letztes Mahl gewährt. Und Nahrung gibt unsere Kultur jedem Gast, jedem Feind, jedem Fremden und auch jedem Sterbenden. Der Gedanke, einen Menschen verhungern zu lassen, wird nicht ertragen. Insofern könnte man allgemein formulieren: Wenn man einem Patienten Selbstbestimmung gewährt, dann sollte man auch zur Kenntnis nehmen, daß unsere Gesellschaft den Willen hat, das ihrige zu tun, um einen Menschen am Leben zu erhalten. Speis und Trank - Gastgeschenke, die man in der Wüste gibt - soll niemandem versagt bleiben. - Im Falle Karen Quinlan wurde die künstliche Ernährung tatsächlich durchgeführt, bis sie im Jahre 1985 starb. Bei uns kürzt man einen irreversiblen Sterbeprozeß nicht dadurch ab, daß man dem Menschen die Nahrung entzieht. Faktisch gibt es natürlich die Möglichkeit, die Nahrung immer weiter zu verdünnen; dies wäre dann eine Lösung, sich aus diesem Dilemma langsam herauszuschleichen.

W.W.: Das zuletzt Genannte wäre ein gewisser Kompromiß. Aber die von Ihnen zuerst angeführte Notwendigkeit, niemandem die Nahrung zu verweigern, hat natürlich einen Haken: Der Todeskandidat, der ärgste Feind oder der Verdurstende in der Wüste wollen die Nahrung, der sterbende Patient kann aber in einer Patientenverfügung hinterlassen haben, daß mit ihm keine lebensverlängernden Maßnahmen durchgeführt werden sollen, insofern will er die Nahrung nicht. Müßte man nicht konsequenterweise einem solchen Menschen keine Nahrung zuführen, wenn er es selber so will?

P. Schmitz: Das ist das Dilemma, in dem wir uns befinden. Ich honoriere die Selbstbestimmung des Menschen. Wir befinden uns aber in einer Gesellschaft, die höchstes Interesse am Leben hat und daher zum Beispiel bestimmt, daß man niemandem die Nahrung verweigern dürfe.

Passive und indirekte Sterbehilfe

W.W.: Können Sie die beiden Begriffe "passive und indirekte Sterbehilfe" einmal definieren?

P. Schmitz: Ja, das ist wichtig. Hierbei gibt es immer wieder Probleme. An sich unterscheidet man zwei Begriffspaare, die aktive und passive Euthanasie sowie die indirekte und direkte Euthanasie. Bei der indirekten und direkten Euthanasie hat man die Intention dessen im Blickfeld, der sie praktiziert, also die Intention des Arztes zum Beispiel. Bei der aktiven und passiven Euthanasie steht die Behandlungsmethode im Vordergrund.

Betrachten wir zuerst die indirekte und direkte Euthanasie: Der Arzt hat die Absicht, den Schmerz des Patienten zu lindern. Dabei setzt er die Mittel ein, die diesen Zweck erfüllen. Nun kann es aber sein, daß das Mittel, das er verabreicht, den Organismus erheblich schwächt, den Tod also gewissermaßen herbeiführt. Die Verabreichung des Schmerzmittels hat demnach real-faktisch eine Verkürzung des Lebens zur Folge. Das ist indirekte Euthanasie. Man kann nicht sagen, daß sie nicht erlaubt sein sollte.

Im Gegensatz zur indirekten Euthanasie steht die direkte Euthanasie, die sittlich und rechtlich nicht erlaubt ist. Sie besteht in der Absicht zu töten.

Bei dem zweiten Unterscheidungspaar - der aktiven und passiven Euthanasie - steht die Behandlungsmethode im Mittelpunkt. Bei der passiven Euthanasie unterlasse ich eine gewisse Behandlungsmethode, während ich den Tod bei der aktiven Euthanasie herbeiführe. - Wenn ich etwas unterlasse, so tue ich natürlich auch etwas, zum Beispiel stelle ich den Schalter auf "Aus". Aber die gedankliche Konstruktion läuft anders: Ein in sich nicht mehr funktionierender Organismus braucht zu seiner Unterstützung ein außerordentliches Mittel, zum Beispiel ein Beatmungsgerät. Ich stelle es ab bzw. gar nicht erst an, wenn sich ein irreparabler Schaden herausgestellt hat und jede weitere Anwendung dieses Beatmungsgerätes eine Verfälschung und Verlängerung des Sterbens bedeuten würde.

Im Gegensatz zur passiven Euthanasie ist bei der aktiven Euthanasie der einzige und ausschließliche Behandlungszweck die Tötung des Menschen. Das Ziel ist die Beendigung des Lebens. Eine Spritze, die dem Patienten verabreicht wird, hat den einen Zweck, sein Leben zu beenden. Das aber ist ein ganz eklatanter und offensichtlicher Bruch des Lebenstabus, auf dem unsere Gesellschaft beruht.

W.W.: Wie ist die Stellung der katholischen Kirche zur aktiven und passiven Euthanasie bzw. zur indirekten und direkten Sterbehilfe?

P. Schmitz: Die indirekte Sterbehilfe wurde schon seinerseits durch Pius XII. als erlaubt hingestellt; das ist gesicherte kirchliche Lehre. In bezug auf die aktive Euthanasie stimmt die katholische Kirche mit vielen anderen gesellschaftlichen Kräften darin überein, daß diese unerlaubt sei. Die passive Euthanasie wird unter bestimmten Bedingungen als sittlich erlaubt angesehen. Dabei muß der Organismus allerdings bereits irreversibel geschädigt sein; die Maschinen würden das Sterben lediglich verfälschen.

Freiheit und die planetarische Solidarität aller Lebenden

W.W.: Wie sieht die katholische Theologie den Sinn des Lebenslaufes des Menschen von der Geburt bis zum Tod und inwieweit ist hierbei die Freiheit inbegriffen?

P. Schmitz: Das ist eine große Frage! Alles bisher über die passive und indirekte Euthanasie Gesagte deutet darauf hin, daß die, die der Definition folgen, der Freiheit des Menschen einen großen Raum zumessen. Der Patient darf über den Zeitpunkt seines tatsächlichen Sterbens mitbestimmen. In der Kirche kann man sich nicht vorstellen, daß der Mensch nicht frei sei; alles, was Kirche tut, von der Pädagogik angefangen, über die Katechetik bis zur moralischen Unterweisung setzt voraus, daß Menschen Freiheit haben.

Wäre der Mensch nicht frei, würde die Gesamtheit der kirchlichen Aktivitäten ihren Sinn verlieren.

Die oberste Instanz in Fragen der Moral ist auch in der katholischen Moraltheologie das freie Gewissen. Selbstverständlich - und darauf wird die katholische Kirche sicherlich einen stärkeren Akzent legen als andere Religionsgemeinschaften - hat der Mensch mit seinem Gewissen die Verpflichtung, sich an der Gemeinschaft zu orientieren, in der er lebt. Die gibt ihm vor, daß Gott der Herr über Leben und Tod, daß das Leben selbst ein vorgegebener Wert sei und vieles mehr. Er soll sich frei entscheiden, in einem schon vorhandenen Kontext sowie in einer schon vorhandenen Entscheidungsmasse.

W.W.: Der Mensch ist also ein freies Wesen, aber es gibt Grenzen, die seine Freiheit einschränken. Können Sie das, was die Freiheit des einzelnen Menschen beschränkt, noch ein wenig konkretisieren?

P. Schmitz: Im religiösen Kontext wird man damit anfangen zu sagen, daß Gott der Herr über Leben und Tod sei. Bei der Euthanasie, der Abtreibung und jedweder medizinischen Manipulation wird man immer darauf hinweisen, daß der Mensch sich nicht anmaßen darf, über sein Leben frei zu verfügen, da es ihm von Gott geschenkt sei. Man wird anführen, Gott habe dieses Geschenk nicht nur gegeben, damit der Mensch es gebrauchen könne, wie er es wolle, sondern er habe es ihm als Leihgabe zum Gebrauch überlassen. Gott bleibe also Herr über Leben und Tod. Konkret ist damit allerdings noch nichts vorentschieden. Wenn ich sage, Gott ist der Herr über Leben und Tod, so habe ich noch keine Frage vorentschieden, sondern ich habe nur einen Bezug hergestellt. Ich weiß, daß ich unter seiner Verantwortung stehe.

Eine andere Grenze ist - und darauf legt die Kirche einen großen Wert -, daß der Mensch Teil der Gemeinschaft ist, pars communitatis, wie Thomas von Aquin es ausdrückt. Niemand darf über sein Leben verfügen, so als stünde er allein auf dieser Welt, er muß sich, auch wenn er Selbstmord begehen will, immer fragen, ob er seinen Mitmenschen dies antun kann. Heute würden wir die Gemeinschaft, der wir verpflichtet sind, sogar noch etwas weiter fassen; gemeint ist nicht nur der Lebenskontext der Menschen, sondern der Lebenskontext der Schöpfung, die planetarische Solidarität aller Lebenden. Man muß sich bewußt sein, daß Eingriffe des Menschen in das eigene Leben zugleich Eingriffe in den größeren Lebenskontext sind. Man rechnet mit einer Werteskala, einer Wertehierarchie, und nur in der intuitiven Erfassung dieses Wertes, mit all seinen Facetten und Möglichkeiten, mit seiner Vergangenheit und Zukunft wird man eine Entscheidung fällen dürfen.

Drei Dinge waren also genannt: Gott als Herr über Leben und Tod, das Leben als Gemeinsames und drittens, daß das Leben noch einmal einen Eigenwert in sich hat, der intuitiv erfaßt werden kann. Hans Jonas hat - außerhalb des katholisch-christlichen Bereiches - versucht, diesen zentralen Wert des Lebens in den Mittelpunkt seiner Ethik zu stellen.

W.W.: Wir haben also gesehen, daß Freiheit nicht zügellos sein kann und sich an der Grenze der Gemeinschaft zu orientieren habe sowie an Werten wie Gott und dem Leben an sich. Gibt es auch Vorgänge oder Dinge, die die Freiheit einschränken, ohne dabei mit anderen Menschen in Berührung zu kommen, die sich also nur auf das Individuum beziehen?

P. Schmitz: Ja, natürlich gibt es dergleichen. Die Umweltkrise und alle modernen Überlebensfragen deuten darauf hin, daß der Mensch niemals sagen kann, irgendeine seiner Handlungen schade einem anderen nicht. Die großen Leistungen der Moderne, auf die wir so stolz sind, stellen sich oftmals als etwas heraus, was dem Leben fundamental schadet. Natürlich darf die Angst vor negativen Folgen nicht so weit gehen, daß jemand letztendlich handlungsunfähig wird.

Aktive Euthanasie oder Verteidigung des Lebens

W.W.: Wie steht es mit der Stellung der Rechtssprechung, der Medizin sowie der katholischen Kirche zur aktiven Euthanasie?

P. Schmitz: Alle Ärztegremien haben die aktive Euthanasie mit Entschiedenheit zurückgewiesen. Der Arzt ist zwar nicht verpflichtet, in Übereinstimmung mit den Empfehlungen des Europarates (1976), den Richtlinien für die Sterbehilfe der Schweizerischen Akademie der Medizinischen Wissenschaften, der sich die Bundesärztekammer angeschlossen hat, und der Resolution der Deutschen Gesellschaft für Chirurgie zur Behandlung Todkranker und Sterbender (1979), bis zur Sinnlosigkeit alles in seinen Kräften Stehende zu tun, um das Leben eines totkranken Menschen zu verlängern, aber aktive Euthanasie ist nicht unter den Erwartungen, die man an ihn stellen darf. Innerhalb der katholischen Kirche beruft man sich auf Schreiben des Papstes und der Bischöfe, die die aktive Euthanasie grundsätzlich ablehnen.

W.W.: Sie sagten vorhin, daß die unsinnige Lebensverlängerung mit Hilfe der Intensivmedizin nur ein verlängertes Sterben sei und befürworteten im weiteren ein Selbstbestimmungsrecht bezüglich künstlicher Ernährung und der Wiederbelebung. Warum ist dieses Selbstbestimmungsrecht nicht auf die aktive Sterbehilfe auszudehnen?

P. Schmitz: Es gibt Menschen, die seit Jahren im Krankenhaus liegen und immer wieder den Wunsch äußern, sterben zu dürfen. Ärzte und Seelsorger vertreten aber die Meinung, daß dieser Todeswunsch keineswegs ein wirkliches Sterben-Wollen ausdrückt, sondern lediglich ein verzweifelter Ruf nach Nähe und Hilfe sei. Der isolierte Mensch, der durch seine Erkrankung an den Rand gedrängt ist, möchte durch den das Tabu verletzenden Wunsch auf sich aufmerksam machen. Sobald man seinem Wunsch nach Nähe nachkomme, verschwinde die Bitte nach aktiver Sterbehilfe gewöhnlich. Faktisch bleibt allerdings ein kleinerer Prozentsatz übrig. Sogar im Lichte des Glaubens, in Betrachtung des Lebens, halten diese Menschen den Wunsch nach aktiver Sterbehilfe aufrecht. Was tun? Ich selbst ringe um eine Antwort auf diese Fragen. Wie nimmt man den ernstzunehmenden Wunsch dieses um aktive Euthanasie bittenden Menschen in seine Überlegungen mit hinein, nachdem man zu der Überzeugung gelangt ist, daß aktive Euthanasie nicht sein solle?

Eines gilt es festzuhalten: Für die Medizin im allgemeinen, für die Praxis des Krankenhauses, für den Arzt muß es eine allgemein-formulierbare Regel geben. Das ist das Verbot der aktiven Euthanasie. Die Ärzte dürfen sich nicht bei jedem Fall erneut fragen müssen, was nun verboten bzw. erlaubt sei. Das würde auch das Krankenhaus derartig schwächen, daß man es sich gar nicht mehr vorstellen kann. Wenn jeder, der eingeliefert wird, in Zweifel sein muß, ob ihm zum Leben oder zum Sterben geholfen wird, ist dies völlig untragbar. Wer ins Krankenhaus geht, muß zunächst einmal Lebenshilfe erwarten dürfen. Von der Gesundheitsfürsorge sowie allen Garanten des Lebens muß wieder und wieder ein klares Bekenntnis gegen die aktive Euthanasie abgelegt werden. Auf dem dann zum Ausdruck kommenden Lebenstabu beruht unsere Gesellschaft; fällt dieses Tabu, so gehen viele Institutionen zugrunde.

Käthe Kollwitz: Ruf des Todes (1934/35) *© by VG Bild-Kunst, Bonn 1988*

Auf der anderen Seite darf der Selbstbestimmungswille des Patienten nicht angetastet werden: Aber liegt der nicht immer im Kampf mit dem "Lebenswillen der Gesellschaft"? Selbst Hackethal baut Sicherheiten ein: der irreversible Schaden des Patienten müsse tausendprozentig feststehen, der Arzt dürfe kein Geld von dem Patienten nehmen und müsse die Gerichte informieren. Diese Bedingungen sollen ihm die Sicherheit geben, daß er nichts anderes will, als dem Selbstbestimmungsrecht Geltung zu verschaffen.

Als Seelsorger, als Freund, als Vertreter der Gesellschaft, als Anwalt des Lebens würde ich immer in ein Gespräch mit dem eintreten, dessen Selbstbestimmungsrecht ich respektiere. Wenn er dann am Ende eines solchen Gespräches nach wie vor meint, sterben zu wollen, so werde ich diese Entscheidung annehmen müssen. Allerdings ist mir nicht deutlich, wie die Gesellschaft hiermit umgehen kann. Ich glaube zu wissen, daß sie diese Entscheidung nicht propagieren darf; der Arzt, der Garant des Lebens ist, darf es schon einmal gar nicht. Aus diesem Sterbewunsch des Menschen eine Kampagne zu machen, Fälle zu arrangieren und sie medienwirksam vorzubringen, halte ich für eine unmögliche Verhaltensweise. Wer den Tod des anderen unter diesen Bedingungen annimmt, steht traurig und trauernd da, weil es ihm nicht gelungen ist, das Leben als Anwalt zu verteidigen. Er wird auch nicht triumphierend dastehen und meinen, es sei im Sinne einer Emanzipation ein Sieg errungen worden. Übrig bleibt die Trauer über eine Gesellschaft, die nicht imstande war, diesem Menschen das Gefühl zu vermitteln - auch wenn er in einem schwierigen Sterbeprozeß liegt -, daß er nicht allein ist und andere Menschen ihm nahestehen.

W.W.: Das heißt doch aber dann, daß für diese wenigen Fälle - nach langen ergebnislosen Gesprächen - auch rechtlich die Möglichkeit der aktiven Sterbehilfe eingeräumt werden könnte? Denn was soll man sonst mit Menschen machen, die klaren Bewußtseins sind, die nicht aus einer Stimmung heraus ihre Entscheidung fällen, mit denen man lange - als Arzt, Priester, Angehöriger - gesprochen hat, von denen man sogar weiß, daß sie vieles für ihr restliches Leben gewinnen könnten, wenn sie nicht stürben, die aber nachhaltig aufgrund ihres Selbstbestimmungsrechtes um aktive Sterbehilfe bitten?! Man weiß, er sollte nicht sterben, aber er will es wider besseres Wissen trotzdem. Ist ein solcher Fall nicht Grundlage zur Errichtung einer rechtlichen Möglichkeit für aktive Euthanasie?

P. Schmitz: Wichtig ist vor allem, daß man solche einzelnen Fälle nicht verallgemeinert und zum Prinzip macht. Es kann sich immer um den in die letzte Konsequenz gedrängten Einzelfall handeln. Der Jurist hat in solchen Fällen immer noch die Möglichkeit zu einer symbolischen Strafe oder zur Straffreiheit, aber die Sicherung des Lebenstabus bleibt vorrangig.

W.W.: Gibt es für Sie eine Mindestgrenze, die zu erreichen ist - nämlich Bewußtlosigkeit und irreparabler Gehirnschaden -, bevor man überhaupt von Sterbehilfe reden kann, und zwar von passiver bzw. indirekter, unter der Voraussetzung einer Patientenverfügung, oder gibt es noch andere Krankheiten, bei denen Sie, eine Patientenverfügung vorausgesetzt, passive oder indirekte Sterbehilfe befürworten würden?

P. Schmitz: Ich scheue mich ein bißchen, mich jetzt mit Ihnen in eine Kasuistik hineinzubegeben, denn ich bin kein Mediziner und weiß nicht sicher, mit welcher Aussage über welche Krankheit ich meine Kompetenzen überschreite. Die Problemstellung beginnt ja schon bei der Festsetzung des Todeszeitpunktes. Man hat sich lange Zeit darüber Gedanken gemacht, welches die Kriterien des Hirntodes sind, um nicht Zustände der Bewußtlosigkeit, Komazustände durch Vergiftungen, muskelanspannende Medikamente, primäre Unterkühlungen, Kreislaufschocks oder Koma allgemeiner Art mit einer Gehirnschädigung zu verwechseln. Sie fragen mit Recht, ob man sich nicht als Ethiker eine Situation vorstellen kann, in der der Krankheitsprozeß über kurz oder lang zu einem Ende geht und in dem dann die unausweichliche Konsequenz vorweggenommen werden darf. Natürlich haben Sie recht, wenn Sie anmerken, daß man die Selbstbestimmung des Patienten nicht nur auf eine letzte Phase seines Lebens beschränken kann, sondern sie ihm auch für eine sehr viel längere Zeit einräumen müßte.

Das zeigt sich bereits bei der Auswahl der Therapien. In der katholischen Moraltheologie gibt es eine Diskussion über die Fragen der media ordinaria und media extraordinaria, also ob man außergewöhnliche Mittel anwenden darf, um ein Leben zu erhalten, oder ob man sich nur der ordentlichen Mittel bedienen sollte. Hierbei taucht sofort die Frage auf, was außerordentliche und was ordentliche Mittel sind. Denn bald sind Dinge, die in einer Zeit als außerordentlich erscheinen, normal geworden. Sicherlich gab es eine Zeit, in der Dialyse-Apparate als außerordentlich angesehen wurden, weil sie nur in drei Zentren der Bundesrepublik vorhanden waren, aber heute sind sie so leicht und zahlreich verfügbar, daß sie zu normalen Mitteln geworden sind. Auch hieran sieht man, daß das, was man tun muß, um einen Menschen am Leben zu erhalten, von der Verfügbarkeit der Mittel, der Medikamente und der Therapien abhängt.

W. W.: Jetzt tritt aber eine Schwierigkeit auf, unter der Voraussetzung, daß es Krankheiten gibt, in deren Verlauf man passive oder indirekte Euthanasie befürworten würde. Nehmen wir an, zwei Patienten hätten die gleiche Krankheit. Patient A hat zeit seines Lebens eine Patientenverfügung hinterlegt, daß im Falle dieser Krankheit keine lebensverlängernden Maßnahmen mit ihm durchgeführt werden sollten. Patient B, der die gleiche Krankheit hat, hat keine Patientenverfügung hinterlegt. Er liegt nun aber im schmerzhaften Sterbeprozeß und bittet erstmals um Einstellung aller lebensverlängernden Prozeduren. Wahrscheinlich wird man es ihm nicht gewähren, da es wohl als aktive oder indirekte Euthanasie ausgelegt werden würde. Daraus folgt aber, daß Patient A früher sterben kann als Patient B bzw. der Arzt Patient A ungestraft sterben lassen kann, Patient B aber wahrscheinlich nicht. Spricht dies nicht für die Selbstbestimmung des Patienten in jedem Fall?

P. Schmitz: Das sind natürlich Grenzfälle, an denen man erkennt, daß es in diesem Raum keine Rechtssicherheit gibt. Ich frage mich allerdings, ob der Fall, den Sie in bezug auf Patient B konstruiert haben, wirklich auf aktive Euthanasie hinauslaufen würde. Wenn der Arzt alle lebensverlängernden Maßnahmen unterläßt, ist dieses passive Euthanasie.

Ein strahlenverseuchter Mensch als Symbol einer ungerechten Welt

W.W.: Es muß ja keine Krankheit sein, bei der man nur die Maschinen abzustellen braucht, damit der Mensch in wenigen Tagen stirbt, sondern wir brauchen uns nur den Super-Gau eines AKWs vorzustellen. Wir hätten dann schwerstleidende strahlenverseuchte Menschen, von denen wir wissen, daß sie mittelfristig sterben werden. Wenn diese Menschen nun um aktive Euthanasie bitten, wäre das nicht ein Beispiel, in dem aktive Euthanasie angebracht wäre?

P. Schmitz: Sollte so ein Mensch, wenn er noch sprechen könnte, und darum bittet, ihm beim Sterben zu helfen, nicht frühzeitig sterben dürfen? Ich möchte hierbei auch auf unser bereits besprochenes Prinzip zurückverweisen: wenn dies aktive Euthanasie wäre, so sollte man daraus keine allgemeinen Prinzipien konstruieren. Ansonsten verlasse ich die Linie, die ich eben für mich als sinnvoll angesehen habe, denn ich brauche eine gesellschaftlich-kulturelle Lösung des Problems, auf der anderen Seite einen Respekt vor dem Einzelfall, den ich vielleicht nicht mehr lösen kann. Im Zwischenreich möchte ich nicht noch eine dritte und vierte Lösung fassen. Obwohl der Mensch, der einen verstrahlten Körper hat und um die Erlösung von seinen Leiden bittet, durchaus ein ganz konkreter Fall ist, den man, ohne ein

Prinzip zu konstruieren, für sich gelten lassen kann.

Allerdings könnte ich in so einem Fall überhaupt nicht sagen, wie ein derartig strahlenverseuchter Mensch frühzeitig sterben sollte; das ist ein Problem, das wir bisher noch nicht durchdiskutiert haben. Wer macht es denn? Wenn ich der Krankenhausseelsorger bin, kann ich natürlich niemals in die Rolle dessen treten, der ein entsprechendes Medikament verabreicht. Der Aufgabe des Arztes widerspricht es ebenfalls, Zyankali am Krankenbett zu hinterlassen. Auch der Angehörige scheidet an sich aus, denn meistens ist der Angehörige der Verwirrteste bei einem Sterbeprozeß. Seine emotionale Nähe, seine Liebe zum Patienten lassen ihn am wenigsten für eine solche Tat geeignet sein. Man wird also letzten Endes also fast vor die Aporie gestellt, dem um seinen Tod bittenden Menschen seinen Respekt nicht zu verweigern, andererseits aber nicht in der Lage zu sein zu sagen, wie der Tod dieses Patienten konkret herbeigeführt werden könne.

W.W.: Ist ein strahlenverseuchter Körper ein zu schützendes gottgewolltes Gut? Ist es eine religiös-ethische Handlung, wenn man ein derart schweres Leiden - also durch ein AKW-Unglück verursacht - abkürzt?

P. Schmitz: Wenn Sie es so direkt auf den Menschen beziehen, so muß man sagen, daß die Würde des Menschen - religiös gesprochen - durch das Ja-Wort Gottes entsteht; Gott hat den Menschen einmal ins Leben gerufen und seine Person beruht auf diesen Anruf. Diese Tatsache ist nicht an eine bestimmte Form und an einen bestimmten Zustand des Körpers gebunden. Die Würde gilt gleichermaßen für einen Menschen, der noch kaum existiert. Auch der behinderte Mensch ist von diesem Ja-Wort getragen. Sogar der tote Mensch. Von einem geschundenen Körper her darf man also niemals die Würde eines Menschen in Frage stellen.

Aber der andere Punkt, den Sie erwähnt haben, bleibt bestehen: dieser zerstörte Mensch ist zum Symbol einer ungerechten Welt geworden; andere Menschen haben über sein Leben verfügt und haben ihn in Schadensprozesse hineingezogen, die nicht notwendig waren, die aus gesellschaftlichem Profitdenken entstanden sind. Ein Mensch mit einem strahlenverseuchten Körper ist Opfer einer Gesellschaft, die falsche Ziele hatte. Es ist eine schwere Frage, ob man in der Zerstörtheit selbst noch einen Sinn sehen kann. Man stößt dabei an Grenzen dessen, was sich noch als sinnvoll beschreiben läßt. Jede Religionsgemeinschaft sucht hier nach einer Antwort, stößt aber an Grenzen dessen, was noch aussagefähig ist. Im christlichen Bereich würde man sagen, daß der Tod, wie immer er auch aussieht, dadurch noch einmal sinnvoll wird, daß er Teil des Todes Christi am Kreuze wird. In der Gleichstellung mit ihm, glaubt der Christ, wird auch der sinnloseste Tod Ansatz zu neuem Leben.

Erlebnisse an der Todesschwelle als Beitrag zur Weisheit

W.W.: Es wäre noch zu überlegen, ob ein Mensch, der im vollen Leben steht und noch keine Wahrnehmungen von dem Tod hat, eine eigene Erfahrung schon gar nicht, überhaupt beurteilen kann, wie es mit seinem Willen, seiner Denkweise und seiner Erfahrung bestellt ist, wenn er einst im Sterben liegen wird. Es ist mir eine Frage, ob ein Mensch während des Lebens den Tod - den er nicht kennt - besser beurteilen kann, oder ob er während des Sterbens - wo er Stimmungen, Leiden, Schmerzen unterliegt - eher in der Lage ist, eine seinem gesamten Leben angemessene Entscheidung zu fällen. - Es gibt Bereiche in der Menschenwesenheit und dem Schicksal des Menschen, die er heutzutage nicht erfaßt. Ich denke an die Schilderungen, die Moody gesammelt hat. Durch diese Out-of-body-Erlebnisse bekamen die Menschen, die zum Leben zurückkamen, eine Art Entwicklungsschub, der ihr gesamtes späteres Leben veränderte. Wenn nun bei einem derartigen Schicksal der Arzt auf Wiederbelebung verzichten würde, könnte diese Lebenserfahrung von diesem Menschen nicht mehr gemacht werden. Ist dies nicht ein Hinweis für uns - und hierbei geht der Blick in eine andere Richtung als die, die wir bisher besprachen -, alles mögliche zu tun, um Wiederbelebungsversuche mit einem sterbenden Menschen durchzuführen?

P. Schmitz: Zweifellos! Es wäre sicherlich eine Hilfe, wenn ein Arzt mit Kenntnis solcher Phänomene seine Behandlungsmethoden bereichert; es wäre gut, wenn er diese Kenntnis auch in das Gespräch mit dem Patienten einbrächte.

Diese Form des Erlebens an der Schwelle des Todes, die Sie beschreiben, scheint ja tatsächlich vorzukommen. Ein Bekannter von mir war in einem schweren Krankheitsprozeß nach seiner eigenen Schilderung an die Schwelle gekommen, an der er das subjektive Empfinden hatte, er sei im Sterben. Dabei - so sagte er später - seien ihm viele Dinge seines Lebens als fragwürdig erschienen. Als er dann seine Augen geöffnet habe, sei sein Blick auf ein über seinem Bett hängendes von seiner Nichte gemaltes Bild gefallen. Dabei sei ihm der Gedanke gekommen, der ihm zwar nicht neu war, aber nunmehr einen neuen Sinn erhielt, daß das einzige, was im Leben zähle, die Liebe sei. Ich habe diesen Menschen vor und nach seiner Krankheit gekannt und glaube sagen zu können, daß ihn das Erlebnis verändert hat. Nachher wußte er, worauf es eigentlich wirklich ankam. Solche Prozesse und Erkenntnisse, die ein Beitrag zur Weisheit sind, gibt es sicher.

Wer den Tod bewältigt, wird auch mit dem Leben fertig

W.W.: Wie sieht es die katholische Theologie: entscheidet letztendlich Gott, wie und wann der Mensch stirbt?

P. Schmitz: Das ist eine gute Frage! Sicherlich ist Gott derjenige, der die Dinge des Lebens festgelegt hat - allerdings unter Berücksichtigung der freien Entscheidung des Menschen. Was geschieht, geschieht nach dem Willen Gottes, der die Geschicke lenkt, aber unter Einbeziehung der menschlichen Freiheit. Gott hat mit seiner Schöpfung einen Sinn vorgegeben, aber der Mensch bleibt Beauftragter Gottes, der den vorgegebenen Sinn gestaltet.

W.W.: Sie messen dem Schmerz einen humanen Wert bei; hat die Art, wie der Mensch stirbt, eine Bedeutung für die Menschheit? Die Art des Sterbens, wenn man zum Beispiel an den Tod des Sokrates denkt, ist sicherlich nicht gleichgültig für die Mitmenschen!

P. Schmitz: Dieses Phänomen ist mir in letzter Zeit bei AIDS-Kranken begegnet. Hier erleben jüngere Menschen das Sterben in einer ganz neuen Dimension. Seelsorger berichten, wie diese Menschen einen ganz bewußten Sterbeprozeß durchlaufen und diese an AIDS sterbenden Menschen werden zum Vorbild für ein bewußtes, manchmal sogar religiöses Sterben. Ihr Sterbeprozeß wird damit zu einer Chance für die ganze Gesellschaft. Ähnliches gilt für behinderte Menschen. Man kann mit Händen greifen, wie ein Behinderter in der

Umgebung, in der er ist, humane Werte entwickeln hilft und größere Menschlichkeit entsteht. Gingen wir alle mit dem Tod richtig um, würden wir auch mit dem Leben der Technik fertig werden. Wir würden nicht mit Waffen spielen und unsere ökonomischen Träume in den Himmel wachsen lassen. Würden wir den Tod bewältigen, dann würden wir auch mit den Fragen des Lebens fertig. Letzten Endes war unser heutiges Gespräch ein Gespräch über das Leben, das Überleben der Gesellschaft und über das, was man unter Menschlichkeit versteht.

Der ersehnte Tod

INTERVIEW MIT HANS-HENNING ATROTT
von Wolfgang Weirauch

Hans-Henning Atrott: *1944 als Sohn eines Pfarrers in Memel/Ostpreußen geboren. Nach der Übersiedlung der Familie in den Westen Abitur in Frankfurt, anschließend Studium der Philosophie, Politologie und Soziologie in München. Ab 1971 war Hans-Henning Atrott als Diplom-Politologe zunächst an der Universität München beschäftigt, danach in der Projektverwaltung des Aktionsprogrammes "Forschung und Technologie im Dienste der Gesundheit" der Bundesregierung. Später Tätigkeit in der Administration des Luftrettungsdienstes der Bundesrepublik. Heute ist Atrott Präsident der "Deutschen Gesellschaft für Humanes Sterben" und bei der DGHS hauptamtlich angestellt.*

Wolfgang Weirauch: Wird der Hippokrates-Eid, den Menschen grundsätzlich zu heilen, durch den Fortschritt der Medizin in gewissen Bereichen ad absurdum geführt, wenn man an die Intensivstationen denkt, in denen nicht mehr lebensfähige Körper am Leben erhalten werden?

Hans-Henning Atrott: Man muß den Eid des Hippokrates im Zusammenhang seiner Schriften sehen, denn dann wird erkenntlich, daß Hippokrates eine Heilbehandlung von Menschen, denen nicht mehr geholfen werden kann, für unmoralisch hält. Wendet man den Eid des Hippokrates auf die Sterbehilfe an, so wird er auf etwas projektiert, für das er explizit nicht gedacht war.

W.W.: Wenn ein nicht mehr durch sich lebensfähiger Mensch auf der Intensivstation an technische Apparaturen angeschlossen wird, hat dann dieses für Sie noch etwas mit Menschlichkeit zu tun?

H.-H. Atrott: Die Technik ist ein wertfreier Begriff. Erst durch die menschliche Handlung kommt Moral oder Unmoral bzw. Menschlichkeit als ein besonderer Wert hinzu. Das hat schon Aristoteles erkannt, daß die Natur selbst keinen moralischen Wert aus sich hervorbringt, sondern nur der Umgang des Menschen mit den Dingen der Natur. Das wird häufig vergessen, wenn man bedenkt, daß es auch Erlösungslehren gegeben hat und gibt, die in der Entwicklung der Technik das Heil der Menschheit sehen, wie es zum Beispiel im Marxismus der Fall ist. Durch die Entwicklung der Technik, so heißt es dort, werde einst die Befreiung des Menschen eintreten. Dies hat zu einer Apotheose der Technik geführt, zu einer unkritischen Haltung ihr gegenüber, auch im Bereich der Medizintechnik.

Keine Menschlichkeit ohne individuelle Selbstbestimmung

Natürlich wurde dies auch durch die grandiosen Erfolge, die die Medizintechnik aufwies, gefördert; denken Sie nur an die Organtransplantationen. Darüber hinaus sollte man allerdings auch nicht vergessen, daß eine unkritische Haltung gegenüber der Technik Unmenschlichkeit bringen kann - und das ist besonders bei sterbenden Menschen der Fall. Das Anwachsen der Medizintechnik hat das Leben im Prozeß seines Entstehens, wie auch seines Vergehens, manipulierbar gemacht. Gerade in diesem Augenblick, wo die Macht des Menschen über das Leben mittels der Medizintechnik ungeheuer anwächst, stellt sich die Frage, wem diese Macht zufallen soll. Fällt sie einseitig den Ärzten zu, so geht die Selbstbestimmung des Menschen und seine Menschlichkeit gewissermaßen vor die Hunde.

Es gibt keine Menschlichkeit ohne individuelle Selbstbestimmung.

W.W.: Das bedeutet für Sie jetzt allerdings nicht, daß Sie für einen neuerlichen Sturm auf die Maschinen plädieren würden!?

H.-H. Atrott: Nein, es geht nicht darum, im Sinne eines Jean Jacques Rousseau "zurück zur Natur" zu gehen, sondern es kommt darauf an, einem kritischen und überlegten Einsatz der Technik das Wort zu reden, und zwar indem wir bei jedem technischen Fortschritt hinterfragen, inwieweit er der Menschheit nützt oder schadet. Hierbei sollten die negativen Wirkungen möglichst beseitigt werden, um somit die positiven Aspekte umso besser nutzen zu können.

W.W.: Was bedeutet für Sie das Sterben?

H.-H. Atrott: Die Sterbehilfe hat nichts damit zu tun, daß man putzmuntere und lebensfähige Menschen umbringt, wie dies im Dritten Reich geschehen ist, denn das Sterben beginnt erst dann, wenn der Arzt anhand relevanter klinischer Anzeichen feststellt, daß das Leiden fortschreitend ist, daß die Lebensfunktionen irreversibel am Verlöschen sind und der "point-of-no-return" überschritten ist, weil man das Leben des Patienten nicht mehr retten kann. An dieser Stelle - wenn das Leben des Patienten nicht mehr gerettet werden kann - taucht die Frage auf, wie man die Medizintechnik nur noch in der Weise einsetzt, daß der Patient friedlich und menschenwürdig sterben kann.

W.W.: Was drückt sich für Sie in der Sterbebegleitung aus?

H.-H. Atrott: Sterbebegleitung ist die Zuwendung zu einem Sterbenden, damit er in Krankenhäusern möglichst nicht in Badezimmer, auf die Flure oder unter die Treppen abgeschoben wird. Die Sterbebegleitung ist meines Erachtens noch keine Sterbehilfe, denn sie ist eine Kommunikation mit dem Sterbenden, die zwischen zwei Menschen vor sich geht.

Indirekte und passive Sterbehilfe

W.W.: Die Sterbehilfe bzw. Euthanasie gibt Anlaß zu einem verwirrenden Begriffsdschungel; hier wäre eine präzise Begriffsklärung angebracht. Was ist indirekte Sterbehilfe, wie definieren sie andererseits passive Sterbehilfe?

H.-H. Atrott: Die Grundstufe ist die passive Sterbehilfe, das ist das Unterlassen von lebensunterstützenden Maßnahmen in aussichtslosen Fällen. Wenn man also sieht, daß man einem Patienten das Leben nicht mehr retten kann, so wäre dies das Abstellen der Maschinen, so weit sie nicht der Schmerzlinderung dienen. - Unter indirekter Sterbehilfe versteht man den frühzeitigen Todeseintritt durch eine schmerzstillende Medikation. Bei einem Patienten, dessen Herzkreislauf-Funktion und Atemtätigkeit geschwächt ist, wird durch eine schmerzstillende Medikation Herz-Kreislauf- und Atemtätigkeit um ein weiteres reduziert, so daß dadurch der Tod früher eintreten kann oder dadurch bedingt wird. Man sieht hierbei, wie haarscharf dies an der aktiven Sterbehilfe vorbeigeht.

W.W.: Professor Schmitz unterscheidet indirekte und passive Euthanasie in der Weise, daß er mit der indirekten Euthanasie die Intention des Arztes verbindet, während die passive Sterbehilfe für ihn durch die Behandlungsmethode gekennzeichnet ist. Sehen Sie dies ähnlich?

H.-H. Atrott: Bei der indirekten Sterbehilfe muß natürlich die Motivation des Arztes bedacht werden, zum Beispiel wenn er dem Patienten eine schmerzstillende Spritze gibt. Dies könnte sowohl aktive Sterbehilfe sein als auch der Wille des Arztes, allein die Schmerzen des Patienten zu lindern. Allerdings halte ich solche Unterscheidungskriterien nicht für sehr relevant; sie laufen auf dasselbe hinaus.

Freitod und aktive Sterbehilfe

W.W.: Wie definieren Sie die weiteren Formen der Sterbehilfe?

H.-H. Atrott: Als dritte Form der Sterbehilfe wäre der Freitod zu nennen. Wenn ein Mensch weiß, daß er ohnehin sterben muß, sein Sterben sich jedoch um einiges qualvoll hinauszögert, so sollte er das Recht haben, noch in einer Phase seines Lebens sterben zu können, in der er sich in seiner Identität als Mensch wiedererkennt. Hinsichtlich der Sterbebegleitung und der passiven und indirekten Sterbehilfe besteht zwischen unseren Vorstellungen und denen der Religionsgemeinschaften kaum ein Unterschied. Anders wird dies jedoch bei dem Freitod. Wir fordern also, daß auch der Freitod möglich sein muß.

Gleiches gilt als vierte Form der Sterbehilfe für die aktive Sterbehilfe. Aktive Sterbehilfe dürfte nach Auffassung der DGHS nur unter folgenden Voraussetzungen möglich sein: Es bedarf eines Leidenszustandes, der unheilbar ist; dieser Leidensprozeß muß so schwer sein, daß der Wunsch zu sterben nachzuvollziehen ist; ferner muß dieser Wunsch zu sterben über einen längeren Zeitraum hinweg widerspruchsfrei geäußert werden; die Möglichkeit zum Freitod bzw. zur Selbsterlösung dürfte nicht mehr gegeben sein. Hieran kann man erkennen, daß die Schwierigkeiten mit der aktiven Sterbehilfe sehr stark mit der Tabuisierung des Freitodes zusammenhängen.

Es gibt einen Alternativkreis von Medizinprofessoren und Juristen, die zum Juristentag 1986 einen Gesetzentwurf vorgelegt haben, der vorsah, daß eine aktive Sterbehilfe unter Umständen straffrei gestellt wird, aber diese aktive Sterbehilfe sollte nicht die Unmöglichkeit zu einem Freitod voraussetzen. An dieser Stelle betonen wir sehr deutlich, daß der Satz "Herr Doktor, geben Sie mir eine Erlösungsspritze" sehr leicht gesagt ist; die Tatsache aber, ob jemand bereit ist, den Erlösungsbecher zu trinken oder nicht, stellt die Wahrheit des Bekenntnisses dar. Die Unmöglichkeit des Freitodes als Voraussetzung für die aktive Sterbehilfe halten wir für ein sehr wesentliches Instrumentarium gegen einen möglichen Mißbrauch der aktiven Sterbehilfe.

W.W.: Können Sie kurz definieren, was Sie unter Unmöglichkeit des Freitodes verstehen?

H.-H. Atrott: Das bedeutet, daß der Patient körperlich in einer Situation ist, in der er zur Ausübung dieses Freitodes nicht mehr in der Lage ist. Es muß immer sichergestellt sein - und in den Fällen, in denen wir geholfen haben, war dies so -, daß er noch bis zum letzten Moment die Möglichkeit zum Rücktritt von seinem Wunsch zu sterben hat, indem er zum Beispiel einfach den Mund aufmacht, um die giftigen Substanzen hinauslaufen zu lassen, statt sie zu schlucken.

W.W.: Was ist der Unterschied zwischen der aktiven Sterbehilfe und der Tötung auf Verlangen?

H.-H. Atrott: Das ist dasselbe.

W.W.: Und welcher Unterschied besteht zwischen Freitod und aktiver Sterbehilfe?

H.-H. Atrott: Der Freitod ist straffrei. Beim Freitod liegt die den Tod auslösende Handlung bei der betroffenen Person, bei der aktiven Sterbehilfe dagegen liegt die den Tod auslösende Handlung auf der Seite des Helfers. Das ist ein sehr wesentlicher Unterschied, und deswegen ist die Beihilfe zum Freitod auch straffrei, wenn nachgewiesen werden kann, daß die den Tod auslösende Handlung bei der verstorbenen Persönlichkeit gelegen hat. Die aktive Sterbehilfe ist dagegen heute noch strafbar.

"Die Misere liegt in der Machtfrage"

W.W.: Wie ist die Rechtssprechung in der Bundesrepublik Deutschland in bezug auf indirekte und passive Sterbehilfe?

H.-H. Atrott: Wissen Sie, der wesentliche Unterschied, den die Deutsche Gesellschaft für Humanes Sterben im Gegensatz zu anderen Organisationen einnimmt, ist der, daß sie nicht danach fragt, was alles erlaubt ist. Denn es ist vieles erlaubt, und wenn alles getan würde, was erlaubt ist, dann wäre unsere Gesamtsituation viel besser. Vor allem geht es um die Frage: Wer entscheidet, was getan wird? Ein Arzt wird heutzutage nicht belangt, wenn er passive Sterbehilfe durchführt oder dem Patienten indirekte Sterbehilfe gewährt. Wir aber vertreten die Meinung, daß es hier vordringlich um das Leben oder Sterben des Patienten geht und deswegen muß dieser letzten Endes die Entscheidung über sein Schicksal haben. Und eine Sicherheit, daß der Patient human sterben kann und die Apparate im rechten Moment abgeschaltet werden, hat er nur dann, wenn der Arzt das tun muß, was der Betreffende sagt. Dies ist die Machtfrage. Die meisten Ärzte sind nicht gegen passive oder indirekte Sterbehilfe, aber sie wollen diejenigen sein, die die Entscheidungen treffen. Das lehnen wir von der DGHS ab und fordern deswegen unabhängig davon, daß passive und indirekte Sterbehilfe heutzutage erlaubt sind, ein Gesetz, in dem garantiert wird, daß der Patient derjenige ist, der entscheiden darf.

Die Beihilfe zum Freitod, ich erwähnte es schon, ist ebenfalls straffrei; wir haben in diesem Zusammenhang schon viele Verfahren gehabt, die aber alle eingestellt worden sind. Es gab zum Beispiel ein Urteil des Oberlandesgerichtes München, das verfügt hat, daß kein Prozeß in dieser Sache eröffnet werden darf; das ist etwas anderes als ein Freispruch und deswegen sehr bedeutungsvoll. Lediglich die aktive Sterbehilfe ist verboten.

Aber ich möchte noch einmal deutlich betonen, daß ich die Misere in der Machtfrage sehe, daß heutzutage noch meistens der Arzt alles entscheidet. Wenn der Patient will - so ist es unsere Meinung -, daß die Apparate abgeschaltet werden, so müßten sie abgeschaltet werden, ob der Arzt es will oder nicht. Wenn der Patient indirekte Sterbehilfe gewährt haben möchte, dann muß sie ihm zuteil werden, unabhängig des Willens der ihn Therapierenden.

W.W.: Welches Strafmaß wird für aktive Sterbehilfe angesetzt?

H.-H. Atrott: Zwischen sechs Monaten und fünf Jahren. Der juristische Begriff der aktiven Sterbehilfe bzw. der Tötung auf Verlangen stellte übrigens im deutschen Recht schon einen besonderen Fortschritt dar, denn sie war als Strafminderung gedacht, damit sie nicht als Mord oder Totschlag verhandelt wird. Letzteres ist im angelsächsischen Raum noch heute der Fall.

W.W.: Gibt es überhaupt Länder, in denen die aktive Sterbehilfe straffrei ist?

H.-H. Atrott: In Uruguay kann der Richter von einer Strafe absehen, wenn der Betreffende bisher unbescholten war. Ob es noch weitere Länder gibt, weiß ich nicht. Sie dürfen nicht vergessen, daß der Papst kürzlich in Uruguay vom Staatspräsidenten des Landes mit der Bemerkung empfangen worden ist, daß Staat und Kirche bereits seit 1906 getrennt seien; Uruguay war auch das erste katholisch-lateinamerikanische Land, das die Ehescheidung eingeführt hat. In dieser Hinsicht sind die Uruguayer sehr vorbildlich.

W.W.: Sie sind ja gerade von der Trierer Staatsanwaltschaft freigesprochen worden (siehe Bericht in der Frankfurter Rundschau vom 20.10.1988); es bestand der Verdacht auf Tötung auf Verlangen, aber es wurde als Beihilfe zum Freitod verhandelt. Was ist bei diesem Fall geschehen?

H.-H. Atrott: Es handelte sich hier um eine 47jährige Frau, die seit 27 Jahren an multipler Sklerose litt, und zwar litt sie in den letzten drei Jahren unter einer Totallähmung. Diese Totallähmung ging manchmal so weit, daß sie nicht einmal den Brustkorb zum Sprechen bewegen konnte. Es handelte sich hier also um eine totale Muskellähmung. Diese Frau wurde Mitglied in der DGHS und bat uns, ihr zu helfen. Wir kennen natürlich die Rechtslage, wollen zwar das Recht ändern, halten uns aber an das bislang geltende Recht. Daß in diesem Fall überhaupt solange untersucht worden ist, hing mit einer Falschaussage einer Behinderten-Funktionärin zusammen, die behauptet hatte, die Bilder, die wir gezeigt hätten, könnten nicht echt sein, weil sie selbst den Pullover, den die kranke Frau an ihrem Todestag auf dem Bild anhatte, acht Tage vor der Aufnahme des Bildes zur Reinigung mitgenommen hätte und an jenem Tag wiederbringen wollte, als sie die Frau tot vorfand. Wir konnten allerdings anhand einer Quittung für die Kamera nachweisen, daß diese erst vier Tage, nachdem die Frau den Pullover bereits mit nach Hause genommen haben wollte, gekauft worden war. Das beweist natürlich, daß gewisse Behindertenverbände und deren Funktionäre vor keiner Lüge zurückschrecken, um die Sterbehilfe zu diskreditieren und mit Lügen zu bekämpfen.

“Die größte Organisation gegen Menschenquälerei”

W.W.: Können Sie die Ziele der DGHS kurz charakterisieren?

H.-H. Atrott: Es geht uns nicht um die Sterbehilfe allgemein, sondern um eine bestimmte Form derselben: Sterbehilfe in dem Sinne, daß der Betreffende darüber entscheiden kann, ob er Sterbehilfe haben will oder nicht. Genauso treten wir für das Recht eines Christen ein, der der Überzeugung ist, Jesus hätte am Kreuz alle Schmerzen erlitten, und er möchte genauso leiden wie sein Heiland. Unsere Forderungen unterscheiden sich schon in diesem Ansatz von ähnlichen, daß nicht die Ärzte bzw. das Pflegepersonal über den Willen des Patienten in Sachen Sterbehilfe bestimmen. Sterbehilfe ist für uns allerdings kein Bestreben nach dem Tod, sondern ein Engagement für das Leben. Solange wir leben, sterben wir, und deshalb ist es ein Engagement für die letzte Lebensphase. Da sich für dieses Bestreben um die letzte Lebensphase niemand anders zur Verfügung stellte, mußte unsere Gesellschaft gegründet werden. Wir wollen, daß jeder Mensch Art und Umstände seines Sterbens selbst bestimmen kann, das heißt zum Beispiel, wenn er passive Sterbehilfe bekommen möchte; daß heißt, daß er auf seinen Wunsch hin - und nicht auf den des Arztes - Sterbehilfe erhält, daß ihm indirekte Sterbehilfe gewährt wird, wenn er sie will und daß er - auch im Krankenhaus - in einer hoffnungslosen und aussichtslosen Situation, die ein langsames und qualvolles Sterben beinhaltet, Freitod ausüben kann.

Wir hatten Fälle, in denen Patienten Gehirnkrebs hatten, der durch die Wucherungen so fürchterliche Schmerzen bereitete, daß die Patienten aus dem Fenster springen wollten; in solchen Fällen muß ein Mensch einfach in der Lage sein, auf die Möglichkeit eines Freitodes zurückgreifen zu können. Gleiches gilt auch für die aktive Sterbehilfe, allerdings nur in den bereits geschilderten extremen strengen Fällen unter den genannten Bedingungen.

W.W.: Können Sie dazu mal ein Beispiel geben?

H.-H. Atrott: Es rief mich kürzlich ein Arzt aus Oberbayern an, der mir mitteilte, daß auch er an einem Gehirntumor leide. Dieser Tumor drückte bereits so stark, daß er auf dem linken Auge blind sei. Er teilte mir mit, daß die Ärzte ihm geraten hätten, erst dann eine Operation durchzuführen, wenn er bereits blind und total gelähmt sei. Wahrscheinlich kam dieser Rat, weil man bei einem blinden und total gelähmten Menschen nichts mehr verschlechtern kann. Dieser Arzt war der Ansicht, daß er eine Chance von 95 zu 5 Prozent habe, daß die Operation nicht gelänge."Wenn ich jetzt mit einem Arzt vereinbaren könnte", so führte er aus, "daß man mir in dem Falle, daß die Operation nicht gelingt, die aktive Sterbehilfe gibt, würde ich mich zu dieser äußerst risikoreichen Operation entschließen; im anderen Fall kann ich es aber nicht." Das wäre ein Beispiel. Sie sehen auch, daß die Maßnahmen, die wir treffen, alles andere als medizinfeindlich sind. Viele Menschen, die eine Patientenverfügung - eine schriftliche Vorauserklärung gegen überflüssige Therapien im Sterbeprozeß - unterschrieben und sie einem Arzt zeigten, der ihnen dann zusicherte, daß sie sich auf ihn verlassen könnten, gingen mit einer ganz anderen Zuversicht in eine entsprechende Operation. Das ist etwas ganz anderes, als wenn man vor der Aussicht steht, als Anhängsel gewisser Apparaturen zu vegetieren und weder leben noch sterben zu können.

W.W.: Vor diesem Hintergrund definieren Sie sich auch als die größte Bewegung zum Schutze des Lebens?

H.-H. Atrott: Sie dürfen nicht übersehen, daß wir bereits 21.000 Mitglieder haben. Mit Sicherheit sind wir die größte Organisation gegen Menschenquälerei in unserem Land. Die Mitgliederstatistik des heutigen Tages ist folgende: 111 Menschen möchten Informationsmaterial, 37 sind eingetreten, 3 Verstorbene, 1 Austritt. Das zeigt natürlich auch das Elend der Menschen, das muß man einmal ganz deutlich sagen. An sich ist die DGHS eine Gesellschaft, die darauf hinarbeitet, sich selbst überflüssig zu machen. In vielen großen Städten, zum Beispiel in München, haben wir mehr Mitglieder als die F.D.P. oder die Grünen, und es nimmt immer größere Ausmaße an.

W.W.: Sind es im wesentlichen ältere Mitglieder?

H.-H. Atrott: Es beginnt relevant mit den Vierzigjährigen. Natürlich haben wir auch einige jüngere, aber das sind dann meistens Menschen, die als Alten- oder Krankenpfleger arbeiten.

W.W.: Wie viele Mitarbeiter haben Sie in der DGHS?

H.-H. Atrott: Es sind sieben hauptamtliche Mitarbeiter, einen achten müssen wir gerade einstellen; fernerhin haben wir ca. 100 ehrenamtliche Mitarbeiter, die nur auf Unkostenerstattungsbasis arbeiten; größtenteils aber auch ihre Aufwendungen selbst tragen.

W.W.: In welchen Bereichen arbeiten diese Mitarbeiter? Sie führen doch auch Sterbebegleitung durch.

H.-H. Atrott: Ja, natürlich. Wir werden wahrscheinlich im nächsten Jahr eine Akademie für Sterbegleitung gründen, weil sich immer deutlicher abzeichnet, daß die Sterbebegleitung ein ganz wichtiges Element in der letzten Phase des Menschen ist. Je mehr Mitglieder die DGHS bekommt, umso größer ist auch die Zahl derer, die bereits einen Ehepartner verlieren bzw. verloren haben, so daß wir oftmals für die noch Lebenden Sterbebegleitung und -hilfen anbieten müssen. Da das starke Mitgliederwachstum auch einen gewissen finanziellen "Spielraum" mit sich bringt, wollen wir demnächst auch für die breitere Öffentlichkeit Sterbebegleitungskurse anbieten. Es können dann sowohl Krankenschwestern als auch Ärzte eine fundierte Ausbildung in der Sterbebegleitung erhalten.

Die Gegner formieren sich

W.W.: Bekommen Sie von irgendwelchen öffentlichen Stellen Unterstützungen, sind Sie gemeinnützig?

H.-H. Atrott: Nein, wir erhalten nichts. Unsere Gegner dagegen brauchen ein Kaffeekränzchen von nur 100 Mitglieder zu bilden, dann erhalten sie bereits vom Staat eine ABM-Kraft geschenkt sowie alle möglichen Vergünstigungen. Die DGHS bekommt nichts, man hat uns sogar die Gemeinnützigkeit genommen. Zwar prozessieren wir darum, aber wir werden geschröpft, obwohl wir die einzigen sind, die dem Staatsbürger weder hinsichtlich seiner Sozialabgaben noch irgendwelchen öffentlichen Steuerzahlungen auf der Tasche liegen. Da ich die DGHS von Anfang an mit aufgebaut habe, weiß ich natürlich, wann eine Gesellschaft eine hauptamtliche Arbeitskraft benötigt und wann nicht. Wenn dagegen ein Verein mit höchstens 250 Mitgliedern eine hauptamtliche Kraft von der öffentlichen Hand im Zuge sogenannter Arbeitsbeschaffungsmaßnahmen finanziert erhält, so weiß ich, daß dies eine Verschwendung öffentlicher Mittel sondergleichen darstellt, denn erst ab drei- bis viertausend Mitgliedern benötigt man eine hauptamtliche Kraft.

W.W.: Wie ist es mit den Anfeindungen gegen die DGHS, sind diese sehr stark und von wem kommen Sie?

H.-H. Atrott: Die Anfeindungen sind wie die Zustimmungen sehr stark. Anfeindungen kommen immer aus extremen Lagern. Zunächst kommen sie einmal von linksmarxistischen Gruppen, zum Beispiel auch von der Deutschen Gesellschaft für Psychiatrie, die ein Relikt aus der 68er-Studentenbewegung ist, und die alle psychischen Schäden der Menschen als ein Produkt der gesellschaftlichen Verhältnisse auffaßt und meint, man müsse nur die gesellschaftlichen Verhältnisse ändern, damit die psychischen Schäden verschwänden. - Merkwürdigerweise kommen die Angriffe auch aus dem rechtsextremen Lager. Viele Menschen glauben, daß, wenn sie die DGHS bekämpfen, sie auch wirksam den Tod bekämpfen würden, möglicherweise sogar aus der Welt schaffen. Bei solchen Menschen liegen natürlich auch ziemlich starke Ängste vor dem Tod vor; diese Ängste werden auf uns projektiert.

Auch aus dem religiösen Lager gibt es Anfeindungen. Hier hat man stets die Schwierigkeiten mit der Theodizee; ein Problem, für das die Begriffe Deismus und Theismus stehen, das heißt also: wo im Leben eines Menschen greift Gott ein und wo greift er nicht ein? Was ist Gott zuzuschreiben und was nicht? Ist ihm mein Elend zuzuschreiben oder nicht? Streng theistische Menschen sehen mit der Sterbehilfe einen Eingriff in Gottes Willen, aber das ist stets nur die Meinung einiger weniger; denn selbst Thomas Morus, ein Heiliger der katholischen Kirche, hat sich für Euthanasie ausgesprochen. Es sei Einsicht der Vernunft, meint Thomas Morus, wenn die Menschen merkten, daß sie sich selbst überlebt hätten und sich selbst und anderen Menschen nur noch eine Last seien. Auf der protestantischen Seite gibt es viele Theologen, die eine ähnliche Auffassung vertreten. Eine ähnliche Situation herrschte bei den Theologen bei jedem neuen Fortschritt, inwiefern man mit der jeweiligen Neuerung Gott in sein Handwerk pfuscht. Bewegten diese Dispute nur noch die Theologen selbst, wurde man nachgiebig und ging zur "Tagesordnung" über.

"Die faulen Zähne müssen gezogen werden"

W.W.: Ist die Entstehungsgeschichte der DGHS zugleich auch Ihre Geschichte, und was hat Sie motiviert, diesen Schritt zu vollziehen?

H.-H. Atrott: Ich habe Philosophie und Sozialwissenschaften studiert, habe am Aktionsprogramm "Forschung und Technologie im Dienste der Gesundheit" der Bundesregierung mitgearbeitet, und zwar in der Forschungsprojektverwaltung, später habe ich dann das Luftrettungswesen mitorganisiert. Die Ziele der DGHS hielt ich immer für wichtig, allerdings nützt es nichts, die Mißstände, unter denen Sterbende noch heute leiden, nur zu beklagen. Man darf nicht nur über die Zahnschmerzen jammern, sondern muß die faulen Zähne ziehen. Ich habe dann die Sache unter den ersten zehn Mitgliedern in die Hand genommen, weil die Position, die ich heute noch innehabe, ein gewisses Durchstehvermögen bedarf. Dieses erforderliche starke "Nervenkostüm" hatte unter den zehn Gründungsmitgliedern außer mir vermutlich niemand. Als die Frage in der Gründungsversammlung gestellt wurde, wer Vorsitzender werden wollte, meldete sich niemand, bis schließlich ich mich hierzu bereiterklärte.

Patientenverfügungen

W.W.: Sie geben Patientenverfügungen heraus; was kann damit von einem Patienten während seines Lebens geregelt werden?

H.-H. Atrott: Ich sagte schon, daß die passive Sterbehilfe an sich im Rahmen geltenden Rechts liegt und ein Arzt nicht bestraft werden kann, wenn er die Apparaturen abstellt, wenn er feststellt, daß man das Leben des Patienten nicht mehr retten kann. Das Problem liegt allerdings darin, ob dieses Abschalten tatsächlich geschieht, wenn es nötig ist. Da wir dergleichen als ein Patientenrecht betrachten, werden an unsere Mitglieder entsprechende Patientenverfügungen ausgegeben, mit denen sie erklären, daß bei Eintreten des Sterbeprozesses die Apparaturen abgeschaltet werden sollen. Natürlich muß man berücksichtigen, daß niemand dazu gezwungen wird, eine Patientenverfügung abzufassen. Wenn sich jemand dazu nicht in der Lage sieht, Entsprechendes zu entscheiden, so darf er dazu auch nicht gezwungen werden. Unsere Erfahrungen mit den Patientenverfügungen sind recht gut, weil sie gleichermaßen den Arzt wie den Patienten absichern.

W.W.: Richten sich die Ärzte nach diesen Patientenverfügungen?

H.-H. Atrott: Uns ist noch kein einziger Fall einer Zuwiderhandlung bekanntgeworden. Im Zusammenhang des Urteils über die Verfahrenseinstellung in Sachen Hermy E. - das ist die Frau mit dem Gesichtskrebs aus der Klinik am Chiemsee, die auch eine Patientenverfügung abgefaßt hatte - hat das Oberlandesgericht München entschieden, daß eine solche Patientenverfügung gilt und der Arzt sich nach ihr zu richten habe. Für die Patientenverfügungen, die wir ausgeben, besteht also in diesem Sinne eine Rechtsgrundlage durch die Rechtsprechung.

W.W.: Ist es nicht ein hohes Maß an Risiko, während des Lebens, wenn man noch keine Erfahrung mit dem Tod hat, eine Patientenverfügung für seinen eigenen Tod zu entwerfen? Kann es nicht sein, daß man am Ende seines Lebens ganz anders entscheiden würde?

H.-H. Atrott: Hier geht es nicht um Erfahrungen mit dem Tod, sondern mit dem Leben, der letzten Lebensphase. Es wird immer wieder behauptet, daß viele Menschen am Ende ihres Lebens anders entscheiden würden. Aber ich glaube, daß dies nur solche Menschen sind, die psychisch instabil sind. Aus meiner achtjährigen Präsidentschaft in der DGHS kann ich sagen, daß Menschen, die sich vor dem Tode fürchten, möglicherweise am Ende ihres Lebens entsprechend reagieren können. Diejenigen dagegen, die das Sterben für das Ende ihres Lebens halten, bleiben bei ihrer Einstellung. Die Einstellung der Menschen heute zum Tod ist eine vollkommen andere als zum Beispiel die der Menschen im Mittelalter. Im Mittelalter waren Verbrecher, die zum Tode verurteilt wurden, oftmals noch froh, wenn sie vor dem Tode fürchterlich gequält wurden, weil sie glaubten, auf diese Weise würden ihnen Höllenstrafen erspart. In dem Augenblick, in dem man nicht mehr von einer derartigen Furcht beherrscht ist, ist man bestrebt, daß auch die letzte Lebensphase menschenwürdig verläuft, also friedlich und schmerzfrei.

Bei den Menschen, bei denen ich persönlich die letzte Phase ihres Sterbens erlebt habe, habe ich die Erfahrung gemacht, daß sie mit einem ganz klaren Verstand und starken Willen in den Tod gegangen sind, daß die Selbstsicherheit bei ihnen so klar war, daß ich sie mir oftmals für mein eigenes Sterben gewünscht habe.

Es muß natürlich betont werden, daß die Patientenverfügung auch wiederum zurückgenommen werden kann. Wenn ein Patient am Ende seines Lebens seine eigene Patientenverfügung offensichtlich widerruft, so kann ein Arzt sich nicht mehr nach ihr richten, sondern muß den Willen des Patienten berücksichtigen. Allerdings werden nur solche Menschen Patientenverfügungen abfassen, die glauben, daß sie für diese Phase des Lebensendes Entscheidungen treffen können. Außerdem muß berücksichtigt werden, daß es bei den Patientenverfügungen nicht darum geht, putzmuntere Menschen dem Tode zuzuführen, sondern es geht ausschließlich darum, Menschen in einer Phase, in der ihnen das Leben nicht mehr zu retten ist, ein schmerzfreies und friedliches Ende zu bereiten; nicht aber darum, Menschen, die man noch retten kann, dem Tode zuzuführen. Das ist ein wesentlicher Unterschied!

W.W.: Ein Problem ergibt sich noch mit der künstlichen Ernährung. Würden Sie bei vorliegender Patientenverfügung zustimmen, die künstliche Ernährung einstellen zu lassen, so daß der Patient demzufolge verdurstet?

H.-H. Atrott: Dem Verhungern würde ich zustimmen, dem Verdursten nicht, denn das

Verdursten ist qualvoll. Einen Sterbenden zu pflegen bedeutet, unbedingt immer auf Flüssigkeitszufuhr zu achten, das ist sehr wichtig! Die Sterbenden müssen sehr viel trinken, da sie auch viel Flüssigkeit verlieren. Die Ernährung dagegen liegt im Ermessen des Arztes, es ist aber auch eine gewisse Definitionssache, ob die Kalorienzufuhr eine lebensunterstützende oder eine sterbensverlängernde Maßnahme darstellt. In Zürich gab es vor etwa 15 Jahren einen Prozeß, im Zuge dessen ein Arzt zugegeben hatte, die Kalorienzufuhr bei Sterbenden eingestellt zu haben. Es wurde zunächst wegen Totschlags ermittelt, dann wurde das Verfahren eingestellt. Wenn ein Arzt so weit geht, macht er sich also nicht strafbar, aber die Patientenverfügungen können dies nach der Rechtslage noch nicht fordern.

Käthe Kollwitz: Tod packt eine Frau (1934) © *by VG Bild-Kunst, Bonn 1988*

W.W.: Es tritt ein plötzlicher Unfall ein, der Patient kommt bewußtlos ins Krankenhaus, seine ausgestellte Patientenverfügung liegt zu Hause, er selbst kann sich nicht mehr äußern, der Arzt weiß nichts von ihr; was nun?

H.-H. Atrott: Wir haben schon bei Innovation der Patientenverfügungen gewußt, daß zusätzlich zu diesen ein Hinweissystem vonnöten ist. Unsere Mitglieder erhalten ihren

Mitgliedsausweis in einer Plastikfolie, in die sie ihren Personalausweis und die Patientenverfügung hineinfalten können. Bei einem Unfall forscht man natürlich nach den Personalien, denn wenn man diese nicht erfährt, kann man auch nicht die Krankenkasse ausfindig machen, die für die Kosten aufkommen muß. Vor allem Alleinstehenden empfehlen wir entsprechend zu verfahren.

W.W.: Haben Sie nicht auch bei sich in der DGHS eine bankähnliche Einrichtung für die Patientenverfügungen?

H.-H. Atrott: Wir machen unseren Mitgliedern das Angebot, Patientenverfügungen bei uns zu hinterlegen. Dies ist für den Fall günstig, in dem zum Beispiel ein Verwandter von dieser Patientenverfügung weiß, sie aber in der Wohnung des Patienten nicht finden kann. Dieses Angebot nimmt fast jedes Mitglied in Anspruch.

"Niemand darf zur Sterbehilfe gezwungen werden"

W.W.: Nehmen wir an, die aktive Sterbehilfe wäre gesetzlich erlaubt; sollte ein Arzt dazu gezwungen werden, diesen letzten Willen des Patienten auszuführen?

H.-H. Atrott: Nein, Gewissensfreiheit muß gleichermaßen für Arzt und Patient gelten. In Amerika hat man das Problem auf die Weise gelöst, daß ein Arzt, der die passive Sterbehilfe nicht mit seinem Gewissen vereinbaren kann, gezwungen ist, seinen Patienten an einen anderen Arzt, der die passive Sterbehilfe nicht ablehnt, zu verweisen. Strafbar ist in den USA das Nicht-Einhalten der Überweisung zu einem entsprechenden Kollegen, nicht die Mißachtung der Patientenverfügung aus Gewissensgründen. Ich meine, daß man auch bei uns in der Bundesrepublik ähnlich verfahren sollte. Aber grundsätzlich kann man sagen, daß weder ein Arzt noch ein Patient zur Sterbehilfe gezwungen werden darf.Ein Arzt darf aber auch nicht das Recht haben, Sterbehilfe durch einen hierzu bereiten Kollegen zu verhindern. Wenn er das tut, sollte er analog schon vorhandener Regelungen in den USA bestraft werden.

W.W.: Es stehen sich also zwei Selbstbestimmungsrechte gegenüber. - Wenn das Selbstbestimmungsrecht des Patienten für Sie an erster Stelle steht, wie wollen Sie mit den sogenannten geistig Verwirrten umgehen?

H.-H. Atrott: Diese Menschen bleiben leider Objekt ärztlichen Ermessens, denn unsere Forderung ist, daß die Sterbehilfe ein Selbstbestimmungsrecht bleibt, und ein geistig verwirrter Mensch kann kein Selbstbestimmungsrecht ausüben, sonst wäre er nicht geistig verwirrt.

W.W.: Nun gibt es hier natürlich Grenzfälle. Wie wollen Sie die Grenzen genau ziehen?

H.-H. Atrott: Das wird im einzelnen sehr schwierig sein, aber wir wollen nicht die gute Sache der Sterbehilfe als eine Angelegenheit der psychisch kranken Menschen darstellen. Eine der Ursachen des Erfolges der DGHS ist darin zu sehen, daß sie diese beiden Bereiche von vornherein getrennt hat und die Sterbehilfe als ein Problem eines jeden Menschen dargestellt hat. Schwierig wird es mit den geistig Verwirrten trotzdem werden, aber ich kann nicht per "Ferndiagnose" feststellen, ob der Patient trotz seiner Krankheit in der Lage ist, selbst über sich zu bestimmen oder nicht. Wir verweisen Menschen, die psychisch krank sind und deshalb ihr Leben beenden wollen, an die Deutsche Gesellschaft für Selbstmordverhütung.

Das Leid als Autosuggestion zum Überleben?

W.W.: Ist es nicht eine etwas leichtfertige Haltung des Menschen - auch wenn sie verständlich ist -, möglichst alles Leid, das am Lebensende auftreten könnte, auszulöschen? Ist es nicht so, daß uns Schwierigkeiten, Hemmnisse, Krankheiten usw. in unserer Individuation weiterbringen, uns menschlich reifer machen?

H.-H. Atrott: Etwas ähnliches wird immer stark in religiösen Kreisen behauptet, und so wie es nicht nur den *einen* Sterbenden gibt - weil jeder Mensch auf unterschiedliche Weise stirbt -, so gibt es auch nicht nur den *einen* Menschen, der dieselbe Anschauung vom Leben hat. Jeder Mensch hat unterschiedliche Empfindungen sowie andere Anschauungen vom Leben. Diejenigen Menschen, die das Leid verherrlichen, behaupten, daß sie zum Beispiel durch dieses Leid als Ehepaar erst recht "zusammengeschmolzen" seien oder erst durch das Leid eine wirkliche Nähe zueinander gefunden hätten. Bei diesen Gedanken wird übersehen, daß gerade das, was von religiöser Seite gemeint ist - der Vorteil, den das Leid bringt -, auch ohne das Leid geschehen kann. Ich kann auch zu meinem Ehepartner oder zu meinen Kindern, ohne daß einer von ihnen erst durch eine große Krankheit gequält werden mußte, ein inniges Verhältnis haben und sie zu mir. Aus diesem Grunde bin ich dem Gedanken des Leides gegenüber sehr skeptisch eingestellt. Ich halte es irgendwie für ein Armutszeugnis, wenn erst ein schweres Leid eine Qualität des Zusammenlebens bringen muß. Denn normalerweise sollte dieses selbstverständlich sein. Kein Satz macht mir die Sache der Religion so verdächtig wie dieser: Der letzte glaubt hier fälschlich der erste - und nicht der letzte - zu sein!

W.W.: Man kann doch aber nicht ausschließen, daß man durch eine schwere Krankheit Prozesse durchmacht, die einen reifer machen! Diese neuen Fähigkeiten, die man durch das Leid lernt, meine ich.

H.-H. Atrott: Nun, es ist so, wenn ich mich nicht mehr bewegen kann, so sind gewisse Wirkungsbereiche meines Lebens isoliert, so daß ich über andere Erfahrensbereiche nachdenken muß, um mich auf diese zu spezialisieren. Ob die Tatsache, daß ich nun in gewisser Hinsicht etwas anderes erfahre, für mein Leben von großer Bedeutung ist, das möchte ich ernsthaft bezweifeln. Sie müssen natürlich auch eines überlegen, daß ein Mensch, der sich in einer entsprechenden Lage befindet, auch gerne bereit ist, sich selbst etwas vorzumachen, sich selbst in die Tasche zu lügen. Manche Menschen danken ihrem Gott dann sogar noch dafür, daß sie zum Beispiel blind geworden sind, daß sie gelähmt sind, weil sie ohne diese Suggestion die leidvollen Prozesse nicht durchstehen könnten; aber ich bin sehr skeptisch, ob dies wirklich ehrlich gemeint ist. Ich möchte es Autosuggestion zum Überleben in einer sehr schweren Schicksalssituation nennen.

Vergegenwärtigen Sie sich bitte auch, daß manche Menschen 20 Jahre lang in ihrer Familie sterben, sie bekommen dieses oder jenes Wehwehchen, weil sie nur auf diese Weise Zuwendung in der Familie erhalten. Neulich war ich bei einer Diskussion im Österreichischen Fernsehen. Eingeladen war auch eine religiöse Person, die sich seit 15 Jahren als eine Sterbende in ihrer Familie bezeichnet. Sie vertrat die Meinung, daß sie durch dieses Leid eine Zuwendung von ihrer Familie erfahren habe, die ihr sonst nie zuteil geworden wäre, und ihr Leben sei dadurch erst sinnvoll geworden. Die Psychoanalyse hat ja ergeben, daß viele Krankheiten psychosomatisch gerade dadurch bedingt sind, daß Menschen gerne krank sind und leiden, weil sie ansonsten keine Zuwendung von anderen bekommen würden. Mitunter spielt dabei auch die Beruhigung eines schlechten Gewissens derjenigen, die auf diese Weise zur Zuwendung aufgefordert werden, eine Rolle. Die These, daß das Leid segensreich sei, halte ich für mehr als gewagt. Wenn allerdings verschiedene Psychoanalytiker, die nicht irgendwie ideologisch vorgefärbt sind, in einem speziellen Fall bestätigen könnten, daß ein Mensch durch ein Leid reifer geworden ist, so würde ich das akzeptieren, ansonsten aber nicht. Ich halte es für ein Armutszeugnis, wenn Menschen behaupten, erst durch Leid glücklich werden zu können oder auch nur auf diese Weise Mitmenschlichkeit zu erfahren. Erstreben sollten wir Glück und Menschlichkeit in der Normalität des Alltags. Wer erst durch Leid menschlich und moralisch wird, stellt sich das seelische Armutszeugnis aus, als Gesunder im Leben zu versagen und hält in seiner geistigen Blindheit diejenigen, die hier nicht versagen, für Versager. Etwas anderes bleibt ihm auch gar nicht übrig, wenn er vor sich selbst bestehen will. Da nach dem Philosophen Fichte aller Fanatismus seine Wurzel in dem Problem hat: Hätte der Gegner recht, wäre ich ein armseliger Mensch - sind die ungeheuren Gewalttaten gewisser Religionen leider keine Verirrung einer angeblich guten Lehre, sondern notwendiger Ausdruck derselben.

"Niemand wirft sein Leben leichtfertig hin"

W.W.: Ich stimme völlig mit Ihnen überein, daß mit der sinnlosen Lebensverlängerung aufgehört werden muß, auch daß Patientenverfügungen eingeführt werden sollten, aber wenn jeder Mensch über seinen Tod bestimmen könnte, so ergeben sich für mich doch gewisse Schwierigkeiten. Vielleicht sollte man ihnen sogar das Recht zubilligen, denn wie kann man es ihnen verbieten, aber stellen Sie sich die Situation vor, daß aktive Sterbehilfe ohne weiteres erlaubt wäre: Man wurde viel schneller, viel unüberlegter zu der Möglichkeit von Freitod und aktiver Sterbehilfe greifen. Vielleicht würde der Mensch aber noch in seinem Leidens- und Sterbeprozeß ganz wesentliche Erfahrungen machen. Bei zu schneller Lebensbeendigung wäre ihm das genommen. Sehen Sie nicht hier auch eine Gefahr?

H.-H. Atrott: Dieses Phänomen taucht ja auch bei dem Freitod auf, wenn sich jemand sagt: "Wenn ich sowieso sterben muß, warum soll ich mich dann noch quälen, dann sterbe ich lieber gleich." Das halte ich übrigens für eine vernünftige Sache. Einen Moment der Gefahr sehe ich allerdings, das möchte ich Ihnen ganz offen zugeben: Wenn wir das Blatt nicht in der Weise wenden, daß der Patient im Krankenhaus sein Schicksal bestimmt, anstelle des Arztes, wenn die Zustände fortdauern, daß der "Gott in Weiß" hochherrschaftlich verfügt, dann ist die Gefahr sehr groß, daß eigenmächtiges Handeln wie in der Klinik in Wuppertal entsteht. Selbst bei "Daniela" standen wir vor der erstaunlichen Tatsache, daß ein Arzt bestimmen wollte, wann und wodurch sie sterben sollte. Eine aktive Sterbehilfe kann es nur unter der Voraussetzung der Respektierung der Patientenrechte durch Ärzte und durch das Pflegepersonal im Krankenhaus geben. Die aktive Sterbehilfe kann also erst am Ende einer solchen Entwicklung der Patientenrechte stehen. Bei einer Situation, in der der Arzt berechtigt ist, alles aus seinem Ermessen heraus zu tun, ist natürlich dem Mißbrauch Tür und Tor geöffnet, weil der Arzt dann aktive Sterbehilfe geben kann, ohne daß der Patient eingewilligt hat oder gar gefragt worden ist. In gewisser Weise sind die Reaktionen von Ärztepolitikern gegen die aktive Sterbehilfe verständlich, weil sie die Respektierung des Patientenwillens häufig als Pflicht eines Erfüllungsgehilfen polemisch betrachten.

W.W.: Sehen Sie die entsprechende Gefahr nicht auch seitens des Patienten, daß er zu schnell die Sterbepille wünscht?

H.-H. Atrott: Nein, ich halte den Wunsch zu sterben niemals für zu leicht. Niemand wirft sein Leben leichtfertig hin, denn er weiß, daß er nur einmal sterben kann. Die Gefahr gilt nur für den Fall, daß jemand aktive Sterbehilfe wünscht, ihm das Leben aber noch gerettet werden kann. Die Bedingungen, die wir vorschlagen, sind natürlich ganz andere: aktive Sterbehilfe darf solange nicht gegeben werden, wie ein Mensch sich selbst erlösen kann. Wenn der Mensch sich selbst erlösen kann, so muß der Arzt berechtigt fordern, daß der Patient die Sterbepille selbst nimmt. Daran können Sie erkennen, wie wichtig es ist, eine veränderte Haltung zum Freitod einzunehmen, wenn man die aktive Sterbehilfe durchsetzen will. Aktive Sterbehilfe unter der Voraussetzung einer weiteren Tabuisierung des Freitodes würde zu einer gefährlichen Entwicklung führen. Es würde Eigenmächtigkeiten von Ärzten oder dem Pflegepersonal nach sich ziehen.Dieses Tabu ist jedoch, wie Meinungsumfragen ergaben, in der Bevölkerung nicht mehr vorhanden, das heißt nur noch bei einer kleinen, allerdings intoleranten Minderheit.

Die Terrorisierung aller Sterbenden

W.W.: Denken Sie an die Berichte von Moody: Menschen, die zurückkamen, gingen völlig anders mit Ihrem Leben um. Hätten Sie nun eine Patientenverfügung hinterlegt, daß mit ihnen keine Wiederbelebungsmaßnahme durchgeführt werden solle, hätten sie diese wesentliche Lebensphase nicht mehr erleben können. Ist dies nicht auch ein Hinweis, vorsichtiger mit den Patientenverfügungen bzw. einer Entscheidung über den Tod - getroffen im vollen Leben - umzugehen?

H.-H. Atrott: Ich will nicht behaupten, daß wir eine perfekte Lösung anbieten. Wir können grundsätzlich nur optimale Lösungen anstreben, also aus dem Vorhandenen die bestmögliche Lösung finden, die natürlich auch immer noch einige Nachteile in sich birgt. Diese Nachteile will ich nicht bestreiten. Aber wenn wir versuchen würden, jedem Menschen aufgrund einer vagen Hoffnung das Leben zu retten, und wenn dieses gängige Praxis werden würde, so würde das in eine Terrorisierung aller Sterbenden ausarten. Irgendwo muß man abwägen, wobei man natürlich berücksichtigen muß, daß die Diagnose während des Sterbeprozesses voraussetzt, daß eine Reanimation unmöglich ist. Wenn ich auf der Straße liege und mein Herz stillsteht, so erwarte ich natürlich zunächst auch einmal eine Reanimation. Erst wenn ich im Sterben bin und man mir das Leben nicht mehr retten kann, dann möchte ich Sterbehilfe bekommen. Ich möchte nicht getötet oder gar ermordet werden als ein Mensch, der noch zur Rekonvaleszenz fähig ist. Sterbehilfe hat nichts mit Totschlag oder gar Mord zu tun.

"Indem Jesus zum Sohn Gottes 'gehievt' wurde, wurde der Mensch seiner Menschlichkeit beraubt"

W.W.: Gibt es für Sie ein Leben nach dem Tod?

H.-H. Atrott: Ich stehe in der Tradition des deutschen Idealismus, der Aufklärung, das heißt, ich glaube nicht, daß etwas zu nichts werden kann. Die "Substanzen", die wir darstellen, können nicht zu nichts werden. Auch die Energie erhält sich im Sinne des ersten Grundsatzes der Thermodynamik, aber ein individuelles Leben, in Form der individuellen Person Hans-Henning Atrott, halte ich für ein Unding. Dieser Gott, den man sich da in aller Herrlichkeit vorstellt, könnte niemals der Anfang einer Entwicklung sein, sondern allenfalls nur das Ende. Das ist meine Auffassung! In diesem Sinne stimme ich mit den Philosophen Spinoza, Hegel, Fichte oder Schelling überein. Ich lehne es auch ab, einen Dualismus - dort Gott, hier die Welt - zu lehren, beide unüberbrückbar, in dem Sinne, daß alles entweder Entscheidungen Gottes oder der Natur seien.

Meine spezielle Kritik am Christentum ist die, daß ihr "Prophet" als der Sohn Gottes erklärt wird. Der "Sohn Gottes" ist allenfalls die Natur und der Mensch. Die christliche Religion hat, indem sie ihren Propheten zum Sohn Gottes gemacht hat, den Menschen Gott und der Natur entfremdet. Selbst Giordano Bruno und Meister Eckart haben ähnlich gedacht, und deren "Pantheismus" ist es, der von der Kirche aufs heftigste bekämpft worden ist. Auch Aristoteles und Plato sowie die Neuplatoniker haben ähnlich gedacht. Indem Jesus zum Sohn Gottes "gehievt" wurde, wurde der tatsächliche Sohn Gottes, der Mensch, seiner Menschlichkeit beraubt und in die Priesterknechtschaft geführt. Ich hoffe, soviel sagen zu dürfen.

W.W.: Nun ist heutzutage die aktive Sterbehilfe nicht erlaubt, trotzdem gibt es Menschen, die diese wünschen. Wie gehen Sie in dem Fall vor, wenn sich ein Mensch mit der Bitte um aktive Sterbehilfe an Sie wendet?

H.-H. Atrott: Es hat sich gezeigt, daß wir sehr weitgehend helfen können, solange uns jemand rufen kann; zum Beispiel konnten wir bekanntermaßen, in vielen Fällen noch mittels eines Strohhalms ermöglichen, die Erlösung selbst vorzunehmen. Das ist noch keine aktive Sterbehilfe, denn diese wird wohl nur in einem Krankenhaus vollzogen, in einer Situation, in der der Patient nicht einmal mehr in der Lage ist, Flüssigkeit mit einem Strohhalm aufzusaugen. Ein so extremer Fall ist bei uns noch nicht vorgekommen. Wenn er sich ereignen würde, würde ich sagen, daß die konkreten Maßnahmen, mit denen wir uns gegenwärtig behelfen - Patientenverfügungen oder unsere Broschüre "Menschenwürdiges und selbstverantwortliches Sterben", die Hinweise enthält, wie man sich auf Medikamentenbasis selbst erlösen kann, sprich: Freitod begehen kann -, kein Ersatz für unsere Forderung nach der aktiven Sterbehilfe ist. Die Forderung nach aktiver Sterbehilfe in Extremfällen wird dadurch nicht überflüssig.

W.W.: Wie gehen Sie im Falle der Beihilfe zum Freitod vor; bringen Sie ein Gift zum

Patienten, damit er selbst es nehme?

H.-H. Atrott: Eine Beantwortung solcher Fragen im Detail befriedigt vielleicht Neugierde, tut aber wenig zur Erörterung des Problems der Sterbehilfe.

Sabine Hansen

Alltag

(Bruchstücke einer Erinnerung)

Eine Station in einem Krankenhaus,
Sechsbettzimmer - voll belegt,
nur ältere Frauen.
Sie suchen den Kontakt.
Erbschaftsprobleme,
Altersheimersatz,
Einsamkeit.
Angst vor dem Tod?
Man scherzt, man schnackt,
man tröstet, man hat seine Arbeit.
Es klingelt.
Was ist mit Frau K.?
Die Schwestern eilen.
Schnell das Sauerstoffgerät, den Arzt,
Herzmassage.
Schweigen im Raum.
Frau K. wird hinausgefahren
- ins Badezimmer -,
sie ist tot.
''Ich kenn' das doch,'' sagt ihre Nachbarin,
''Ich hab' doch gesehen, daß sie gestorben ist.''
Sonst keine Worte.
Ein leerer Platz.
Fünf warten auf ihren Tod.
Im Badezimmer wird Frau K. für die Leichenhalle
zurecht gemacht.
Alltag ...

Begegnungen

FLENSBURG - HERDECKE - ÄTHIOPIEN

Gitta Vogel*

Flensburg

Ich befinde mich in meinem Ausbildungskrankenhaus in Flensburg (1979-1982). Eine alte Frau liegt im Sterben. Der Stationsarzt wird benachrichtigt. Wiederbelebungsmaßnahmen werden eingeleitet und die entsprechenden Medikamente gespritzt, dann werden die Angehörigen verständigt. Ratlos stehen sie auf dem Flur und erfahren von den Ärzten: "Wir taten alles, was in unseren Kräften stand - doch sie wird sterben!"

Die Angehörigen stehen hilflos um das Sterbebett herum. Eine Schwester versorgt die eben verstorbene Frau mit einer Waschung und Sterbefixierungsmaßnahmen. Die Hände der Toten werden gefaltet und man tauscht Beileidswünsche aus. Die Entschlafene wird auf einer Trage mit einem weißen Laken abgedeckt und in ein kleines Häuschen außerhalb des Krankenhauses transportiert. Dort wird sie in ein Kühlfach gelegt, bis sie in den nächsten Tagen von dem Beerdigungsinstitut übernommen und begraben wird. Die Angehörigen können in dieses Haus gehen, in welchem sich viele verschiedene Leichen befinden. Es ist sehr kalt dort. Deshalb gehen sie meist nach einigen Minuten wieder hinaus und sehen einige Tage später auf dem Friedhof den Sarg in die Erde gleiten. Die Schwestern der Station erwähnen das Ausscheiden der Patientin mit Mitleidsgefühlen, jedoch haben sie keine Zeit und Möglichkeit, sich weiter damit auseinanderzusetzen. Die Frau ist nach langer Pflege gestorben und sie ist einfach nicht mehr da. Trauer ist vorhanden, geht jedoch in dem routinemäßigen Ablauf der Station unter.

Kinderstation - Nachtdienst

Ein Frühgeborenes mit 900 g an Inkubationsschläuchen - seit seinem Lebensbeginn an Maschinen! Plötzlich setzen die Herztöne des kleinen unwirklichen Lebens aus. Die Schwester ruft den diensthabenden Arzt, der routinemäßig Herzmassage durchführt und Injektionen ins Herz gibt, um das schwindende Leben zu beleben. Ich stehe fassungslos daneben und weiß nicht, wie zu handeln. Doch es ist nach halbstündigen Maßnahmen zwecklos. Noch zwei Stunden bleibt das Kind unter Beobachtung der Schwester in dem Brutkasten liegen. Die Schwester spricht mit mir über den Tod und welche Maßnahmen in einem solchen Notfall zu ergreifen sind. Sie nimmt die Nottaufe vor und gibt ihrer Betroffenheit freien Ausruck, indem sie weint.

* *Gitta Vogel*, Ausbildung als Kinderkrankenschwester in Flensburg. Danach drei Jahre im Gemeinnützigen Gemeinschaftskrankenhaus Herdecke. Seit Mitte des Jahres 1984 über das deutsche Notärzte-Kommittee (ehemals Schiff Cap Anamur) in Äthiopien und dem Sudan tätig. Der Artikel beschreibt die Situation in den angegebenen Jahren.

Ich kann den ganzen Vorgang nicht verstehen. Einerseits haben wir das Kind über viele Wochen gepflegt und an eine Überlebenschance geglaubt. Warum unternimmt man nur bei einem Sterbenden Wiederbelebungsversuche, warum kann man das Kind nach dem Herzstillstand nicht einfach in Ruhe gehen lassen?

Der Arzt bestätigt auf dem Totenschein den Tod. Waschung und Fixierungsmaßnahmen des Säuglings - er wird mit Formalin in einer Milchpulverdose konserviert und in den Keller gelegt und dann am nächsten Morgen mit allen in der letzten Nacht Verstorbenen von dem zuständigen Personal in das Aufbewahrungshaus im Wald gebracht. Die Eltern werden telefonisch informiert und sehen das Verstorbene nicht mehr, sondern haben am nächsten Tag ein Gespräch mit dem Stationsarzt.

In der Nacht normaler Versorgungsablauf der Frühgeborenen auf der Station. Ich komme morgens nach Hause und erzähle meinen Mitbewohnern von meinen Eindrücken der letzten Nacht...

Als ich abends wieder auf die Station zum Nachtdienst komme, wird nicht mehr darüber geredet.

Herdecke

Ich befinde mich auf einer Kinderstation in Herdecke (1982-1984). Ein neunjähriger Junge liegt mit Leukämie (Blutkrebs) seit vielen Wochen auf der Station. Seine Mutter und die jüngere Schwester sind den ganzen Tag bei ihm. Die Mutter hat sich wenige Meter vom Krankenhausgelände entfernt ein Zimmer gemietet, um jederzeit erreichbar zu sein.

Es gab in der Vergangenheit bereits viele Tiefphasen in der Krankengeschichte des Jungen, aus denen er sich immer wieder erholte, jedoch jedesmal mehr von seinen Kräften abbaute. Die Mutter glaubte jedoch an eine Besserung und Heilung des Jungen. Nach fünf Wochen stellte sich zusätzlich eine Pneumonie (Lungenentzündung) ein. Wir haben noch versucht, ihn in den Ablauf der Kinderstation einzugliedern - gemeinsame Mahlzeiten im Eßraum, Beschäftigungstherapie und freies Spielen mit den anderen Kindern der Station im Spielzimmer -, doch er wird zunehmend schwächer und uninteressierter an anderen Menschen. Er bekommt Soor im ganzen Körper - es werden Pilzmittel gegeben, gegen die Lungenentzündung außer Antibiotika noch Einreibungen und Wickel.

Das Kind will nur noch mit seiner Mutter allein sein, die sehr an ihrem Sohn hängt und sich nicht entschließen kann, die antibiotische Therapie zu stoppen. Der Junge spürt seine Verantwortung, der Erwartungshaltung der Mutter gerecht zu werden. Sie will es nicht wahrhaben, daß der Sohn gerne von diesem Menschenleben erlöst werden möchte. Es ergeben sich viele Gespräche zwischen der Mutter und den pflegenden Schwestern sowie dem Stationarzt.

Bei jeder Übergabe der Station wird täglich über die Möglichkeiten im Schwestern- und Ärztekreis gesprochen, um es dem Menschenkind zu erleichtern, die letzten Wochen zu genießen. Wir wenden Bäder, Einreibungen und Wickel nach einer allmorgendlichen Ganzkörperwaschung an. Dadurch haben wir einen nahen Körperkontakt zu dem Kind und sprechen viel mit ihm oder lesen Märchen vor. Das Kind hat eine Phase erreicht, in der es nach außen nur noch ablehnend und aggressiv wirkt, später ist es nur noch passiv.

Plötzlich will er unbedingt den Vater sehen, der sich bisher aus der Pflege des Sterbenden herausgehalten hat und nun ein großes ferngesteuertes Auto mitbringt - in seiner Hilflosigkeit mit dieser Situation fertig zu werden. Wir versuchen, ihn auf seine Fragen hin, was er denn um Gottes Willen tun könne, zu bestärken, daß es einfach gut sei, anwesend zu sein und vielleicht das Lieblingsmärchen des Jungen vorzulesen. Der Vater geht nach einigen Stunden wieder.

In dieser Nacht entschläft der Junge. Die Mutter ist dabei.

Ich erscheine am Morgen in dem gewohnten Zimmer und finde das entschlafene Kind mit der Mutter vor, die im Abschied begriffen ist. Trauer überfällt mich. Mit der Mutter gemeinsam nehme ich die allmorgendliche Ganzkörperwaschung vor. Wir ziehen dem Jungen seine am liebsten getragenen Kleidungsstücke an und falten seine Hände. Dann stellen wir Kerzen auf und die Mutter bringt einen Strauß Rosen mit, und wir lassen die Eltern den ganzen Morgen über allein mit dem Kind in dem Krankenzimmer.

Mittags - vor der Stationsübergabe - gehen alle Schwestern der Station mit den Ärzten, Heilpädagogen und Eurythmisten, die mit dem Jungen Kontakt hatten, in das Zimmer. Die Eltern sind auch dabei. Es wird etwas vorgelesen und zwei Stationsmitglieder spielen ein Musikstück. Nach dieser Verabschiedung bringe ich das Kind mit den Eltern in das anliegende Gebäude, den Obduktionsraum. Ein angenehmer, warmer Raum mit Kerzen und Blumen, in der Mitte des Raumes eine Aufbahrungsliege. Wir bahren den Jungen auf, und er bleibt dort für zwei Tage liegen. So können wir (die pflegenden Mitarbeiter) und die Familie die Zeit nutzen, um in Ruhe Abschied zu nehmen, uns von dem Kind zu lösen und es in Frieden gehen lassen. Sein Gesichtsausdruck ändert sich jeden Tag und ich habe am zweiten Tag meines Besuches in diesem Raum das Gefühl, es ist etwas von dem Jungen gegangen.

Ich bin dankbar, den Tod eines Menschen so erlebt haben zu dürfen. Noch oft sprechen wir im Arbeitskreis über den Jungen und lesen über vier Wochen täglich noch einige Minuten ein Gedicht für ihn.

Äthiopien

Ich befinde mich mit einer Ärztin und einer Krankenschwester im Norden Äthiopiens, in Lalibela, Provinz Wollo (1984/85). Vor der Stadt bauen wir ein Lager-Ernährungsprogramm für unterernährte Kinder und eine Ambulanz auf. Es strömen Menschen aus der Nordprovinz Wollo, den Kriegs- und Dürregebieten in den Ort.

Bei unserer Ankunft halten sich bereits 10.000 schwer unterernährte bedürftige Menschen auf den Straßen um Lalibela auf. Täglich sterben ca. 30 Menschen! Wir nehmen 200 Kinder ins Intensivfeeding und 500 Kinder ins Generalfeeding auf, dazu kommen die Eltern und Geschwisterkinder. So leben wir mit ca. 1.500 bis 2.000 Menschen in dem Lager.

Morgens beginnen wir um 07.00 Uhr mit unserem Arbeits-Ernährungsprogramm der schwer unterernährten Kinder; Intensivfeeding sechs mal täglich für die Kinder, die unter

70% des Normalgewichtes liegen. In der ersten Zeit kommen wir morgens in die Essensräume und in jeder Nacht sind wieder zwei bis fünf Kinder gestorben. Die Angehörigen singen und klagen ihren Totengesang und weinen. Anschließend kommen die von uns angestellten Beerdigungsleute und nehmen das Kettchen (Amulett) vom Hals des Kindes und geben es der Mutter. Später wird das tote Kind in einem Sack verschnürt und auf einer Trage zum Friedhof gebracht. Die Eltern und Freunde ziehen mit ihrem Totenlied hinterher. In den ersten Tagen laufe ich mit jeder Mutter mit, doch muß ich lernen, mehr Abstand dazu zu gewinnen, damit ich noch Kräfte zum Weiterarbeiten habe. Dann kommen die Eltern und Freunde von der Totenfeier zurück und sind zwar noch traurig, jedoch der Alltag geht weiter, und es sind noch mehr Kinder zu versorgen.

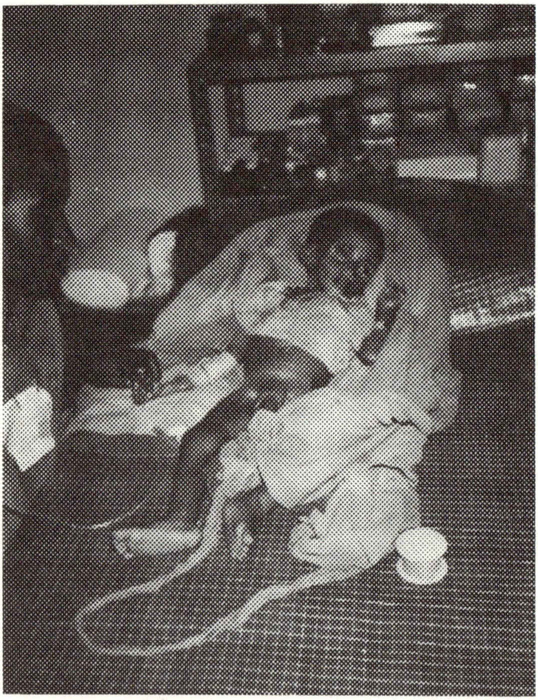

Ein Kind aus dem Intensivfeeding, für das jede Hilfe zu spät kam. Der lange Zeit mangelernährte einjährige Körper konnte auch die angebotene Nahrung nicht mehr aufnehmen.

Die Mutter kam - nach wochenlanger, intensiver Ernährung, welche das Kind ablehnte, erbrach bzw. Durchfälle bekam - weinend und völlig aufgelöst in unsere Ambulanz. Das Kind lag im Sterben. Wir konnten diesem Kind auch nicht mehr helfen, doch in Anbetracht der zutiefst getroffenen Mutter vor uns, haben wir noch eine Infusion angelegt, wobei wir wußten, daß es nichts mehr an dem Zustand des Kindes ändern würde. Jedoch die Mutter hatte das Gefühl, es würde noch etwas getan, und konnte so das einige Stunden später sterbende Kind mit einem anderen Gefühl gehen lassen.

Täglich gehen wir vor die Tore unseres Lagers, wo jeden Morgen Hunderte von Eltern mit ihren Kindern warten, von welchen wir ca. zehn bis zwanzig Kinder täglich aussuchen müssen, denen es am schlechtesten geht. Das ist eine grausame Aufgabe, zu bestimmen, wer überleben darf und wer noch länger ohne Nahrungsmittelversorgung bleibt. Wir können jedoch im Lager nur eine begrenzte Kapazität bewältigen. Nur durch die Hilfe der Eltern und ihre Willensstärke können wir den bereits lange Zeit mangelernährten Kindern dazu verhelfen, mit intensiver und regelmäßiger, hochkalorischer und Eiweißnahrung zu überleben. Wenn die Eltern bereits alle Hoffnung aufgeben und wir trotzdem noch alles uns Mögliche versuchen - selber füttern, mit der Sonde ernähren, Infusionen geben -, sterben die Kinder oft und wir sind rundum fertig.

So wird uns klar, daß es ein anderes Gesetz in Afrika gibt und wir die Menschenkinder nur mit unserem Nahrungsangebot und der medizinischen Versorgung unterstützen können. Das Leben liegt jedoch in der Hand der Eltern, denn wenn sie intensiv mit uns zusammen daran wirken und die intensive Pflege und Fütterung der Kinder in ihre Hand nehmen - also wenn sie selber davon überzeugt sind, daß es richtig ist -, dann überleben die Kinder auch. Viele Erwachsene kommen ebenfalls in eine zunehmend schlechtere Ernährungslage, deshalb nehmen wir auch Erwachsene und Alte mit auf.

Es kommt noch eine andere Organisation in den Ort und eröffnet ebenfalls ein Lager, zusätzlich das Internationale Rote Kreuz. Sie verteilen an alle Familien monatliche Rationen. Die Sterbeziffer geht herunter, steigt aber wieder mit jeder Epidemie - Typhusfieber, Cholera, Masern usw., die sich natürlich schnell in einer solchen Lagersituation ausbreiten, wenn derart viele Menschen auf so engem Raum zusammenleben.

Kein Tag vergeht, an dem ich mich nicht frage: Ist es richtig, was ich hier tue? Sollte man nicht statt dessen diesen Menschen die Möglichkeit geben, in ihre Dörfer zurückzukehren, um dann ihre Nahrungsmittelversorgung zu betreiben sowie ein soziales medizinisches Netz aufzubauen?

Denn das ist auch der größte Wunsch der in den Lagern lebenden Menschen. Er ist aber nicht realisierbar, da in Äthiopien Krieg herrscht. Die Regierung von Äthiopien erlaubt es Hilfsorganisationen nicht, in die Dörfer des Nordens (Wollo und Tigray) zu gehen, da diese Provinzen von den Befreiungsbewegungen kontrolliert werden. Dort werden auch keine Nahrungsmittel von den gespendeten Getreidelieferungen aus Europa und den USA verteilt. So werden diese Menschen ausgehungert, bekriegt und sind darauf angewiesen, in die von der Regierung genehmigten Lager zu ziehen und zu überleben. Von dort werden sie unter Gewalt mit LKWs und Flugzeugen in den Süden umgesiedelt!

Die Menschen in Äthiopien brauchen massive und längerfristige Hilfe, doch schon die Katastrophenhilfe in Wollo, Tigray und Eritrea stößt an politische Grenzen. Nichts ist, was nicht sein darf. Der Krieg findet offiziell nicht statt! Solange in Äthiopien Krieg herrscht, wird gehungert werden. Die Sowjetunion liefert hierfür die Waffen und die USA und Großbritannien haben die "Hungerhilfe" blockiert, in der Hoffnung, die von Osten unterstützte Regierung zu Fall zu bringen. Die Bauern und die ohnehin schon unterdrückten Minderheiten bleiben dabei auf der Strecke.

Ich sehe eine alte Frau erschöpft auf dem Boden sitzen, ihre Augen schauen leer an mir vorüber in ein Nichts. Abgemagerte Kinder, die nicht mehr die Kraft besitzen, die entsetzliche Plage von Fliegen, die klumpenweise ihre Lippen und Augen bedecken, abzuwehren. Die Kleider, nur noch ein paar zerrissene im Schmutz stehende Fetzen, die vor der Glut der Sonne und der Kälte schützen sollen. Meine Gedanken sind verwirrt, können kaum die Realität akzeptieren. Verdrängen heißt es, um mit all dem fertig zu werden und leben zu können. Allerdings muß ich sagen, daß ich aber auch die Menschen um mich herum hab' lachen und Freude ausstrahlen erleben dürfen.

Als ich für kurze Zeit im Januar in der Bundesrepublik Deutschland war, verfolgte ich den "Tag für Afrika" im Fernsehen und war entsetzt, diese grausamen Bilder zu sehen, von Erwachsenen und Kindern, die zu Skeletten abgemagert bis zu einem Lager geflüchtet waren, weil nicht genügend Nahrungsmittel vorhanden waren. Ihr Tod - daran ließ der Film keinen Zweifel - war nur noch eine Frage von Tagen!

Genau diese Situation fanden wir in Lalibela vor.

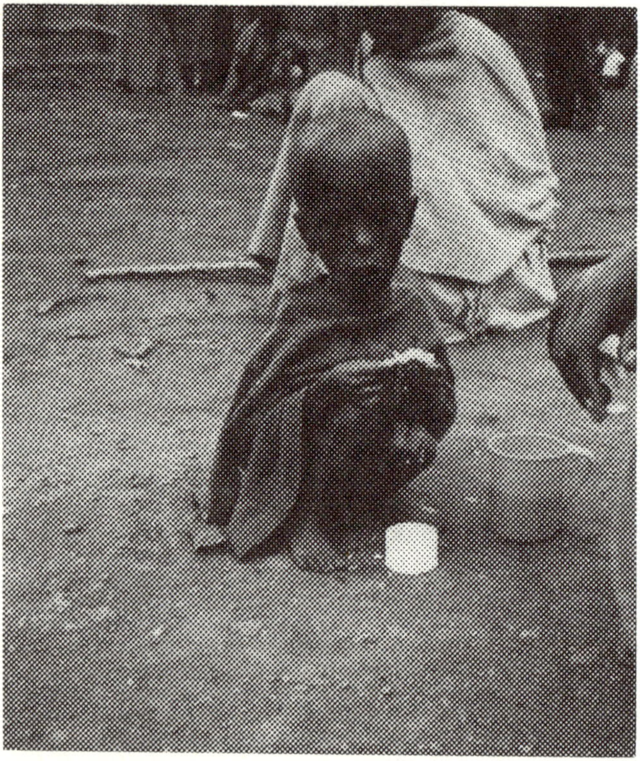

Ein sechsjähriger Junge aus dem Intensivernährungsprogramm, welcher viele Wochen intensiver Nahrungszufuhr in kleinen Portionen durch die Mutter benötigte, um eines Tages wieder lebendig und lachend umherlaufen zu können.

Sicher steht auch fest, daß die Hilfsaktion für über sieben Millionen Dürreopfer zu spät angelaufen ist. Jedoch die Dürre allein dafür verantwortlich zu machen, ist zu einfach. Das reale Bild sieht so aus, daß die Menschen dort noch ihren Stolz sowie ihre menschliche Würde bewahrt haben - trotz ihrer Notlage. Sie haben ein Recht darauf, wie Menschen behandelt zu werden und dürfen durch die politischen Machtinteressen von der lebenswichtigen Nahrungsmittelversorgung in ihren Dörfern nicht abgeschnitten werden. Denn sonst können sie nur noch dem Massenstod ins Auge blicken.

Das Kind

Heinz H.*

Auf allen vieren
und kriecht wie ein Tier,
der Nabel gebrochen, die Haut wie Papier,
mit greisem Gesicht, verständnislos - alt -,
ein sterbendes Kind.
Ohne Nahrung - und kalt
scheint die satte Welt das hinzunehmen.
Gleichgültig im Wohlstand.
Wir sollten uns schämen.

Tagein, tagaus nur Überfluß,
gefüllte Mägen und Lebensverdruß;
Nahrung vergeudend, die Lager gefüllt.
Butter hortend, weil's der Preis ist, der zählt.
Die Silos voll Korn und Milch wird verschüttet,
denkt an das Kind, wie es stiert und so bittet,
daß endlich die Reichen dieser Welt begreifen,
es gibt Wichtigeres,
als über fette Bäuche zu streichen.

* Heinz H. lebt seit längerer Zeit in Addis Abeba und ist ein bei der Lufthansa beschäftigter Deutscher. Er verfaßte einen kleinen privaten Gedichtband mit seinen in Afrika eingefangenen Eindrücken, aus welchem obenstehendes Gedicht entnommen ist.

Erneuerung der Religion

DIE CHRISTENGEMEINSCHAFT – SAKRAMENTE – KIRCHE UND KULTUS

Erweiterte Neuauflage von Heft 14; 190 Seiten, DM 12,80

When I'm sixty-four – Interview mit Johannes Lenz
Die Hierarchie in der Christengemeinschaft. Gemeindebildung. Ist die Öffentlichkeits-Sprache der Christengemeinschaft noch zeitgemäß? Anthroposophen in der Christengemeinschaft. Zukünftige Forschungsaufgaben. Die Transsubstantiation. Elementarwesen und neue Gruppenseelen. Seelsorge und Okkultismus.

Das Rechtsleben werte nicht gering – Interview mit Ekbert Lasch
Der Pfarrer ist kein Kindergärtner. Gestaltung der Gemeindeabende. Im Finanziellen spiegeln sich alle sozialen Prozesse. Jede Gemeinde hat ihr eigenes Wesen. Bauvorhaben. Helfer und Rater in der Christengemeinschaft. Anthroposophische Erkenntnisvertiefung des religiösen Lebens.

Die Sakramente im Wandel der Zeiten – Interview mit Arnold Suckau
Die Abendmahlsfeier am Gründonnerstag. Der Auferstandene und die Heilungen durch die Apostel. Die ersten Gottesdienste in den nachchristlichen Jahrhunderten. Die spirituelle Beweglichkeit der ersten Ritualworte. Die beginnende Entfremdung des Menschen vom Altargeschehen. Die sieben Sakramente. Sakramente in der römisch-katholischen, der orthodoxen und der evangelischen Kirche.

Die Wandlung in der Christengemeinschaft – Interview mit Arnold Suckau
Was wandelt sich in was? Christus durchdringt jedes Erdenatom. Der Phantomleib des Christus. Ist die Wandlung nur ein Symbol oder eine sich steigernde Prozessualität im Durchdringen der Trägersubstanzen? Waches Mitvollziehen des Kultus. Die Aura um die Hostie. Engel, Verstorbene, Elementarwesen, Dämonen. Objektive Wirkungen des Kultus. Das Virus am Kelch.

Sakramente und Glauben in der katholischen Kirche – Interview mit Prof. Dr. Franz Georg Untergaßmair (katholischer Theologe)
Die Einsetzung der Sakramente. Kindertaufe und Ökumene. Taufe und Glauben. Sündenvergebung. Die Hierarchie der Weihe. Das Abendmahlsverständnis der katholischen Kirche.

Luther würde sich im Grabe umdrehen – Interview mit Andreas Rüß (evangelischer Pastor)
Luther und die Beichte. Das Amt der Schlüssel. Die Gemeinde muß sich den Pastor erziehen. Die Schrift ist nicht beliebig interpretierbar. Gott begegnet einem niemals pur. Das Abendmahl in beiderlei Gestalt. Das Liebesmahl – Agape.

Weitere Artikel:
Ein Brief aus Leipzig zur Situation der Christengemeinschaft in der DDR.
Was ist die Christengemeinschaft?
Hilfen zum Verständnis der Christengemeinschaft
Friedrich Rittelmeyer
Messe und Menschenweihehandlung
Das Dogma der Unfehlbarkeit
Hermetika: Gibt es eine katholische Anthroposophie?
Der Großinquisitor
Theologie der Befreiung

Sterbehilfe und Medizin

Dr. Christian Schikarski

Sterbehilfe gehört wohl zu denjenigen Fähigkeiten des Menschen, die durch unser wahres Menschsein erst ermöglicht werden. Im hier angedeuteten Sinn des Wortes ist aber nicht gemeint, was als Schlagwort in der öffentlichen Diskussion im Umlauf ist; dieses meint nämlich nicht eigentlich Sterbehilfe, sondern eine Art Sterbenachhilfe im Sinne der Beschleunigung des Sterbevorganges. Mir geht es darum, zunächst einmal eine klarere Vorstellung davon aufzubauen, was sich ursprünglich aus der abendländischen Kulturtradition diesbezüglich entwickelt hat. Es ging da um den seelischen Beistand für einen Menschen in seiner schwersten Stunde. Es ging auch darum, ihn in dieser Sterbesituation in seiner Glaubenskraft zu unterstützen und sich vielleicht letzte Fragen in Form von Bildern gemeinsam vor die Seele zu stellen. Der Isenheimer Altar zu Colmar ist ein beredtes Zeugnis dafür, denn er stand ursprünglich in einem Kloster, in dem die Kranken von den Mönchen gepflegt wurden und wo jene zum Teil von ihren Krankenlagern aus die Bilder täglich vor Augen hatten. Dies war zu einer Zeit, als es durchaus noch keine wissenschaftliche Medizin im heutigen Sinne gab und die Aussicht auf Lebensverlängerung durch die Medizin unvorstellbar gering war. Damit konnte sich, ungestört von ambitionierten Heilungsversuchen, eine hochentwickelte seelsorgerische Pflegepraxis als christliche Tugend entwickeln und ausbreiten. Diese im Mittelalter sich entwickelnden Fähigkeiten wurden bis in die Neuzeit tradiert und kamen mehr und mehr mit einer anderen Richtung der menschlichen Bewußtseinsentwicklung in Berührung: der zunehmend naturwissenschaftlich geprägten Medizin. Noch im 19. Jahrhundert war diese Medizin eher eine diagnostizierende als eine behandelnde. Man wußte viel über Anatomie, auch schon über pathologische Anatomie, fand jedoch meist noch keinen Ansatz zur Behandlung. Bis in diese Zeit hinein blieben auch die Pflegenden - also zumeist eine Schwesternschaft - weitgehend ihrer Tradition unangefochten. Erst mit dem Beginn des 20. Jahrhunderts begann sich dann relativ rasch die Lage zu wandeln. Die Ärzte gewannen aufgrund ihrer äußeren Erfolge an Autorität und die Pflegenden gerieten in nachgeordnete Tätigkeit mit Weisungsabhängigkeit. Mit dieser gewandelten Situation nahm dann seinen Anfang, was heute unter dem Schlagwort Sterbehilfe diskutiert wird.

Es traten damit nämlich zwei nicht voneinander zu trennende Fragen ins Bewußtsein der Betroffenen. Zum einen das Bedürfnis des Patienten, vom Arzt alles zu verlangen, was das Leben verlängern könnte, denn die Möglichkeit dazu wurde und wird von Jahr zu Jahr größer. Allein die Möglichkeit, daß das Leben vielleicht bei einer schweren Erkrankung doch noch nicht zu Ende sei, enthob den Patienten der Gewißheit, sich nun doch mit Lebensfragen auseinandersetzen zu müssen. Diese allgemeine Erwartung gegenüber dem Arzt bewirkte, daß der existentiellen Auseinandersetzung mit der eigenen Krankheit und dem eigenen Tod die Gesprächsgrundlage entzogen wurde. Dabei soll nicht außer acht gelassen sein, was sonst noch durch die kulturelle Wandlung in der Neuzeit an bewußtseinsverändernden Momenten wirksam war. Aus dem naturwissenschaftlichen Forscherdrang der Mediziner und den Erwartungen der durch äußere Erfolge begehrlich gemachten Öffentlichkeit entstand dann das, was heute gemeinhin als Apparatemedizin bezeichnet wird.

Aus dieser Medizin ging nun auch hervor, was die andere Seite der obengenannten Fragen ausmacht. In der Entwicklung der naturwissenschaftlichen Medizin waren nämlich nicht nur glänzende Erfolge zu verzeichnen, sondern eben auch Mißerfolge. Diese sind es, die uns in schweren menschlichen Schicksalen entgegentreten und anhand derer sich die Diskussion um die Sterbehilfe entzündete. Es geht weniger um den Menschen, der an die Grenzen seiner Vitalität gelangt ist, als mehr um denjenigen, der trotz aller ärztlichen Geschicklichkeit unheilbar ist und Schmerzen erleidet, wie auch um den, der nach intensivmedizinischer Langzeitbehandlung - in einem Zustand der Bewußtlosigkeit befindlich - über lange Zeit gepflegt werden muß, und bei dem es nach einiger Zeit schwerfällt, die Persönlichkeit noch zu realisieren. An dieser Stelle kommt die Diskussion auf den Punkt, an dem innere Entscheidungen zur Beurteilung notwendig werden. Was ist uns wichtig? Womit wollen wir rechnen, wenn es um die Versorgung unserer eigenen Krankheiten geht? Wie ist unsere Haltung zum Sterben? Was ist der Tod überhaupt?

Geschichte wird geschrieben, um daraus für die eigenen Taten für die Gestaltung der Zukunft zu lernen. Und so können wir erkennen, wie geistverbundene Menschen in einer besonders intimen Haltung zum Tod standen. Ob etwa in Gestalt des Sokrates, über dessen Tod es eines der schönsten Dokumente in Platons "Phaidon" gibt, oder in Gestalt eines der nordamerikanischen Indianerhäuptlinge, von denen es überliefert ist, daß, wenn sie ihre Zeit kommen fühlten, sie bestimmte Berge bestiegen, um dort in Einsamkeit ihren Geist in die ewigen Jagdgründe eingehen zu lassen, und sie ihren Leib den Vögeln des Himmels überließen, um noch im Tode der Natur von Nutzen zu sein. Unsere eigenen neuzeitlichen Bedenken gegen eine solche Geisteshaltung finden wir in dem platonischen Dialog schon formuliert, woran gezeigt werden kann, wie unsere heutige Auseinandersetzung ihre Keime schon im Beginn der europäischen Kultur zeigt.

Sind aber die von mir bisher dargestellten Aspekte einer sich in verschiedenen Richtungen entwickelnden Geschichte so grundverschieden und heterogen, daß diese miteinander unvereinbar bleiben müßten? Mit anderen Worten: Haben wir heute wirklich die Alternative, uns ganz auf die Seite der Geistzugewandtheit zu schlagen und die Errungenschaften der naturwissenschaftlichen Medizin abzulehnen, oder andererseits uns ganz derselben zu verschreiben und uns damit der Illusion hinzugeben, das heute noch Ungelöste dieser Medizin werde sich im Laufe der Jahrzehnte oder Jahrhunderte mit ihren Mitteln schon lösen lassen? Oder noch anders formuliert: Können wir uns eine so ausschließliche Weltzugewandtheit oder Weltabgewandtheit überhaupt leisten?

Schon bei Platon wird uns vorgeführt, wie Sokrates durchaus nicht einseitig, sondern ein Bürger zweier Welten war. Er war beides aus einer inneren Freiheit heraus. Diese Freiheit eines jeden ist dasjenige Gut, um dessentwillen eine irgendwie einseitige Lösung der heutigen Probleme nicht in Frage kommt. Wer diese Medizin heute ablehnt, sollte sich zunächst mit Menschen unterhalten, die nach einer Rehabilitationsbehandlung ein neues Leben beginnen können und in dem neu geschenkten Lebensabschnitt eine vielleicht besonders fruchtbare und für eine innere Entwicklung entscheidende Erfahrung machen. So betrachtet entstehen neue Freiheiten in vielen Biographien, die nicht hoch genug eingeschätzt werden können.

Vor diesem Hintergrund ist eine Stellungnahme zur Sterbehilfe in folgendem Sinne möglich: Der seelische Beistand in einer schweren Situation sollte an erster Stelle stehen. Dem wird jeder beipflichten können. Doch entsteht schon hier ein Problem; denn wer ist heute in der Lage, genügend innere Sicherheit und praktische Phantasie aufzubringen, sich dieser Anforderung stellen zu können? Evident ist, daß Fähigkeiten auf diesem Gebiet nicht auf dem Boden der heutigen Naturwissenschaft wachsen. Diese kann dem Tod nichts anderes abgewinnen, als daß sie bemerkt: der Alterungsprozeß im Leib geht ins Unorganische über, der Lebenszusammenhang hört auf. Schon wenn wir nur das Motiv menschlicher Freiheit ins Auge fassen, aus der die Fähigkeit zur Liebe erwächst, werden von dieser Seite Bedenken angemeldet; aus Gründen, die in der materialistischen Gesinnung dieses Denkens liegen. Wem aber dieses Motiv zum Anliegen wird, der kann an sich selbst die Erfahrung machen, daß Beglückendes im Leben zwar schön ist, aber nicht unbedingt den Keim zu weiterer Entwicklung in sich birgt. Das berühmte Wort "Verweile doch, du bist so schön" illustriert den Wunsch des Menschen, im Erleben des Glücks verharren zu wollen. Dieses steht im Gegensatz zur Erfahrung des Leids, welches uns durch das Schicksal zuteil wird und in uns Kräfte zu seiner Überwindung anregt. Diese Erfahrungen in Freiheit machen zu können, könnte zu den menschlichen Grundrechten gerechnet werden. Es kann unter den Begriff des Rechts auf freie Entfaltung der Persönlichkeit subsumiert werden. Dieses Recht einmal begrifflich zu verdeutlichen, auch in dem hier genannten Sinne, halte ich für eine vordringliche Aufgabe.

Wenn heute von Sterbehilfe gesprochen wird, bleibt der Eindruck, vornehmstes Menschenrecht sei dasjenige auf Glück. Halten wir es nicht aus zu leiden? Können wir unser Schuldigwerden als leidvolle Erfahrung nicht tragen? Können wir andererseits nur mitleiden, ohne daß uns etwas anderes einfällt als Auslöschung des Bewußtseins, gerade so, als ob man sicher sein könnte, daß der Tod auch eine solche Auslöschung bewirkt? Wohlgemerkt: ich meine nicht, daß Schmerzen nicht gelindert werden dürften oder Leiden durch Menschen herbeizuführen sei.

Es geht aber um das folgende: Es gibt ärztliche Erfahrungen, die in den sogenannten Schmerzkliniken gesammelt werden konnten, die darauf hinweisen, daß Menschen mit einer gewissen inneren Sicherheit, bezüglich ihrer selbst und einer geistigen Perspektive, Schmerzen anders erleben und weniger quälend empfinden. Dies ist durch die hier in Rede stehende Naturwissenschaft gefunden. Demgegenüber werden auch zunehmend Methoden der Schmerzbekämpfung erforscht und eingesetzt, die eine Bewußtseinstrübung nicht nach sich ziehen. Dies sei nur gesagt, um zu zeigen, daß die Wissenschaft auch als Instrument einer moralischen Handlungsweise dient. Damit ist eigentlich auf die Rolle der Medizin hingewiesen: naturwissenschaftliche Medizin als Instrument in der Hand des Menschen, der versucht, in sein Handeln moralische Impulse einfließen zu lassen, unter der Beachtung des Persönlichkeitsrechtes. Nicht um Abwendung und Flucht aus dem gegebenen Schicksal kann es sich bei einer solchen Handlungsweise drehen. Unter diesem Gesichtspunkt sehe ich neue Ansätze zu einer Beurteilung der sich jeweils individuell stellenden Aufgaben und darüber hinaus für eine weniger einseitige Diskussion dieses Themas.

Leben und sterben lassen

Wir wissen alle, daß wir sterben müssen, daß uns alle eines Tages der Tod erwartet. In welchem Verhältnis steht aber diese Gewißheit zu unserem Wissen über den Tod? Haben wir uns mit ihm beschäftigt? Haben wir gelernt zu sterben? Wissen wir, wann und warum wir sterben? Wissen wir, wie es nach dem Tode weitergeht - versinken wir in ein Nichts oder gibt es ein Leben nach dem Tod? Wissen - nicht glauben!

Diese Fragen rühren an das Innerste eines jeden Menschen.

Ärzte und Priester sind Menschen zweier Berufe, die täglich mit Sterbenden zu tun haben. Um mehr über diese Berufe zu erfahren, fuhr ich in das Gemeinnützige Gemeinschaftskrankenhaus Herdecke, Klinikum der Universität Witten/Herdecke und sprach zuerst mit Dr. Jörg Jungermann über die schwierige Situation des Arztes in seiner Verantwortung gegenüber einem Sterbenden, über künstliche Lebensverlängerung, Sterbehilfe sowie über den Einsatz von Antibiotika und Apparatemedizin. Dr. Jörg Jungermann, der seit 1971 als Internist in Herdecke tätig ist, hat die Verantwortung für die Intensivmedizin im Krankenhaus

Das Gespräch setzte sich fort mit Frau Irmgard Bauer, die seit 1977 in Herdecke, vor allem im Gemeinnützigen Gemeinschaftskrankenhaus, als Priesterin der Christengemeinschaft tätig ist. Sterbebegleitung, seelsorgerisches und sakramentales Wirken sowie der Umgang mit Verstorbenen waren die Kernpunkte unseres Gespräches. (Beide Interviews wurden im Jahre 1985 geführt.)

Der Tod darf nicht tabuisiert werden!

INTERVIEW MIT DR. JÖRG JUNGERMANN
von Wolfgang Weirauch

Wolfgang Weirauch: Was ist der Tod?

Dr. Jörg Jungermann: Im Tod sehe ich zunächst einen Abschluß, auf dieser Erde wirken zu können, wobei dann andere Dimensionen zutage treten. Aber dazu könnte ich nur aus der Anthroposophie berichten, hinter der ich natürlich voll stehe und die für mich im Leben Gültigkeit hat.

W.W.: Medizinisch gesehen, wo liegt der Grenzbereich zwischen Leben und Tod? Ab wann gilt der Mensch als tot; wenn die Gehirntätigkeit oder der Atem aussetzt, bei Kreislauf- und Herzstillstand oder wann?

J. Jungermann: Hierzu gibt es viele Definitionen naturwissenschaftlicher Art, wann der Tod genau eingetreten ist. Aber ich würde viel weiter greifen: Man kann vom biologischen Tod sprechen, auch vom sozialen Tod oder eben von dem individuellen. Das rührt unterschiedliche Ebenen an, aber ich meine, daß man eher von einem Sterbevorgang sprechen sollte, bevor der eigentliche Tod eingetreten ist. Denken wir doch nur an die vielen Menschen, die dahinvegetieren und weder sich noch andere Menschen beeinflussen können. Die Isolation ist auch eine Art Tod.

W.W.: Der Tod ist also ein Prozeß, kein einmaliges Ereignis?

J. Jungermann: Der Tod steht am Ende des Sterbeprozesses - und wenn man vom Tod spricht, so meint man eigentlich nur die Grenze dieses Sterbevorganges.

Künstliche Lebensverlängerung Die Verantwortung muß beim Arzt bleiben

W.W.: Durch die moderne Medizin sind die Grenzen des Machbaren, der künstlichen Lebensverlängerung, ungeheuer ausgedehnt worden. Ein Leben kann durch komplizierte Apparaturen um vieles verlängert werden. Bewegt sich diese Lebensverlängerung noch in einem angemessenen Rahmen oder sind bereits Grenzen überschritten worden?

J. Jungermann: Das ist die zentrale Frage! Aber ich kann Ihnen überhaupt keine abschließende Antwort dazu geben. Es beschäftigt mich seit vielen Jahren, wann man als Arzt handeln muß, wann man handeln darf und wann man nicht mehr handeln darf! Für meine Person versuche ich dies jedes Mal neu - ganz individuell - zu entscheiden.

Mich beschäftigt sehr ein Ereignis: daß Rudolf Steiner während einer Tagung in Holland einige Ärzte am Meer aufgefordert hat, einen soeben Ertrunkenen wiederzubeleben - nach alter Manier, wie es in den zwanziger Jahren üblich war. Er ist gestorben und nicht wiederbelebt worden, aber auf die Frage: "Ja, Herr Doktor, wußten Sie denn nicht, daß das alles keinen Sinn mehr hat?" antwortete Rudolf Steiner: "Ich wußte, daß dieser Mensch sterben mußte, aber Sie mußten Ihren Heilerwillen bis zum Ende einsetzen."

Damals war es die manuelle Wiederbelebung, und heute haben wir viele Möglichkeiten, die natürlich ganz andere Dimensionen besitzen und vor allem sehr viel stärker die Technik zwischen Arzt und Patient einbringen - aber trotzdem: die Frage ist die gleiche! Ich kann mit den heutigen Fähigkeiten nur versuchen abzuspüren oder intuitiv zu erfassen, ob ich noch handeln darf oder nicht. Daß ich häufig ein großes Unrecht eingehe, bin ich mir voll bewußt, aber ich komme aus diesem Dilemma gar nicht heraus.

In dem Moment, in welchem ich beginne, einen Menschen wiederzubeleben - auch mit technischen Hilfsmitteln, Elektroschocks usw. -, nehme ich häufig den Moment wahr - Sie können das "instinktiv" nennen -, in dem ich weiß: jetzt darf ich nicht weiterhandeln! Derartige Situationen gibt es sehr oft und dann höre ich auf. - Ob ich dann richtig gehandelt habe, weiß ich aber trotzdem nicht. Denn es kommt durchaus vor, daß Menschen erfolgreich wiederbelebt werden, obwohl sie dann nur noch kurz weiterleben, also noch einmal zum Bewußtsein kommen und dann noch ganz bestimmte Fragen stellen oder Aussagen treffen, die aber meines Erachtens für ihr Leben ganz wichtig waren. Das alles kann ich vorher nicht wissen, denn ich bin kein Hellseher!

W.W.: Ist nun aber zum Beispiel das jahrelange Am-Leben-Halten schwer Hirngeschädigter durch reine Apparatur oder das vollständige Ausgeliefertsein an Maschinen auf der Intensivstation noch menschenwürdig?

J. Jungermann: Wahrscheinlich ist hier oft eine Grenze überschritten. Trotzdem muß ich auch hier sagen: Ich habe Menschen erlebt, gerade solche mit einem Schädel-Hirn-Trauma, die an der Beatmungsmaschine hingen und von welchen man den Eindruck haben mußte, daß sie keine bewußtseinsmäßige Resonanz zeigten. Sie lebten in einem vegetativen Prozeß dahin und man konnte unter keinen Umständen von einem menschlich erfüllten Leben sprechen. - Aber die ganz andere Dimension, die hinzukommen kann, sind die Angehörigen. Ich habe auch da erlebt, was bei den Angehörigen manchmal passiert und wie sie solche Menschen begleiten, wenn sie sich nicht von vorneherein abwenden, was ja heutzutage auch häufig der Fall ist. Aber in Begleitung dieses "dahindämmernden vegetativen Lebens" entstehen für die teilnehmenden Verwandten manchmal ganz wichtige Dinge. Also kann ich auch diese Frage nicht absolut beantworten.

Vor allem ist mir die Entscheidung häufig abgenommen - wenn ich A gesagt habe, muß ich auch B sagen. Denn wie soll ich wissen, worauf eine Wiederbelebung oder eine Operation hinführt. Es kann sein, daß die Patienten nicht wieder erwachen, und dann hängen sie an der Beatmungsmaschine. Wann aber habe ich das Recht, sie wieder von der Beatmungsmaschine abzuhängen? Auf juristische Bestimmungen kann und will ich mich da nicht verlassen. Es kommen immer wieder Momente, in denen ich mir klarmache: Jetzt stelle ich den Apparat ab! Ich habe es auch gemacht. Aber habe ich da richtig gehandelt?

W.W.: Also eine fortwährende Ungewißheit?!

J. Jungermann: Immer! Es ist beständig eine ganz individuelle Entscheidung, die Sie treffen müssen - das kann Ihnen niemand abnehmen. In diesem Bereich gibt es auch kein Abstimmen, wie das in anderen Gremien gehandhabt wird und wo dann Kommissionen eingesetzt werden, durch die man ja aber eigentlich nur die Verantwortung abgibt. Sie muß bei einem selbst bleiben! Mit allem, was dazugehört. Auf der einen Seite muß ich die Kompetenz haben, auf der anderen Seite aber auch die Folgen meines Handelns tragen. - Es ist immer eine Frage, inwieweit ich mich mit dem einzelnen Schicksal verbinden kann, auch wenn dieser Mensch nicht mehr ansprechbar ist. Dabei können ganz starke Bindungen entstehen.

Aktive und passive Sterbehilfe

W.W.: Wie stehen Sie zu der Ansicht einiger Ärzte, daß man in gewissen Fällen aktive Sterbehilfe leisten sollte, zum Beispiel bei einem unheilbar Krebskranken mit unerträglichen Schmerzen auf dessen eigenen Wunsch?

J. Jungermann: Das kann ich klar beantworten: Ich lehne aktive Sterbehilfe, indem ich aktiv den Tod herbeiführe, grundsätzlich ab. Zur passiven Sterbehilfe - also wenn ich durch Unterlassungen den Tod früher eintreten lasse - bekenne ich mich durchaus.

W.W.: Aufgrund des Grundgesetzes, Art. 2, ist dem Menschen das Recht auf freie Entfaltung der Persönlichkeit, das Recht auf Leben und körperliche Unversehrtheit eingeräumt. Wenn ich über mein Leben frei entscheiden kann, muß ich dann nicht auch das Recht haben, frei über meinen Tod entscheiden zu können?

J. Jungermann: Wenn ich ein Kantianer wäre, dann könnte ich das vielleicht daraus ableiten, aber das bin ich nun einmal nicht. Dergleichen wurde zur Zeit der Aufklärung formuliert. Die Unantastbarkeit des Lebens sowie die Würde kann ich nachvollziehen, aber ich könnte niemals daraus ableiten, daß ich nun ein Recht hätte, meinen eigenen Tod herbeizuführen oder gar den Tod anderer. - Es gibt ja die "Deutsche Gesellschaft für humanes Sterben", die beruft sich auch auf Kant. Aber dieses angebliche Recht wird dann ethischen Normen gleichgesetzt - und ich möchte stark bezweifeln, ob das wirklich so ist. *(Siehe dazu das Interview mit H. H. Atrott in diesem Heft;* Red.)

Das Recht von Arzt und Patient
Die Fragwürdigkeit der Patientenverfügungen

W.W.: Müßte nicht jeder Mensch frühzeitig vor seinem Tod schriftlich festlegen, ob er auf lebenserhaltende Maßnahmen bzw. künstliche Lebensverlängerung Wert legt, oder sich das Recht einräumen, passive Sterbehilfe zu erhalten?

J. Jungermann: Auch hier ist wiederum keine eindeutige Antwort möglich. Ich halte diese Patientenverfügungen für sehr fragwürdig, zumal sie in einem Zustand der sogenannten Gesundheit niedergeschrieben werden. Der Lebenswille und das Bewußtsein eines Menschen ändern sich vollständig, wenn man krank ist. Gerade während der Krankheit ist man empfänglicher für alle möglichen Einflüsse, auch entwickeln manche Menschen plötzlich eine Vitalität und einen Lebenswillen, den sie vorher nie erlebt haben.

Insofern würde ich nur soweit gehen: Wenn ein Mensch, von dem ich annehmen darf, daß er es wirklich wohlbedacht und überlegt tut, sagt, er wolle nicht künstlich am Leben erhalten werden, dann würde ich das akzeptieren und habe es auch oft respektiert. Auch wenn ich dabei in große Konflikte komme.

Wissen Sie, ein schwieriges Kapitel kann es sein, wenn man einige sogenannte Anthroposophen in einer derartigen Sterbesituation erlebt, die ihr Leben lang die Gesamtausgabe von Rudolf Steiner im Kopf hatten, dann aber, wenn es ihnen selber an den Kragen geht, viel schlimmer als viele andere Menschen reagieren. Plötzlich wollen sie alles haben, und dann spielen Luzifer und Ahriman keine Rolle mehr. Mit diesem Vokabular wird es teilweise belegt - es ist erschütternd!

W.W.: Also manche Anthroposophen sterben schwerer?

J. Jungermann: Manchmal ja! Da wollen sie unter allen Umständen am Leben erhalten werden. Ich muß das akzeptieren, will nicht werten - darf es auch gar nicht. Ich sehe darin auch nur den Konflikt, der zeigt, wie fragwürdig eine Patientenverfügung ist.

W.W.: Kommen bei den Patienten Veränderungen in beide Richtungen vor? Also einerseits, wenn man während des Lebens die Absicht erklärt, man wolle bei einer schweren Krankheit Sterbehilfe erhalten, daß bei einer schweren Krankheit der Durchhaltewillen auftaucht, sowie der umgekehrte Fall, daß man während des Lebens keine Sterbehilfe wünscht, dann bei einer schweren Krankheit aber in eine große Passivität versinkt und den Sterbewunsch hegt?

J. Jungermann: Selbstverständlich, es gibt beide Richtungen und das ganze Spektrum dazwischen. - Glücklicherweise ist es ja auch so, daß mancher Sterbevorgang ein ganz wunderbares Ereignis ist, wenn man dabei sein darf - auch über Stunden und Tage hinweg -, wenn man dieses innere Ringen miterlebt, welches die Menschen durchmachen, und wie sie ihren Tod klar erkennen und ihn mit einer bewundernswerten Souveränität bejahen. -

Aber hier mache ich keinen Unterschied zwischen Anthroposophen oder sonstigen Menschen. Denn die gleichen Verhaltensweisen können genausogut bei ganz einfachen Menschen auftreten, die mit keinerlei Weltanschauung oder Religion verbunden sind.

W.W.: Darf der Arzt sich über den Willen des Patienten hinwegsetzen, wenn dieser zum Beispiel einen operativen Eingriff verweigert? Gibt es Fälle, wo es sogar richtig ist?

J. Jungermann: Im Grundsatz würde ich meinen, daß es der Arzt nicht darf. Das Problem fängt aber schon bei den Suizidanten an. Ich bin der Ansicht, daß die meisten Selbstmörder gar nicht sterben wollten, sondern daß ihr Selbstmord eigentlich ein extremer Hilferuf ist. Natürlich gibt es auch Menschen, die bilanzieren und dann sagen: Schluß, aus! Die vollziehen ihren Selbstmord aber so, daß meist alle Hilfe zu spät kommt. Bei den tausenden Fällen von Tablettenintoxikationen haben wir in der Regel Menschen voraus, die gar nicht sterben wollen. Bei solchen Menschen ersetze ich deren Willen durch meinen Willen und helfe ihnen zum Leben zurück.

Die Schwierigkeit ist nur, daß man sie hinterher nicht im Stich lassen darf - und da sind unsere Grenzen sehr schnell erreicht, weil wir die Umwelt, die sozialen Verhältnisse usw. kaum beeinflussen können. Dann geht das Dilemma weiter. Trotzdem meine ich, daß es Situationen gibt, in welchen ich mich zunächst über den Willen des Patienten hinwegsetzen darf.

Bei bewußtlosen Patienten werden wir auch mehr im höheren Auftrag agieren - berechtigt oder unberechtigt! Wir haben auch sehr viele Patienten bei uns, die zum Beispiel eine Blutzufuhr ablehnen, aber operiert werden müssen. Da hielte ich es für absolut verwerflich, wenn man denen heimlich Blut geben würde, gegen ihren Willen. Selbst wenn sie sterben müßten, würde ich das nicht tun. Allerdings gibt es auch Ärzte, die es dennoch tun. Das muß jeder einzelne vertreten und auf sich nehmen.

W.W.: Die Freiheit des einen (Patient) ist nicht ohne die Freiheit des anderen (Arzt) möglich. Hat der Arzt auch ein Selbstbestimmungsrecht oder kann er von einem Patienten wider sein ärztliches Wissen zu einem operativen Eingriff genötigt werden?

J. Jungermann: Selbstverständlich hat auch der Arzt dieses Recht! Schwierig wird es bei Kindern, die juristisch noch nicht mündig sind, und nun die Eltern über sie bestimmen wollen. Mitunter gerät man hier in Situationen, in denen der Arzt oder die Ärztin stellvertretend entscheiden müssen, weil manche Krankheitsfälle derart komplex sind, daß sie von den Eltern nicht nachzuvollziehen sind. Es kommt vor, daß die Eltern - aus welchen weltanschaulichen oder sonstigen Gründen auch immer - ihr Kind lieber dem Tod überlassen wollen; ich aber meine, daß man als Arzt die Pflicht hat einzugreifen. - Dies ist aber auch wieder mit Fragezeichen zu versehen.

"Wir können Zuneigung nicht durch Schmerzmittel ersetzen"

W.W.: Sie sagten vorhin, daß Sie die aktive Sterbehilfe rigoros ablehnen. Wenn aber die Gabe von Zyankali als aktive Sterbehilfe gilt, kommt es dann nicht auf das gleiche hinaus, wenn bei einem schwer Krebskranken die fortwährend gesteigerte Gabe von Morphium letztlich zur Atemlähmung führt? Oder ist es nur eine Nebenwirkung, wie es die "Deutsche

Gesellschaft für Chirurgie" sagt? (Vgl.: Der Spiegel, Nr. 18, 1984)

J. Jungermann: Das ist richtig, aber schwarz-weiß gesehen! Natürlich kann ich einen Menschen mit Opiaten, speziell Morphium, letztlich zu Tode bringen. Zunächst würde ich aber einen großen Unterschied zwischen Zyankali und Morphium machen, denn, wenn die Ausführungen Steiners über Zyankali ernstgenommen werden, eröffnen sich damit Dimensionen, die einen erschauern lassen. (*Siehe dazu den Artikel zum Massenselbstmord in Guayana in diesem Heft;* Red.) Bei den Opiaten ist es zudem so, daß man nicht permanent Opiate geben muß. Denn es zeigt sich, daß, je mehr man sich um die schmerzgeplagten Menschen kümmert, sie desto weniger Beruhigungs- und Schmerzmittel benötigen. Wir können die Zuneigung nicht durch irgendwelche Medikamente ersetzen, und das Bestreben ist stark - auch bei uns in Herdecke -, diese permanente Schmerzmittelgabe zu vermeiden.

Ein Ausweg ist die Rückenmarkanästhesie, durch die die Schmerzen gelindert werden, bei der aber das Bewußtsein mehr oder weniger erhalten bleibt. Deshalb werden viele Operationen in dieser Rückenmarkanästhesie durchgeführt. Denn unter den Nachwirkungen einer Vollnarkose leiden die Menschen oft ein Leben lang. Die Narkose ist ein tiefeingreifender Akt, man ist aus sich herausgehoben und findet schwer zurück. Die fehlende Zeit, diese Lücke, kann ein ganzes Leben verändern. Trotzdem gibt es natürlich auch Situationen, in denen unerträgliche Schmerzen dazu zwingen, bestimmte Dinge zu geben. Aber auch in diesen Fällen muß ich versuchen, das Bewußtsein immer wieder so anzusprechen - durch Vorlesen, Zuwendung und begleitende Anwesenheit -, daß keine Dauernarkose daraus resultiert.

Der Arzt an der Schwelle von Tod und Leben

W.W.: Letztlich kommt der Arzt aber auch in die Situation - bei einem Menschen, der seit längerem dahinvegetiert -, zum Beispiel in die Beatmungsmaschine einmal die Sauerstoffflasche nicht mehr einzulegen. Der Arzt kommt unmittelbar an diese Schwelle, ist also in vielen Fällen Herr über Leben und Tod...

J. Jungermann: Immer wieder wird man an diese Grenze geführt, beim chronischen Sterbevorgang sowie bei der Reanimation. Ich muß den Mut haben, auch nein sagen zu können und die Schuld auf mich zu nehmen, die ich möglicherweise eingehe. Um diese Entscheidung kann ich mich niemals drücken.

W.W.: In dem Grimmschen Märchen vom "Gevatter Tod" werden wir als Wissende mit in das Märchen hineingenommen - also wir wissen, wann wer sterben soll und wie Heilung möglich ist -, im alltäglichen Leben haben wir diese Hellsicht nicht. Wie kommen Sie hier zu einer Sicherheit?

J. Jungermann: Wissen Sie, das sind wirklich ganz intime Angelegenheiten, und als Arzt muß ich auch anstreben bzw. versuchen anzustreben, einen gewissen persönlichen Weg über das rein naturwissenschaftliche Bild hinaus zu beschreiten. Ich meine, daß man sich für diese Fragen schon Fähigkeiten erwerben kann, die einem bei dieser Entscheidung dann eine große Hilfe sein können. Sie kennen von Frau Kübler-Ross die Schilderung der verschiedenen Stadien des Sterbens bei den Krebskranken.

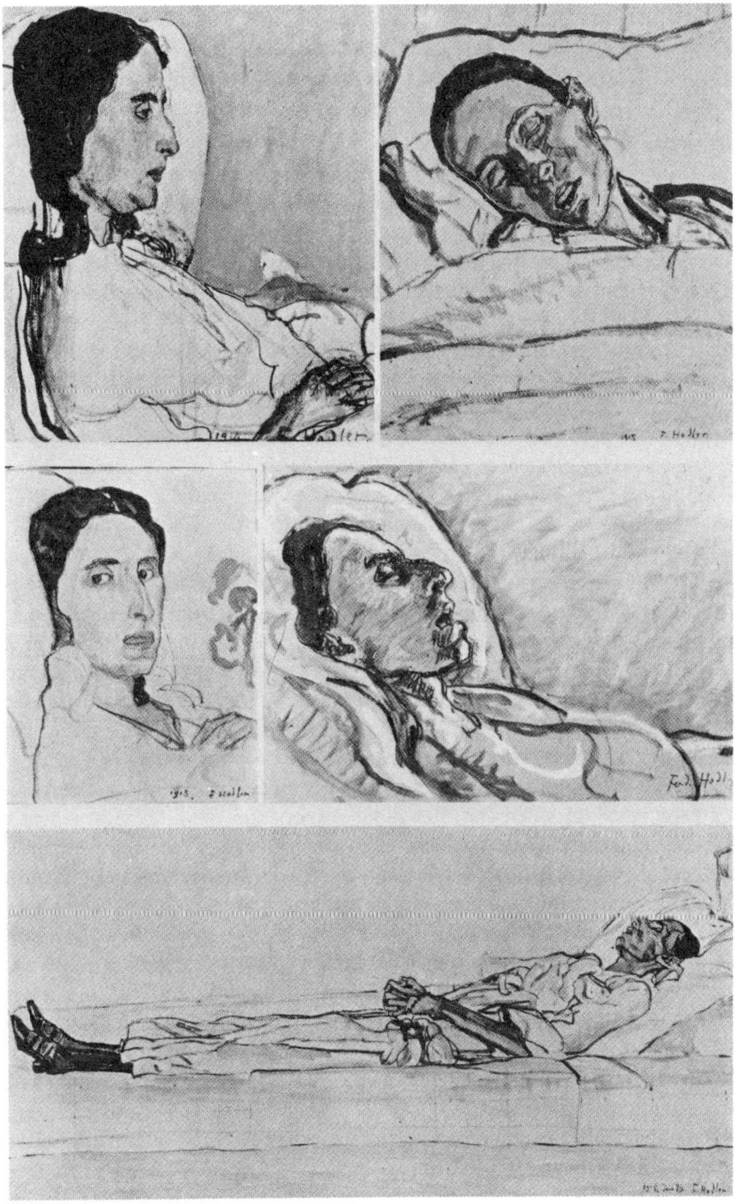

Der Maler Ferdinand Hodler (1853 - 1918) dokumentierte fassungslos das langsame Sterben seiner Geliebten Valentine Godé-Darel

Von einer anderen Seite stellt sich die Frage: Wann sind Doppelgänger-Erlebnisse spürbar und erkennbar? Hierfür sollte man sich eine Sicherheit aneignen, nach der sich auch das Handeln richtet - natürlich wiederum mit der Gefahr des Irrtums.

"In Herdecke versuchen wir, uns mit dem Schicksal des Sterbenden zu verbinden"

W.W.: Was geschieht mit einem Sterbenden hier in Herdecke? Wie wird er auf seinen Tod vorbereitet, angenommen, es ist genügend Zeit dafür vorhanden? Gibt es Besonderheiten in Herdecke?

J. Jungermann: Das Grundsätzliche ist eben, daß wir versuchen, uns wirklich mit dem Schicksal des Sterbenden zu verbinden. Das ist nicht immer möglich, weil auch jeder Arzt nur eine bestimmte Kapazität hat, in die Schicksale seiner Patienten einzutauchen.

Ich muß jedes Mal aus der Situation heraus neu entscheiden, wie ich mit einem Patienten umgehe: ob ich mich zu ihm hinsetze und gar nichts rede oder ob ich mit ihm spreche, um ihm die Möglichkeit zu geben, seine Gedanken zu äußern. - Sehr häufig ist es auch für den Patienten eine Hilfe, wenn man mit ihm über sein Leben spricht, und so aus seiner Vergangenheit die Höhe- und Tiefpunkte herauskristallisiert.

Dann kommt in der Regel der Punkt bei den Patienten - das mag zwei Tage oder eine Woche dauern -, an dem sie gerade durch diese Gespräche selber aussprechen, was sie empfinden. Denn sie spüren oft sehr genau, was ihnen bevorsteht, und lassen sich durch keine Mätzchen irritieren, die wir ihnen eventuell vorspielen. Wenn man dann im Gespräch sehr offen bleibt, dann ist es auch nicht mehr schwer zu antworten, wenn die Patienten die Frage stellen: "Muß ich nun sterben?" Oft ist es gar keine echte Frage, denn sie wollen dann nur eine Bestätigung. Da darf ich nicht kneifen.

Bei einigen Menschen ist es durchaus so, daß man sehr bald mit ihnen über das Sterben sprechen kann, auch über den Tod. Bei anderen wiederum wird das Wort eigentlich nie ausgesprochen und trotzdem ist man sich völlig einig, denn das Vertrauensverhältnis ist so stark, daß beide - Arzt und Patient - wissen, es geht zu Ende. Über dieser Beziehung liegt dann ein tiefer Friede. Mit der Holzhammermethode darf man allerdings nicht einhergehen, indem man dem Patient auf den Kopf zusagt: "Du wirst sterben!" Das wäre ein völliges Alleinlassen. Das kann nicht unsere Aufgabe sein. Aber die verschiedenen Schritte wirklich zu gehen, erfordert viel Anstrengung und Mut. - Letztlich kommt es auch sehr darauf an, wie wir Ärzte selber zum Tode stehen; denn wir sind ja meist sehr viel jünger als die Sterbenden. Der Tod darf von uns nicht tabuisiert werden.

W.W.: Also ein gemeinsames Herantasten an die Fragen des Todes, zusammen mit dem Patienten, offen, ehrlich und klar. Ist es nun in jedem Fall so, oder könnten Sie sich auch einen Fall vorstellen, daß ein Mensch eine tödliche Krankheit besitzt, Sie ihm aber nichts über seinen nahen Tod mitteilen?

J. Jungermann: Das würde ich nie für mich in Anspruch nehmen! Die Grundmaxime ist, daß man immer wahrhaftig bleibt. Grundsätzlich! Es muß gelingen, daß man dem Patienten Fragen stellt, die auch von ihm gehört werden. Natürlich gibt es Menschen, die bis zum Ende ihren Tod leugnen und an die man nicht herankommt.

W.W.: Man verbaut doch sicherlich einem Menschen eine Vorbereitungsmögichkeit auf sein nachtodliches Sein, wenn man ihm verschweigt, daß er an der Todesschwelle steht?

J. Jungermann: Natürlich! Aber - wie gesagt - ich habe auch nicht das Recht, ihm irgendetwas überzustülpen, für das er nicht vorbereitet ist und das er auch nicht akzeptiert. Dann werde ich pastoral und wirke negativ. Auch hier muß ich die Freiheit meines Gegenübers respektieren.

W.W.: Dieser Einsatz für den individuellen Menschen kostet ungeheure Zeit und Kraft!

J. Jungermann: Sicher, deswegen ist es nicht immer möglich, allen gerecht zu werden. Ich bin auf der Intensivstation tätig, wo die meisten Menschen hier im Hause sterben. Natürlich bin ich nicht alleine, denn es sind viele Menschen hier im Hause daran beteiligt, einen Sterbenden zu begleiten. Selbst unsere Pflegerinnen und Pfleger müssen immer wieder von uns begleitet werden. Dies sind meist sehr viel jüngere Menschen, die oft Schwierigkeiten haben, so einen Sterbeprozeß überhaupt zu akzeptieren, denn es werden eigene Ängste vor dem Tod und dem Sterben voll mit hineinprojiziert.

W.W.: Kommen Sie in gemeinsamen Konferenzen über jeden Kranken mit den Pflegerinnen und Pflegern zusammen?

J. Jungermann: Ja, das ist unbedingt notwendig. Je länger ein Sterbevorgang dauert, desto intensiver müssen die Gespräche auch sein. Wir haben hin und wieder Patienten, die über Wochen und Monate eigentlich Sterbende sind; das halten die Pflegenden teilweise gar nicht aus. Mitunter sagten sie: "Ich kann zu dem Betreffenden nicht mehr 'reingehen. Ich halte das nicht aus!" Dann muß es wie beim Stafettenlauf ein anderer übernehmen. Denn wir dürfen uns nicht zurückziehen, die Sterbenden müssen begleitet werden. Von uns Ärzten wird da noch einiges mehr verlangt.

Erfahrungen während des Todeskampfes

W.W.: Erleben Sie bei Sterbenden kurze Zeit vor dem Tode merkwürdige Verhaltensweisen, wie Aggression oder Depression, die nicht ihrem Wesen entsprechen?

J. Jungermann: Das habe ich vorhin mit dem Doppelgänger-Erlebnis angedeutet. Man kann das oft wahrnehmen, dieses Anders-Sein, auch wenn man es vielleicht nicht immer in seinem ganzen Umfang erfaßt. Viele Verhaltensweisen sind dabei möglich: Resignation, Depression, bis zum Wehren gegen den Tod - aber ein, zwei, maximal drei Tage vor dem Tod tritt dann eine stille friedliche Phase ein. Das geht oft einher mit Veränderungen, die bis ins Leibliche gehen, und welche die krankhaften Veränderungen fast verschwinden lassen.

W.W.: ... eine Art Todes-Euphorie nach der Phase der Wesensveränderung?

J. Jungermann: Man mag es Euphorie nennen, auf jeden Fall kann sich kurz vor dem Tode eine völlig veränderte Situation ergeben. Gerade für die Angehörigen ist es oft sehr schwierig, das zu akzeptieren. Wir weisen sie deshalb vorher auf diese mögliche friedliche Phase hin, damit sie nicht in ein illusionäres Hoffen kommen. Die Angehörigen sind häufig eine große Erschwernis für den Sterbenden. Genau wie wir Ärzte die Menschen oft durch Medikamente am Sterben hindern, so sind es in vielen Fällen auch die Angehörigen, die die

Sterbenden in einer ausbrechenden Urangst einfach festhalten wollen.

W.W.: Können Sie das Wesen des Doppelgängers ein bißchen erläutern?

J. Jungermann: Eigentlich möchte ich das nicht formulieren - es wären Erläuterungen, die nicht von mir stammen. Da müssen sich die Interessierten mit den Schriften Rudolf Steiners auseinandersetzen.

W.W.: Gibt es Erfahrungswerte im Todeskampf bei den verschiedenen Krankheiten, zum Beispiel beim Herzinfarkt, die auf das Individuelle verweisen, gibt es individuelle Gesten?

J. Jungermann: Es gibt bestimmte Krankheiten, die ganz charakteristische Verhaltensweisen mit sich bringen. Gerade bei den Menschen, die einen Herzinfarkt erleiden, kann man immer wieder erleben, daß sie vollständig zugeknöpft sind, ihre eigene Krankheit dissimulierend. Selbst wenn der Tod schon am Bette steht, bekommt man kaum Kontakt zu ihnen. Aber beim Sterbevorgang selbst öffnet sich etwas in ihnen und man kann dem Patienten begegnen.

Falls er seine Krankheit übersteht, kann man an diesem Punkt wieder anknüpfen. Aber, wie gesagt, beim Herzinfarkt-Patienten ist es ungeheuer schwer, mit ihm ins Gespräch zu kommen, auch um im Sinne einer seelischen Hygiene ihn zu veranlassen, sein weiteres Leben anders zu gestalten. Oftmals liegt eine ganz persönliche tiefgreifende Enttäuschung vor oder es handelt sich um tief verschlossene Probleme, die nur sehr selten mitgeteilt werden.

"Manche wollen allein sterben"

W.W.: Welchen Einfluß hat es auf den Sterbeprozeß, einerseits wenn man allein stirbt, vielleicht sogar im Badezimmer abgestellt, bzw. andererseits, wenn man zusammen mit den Angehörigen in einer Umgebung stirbt, wie sie dem Sterbenden am angenehmsten ist?

J. Jungermann: Es ist unbedingt anzustreben, daß man den Patienten im Sterbeprozeß nicht allein läßt. Das Abschieben ins Badezimmer geschieht ja aus einer Haltung heraus, daß man mit dem Sterbenden nichts mehr zu tun haben will und man erlebt es als Niederlage, ihm nicht geholfen zu haben. Abgesehen davon gibt es immer wieder Menschen, die unter allen Umständen allein sterben wollen. Da können sie sich anstrengen, so sehr sie wollen, diese Menschen sterben allein!

W.W.: Und sie wollen es auch?

J. Jungermann: Ja offenbar! Wir versuchen, wenn es der Platz erlaubt, daß die Angehörigen eines Sterbenden Tag und Nacht da sind, auch auf der Intensivstation. Es kommt immer wieder vor, daß die Angehörigen kurz nach draußen gehen, weil sie nach 48 Stunden einfach mal Luft schnappen müssen - und dann stirbt der Patient!

Auch kommt es vor, daß die Angehörigen, Schwestern, Pfleger, Ärzte sich intensiv um einen Sterbenden bemühen, und dann ist aus irgendeinem Grund keiner da und er stirbt. Also man muß sich doch fragen, was geht in diesem Menschen vor? Manche sterben in Gemeinschaft, manche sterben allein. Wahrscheinlich ist das für ihr Schicksal richtig. Bei denen, die alleine sterben, ist es so, als ob sie einem noch ein Schnippchen schlagen wollten.

W.W.: Was ist im Gemeinschaftskrankenhaus Herdecke im Umgang mit Sterbenden

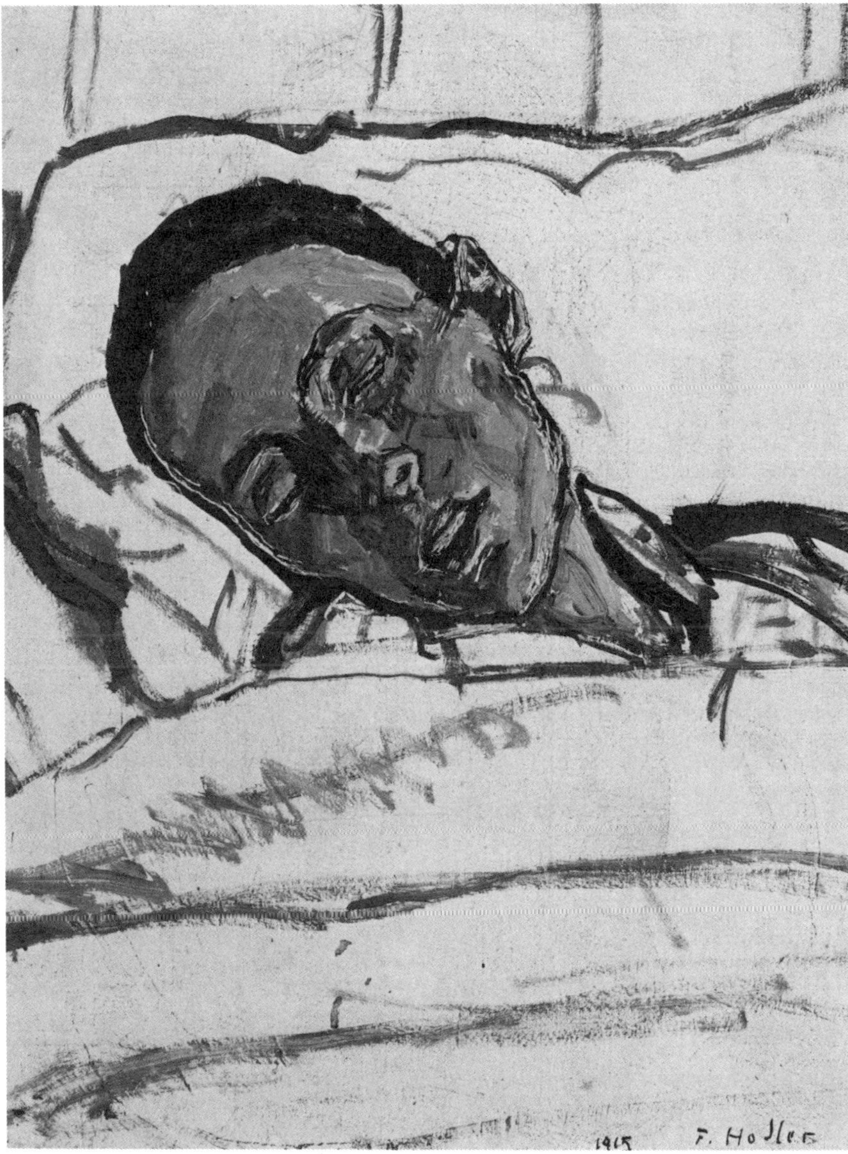

Die sterbende Valentine Godé-Darel (1915)

weiterhin anders als in konventionellen Krankenhäusern?

J. Jungermann: Zunächst versuchen wir die Menschen nicht im Stich zu lassen, wenn sie sterben müssen, sondern so gut es geht zu begleiten. Manchmal reicht es, einfach nur da zu sein oder dafür zu sorgen, daß sie nicht frieren. Viele Menschen sterben frierend, weil der Wärmemantel sich entfernt. Oft haben die Patienten auch Angst. Wir schieben deswegen auch niemand ins Badezimmer ab, wir haben in diesem Sinne keine Sterbezimmer. Denn eigentlich sollten die Menschen dort sterben, wo sie betreut und gepflegt worden sind. Insofern kommen sie auch nicht plötzlich auf die Intensivstation. Das ist ein bewußter Vorgang, der von allen Beteiligten intensiv mitvollzogen wird, auch von den Angehörigen.

In den zehn Jahren, in denen ich hier arbeite, habe ich bemerkt, daß auch die Angehörigen mehr und mehr teilnehmen. Als ich hierher kam - das lag vielleicht auch noch an der Jugendlichkeit dieses Hauses -, haben sich noch viele Angehörige gescheut, ihre Freunde und Verwandten zu begleiten und ihnen beim Sterben beizustehen. Das ist jetzt anders, das Bewußtsein der Bürger hat sich gewandelt.

Wir bahren die Patienten darum auch auf, und viele Angehörige setzen sich dazu. Oft haben sie Angst, wenn sie allein mit dem Toten sind, darum begleiten wir sie oder die betreffenden Pflegenden sind dabei. Die Schwestern und Ärzte halten auch Totenwache.

W.W.: Drei Tage nach dem Tod bleibt die leibliche Hülle hier im Krankenhaus aufgebahrt?

J. Jungermann: Nicht immer drei Tage. Das ist nicht in jedem Fall möglich. Wir haben nur drei Aufbahrungsräume, und oft sterben die Menschen in Rudeln. - Auch von der Krankheit her ist es nicht immer möglich, zum Beispiel wenn zu schnelle Zerfallsprozesse einsetzen; dann werden sie schon früher überführt - aber zunächst wird jeder aufgebahrt.

Neben Frau Bauer von der Christengemeinschaft haben wir auch einen evangelischen Pastor hier im Hause, der sich sehr eingehend um die Patienten kümmert. Aber auch das wird nicht übergestülpt, sondern der Wille dazu muß von den Patienten ausgehen.

Leibfreie Erlebnisse beim Überschreiten der Todesschwelle

W.W.: Woran liegt es zum Beispiel, daß alte Menschen überhaupt kein Gedächtnis, keine Erinnerungsfähigkeit haben, aber Szenen ihrer Jugend noch außerordentlich gut erinnern können?

J. Jungermann: Also ein Altgedächtnis! Auch hier habe ich keine bindende Antwort, aber ich glaube schon, daß man als Charakteristikum sagen kann, daß diejenigen Menschen sowohl ein besseres Alt- und Neugedächtnis haben, auch im Alter, die sich ihr Leben lang mit geistigen Inhalten beschäftigt haben. Ich denke also an Menschen, die im Geiste beweglich waren. Bei anderen Menschen, die ihre Denkkräfte nicht umgewandelt haben, ist es ja nachzuvollziehen, daß, wenn sie von ihrem Ätherischen her immer mehr abnehmen, neue Eindrücke nicht mehr haften bleiben. - Aber es gibt auch ehemals sehr rege und bewegliche Menschen, die dann plötzlich wie ausgelöscht und erstarrt sind.

W.W.: Wie erklären Sie aus der Anthroposophie heraus das Phänomen des Lebenstableaus, das bei Sterbenden auftritt, welches viele Menschen, die an der Todesschwelle gestanden haben, aber ins Leben zurückgekommen sind, geschildert haben?

J. Jungermann: Alle Erlebnisse des Lebens haben sich dem Menschen eingeprägt, und die müssen sich ja irgendwie lösen, wenn es zum Sterben kommt. Auch hier darf auf die anthroposophische Literatur verwiesen werden.

W.W.: Haben Sie Erfahrungen mit Menschen gemacht, die aus ihrem physischen Leibe herausgetreten sind, sich über diesem schwebend erlebt haben und dann in die physische Leibeshülle zurückgekehrt sind?

J. Jungermann: Ja, solche Erfahrungen durfte ich machen.

W.W.: Können Sie welche schildern?

J. Jungermann: In der Regel habe ich es bei Menschen erlebt, die wiederbelebt wurden, vor allem bei jüngeren Menschen. Ich kenne eine ganze Reihe, die übereinstimmend schilderten, daß sie sich distanziert selber beobachtet haben, sogar wahrgenommen haben, was während der Herzmassage geschehen ist. Der Schmerz wurde nicht empfunden, sondern nur das Phänomen, bis in den Ablauf hinein.

Die Erlebnisse waren zeit- und raumlos. Lichterlebnisse wurden geschildert; überhaupt hatten die meisten Menschen optische Eindrücke, nur wenige Patienten akustische.

W.W.: Welche Zeitspanne vergeht währenddessen in unserem Raum?

J. Jungermann: Das geht von Minuten bis hin zu einer Stunde oder sogar noch darüber.

Von allen Menschen, die diese Erlebnisse hatten, hatte ich den Eindruck, daß sie nicht sterben wollten. Oft waren es Menschen, die von einem Unfall so überfallen worden sind, daß ich das Gefühl hatte, hier müsse alles unternommen werden; deswegen wurde in diesen Fällen viel länger wiederbelebt, als sonst üblich. In der Regel wird es nach 20 bis 30 Minuten Wiederbelebung fragwürdig, aber bei diesen Menschen bestand die feste Überzeugung - ich kann das nicht logisch erklären -, daß man nicht aufhören dürfe. Die Menschen haben es mir hinterher auch bestätigt, allerdings verfliegt die Erinnerung an diese Erlebnisse meist nach wenigen Tagen.

Antibiotika und technische Apparaturen - für und wider!

W.W.: Selbst wenn man ein anthroposophisches Weltbild hat, sind Antibiotika deswegen immer abzulehnen? Wie stehen Sie zu einer meines Erachtens anthroposophischen Dogmatik, der manche Anthroposophen anhängen, wenn sie zum Beispiel der Meinung sind, einem Kranken bräuchten nie Antibiotika gegeben werden und wenn der Patient stürbe, so sei dies Schicksal?

J. Jungermann: Ich würde nicht sagen, daß dies eine *anthroposophische* Dogmatik ist, sondern eine Dogmatik des Betreffenden. Es wäre ja ganz schlimm, wenn man das mit Anthroposophie gleichsetzen würde. Ich lehne das ab!

Schließlich leben wir in dieser Welt, und wir können auch nicht sagen, weil Smogalarm ist und wir die Umwelt kaputtmachen, habe es ohnehin keinen Sinn, etwas zu unternehmen. Antibiotika sind für viele Menschen überhaupt *das* Mittel gewesen, um weiterleben zu können, und zwar ein erfülltes Leben.

Diese von Ihnen angesprochene Dogmatik kommt dem Fatalismus gleich. Zwar sehe ich es nicht als meine Aufgabe an, mit Antibiotika um allen Preis alles zu versuchen - denn Antibiotika haben ihre Nebenwirkung, das ist gar keine Frage -, aber wenn ich damit eine Situation überbrücken kann, bis die eigenen Kräfte wieder mobilisiert werden, dann setze ich Antibiotika ein.

Die Problematik wird noch schwieriger bei einem Herzschrittmacher; auch etwas ganz Schlimmes in der Anschauung einiger. Auch da, meine ich, darf ich ihn nicht pauschal aburteilen. Ich habe Menschen kennengelernt, die nach der Einpflanzung eines Herzschrittmachers völlig wesensverändert waren, wo ich mich natürlich frage, ob es richtig war. Aber ich habe andere erlebt, die hinterher ein sehr erfülltes produktives Leben geführt haben, und zwar nicht nur an äußeren Dingen gemessen, sondern sie haben es selbst innerlich so erlebt.

Nun geht es immer weiter, es wird immer technischer: künstliche Verlängerung durch eine Dialyse, Organverpflanzung usw. Schließlich habe ich doch diese Erde zu beackern und muß damit umgehen. Es ist nur eine Frage, welche Kriterien ich persönlich bei meinen Handlungen habe. Dabei darf ich meine ethischen Ansichten nicht außer acht lassen, sonst werde ich inhuman und ein Automatist. Wenn ich aber persönlich dabei bin und den Menschen nicht allein lasse, wenn er einen Schrittmacher bekommt, wenn ich ihn begleite und helfe, damit umzugehen, dann halte ich es für gerechtfertigt.

W.W.: Also man muß sich klarmachen, daß man nicht wie der Arzt im Märchen "Gevatter Tod" hellseherisch weiß, welche Krankheit zum Tode führt, und da man seinen Heilerwillen einsetzen muß, sollte man nicht von vorneherein sagen, alle technischen Mittel, Psychopharmaka usw. lehne ich vollkommen ab - und ansonsten schlägt das Schicksal zu!?

J. Jungermann: Ich darf mich nicht aus der Schlinge ziehen, indem ich andere Dinge vorschiebe - sei es die Ablehnung von Medikamenten oder der Technik. Das würde ich für mich als Grundhaltung in Anspruch nehmen. Ich meine sogar, daß es vielleicht für einen Menschen notwendig ist, das Erlebnis von technischen Apparaturen zu haben, selbst wenn er stirbt. Diese Frage ist nicht gelöst. - Wenn ich mit Elektroschocks arbeite, da könnte man auch der Meinung sein, das seien alles ganz üble und böse Dinge, die ich dem Menschen zumute. Vielleicht ist es aber gerade für sein Schicksal nötig. - Ich darf nur nicht aus einem Automatismus heraus handeln, sondern unbedingt mit dem Impuls, dem Menschen wirklich helfen zu wollen. Und dann muß ich die Grenze respektieren, an der ich weiß, wenn ich jetzt weitergehe, werde ich unwahrhaftig. Aber das kann für jeden Menschen anders sein; auch für jeden Arzt.

"Jede Krankheit hat einen Sinn, sonst wäre die Welt sinnlos"

W.W.: Wie halten Sie persönlich die Verantwortung aus, in der Sie täglich stehen? Wenn Sie sich ständig fragen müssen: War es richtig oder habe ich falsch gehandelt?

J. Jungermann: Wissen Sie, es trifft ja alle Lebensbereiche, daß wir Verantwortung auf uns nehmen. Allerdings ist sie manchmal nicht so eklatant wie in unserem Beruf. - Wenn ich nichts verdränge, sondern mir meiner Verantwortung immer bewußt bin, dann kann man viel aushalten!

Natürlich ist es so, daß mich manche Schicksale sehr umtreiben. Es bleibt oft über Jahre die Frage, ob ich bei manchen Menschen richtig gehandelt habe, aber ich kann damit leben, denn ich verdränge es nicht. Ich versuche - ob es mir gelingt, ist eine andere Frage -, mich zu korrigieren, und in den nächsten zehn Jahren habe ich vielleicht noch eine größere Sicherheit in meinen Handlungen. Das kann ich nur versuchen; aber es ist der andere Weg, den jeder Arzt und jeder Mensch neben seinem Beruf noch gehen muß. Ich muß auch mit den Schicksalen umgehen und beziehe sie in mein Leben voll und ganz mit ein.

W.W.: Bedarf es einer neuen Beschäftigung - einer sehr viel bewußtseinstieferen Auseinandersetzung - mit Krankheit und Tod? Durch AIDS kommen derartige Fragen wieder neu ins Bewußtsein breiter Bevölkerungsschichten, aber getrieben durch Angst und nicht durch eine erkenntnismäßige Verarbeitung. Haben wir hier ein Manko?

J. Jungermann: In der Frage liegt schon die Antwort. Selbstverständlich haben wir hier ein zu großes Manko. Aber das ist eine Frage, die für die menschliche Entwicklung ganz früh ansetzt. Nicht umsonst gibt es Waldorfschulen und Waldorfkindergärten, um dort langsam ein Bewußtsein zu schulen, mit diesen Fragen umzugehen.

Wie wir mit AIDS umgehen müssen, ist mir noch unklar. Auf jeden Fall hat diese Krankheit einen Sinn. Warum jetzt wieder eine große Gruppe mit dieser Frage konfrontiert ist ... ? Es muß einen Sinn haben, sonst wäre die Welt sinnlos.

W.W.: Selbstverständlich wird durch die Waldorfpädagogik veranlagt, sich mit Sinfragen des Lebens zu beschäftigen, aber reicht es aus, für die Problematik des Todes? Bedürfte es vielleicht "Schulen für die zweite Lebenshälfte", durch die man lernen kann, sich auf den Tod vorzubereiten? Hätten Sie Vorschläge?

J. Jungermann: Schulen - in dem Sinne -, das würde das Problem wohl nicht lösen. Aber vielleicht könnte man auch in der Waldorfschule den Tod etwas mehr enttabuisieren, indem man einfach stärker darauf eingeht; auch in der elften und zwölften Klasse. Durch die Mythen und Sagen ist man ja schon in einer gewissen Form mit dieser Problematik verbunden, aber das intellektuelle Verarbeiten liegt sicher oft brach. Denn mit Ende der Schulausbildung muß man sich ohnehin damit auseinandersetzen.

Sicher müssen da noch mehr Hilfen allgemeiner Art angeboten werden. Das kann in allen möglichen Formen geschehen, und wenn wir hier in Herdecke eine Universität gegründet haben, dann auch mit dem Anliegen, keinen Lebensbereich - auch den Tod nicht - zu tabuisieren. Im Sinne einer angestrebten breiten Bildung kann die Problematik des Todes zu einer fruchtbaren Auseinandersetzung führen und nicht weiter als Niederlage der Mediziner gelten.

W. W.: Da ich gleich zu Frau Bauer gehe - wie sehen Sie das gemeinschaftliche und unterschiedliche Wirken zusammen mit einem Priester am Bett eines Kranken oder Sterbenden?

J. Jungermann: Natürlich ist hier eine unterschiedliche Begegnung nötig. Ich verweise auf den "Pastoral-medizinischen Kurs" von Rudolf Steiner: der Priester soll nicht dilettantisch Mediziner werden und umgekehrt; der Priester mit der Opferflamme, der Arzt mit dem Merkurstab ... Bei den Fragen der Pastoral-Medizin kann man sich in einem modernen Sinne treffen. Wir erleben hier einen kleinen Anfang. Indem neben Frau Bauer von der Christengemeinschaft auch die anderen Konfessionen hier im Krankenhaus tätig sind - auch wenn diese Menschen von einer ganz anderen Seite her kommen -, entsteht schon so etwas wie ein erster Ansatz einer erneuerten Pastoralmedizin.

Der Todesaugenblick ist der größte im Leben

INTERVIEW MIT IRMGARD BAUER

von Wolfgang Weirauch

Wolfgang Weirauch: In unserer heutigen Gesellschaft ist der alte Mensch sowie alle Bereiche, die mit dem Tod zusammenhängen, ins Abseits verdrängt, während die Jugendlichkeit ganz im Vordergrund steht. Man spürt eine gewisse Angst vor dem Tode; warum taucht diese Angst überhaupt auf?

Irmgard Bauer: In früheren Kulturen erlebte sich der Mensch als ewige Individualität, die vor der Geburt in einer geistigen Welt lebt, eine Zeitlang Erdenwege geht und nach dem Tode weiterlebt. Heute entwickelt der Mensch Angst vor dem Tode, weil ihm dieses Wissen zunächst verlorenging.

W.W.: Nun entbehrt die Todesangst, gepaart mit der allgemeinen Vorstellung vom Leben nach dem Tode als einem Nichts, nicht einer gewissen Unlogik: denn, wenn mit dem Tode alles vorbei wäre, so bräuchte man vor dem Tode ja keine Angst zu haben, allerhöchstens vor dem Sterben selbst.

I. Bauer: Manche Menschen meinen, Angst vor dem Krankheitsverlauf, vor dem Sterbevorgang selber zu entwickeln. In ein absolutes Nichts eintreten zu müssen - und es vielleicht sogar zu erleben -, kann doch Angst verursachen.

W.W.: Wie kann man die Todesangst überwinden und wieder Mut zum Sterben bekommen?

I. Bauer: Es ist wichtig zu bemerken, wann der Tod als notwendiges Ereignis vor die Seele des Patienten tritt. Bis zu diesem Zeitpunkt wußte er zwar, daß er - wie jeder Mensch - einmal sterben würde. Jetzt weiß er, daß der Tod unausweichlich kommt. Auf diese unausweichliche Situation reagieren die Patienten oftmals mit Angst. Dann hilft es, sie daran zu erinnern, daß es im Laufe ihrer Biographie immer wieder Ereignisse gegeben hat, die sozusagen notwendig an sie herantraten. Werden dieselben erinnert, bemerken die Menschen, daß sie durch das Sich-Stellen einer Situation eine Ich-Stärkung erfahren haben. Man könnte das vielleicht mit einem Wort von Angelus Silesius beschreiben: "Wer nicht stirbt, bevor er stirbt, der verdirbt, wenn er stirbt."

Seelsorge mit Sterbenden

W.W.: Wenn Sie jetzt im Gemeinschaftskrankenhaus Herdecke zu einem Sterbenden kommen, sprechen Sie die Menschen auf deren Lebensschicksale an oder schildern die Menschen ihre Erlebnisse von selbst? Wie gehen Sie da in Ihrer Seelsorge vor?

I. Bauer: Zunächst versuche ich, ganz offen zu sein für das, was mir von einem Sterbenden entgegenkommt. Oftmals haben die Menschen das Bedürfnis zu beschreiben, ob

Friedrich der Große
(1712 - 1786)

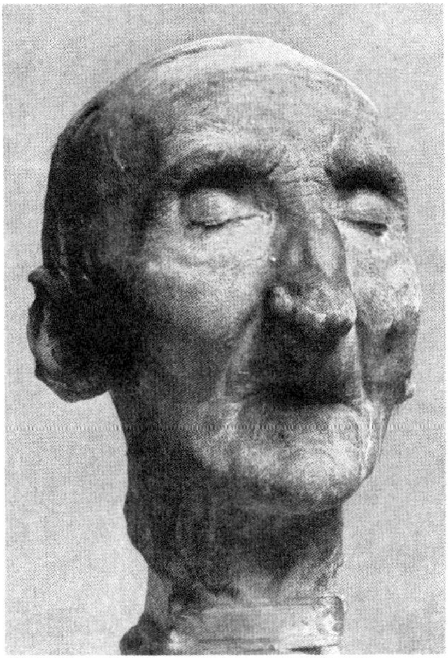

Gottfried Schadow
(1764 - 1850)

Die Totenmasken Friedrich des Goßen und des Bildhauers Gottfried Schadow zeigen zwei Greise, die im Tode Gelöstheit und Ruhe ausstrahlen

oder wie der Tod vor ihnen steht, welche Vorbereitungen sie noch zu treffen haben, welche Verzichte noch zu leisten sind, um im Tode bestehen zu können. - Manchmal bedrängt auch die Frage: Werden die eigenen Kräfte überhaupt ausreichen, die Biographie zu ordnen - was wird geordnet, was wird weniger geordnet zurückgelassen? Daraus können Schuldgefühle resultieren, die nach Lösung drängen. Oftmals steigern sich die Einsamkeitserlebnisse im Näherkommen des Todes. Spricht der Mensch über diese Einsamkeit, so habe ich oft erlebt, daß er in demselben Augenblick die Frage nach dem "Begleiter" im Todesaugenblick stellt. Plötzlich fragt auch manchmal der gläubige Mensch: "Gibt es den Christus und wie kann ich ihn erleben?", und erbittet damit eine Christuserfahrung.

Viele bewegt die Frage, kommt der Tod zum rechten Zeitpunkt, kommt er zu früh oder zu spät? Dann gilt es, einen Blick auf die gesamte Biographie zu werfen, Entwicklungen zu entdecken, dem "Sinn" auf der Spur zu sein. Wird er auch nur andeutungsweise wahrgenommen, so verliert der Todeszeitpunkt seine scheinbare Zufälligkeit und Entängstigung tritt ein.

W.W.: Gibt es unter dem breiten Spektrum von sterbenden Menschen, die Sie kennengelernt haben, im Umgang mit dem Tod und dem Sterbeprozeß bestimmte Typen, oder ist das Sterben bei jedem Menschen ein vollständig Individuelles?

I. Bauer: Zunächst möchte ich sagen: jeder Sterbevorgang ist ganz individuell. Man kann aber auch beobachten, daß das Sterben in bestimmten Krankheitsverläufen Ähnlichkeiten aufweist. Krebskranke glauben im einen Augenblick, daß sie sterben müssen, im nächsten Augenblick rücken sie den Zeitpunkt des Todes weit von sich weg. Sie schwanken zwischen Anerkennung und Nichtanerkennung hin und her. - Ein Herzinfarkt-Patient dagegen entwicket in einer ganz anderen Art Ängste vor dem Tod. Er fragt sich häufig nach dem Sinn seiner Biographie, kann ihn nicht entdecken und gerät darüber in Angst, in eine Angst, die durch seine Herzkrankheit noch gesteigert werden kann. Wirkt diese Angst "ansteckend" auf die Umgebung - vielleicht nur kurze Augenblicke -, so tritt oftmals der Tod ein.

Veränderte Wahrnehmungen und Träume vor der Todesschwelle

W.W.: Sprechen Sie viel mit einem Sterbenden, hören Sie eher zu oder beides?

I. Bauer: Ich würde sagen, beides! Im Zuhören versuche ich zu bemerken, wie nahe der Mensch vor seinem Tode steht. Ich lasse mir oftmals die Träume erzählen. In ihnen kündigt sich der Tod an.

W.W.: Können Sie Beispiele geben?

I. Bauer: Ein Träumender sieht ein Haus vor sich, dessen unteres Stockwerk abbrennt. Seine Umwelt ist darüber bestürzt. Er selbst befindet sich ein Stockwerk höher, das unbeschädigt ist und in dem ihm eine leuchtende Gestalt entgegentritt, mit ihm spricht und ihn segnet. Der Patient erwacht und fühlt sich durch diesen Traum gestärkt. Zwei Tage später erfährt er die Diagnose der Operation. Es wird ihm mitgeteilt, daß er sterben muß. Der Patient kann durch den Seelsorger immer wieder an seinen Traum erinnert werden, und es wird ihm deutlich, daß mit diesem oberen Stockwerk, das unbeschädigt bleibt, die Welt gemeint sein kann, in die er mit dem Tode eintritt, und das untere, das Physische, darf verbrennen.

Oder: Das größte biographische Erlebnis eines Patienten war die Entlassung aus russischer Gefangenschaft. Im Krankenhaus erleidet er einen Herzstillstand, wird reanimiert, und während dieser Vorgänge erlebt erneut die Entlassung aus der Gefangenschaft; jetzt aber mißglückt sie - in dem Augenblick, als die Reanimation Erfolg hat.

In vielen Träumen taucht das Motiv der Hochzeit auf, was ebenfalls ein Signal sein kann, daß sich der Sterbende im Sinne einer mystischen Hochzeit von der Erde verabschiedet.

Oftmals verändern sich auch die Wahrnehmungen der Sterbenden und sie fühlen sich von Verstorbenen umgeben. Ein Beispiel: Die Ärzte stehen vor der Frage, einem Zuckerkranken das zweite Bein zu amputieren. Während ich den Patienten besuche, schickt er mich zur Pforte, um Menschen dort abzuholen, die den Weg zu ihm nicht finden. Aus vorangegangenen Gesprächen weiß ich, daß er die Namen von Verstorbenen nennt. Die Ärzte entschließen sich zur Operation, aber noch in derselben Nacht stirbt er, bevor er operiert werden kann.

Als Seelsorger kann man also sowohl an Träume wie an veränderte Wahrnehmungen im Gespräch anknüpfen.

W.W.: Sie gehen also jetzt das Leben dieser Sterbenden in einem Rückblick mit ihnen selber durch, indem Sie gewisse biographische Höhepunkte herausschälen?

I. Bauer: Ich würde das unbedingt versuchen, weil der Kranke ohnehin mit seiner eigenen Biographie beschäftigt sein wird und sich müht, einen Sinn in dieser zu finden. Manchmal ergibt sich dieser Sinn auch von selber, und der Sterbende weiß, daß der Tod zum rechten Zeitpunkt an ihn herantritt, so daß er ihm ruhig entgegensehen kann.

W.W.: Sie sprechen also immer klare Worte, ohne Geheimniskrämerei und vertuschen nicht, daß der Betreffende sterben muß,.sondern sagen ihm immer die Wahrheit!?

I. Bauer: Immer die vollständige Wahrheit, soweit sie uns zugänglich ist.

W.W.: Wie verhalten Sie sich gegenüber Menschen, die fest davon überzeugt sind, daß nach dem Tode alles zuende ist, die also krasse Materialisten sind - angenommen, jemand will trotzdem mit Ihnen sprechen? Wie tasten Sie sich bei einem solchen Patienten an das nachtodliche Sein heran?

I. Bauer: Ich versuche, Beispiele aus der Literatur darzustellen, wie etwa "Nun singen sie wieder" von Max Frisch. Da werden Tatsachen beschrieben, die sich zunächst auf der Erde abspielen, später ein Weiterleben bestimmter einzelner Gestalten nach dem Tod. Dann vertraue ich darauf, daß durch das einfache Andeuten, es könne nach dem Tode weitergehen, dem Patienten damit im Todesaugenblick geholfen wird, bzw. wird er so wenigstens im Leben noch für Augenblicke über den Tod hinausgedacht haben.

W.W.: Welchen Einfluß hat ein Sterbender auf seine Umgebung, auf seine Mitmenschen; welche Stimmung geht von Sterbenden aus?

I. Bauer: Diese Stimmung kann sehr verschieden sein. Man kann oftmals deutlich bemerken, daß sich ein Mensch in Todesnähe noch einmal ganz stark verwandelt; daß zum Beispiel Menschen, die sonst gütig und ruhig waren, sich jetzt kurz vor dem Tod in einer besonderen Weise erregen. Die Angehörigen erkennen sie oft kaum wieder und sind hilflos. Wenn dann wieder eine Art Befriedigung eintritt, so sind dies oftmals die letzten Stunden vor dem Tod. Man glaubt einen Moment an eine Besserung, weil der Betreffende vielleicht zum ersten Male wieder Nahrung zu sich nimmt, aber es ist ein Hinweis auf den baldigen Tod.

W.W.: Haben Sie Beobachtungen gemacht, daß ein Sterbender erst dann über die Schwelle geht, wenn gewisse Lebensverhältnisse geordnet sind, wenn zum Beispiel Sie als Priester bei ihm gewesen sind, wenn Verwandte an seinem Bett erschienen sind oder wenn der Sterbende ihn drückende Probleme ausgesprochen hat?

I. Bauer: Erlebnisse dieser Art, daß ein Sterbender noch einen bestimmten Menschen erwartet, treten häufig auf und gestalten sich zu "kleinen Wundern". Es kann aber auch sein, daß ein Mensch unbedingt alleine sterben will, und man erlebt, daß er genau den Moment abpaßt, in dem er für ganz kurze Zeit allein gelassen wird, um sich vom Leibe zu lösen. Ähnliches ließe sich vom Ordnen bestimmter Lebensverhältnisse erzählen, wobei man bei Krebskranken beobachten kann, daß die Lebensverhältnisse sehr früh geordnet werden, und der Kranke nur noch auf den Tod wartet und gleichsam überrascht ist, daß er nicht sofort eintritt. Er wird dann erleben, daß noch ganz andere Wandlungen seelischer Art auf ihn warten.

Der Tod von Ehepartnern

W.W.: Haben Sie Beobachtungen gemacht, daß ein Zusammenhang beim gemeinsamen Tode von Ehepartnern besteht?

I. Bauer: Wenn ein Ehepartner verstirbt, spielen die ersten 40 Tage danach eine besondere Rolle. Es besteht die Gefahr, daß ein Ehepartner dem anderen in diesem Zeitraum nachfolgt. Mit einer gewissen Berechtigung läßt sich sagen: Wird das erste Jahr vom anderen Ehepartner überlebt, kann noch ein längeres Leben vor ihm liegen.

W.W.: Wie erklären Sie sich das?

I. Bauer: In einer Ehe hat sich ein gemeinsamer Lebensleib gebildet, von dem beide Ehepartner leben. Man könnte sich vorstellen, daß der Tod des einen Partners in diesen gemeinsamen Lebensleib eine solche Lücke reißt, daß dem anderen diese Hülle fehlt und er sich kurze Zeit später von der Erde löst.

"Ein Sterbender hört alles"

W.W.: Wie müssen die äußeren Raumverhältnisse um einen Sterbenden herum gestaltet sein? Man erlebt es ja in konventionellen Krankenhäusern, daß manche auch ins Badezimmer abgeschoben werden Wie wird es in Herdecke vollzogen?

I. Bauer: In Herdecke versucht man, den Sterbenden nicht in einem Raum allein zu lassen, d.h. man legt Wert darauf, daß die Angehörigen möglichst in diesem Raum anwesend sein können. Oftmals schlafen sie auch hier.

Bei der äußerlichen Gestaltung des Raumes achtet man darauf, daß er nichts Überflüssiges enthält. Löst sich nämlich ein Sterbender von seinem Leib, so hat sein Bewußtsein in alle Gegenstände der unmittelbaren Umgebung hineinzuschlüpfen. Die äußere Unordnung übt somit einen gewissen Einfluß auf das Seelisch-Geistige des Patienten aus.

Wichtig ist auch die Art, wie man sich im Raum bewegt, wie laut und leise man auftritt oder spricht. Der Sterbende besitzt ein deutlich verfeinertes Gehör, so daß ihm Geräusche aus der Umgebung viel stärker ins Bewußtsein dringen. Dadurch können manche Ängste ausgelöst werden.

W.W.: Gibt man dem Sterbenden nicht gerade dann, wenn man flüstert und tuschelt - anstatt normal und laut zu sprechen - das Gefühl, er sei eben ein Sterbender?

I. Bauer: In Gegenwart eines Sterbenden sollte man deutlich im Bewußtsein haben, daß er alles hört und hören darf. Ein Flüstern sollte man vermeiden, um nicht den Eindruck entstehen zu lassen, man rede über ihn.

W.W.: Welche Bedeutung hat der Todesaugenblick?

I. Bauer: Der Todesaugenblick selber ist der größte Augenblick im Leben eines Menschen. Er erlebt sich als ewiges Wesen, daß nicht nur auf den physischen Leib angewiesen ist. Die Größe eines solchen Augenblickes kann für die Anwesenden verdeckt werden, weil sie vielleicht erleben, daß der Sterbende bis zum letzten Augenblick einen

Christian Rauch
(1777 - 1875)

Gustav Mahler
(1860 -1911)

Neben der Totenmaske des Bildhauers und Schadow-Schülers Christian Rauch, die, schon schädelähnlich eingefallen, das Ende eines Menschenlebends dokumentiert und dabei sanft wirkt, sieht die Totenmaske des Komponisten Gustav Mahlers eher dynamisch aus. Er wurde mitten aus dem Leben und Schaffen gerissen und sieht im Tode noch so aus, als wolle er weitermachen.

Todeskampf zu bestehen hat. Da bedarf es eines sehr freien Wahrnehmens und Hinhörens, wenn man den Sterbevorgang ähnlich erleben will wie die Geburtswehen einer Frau. Die physischen Schmerzen bereiten jetzt eine Geistgeburt vor.

W.W.: Also ist es für die Umstehenden wichtig, diesen Gesichtspunkt im Hintergrund zu haben, daß der geistige Vorgang ein schöner ist!?

I. Bauer: Hat man einen solchen Gesichtspunkt, so richtet man die Verrichtungen an das Geistige im Sterbenden. Man wird zum Beispiel bemerken, daß durch das Denken oder Vorlesen bestimmter Texte seine Schmerzen und seine Unruhe sich verändern. Dafür eignen sich Märchen, die Exkarnationsvorgänge beschreiben, wie im "Sterntaler", Evangelientexte und Sprüche. Liest man solches, wird der Kranke ruhiger; hört man damit auf, treten die Schmerzensäußerungen wieder stärker auf.

Wenn Kinder sterben ...

W.W.: Welche Unterschiede bestehen zwischen dem Tod eines Kindes und dem eines alten Menschen?

I. Bauer: Für ein Kind ist es ganz selbstverständlich, daß es nach dem Tode weiterlebt, und man kann häufig beobachten, daß das Kind selber die Angehörigen darüber hinwegtröstet, daß es die Erde verlassen wird. - Für einen alten Menschen ist dies oft nicht so, und er bedarf mehr der Hilfe als ein Kind.

W.W.: Wie sprechen Sie mit einem Kind, bei dem deutlich ist, daß es in den nächsten Tagen sterben wird?

I. Bauer: Ich erzähle ihm ein Märchen, zum Beispiel "Sterntaler", "Borstenkind" u.a., und komme dadurch mit ihm über das Leben nach dem Tode ins Gespräch; oder ich lasse das Kind selber erzählen.

Die drei Tage nach dem Tode

W.W.: Kommen wir zu den drei Tagen nach dem Tode. Was geschieht hier in Herdecke innerhalb dieser drei Tage mit der leiblichen Hülle des Verstorbenen?

I. Bauer: Wir versuchen hier in Herdecke die Größe des Todesaugenblicks dadurch im Bewußtsein zu haben, daß man sich auf der Station in Gemeinsamkeit von dem Toten verabschiedet: Nachdem man einen Toten bis zu einem gewissen Grade vorbereitet hat, ruft man die Station zusammen. Dann spricht ein Arzt, ein Pflegender oder der Priester - noch im Krankenzimmer - den Prolog aus dem Johannes-Evangelium sowie das Vaterunser. Anschließend bemühen wir uns, jeden Toten, unabhängig von seiner Weltanschauung und Konfession, drei Tage lang aufzubahren, wobei es natürlich auch von den Angehörigen abhängt, ob sie mit diesen drei Tagen überhaupt etwas verbinden können. Für viele Menschen ist ja das Leben mit dem Tode abgeschlossen, also auch für viele Angehörige, so daß sie alles daran setzen, daß ein Verstorbener möglichst rasch das Krankenhaus verläßt.

Wir streben aber an, daß jeder möglichst drei Tage aufgebahrt bleibt. Die Pflegerinnen und Pfleger werden immer wieder gebeten, zu den Verstorbenen zu gehen, um ihre Ängste vor den Toten abzubauen, denn natürlich gibt es auch in Herdecke Mitarbeiter, die nicht mit innerer Gewißheit über den Tod hinausdenken können. Wenn es aber gelingt, daß diese Menschen zu den Verstorbenen hingehen, so nehmen sie vielleicht starke Wandlungen im Antlitz eines Verstorbenen wahr und lernen die Gegenwart des Verstorbenen in diesen ersten drei Tagen ahnen. Das nimmt Pflegenden wie Angehörigen meist die Scheu vor den Verstorbenen.

W.W.: Diese Antlitzveränderung ist auf jeden Fall eine Erfahrungstatsache, die Sie immer erleben?

I. Bauer: Eine reine Erfahrungstatsache! Man kann beobachten, daß die Veränderungen und Verfallserscheinungen bei Krebskranken schneller eintreten. Ein Krebskranker hat sich vielleicht schon während der Krankheit stark von seinem Leib gelöst, so daß er sich auch nach dem Tode rascher löst. - Aus der Anthroposophie heraus kann man wissen, daß in diesen drei Tagen der Verstorbene sein ganzes Leben in großen Bildern vor sich sieht. Er weilt noch in der Nähe seines physischen Leibes.

W.W.: Welche konkrete Bedeutung hat es für den Toten, wenn man innerhalb der drei Tage an seiner leiblichen Hülle zum Beispiel Evangelien-Texte liest?

I. Bauer: Aus Patientenberichten, zum Beispiel in den Büchern von Moody, wird deutlich, daß der Sterbende, unabhängig von jeder Religion, ein Lichtwesen bzw. den Christus wahrnimmt. Die Nähe dieses Lichtwesens steigert sich noch im Todesaugenblick. Mit Hilfe dieses Wesens blickt der Verstorbene auf die eigene Biographie zurück. Liest nun jemand bei dem Verstorbenen die Evangelientexte, wird die Gegenwart dieses Wesens bekräftigt. Beide, Vorlesender und Verstorbener, wenden sich dem Christus zu und leben so in diesen drei Tagen in einem gemeinsamen Bereich.

Von seiten der Christengemeinschaft würden wir den Angehörigen raten, das Johannes-Evangelium vorzulesen. Johannes, der Evangelist, ging als Lazarus durch ein Todeserlebnis, kann also die Sprache der Toten sprechen.

W.W.: Soll man leise oder laut lesen?

I. Bauer: Das würde ich dem einzelnen Angehörigen überlassen.

Sakramentales Wirken der Christengemeinschaft

W.W.: Gehen wir noch einmal zurück zu einem sterbenden Menschen und betrachten wir das sakramentale Wirken innerhalb der Christengemeinschaft. Was bedeutet das Sakrament der Letzten Ölung für einen Sterbenden?

I. Bauer: Das Sakrament der Heiligen Ölung will eine Hilfe für das Sich-Lösen des Seelisch-Geistigen aus dem Leib sein. Einem Sterbenden, der sein Ich-Bewußtsein nicht mehr auf den physischen Leib stützen kann und wie hüllenlos wird, wird mit ihrer Hilfe eine neue Hülle gebildet. Die Worte des Sakramentes greifen die Abschiedsreden des Christus-Jesus am Gründonnerstag auf, man liest das Hohepriesterliche Gebet und zeichnet drei Kreuze auf die Stirn des Sterbenden, indem man die helfende Gegenwart des Christus herbeiruft.

Oftmals wird es notwendig, die Letzte Ölung einem Bewußtlosen zu spenden. Ich spreche ihn an und teile ihm mit, was geschehen wird. Es kann dann geschehen, daß schon während dieses Vorganges das Bewußtsein des Sterbenden noch einmal an den physischen Leib herangerufen wird und er das Bewußtsein wiedererlangt. Vielleicht führt er zum ersten Male wieder Gespräche mit seinen Angehörigen, und anschließend stirbt er. Man darf wohl sagen: Im Vorgang der Letzten Ölung erfährt das Ich des Menschen eine Stärkung. Manchmal erreicht sie auch einen Menschen, der nicht mehr zum Bewußtsein kommen kann, zum Beispiel infolge eines Gehirnschlages. Hier tritt die überraschende Erfahrung ein, daß sich der im Koma Liegende noch einmal vollständig erwärmt, was ja nichts anderes bedeutet, als daß diese Individualität noch einmal an den physischen Leib herangekommen ist.

W.W.: Was ist für Sie das Motiv, die Letzte Ölung zu spenden. Sie werden ja nicht immer in der Situation sein zu wissen: dieser Mensch wird sterben. Es kommt mit Sicherheit auch vor, daß die Letzte Ölung gegeben wird, der eine und andere aber noch für eine gewisse Zeit weiterlebt. Ab wann haben Sie die Sicherheit, daß eine Letzte Ölung zu geben ist?

I. Bauer: Zunächst versuche ich aus den Gesprächen, die ich selber mit dem Sterbenden geführt habe, aus Mitteilungen des Arztes sowie meinen eigenen Wahrnehmungen, entscheiden zu können, ob der Tod unmittelbar bevorsteht. In diesem Falle spende ich sie. Es gibt aber auch Situationen, da kann ein Mensch nicht leben und nicht sterben, und es entsteht der Eindruck, daß die Entscheidungskraft in der einen oder anderen Richtung zu unterstützen sei. In einer solchen Situation bin ich bereit, die Letzte Ölung zu vollziehen, spreche aber gegenüber dem Kranken vorher deutlich an, daß sie jetzt mehr im Sinne einer Entscheidungshilfe erteilt wird.

In Situationen, in denen ein Patient vor einer Operation steht, würde ich, sofern er es wünscht, die Kranken-Kommunion zu ihm bringen. Nur wenn dringend befürchtet werden muß, daß er die Operation nicht überlebt, vollziehe ich die Letzte Ölung.

W.W.: Nehmen wir an, ein Mensch stirbt. Was bedeutet die Aussegnung und wann wird sie vollzogen?

I. Bauer: Drei Tage nach dem Tode erfolgt der erste Teil des Bestattungsrituals, der am Orte der Aufbahrung oder an der Begräbnisstelle gehalten werden kann. Das Zurückblicken auf die Bilderwelt der eigenen Biographie klingt ab, der Verstorbene löst sich aus diesem Zusammenhang. Er beginnt seine Wanderung in die Ruhewelt des seelischen Daseins und tritt in die Geistwelt ein. Diesen Schritt begleitet die Aussegnung.

W.W.: Welche Bedeutung hat die Bestattung selbst für den Toten, also die kultische Handlung samt der Rede, die währenddessen gehalten wird?

I. Bauer: Im zweiten Teil der Bestattungsfeier, die am Orte der Beisetzung oder an der Verbrennungsstätte erfolgt, wird der physische Leib den Erdenelementen anvertraut. Dabei werden die Worte von der Auferstehung und dem Leben im Sterben aus dem Lazarus-Kapitel des Johannes-Evangeliums gesprochen. In einer kurzen Ansprache entwirft man einen zusammenfassenden Lebensrückblick und betet das Vaterunser. Die Gemeinde begleitet den Weg der ewigen Individualität des Verstorbenen dadurch, daß sie sich mit dem Gefühl der Anwesenheit Christi durchdringt.

Die kurze Ansprache während der Bestattung sollte möglichst von einem Menschen gehalten werden, der den Verstorbenen kannte. Dann besteht die Aussicht, ihn durch die Worte und den darin mitschwingenden Empfindungen zu erreichen. Im umgekehrten Falle muß der Verstorbene vielleicht "weghören".

W.W.: Sie würden in einem solchen Falle nicht sprechen?

I. Bauer: Es läßt sich immer ein Mensch finden, der den Verstorbenen persönlich kannte und zum Beispiel am Ende der Bestattungsfeier dessen Biographie darstellen kann. Ist dies einmal nicht möglich, suche ich nach Bildern, die dieses Leben beleuchten und stelle nur wenig Konkretes aus dem Lebenslauf dar.

W.W.: Also ich verstehe recht: Die kultische Handlung würden Sie halten, auch grundlegende Skizzen in der Ansprache, aber detailliert Biographisches würden Sie nicht sprechen?

I. Bauer: Genau so!

W.W.: Ist es jetzt wichtig - also bei jemandem, den Sie als Priesterin persönlich kennen - über den Toten die Wahrheit zu sprechen, also auch durchaus Unangenehmes auszusprechen? Oder soll man ihn in schönen Worten lobhudeln?

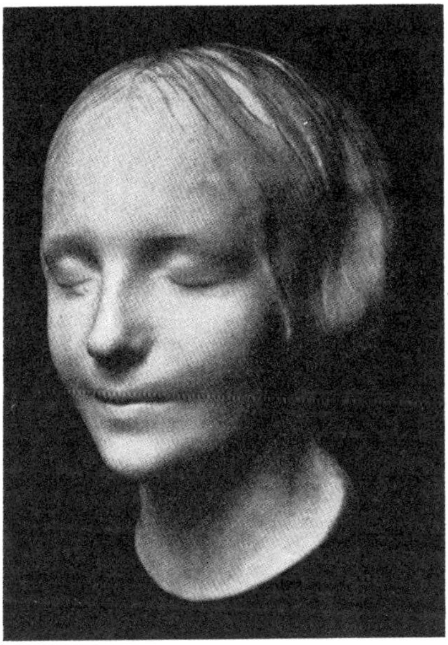

L' inconnue de là Seine
um 1910

Die unbekannte Frau von Schlettstadt
um 1100, gefunden 1892

Die Totenmaske einer jungen unbekannten Selbstmörderin, welche Anfang des Jahrhunderts aus der Seine geboren wurde, strahlte soviel an Sanftheit und Trauer aus, daß sie in den zwanziger Jahren dieses Jahrhunderts als vervielfältigter Gipsguß in Mode kam und etliche Wände dekorierte.
Im ältesten Teil der Klosterkirche von St. Fides in Schlettstadt fand man 1892 das Skelett einer Frau, die um 1100 wahrscheinlich an einer Seuche starb und aus hygienischen Gründen mit Gips und Mörtel übergossen wurde. Somit entstand nach dem Verfall des Fleisches ein Negativabdruck, dessen Positivabguß, fas 8090 Jahre später angefertigt, dieses bewegende Frauenporträt entstehen ließ.

I. Bauer: Man wird immer die Wahrheit sprechen, soweit sie der eigenen Erkenntnis zugänglich ist. Weicht man von ihr ab, so verliert man als Sprechender den Christus, der doch von sich sagt: "Ich bin der Weg, die Wahrheit und das Leben", und damit die Verbindung zum Verstorbenen! So wäre es für mich kein Hindernis, Unangenehmes auszusprechen, wenn es den Tatsachen entspricht.

W.W.: Aber es kann ja durchaus peinliche Szenen mit den Angehörigen geben, wenn die da alle bei einer Bestattung sitzen und dergleichen über den Verstorbenen hören!?

I. Bauer: Vielleicht, aber man würde natürlich behutsam sein und das allzu Persönliche nicht ansprechen.

W.W.: Hat dann dieses Wort, man solle über Tote nichts Schlechtes sprechen, überhaupt einen Sinn? Wenn sie etwas Schlechtes gemacht haben, so kann man es doch sagen?

I. Bauer: Auf jeden Fall! Doch immer so, daß es möglichst von jenseits der Todesschwelle her betrachtet wird. Man kann ja an Bösem, das in einer Biographie aufgetreten ist, schon ahnen, daß sich in der Zukunft daraus etwas ganz Neues, anderes entwickeln wird.

W.W.: Was ist die Toten-Weihehandlung, wann wird sie vollzogen und was bedeutet sie für den Verstorbenen?

I. Bauer: An einem Samstag nach der Bestattung wird eine Menschenweihehandlung für den Verstorbenen gefeiert. Wir lesen das Osterevangelium nach Markus 16, und die Angehörigen senden ihr Gebet zu Christus als dem Erwecker der Toten: In der Kraft des Vatergottes möge der Verstorbene weiterschreiten und dessen Licht ihm auf seinem Wege leuchten.

Zusammenfassend kann man sagen: Die drei Teile der Bestattungsfeier - Aussegnung, Bestattung, Toten-Weihehandlung - sind ein Abschiedskultus, der dem Verstorbenen hilft, seine Wege im nachtodlichen Bereich zu gehen.

W.W.: Warum wird die Toten-Weihehandlung gerade am Sonnabend gefeiert?

I. Bauer: Vom Tode am Kreuz bis zum Auferstehungssonntag rang der Christus mit dem Tode. Er war am Karsamstag den Toten besonders nahe. Daran knüpfen wir an, wenn wir die Menschenweihehandlung für einen Verstorbenen an einem Samstag halten.

W.W.: Würden Sie eine Toten-Weihehandlung vollziehen, wenn der Verstorbene den Kultus der Christengemeinschaft nicht oder kaum gekannt hat?

I. Bauer: Hat ein Verstorbener den Kultus der Christengemeinschaft wenig gekannt, so kann man die Angehörigen, die im Vollzuge der Weihehandlung darinnen stehen, bitten, den Verstorbenen in Gedanken immer wieder in den Kultus mitzunehmen. Eine Toten-Weihehandlung könnte dann zu einem späteren Zeitpunkt vollzogen werden.

W.W.: Gibt es Unterschiede zwischen Feuer- und Erdbestattungen?

I. Bauer: In der Erdbestattung hat der physische Leib die Möglichkeit, langsamer zu zerfallen als bei einer Verbrennung. Der Verstorbene muß sich bei der Feuerbestattung augenblicklich von seiner physischen Leiblichkeit lösen.

Wenn ein alter Mensch oder ein durch eine längere Krankheit darauf vorbereiteter jüngerer Mensch stirbt, würde ich immer die Feuerbestattung befürworten.

W.W.: Und bei Mord und Selbstmord?

I. Bauer: Ein Mensch, der abrupt durch einen Unglücksfall aus seinem Leben herausgerissen wird, kann sich nicht ohne weiteres in der geistigen Welt zurechtfinden. Er scheint noch stärker an die Erde gebunden zu sein. Hier wäre die Überlegung angebracht, ob man ihn erdbestattet.

Im Zusammenhang mit Selbstmördern machte ich eine überraschende Erfahrung: Im Krankenhaus begegnen wir immer wieder Menschen, die einen oder mehrere Selbstmordversuche hinter sich haben. Nach einer gewissen Zeit bemerkte ich plötzlich, daß jeder dieser Patienten eine Beziehung zu einem anderen Selbstmörder hatte. Seither versuche ich, bei diesen Menschen den Gedanken anzuregen, daß es nicht *ihre* Empfindungen, sondern die der Selbstmörder sind, die sie zu solch einem Schritt anregen. Gelingt dieses und betet ein Mensch für den Selbstmörder, geht der Selbstzerstörungstrieb zurück!

W.W.: Hat die konventionelle Grabpflege, also das rein äußerliche Klammern an ein Grab, ohne an eine geistige Wesenheit des Toten zu denken, sowie das ganze hohle

Pietätswesen überhaupt noch einen Sinn, oder ist es vielmehr eine Lähmung für den Toten?

I. Bauer: Wenn man sich auf die äußerliche Grabpflege beschränkt, so wird zwar der Erde, aber nicht dem Toten eine Hilfe zukommen. Erinnert sich ein Lebender während der Grabpflege an den Verstorbenen, so wird zwischen beiden eine Brücke geschlagen. Insofern hat die Grabpflege einen Sinn, ohne dadurch den Verstorbenen an die Erde zu fesseln. Allerdings kann sich ein Lebender an jedem anderen Ort den Verstorbenen vergegenwärtigen.

Die Brücke zwischen Lebenden und Toten

W.W.: Welche Beziehungen bestehen zwischen Toten und Lebenden? Wie kommt es zum Beispiel, daß man von einem guten Bekannten in dessen Todesaugenblick träumt?

I. Bauer: Auf Erden besitzt der Mensch ein Bewußtsein, das von einem Mittelpunkt ausgeht. Im Tode wandelt es sich in ein sphärisches oder Umkreisbewußtsein. So mag es sein, daß ein Sterbender einem Angehörigen gegenwärtig wird, auch wenn letzterer äußerlich weit von ihm entfernt ist.

W.W.: Haben Sie Schilderungen dieser Art hier in Herdecke gehört?

I. Bauer: Solche Erlebnisse - daß Sterbende den Lebenden erscheinen - sind eingetreten. Sie sind vergleichbar den Erlebnissen, die während des Lebens eintreten können, so zum Beispiel wenn ein Mensch plötzlich über einen anderen in Unruhe gerät, vielleicht durch einen Traum, und erst später erfährt, in welcher gefährlichen Situation sich der andere zu diesem Zeitpunkt befunden hat.

W.W.: Und wenn man von Toten träumt? Wollen sie uns etwas mitteilen oder warten sie darauf, daß wir ihnen etwas mitteilen?

I. Bauer: Beides! Das hängt vom Inhalt des Traumes ab. Mancher Angehöriger erlebt staunend, daß der Verstorbene ihn im Traume über seinen Tod tröstet. Auch gibt es Menschen, die über Jahre hinweg deutlich beschreiben können, daß der Verstorbene einen Weg geht und, je nach Aufarbeitung der eigenen Biographie das eine Mal wie hilfebedürftig ist und etwas zu erbitten scheint, das andere Mal mehr helfend für den Lebenden wirkt. Ein derartiger Traum kann also für den Lebenden eine Anregung sein, für den Verstorbenen etwas zu tun.

Wenn Kinder sterben, so habe ich erlebt, daß man nicht unbedingt von diesem Kind träumt, aber in dem Umkreis des Kindes - vielleicht im Familienzusammenhang oder darüber hinaus - ganz entscheidende Veränderungen eintreten, die die Angehörigen eindeutig als Wirkung dieses frühverstorbenen Kindes beschreiben.

W.W.: Welche Art von Wirkungen?

I. Bauer: Vielleicht gab es soziale Probleme in der Familie oder im Zusammenleben einer ganzen Hofgemeinschaft, die scheinbar unlösbar waren; vielleicht waren es auch finanzielle Probleme oder sogar Unglücksfälle, die wie aus unbekannten Zusammenhängen in eine solche Gruppe von Menschen immer wieder einschlugen - und jetzt, nach dem Tode eines Kindes, lösen sich die Probleme wie von selber.

In solchen Fällen wird wenig von Träumen gesprochen, sondern mehr von der Sicherheit: Es ist dieses Kind, das durch seinen frühen Tod das Bewußtsein der Lebenden wachgerüttelt hat, so daß diese anders im Leben stehen, andere Sinnfragen stellen und aus einem ganz anderen Bewußtsein heraus ihre Probleme lösen können.

W.W.: Was kann nun ein Lebender ganz konkret - zum Beispiel durch Vorlesen - für einen Verstorbenen tun?

I. Bauer: Wenn ein Mensch stirbt, der wenig mit der nachtodlichen Welt vertraut ist, würde man die Angehörigen anregen, Texte zu lesen, die die Welt des Geistes beschreiben. Dem Verstorbenen kommt dadurch eine Art Erkenntnishilfe zu. Sind Angehörige eng mit einem Verstorbenen verbunden und wissen um seine Biographie, so können sie sich diese biographischen Tatsachen vergegenwärtigen und daraus ihre Hilfestellungen überlegen. Dabei werden sie berücksichtigen, daß der Verstorbene seine Biographie ungefähr dreimal so rasch durchläuft wie auf der Erde. Man wird dann zu unterschiedlichen Texten, Sprüchen und Gebeten greifen.

Für Selbstmörder hat es sich bewährt, die Glaubensbekenntnisse der christlichen Kirchen zu sprechen oder bestimmte Sprüche Rudolf Steiners. Ist der Selbstmörder in der nachtodlichen Welt starker Hitze ausgesetzt, so kommt ihm von der Erde etwas Kühlend-Tröstendes zu. Erfährt er die Kälte der Einsamkeit, wird ihn die Liebe der Lebenden wärmend umhüllen. Das Glaubensbekenntnis baut an seiner Verbindung zu Christus, der durch seine Tat auf Golgatha das große Ja zu allem Erdenschicksal vollzog.

W.W.: Wie geht es nun vor sich, wenn man sich vornimmt, einem Verstorbenen etwas vorzulesen; wie oft, wie lange sollte man lesen, wie vergegenwärtigt man sich den Verstorbenen?

I. Bauer: Das hängt von den Möglichkeiten der Lebenden ab. Zunächst sollte er sich den Verstorbenen kurz vergegenwärtigen, vielleicht auch nur dadurch, daß er sich den Namen sehr deutlich bewußt macht, und dann für ihn lesen oder beten. Ist es einem Angehörigen möglich, daß er jeden Tag für einen Toten liest, wäre dies der Idealfall, ansonsten einmal pro Woche, und zwar samstags. Aufhören würde ich nach Möglichkeit nie.

W.W.: Kommt nicht irgendwann die Zeit, in der man den Toten in Ruhe lassen soll, zum Beispiel nach Ablauf eines Drittels der Lebenszeit?

I. Bauer: Wenn man sich richtig mit ihm beschäftigt, stört man ja nicht seine Ruhe! Er hat sich nach dieser Zeit von seiner persönlichen Biographie gelöst und wandert in ganz andere nachtodliche Bereiche, aber doch so, daß er jetzt frei wird, vielen Menschen auf der Erde zu helfen; ganz sicher auch den Menschen, die mit ihm schicksalsmäßig verbunden sind. Von daher ist natürlich jede Zuwendung eine Brücke, über die der Verstorbene dem Erdenmenschen helfen kann.

W.W.: Was erlebt ein Selbstmörder nach dem Tode?

I. Bauer: Er wird sicherlich durch schwierige Erlebnisse hindurchzugehen haben und bemerken, daß er sich nicht in der Art von der Erde lösen kann, wie er es sich erhoffte. Dies wird er als Schmerz und Gefesselt-Sein erleben; vielleicht auch als eine Art Bewußtseinsverdunkelung. Man muß aber wissen, daß viele Selbstmörder nicht aus einem gesunden Bewußtsein heraus handeln. Sie können also nicht voll verantwortlich für ihr Tun sein! So darf man hoffen, daß die schwierigen nachtodlichen Erlebnisse nicht allzu lange anhalten.

Arzt und Priester am Krankenbett

W.W.: Wie sehen Sie Ihr unterschiedliches und Ihr gemeinsames Wirken als Priester mit dem Arzt am Krankenbett?

I. Bauer: Der Arzt richtet seine Maßnahmen auf das Leibliche des Patienten; und treten im Leiblichen gesundende Wirkungen auf, werden sich diese im Bewußtsein zeigen. Der Priester setzt grundsätzlich am Bewußtsein an, und wenn im Bewußtsein bestimmte Klärungen und Wandlungen eintreten, können diese gesundend auf den Leib zurückwirken. Der Arzt vermittelt das Medikament, der Priester das Sakrament. - Im Gespräch werden Arzt und Priester Biographisches besprechen. Beide bemühen sich um ein Wahrnehmen und Erkennen der Individualität. Oftmals suchen sie gemeinsam für und mit dem Patienten nach Zielen, die dieser im Anschluß an den Krankheitsprozeß anstreben kann. Äußern sich Patienten über Versäumnisse und Schuld in ihrem Leben, werden Arzt und Priester versuchen, die helfende Gegenwart des Christus zu vermitteln.

W.W.: Mit Dr. Jungermann habe ich gerade darüber gesprochen, daß der Arzt heute immer in der Situation steht, niemals ganz genau zu wissen, ob ein Mensch sterben will bzw. soll oder nicht. Wir hatten da unter anderem auf das Märchen "Gevatter Tod" bezug genommen. Gibt es von Ihrer und der Seite der Ärzte Bemühungen, durch gemeinsames Schauen auf die Biographie eines Kranken zu einer Sicherheit zu kommen, ob ein Mensch sterben will oder nicht?

I. Bauer: Wir versuchen, unsere Beobachtungen zusammenzutragen und gemeinsam auf die Biographie zu blicken, zum Beispiel unter der Fragestellung: Rundet sich diese Biographie oder stehen noch Lebensaufgaben vor diesen Menschen, hat er noch Ziele zu verwirklichen? Nach einem solchen Gespräch können manche medizinische Maßnahmen zurückgenommen oder andere angesetzt werden.

Der Gevatter Tod

EIN MÄRCHEN NACH DEN BRÜDERN GRIMM

Es hatte ein armer Mann zwölf Kinder und mußte Tag und Nacht arbeiten, damit er ihnen nur Brot geben konnte. Als nun das dreizehnte zur Welt kam, wußte er sich seiner Not nicht zu helfen, lief hinaus auf die große Landstraße und wollte den ersten, der ihm begegnete, zu Gevatter bitten. Der erste, der ihm begegnete, das war der liebe Gott, der wußte schon, was er auf dem Herzen hatte, und sprach zu ihm: "Armer Mann, du dauerst mich, ich will dein Kind aus der Taufe heben, will für es sorgen und es glücklich machen auf Erden." Der Mann sprach: "Wer bist du?" - "Ich bin der liebe Gott." - "So begehr ich dich nicht zu Gevatter", sagte der Mann, "du gibst dem Reichen und lässest den Armen hungern." Das sprach der Mann, weil er nicht wußte, wie weislich Gott Reichtum und Armut verteilt. Also wendete er sich von dem Herrn und ging weiter. Da trat der Teufel zu ihm und sprach: "Was suchst du? Willst du mich zum Paten deines Kindes nehmen, so will ich ihm Gold die Hülle und Fülle und alle Lust der Welt dazu geben." Der Mann fragte: "Wer bist du?" - "Ich bin der Teufel." - "So begehr ich dich nicht zum Gevatter", sprach der Mann, "du betrügst und verführst die Menschen." Er ging weiter, da kam der dürrbeinige Tod auf ihn zugeschritten und sprach: "Nimm mich zu Gevatter." Der Mann fragte: "Wer bist du?" - "Ich bin der Tod, der alle gleich macht." Da sprach der Mann: "Du bist der rechte, du holst den Reichen wie den Armen ohne Unterschied, du sollst mein Gevattersmann sein." Der Tod antwortete: "Ich will dein Kind reich und berühmt machen, denn wer mich zum Freunde hat, dem kann's nicht fehlen." Der Mann sprach: "Künftigen Sonntag ist die Taufe, da stelle dich zu rechter Zeit ein." Der Tod erschien, wie er versprochen hatte, und stand ganz ordentlich Gevatter.

Als der Knabe zu Jahren gekommen war, trat zu einer Zeit der Pate ein und hieß ihn mitgehen. Er führte ihn hinaus in den Wald, zeigte ihm ein Kraut, das da wuchs, und sprach: "Jetzt sollst du dein Patengeschenk empfangen. Ich mache dich zu einem berühmten Arzt. Wenn du zu einem Kranken gerufen wirst, so will ich dir jedesmal erscheinen: steh ich zu Häupten des Kranken, so kannst du keck sprechen, du wolltest ihn wieder gesund machen, und gibst du ihm dann von jenem Kraut ein, so wird er genesen; steh ich aber zu Füßen des Kranken, so ist er mein, und du mußt sagen, alle Hilfe sei umsonst und kein Arzt in der Welt könne ihn retten. Aber hüte dich, daß du das Kraut nicht gegen meinen Willen gebrauchst, es könnte dir schlimm ergehen."

Es dauerte nicht lange, so war der Jüngling der berühmteste Arzt auf der ganzen Welt. "Er braucht nur den Kranken anzusehen, so weiß er schon, wie es steht, ob er wieder gesund wird oder ob er sterben muß", so hieß es von ihm, und weit und breit kamen die Leute herbei, holten ihn zu den Kranken und gaben ihm so viel Gold, daß er bald ein reicher Mann war. Nun trug es sich zu, daß der König erkrankte: der Arzt ward berufen und sollte sagen, ob Genesung möglich wäre. Wie er aber zu dem Bette trat, so stand der Tod zu den Füßen des Kranken, und da war für ihn kein Kraut mehr gewachsen. Wenn ich doch einmal den Tod überlisten könnte dachte der Arzt, er wird's freilich übelnehmen, aber da ich sein Pate bin, so drückt er wohl ein Auge zu: ich will's wagen. Er faßte also den Kranken und legte ihn verkehrt, so daß der Tod zu Häupten desselben zu stehen kam. Dann gab er ihm von dem Kraute ein, und der König erholte sich und ward wieder gesund. Der Tod aber kam zu dem

Arzte, machte ein böses und finsteres Gesicht, drohte mit dem Finger und sagte: "Du hast mich hinter das Licht geführt: diesmal will ich dir's nachsehen, weil du mein Pate bist; aber wagst du das noch einmal, so geht dir's an den Kragen, und ich nehme dich selbst mit fort."

Bald hernach verfiel die Tochter des Königs in eine schwere Krankheit. Sie war sein einziges Kind, er weinte Tag und Nacht, daß ihm die Augen erblindeten, und ließ bekanntmachen, wer sie vom Tode errettete, der sollte ihr Gemahl werden und die Krone erben. Der Arzt, als er zu dem Bette der Kranken kam, erblickte den Tod zu ihren Füßen. Er hätte sich der Warnung seines Paten erinnern sollen, aber die große Schönheit der Königstochter und das Glück, ihr Gemahl zu werden, betörten ihn so, daß er alle Gedanken in den Wind schlug. Er sah nicht, daß der Tod ihm zornige Blicke zuwarf, die Hand in die Höhe hob und mit der dürren Faust drohte; er hob die Kranke auf und legte ihr Haupt dahin, wo die Füße gelegen hatten. Dann gab er ihr das Kraut ein, und alsbald röteten sich ihre Wangen, und das Leben regte sich von neuem.

Der Tod, als er sich zum zweiten Mal um sein Eigentum betrogen sah, ging mit langen Schritten auf den Arzt zu und sprach: "Es ist aus mit dir, und die Reihe kommt nun an dich", packte ihn mit seiner eiskalten Hand so hart, daß er nicht widerstehen konnte, und führte ihn in eine unterirdische Höhle. Da sah er, wie tausend und tausend Lichter in unübersehbaren Reihen brannten, einige groß, andere halbgroß, andere klein. Jeden Augenblick verloschen einige, und andere brannten wieder auf, also daß die Flämmchen in beständigem Wechsel hin und her zu hüpfen schienen. "Siehst du", sprach der Tod, "das sind die Lebenslichter der Menschen. Die großen gehören Kindern, die halbgroßen Eheleuten in ihren besten Jahren, die kleinen gehören Greisen. Doch auch Kinder und junge Leute haben oft nur ein kleines Lichtchen." - "Zeige mir mein Lebenslicht", sagte der Arzt und meinte, es wäre noch recht groß. Der Tod deutete auf ein kleines Endchen, das eben auszugehen drohte, und sagte: "Siehst du, da ist es." - "Ach, lieber Pate", sagte der erschrockene Arzt, "zündet mir ein neues an, tut mir's zuliebe, damit ich meines Lebens genießen kann, König werde und Gemahl der schönen Königstochter." - "Ich kann nicht", antwortete der Tod, "erst muß eins verlöschen, eh ein neues anbrennt." - "So setzt das alte auf ein neues, das gleich fortbrennt, wenn jenes zu Ende ist", bat der Arzt. Der Tod stellte sich, als ob er seinen Wunsch erfüllen wollte, langte ein frisches großes Licht herbei: aber weil er sich rächen wollte, versah er's beim Umstecken absichtlich, und das Stückchen fiel um und verlosch. Alsbald sank der Arzt zu Boden und war nun selbst in die Hand des Todes geraten.

Die "Totentanzbilder" von Hans Holbein d.J.

Gudrun Hofrichter

Adam und Eva im Paradies

Das Rätsel des Todes und die Suche nach dem Sinn des Sterbens inspirierten den Menschen schon in den ältesten Zeiten zu künstlerischen Gestaltungen. Dennoch gibt es Epochen in der Menschheitsgeschichte, wo das Thema "Mensch und Tod" eine hervorragende Rolle einnimmt. Nachdem in der frühen christlichen Kunst die Gestalt des Todes auffallend wenig zur Geltung kam, beginnt dieses Thema im Hochmittelalter die Menschen in besonderem Maße zu beschäftigen. Es sind dies die Jahrhunderte, in denen die Pest unter den Menschen in weiten Teilen Europas wütete. Der "Schwarze Tod" raffte im Jahre 1348 allein in Florenz innerhalb eines halben Jahres von 100.000 Einwohnern 60.000 Menschen hinweg.

Dieses ungeheure Erlebnis des plötzlichen Sterbens vieler Verwandter und Freunde veranlaßte unter anderem ein neues Verhältnis zum Tod: viele Künstler setzten sich durch die unmittelbare Konfrontation mit dem "Würger Tod" auseinander. Es entstanden nördlich der Alpen die "Totentänze", die nach der Pest als Fresken in Klöstern und an Kirchhofsmauern erschienen und die später, nach der Erfindung des Buchdrucks, in Form von Grafiken gestaltet wurden. Die thematischen Quellen des Totentanzes sind einerseits in der volkstüm

Vßtribung Ade Eue.

Die Austreibung aus dem Paradiese

Adam bawgt die erden.

Adam baut die Erde

Der Künig.

Der König

Der Bapst.

Der Papst

Der Ackerman.

Der Ackersmann

Der Sterndeuter

lichen Vorstellung vom Tanz der Toten um Mitternacht sowie in den Vado-mori-Gedichten (mit den immer gleichen Anfangs- und Schlußsätzen "Ich gehe sterben") als auch in den Legenden mit Todesthematik zu sehen. Als direkter oder indirekter Vorläufer der Totentanzdarstellung kann die Legende von den drei Lebenden und den drei Toten gesehen werden. In der Legende wird erzählt, wie drei Könige oder auf der Jagd befindliche Ritter sich plötzlich vor den offenen Gräbern dreier verstorbener Vorgänger befinden, die in unterschiedlichem Verwesungsstadium als Muskelmann, als zum Teil verweste Mumie und als Skelett einen schrecklichen Anblick bieten. Den drei erschrockenen Lebenden rufen sie zu: "Was Ihr seid, das waren wir, was wir sind, das werdet Ihr sein."

Verschiedene Aspekte prägen die Todesvorstellung des spät-mittelalterlichen Todestanzes: Die Gleichheit aller Menschen vor dem Tode, die Vorstellung der Vanitas und der Memento-mori-Gedanke ("Gedenkt des Todes"). Zusammen mit den Sterbebüchlein, die etwa zur gleichen Zeit entstanden, wurden die Totentanzbilder zum Zwecke der Belehrung verbreitet. Der älteste noch vollständig erhaltene Totentanzbilderbogen stammt erst aus der Zeit des Buchdruckes (um 1490 hergestellt).

Mit den Holzschnitten Hans Holbeins d.J. (1497/98 - 1543) beginnt eine ganz neue individuelle Art der Darstellung des Totentanzes. Nicht mehr der Rund- und Reihentanz - sprich Reigen - der Totenskelette mit den Verstorbenen stand nun im Vordergrund, sondern der individuelle Tod, den jeder, der Junge und der Alte, der Arme und der Reiche, gleichermaßen erleiden muß. Jedermann wird in seinem spezifischen Stand dargestellt. Wesentlich ist, daß mit dem Totentanz von Holbein der Tod handelnd an dem Tun und Treiben der Menschen teilnimmt, als Freund und als Feind, je nachdem wie die Menschen sind. Der Tod wird ausgesandt, um die Lebendigen zu holen. Oft gibt Holbein dem Tod die passende Tracht. Beim Papst ist er ein Kardinal, beim Bauern trägt er ein einfaches Gewand.

Den Eingang in Holbeins Bilderzyklus bildet der Mythos des Einzuges des Todes in die Menschheitsentwicklung; mit der Erschaffung der Eva, dem Sündenfall, der Vertreibung aus dem Paradies und dem Menschen als Bebauer der Erde.

Danach folgt eine lange Schilderung des Lebens aller Stände, in das der Tod eingreift. - Den Abschluß bildet das Jüngste Gericht.

Holbeins Bilderzyklus wirkt trotz der kleinen Bildgröße monumental gewaltig. Es ist an dieser Stelle nur möglich, einen kleinen Eindruck durch die geringe Anzahl von Bildern zu vermitteln. Aber an jedem einzelnen Bild wird deutlich, daß mit sparsamen Mitteln eine große Aussage gemacht werden kann.

Der Narr

Gebein aller Menschen

Literatur:

Dietrich Brisemeister: Bilder des Todes. Unterschneidheim 1970.

C. Helmuth (Hg.): Hans Holbein, Der Todtentanz oder der Triumpf des Todes. Magdeburg 1836.

Rendezvous mit Einstein

Dino Buzzati*

An einem späten Nachmittag des verflossenen Monats Oktober ging Albert Einstein, nach einem arbeitsreichen Tag, allein in den Straßen von Princeton spazieren. Mit einem Male stieß ihm etwas Ungewöhnliches zu. Während nämlich seine Gedanken gleich einem Hündchen, das man von der Leine gelassen hat, bald dahin und bald dorthin schweiften, begriff er plötzlich ohne jede äußere Ursache das große Geheimnis, um das er ein ganzes Leben lang gerungen hatte. Mit einem Schlag sah Einstein rings um sich den sogenannten gekrümmten Raum und konnte darin gewissermaßen herumblättern wie ihr in diesem Buche.

Man sagt im allgemeinen, daß es uns nie gelingen wird, die Krümmung des Raumes zu erfassen, seine Länge, Breite und Tiefe und dazu noch eine geheimnisvolle vierte Dimension, deren Existenz bewiesen ist, die sich aber dem Menschengeschlecht versagt. Sie gleicht einer Mauer, die uns einschließt, gegen die der Mensch im Sattel seines Verstandes immer wieder anreitet und an der er sich wundschlägt. Nicht Pythagoras, nicht Platon und nicht Dante wären imstande, diese Mauer zu durchdringen, denn die Wahrheit ist größer als wir.

Andere wiederum behaupten, es sei doch möglich - nach Jahren und Jahren des Bemühens und mit einer gigantischen Anstrengung des Gehirns. Der oder jener einsame Gelehrte - mitten im Wahn der Welt, zwischen rauchenden Zügen und Hochöfen, während Millionen im Krieg zugrunde gingen und während im Dämmer des Stadtparks Liebespaare einander küßten - der oder jener einsame Gelehrte soll, so sagt die Legende, mit heroischem Geistesaufwand dahingelangt sein, einen Blick in den gekrümmten Raum zu tun, vielleicht nur für wenige Sekunden, so als hätte er sich über einen Abgrund gebeugt und sei sofort wieder von ihm zurückgerissen worden.

Aber wenn dies geschah, so geschah es in der Stille, und niemand feierte den Waghalsigen. Keine Fanfaren, keine Interviews, keine Verdienstmedaillen. Denn das war ein ganz persönlicher Triumph dessen, der sagen konnte: "Ich habe den gekrümmten Raum erfaßt." Weder mit Dokumenten noch mit Fotografien oder auf sonst irgendeine Weise ließ sich ein Beweis für die Wahrheit dieser Behauptung erbringen.

Doch wenn ein solcher Augenblick herankommt, wenn der Gedanke mit äußerster Anstrengung durch einen schmalen Spalt in das für uns verschlossene Universum eindringt, wenn, was bisher eine tote, in uns geborene und herangewachsene Formel gewesen ist, zu unserem eigentlichen Leben wird: Oh, dann lösen sich mit einem Male unsere dreidimensionalen Beklemmungen, und wir fühlen uns - Herrlichkeit des Menschen! - eingetaucht und schwebend in einem Etwas, das der Ewigkeit sehr ähnlich ist.

All dies widerfuhr dem Professor Albert Einstein an einem wunderschönen Oktoberabend, während der Himmel wie aus Kristall war, da und dort die Straßenbeleuchtung aufflammte und mit dem Planeten Venus wetteiferte und das Herz, dieser seltsame Muskel, das Wohlwollen Gottes genoß. Und obgleich er ein weiser Mann war, dem der Ruhm nichts ausmachte, empfand er sich in dieser Sekunde doch als außerhalb der Herde, gleich einem

*Entnommen aus: Dino Buzzati, Des Schicksals roter Faden. Autorisierte Übersetzung aus dem Italienischen von Percy Eckstein und Wendla Lipsius, Stuttgart 1955. Der Abdruck erfolgt mit freundlicher Genehmigung des Bernhard Tauchnitz Verlages.

Armen unter Armen, der plötzlich entdeckt, daß seine Taschen mit Gold angefüllt sind. Also bemächtigte sich seiner ein Gefühl des Stolzes.

Aber sogleich, wie um ihn zu strafen, entschwand jene geheimnisvolle Wahrheit ebenso rasch, wie sie gekommen war. Jetzt bemerkte Einstein, daß er sich an einem Ort befand, den er noch nie zuvor gesehen hatte. Das heißt, er ging eine lange Straße entlang, die nur von Hecken eingefaßt war, ohne Häuser, ohne Villen, ohne Baracken. Einzig eine mit schwarzen und gelben Streifen versehene Tankstelle erhob sich dort, auf der eine gläserne Kugel leuchtete. Daneben saß auf einer Holzbank ein Neger und wartete auf Kundschaft. Er trug einen Overall, und auf dem Kopf hatte er eine rote Baseball-Mütze.

Kaum war Einstein an ihm vorübergegangen, als der Neger sich erhob, auf ihn zutrat und ihn ansprach. "Herr", sagte er. Jetzt, da er stand, wirkte er übergroß, schön mit seinen afrikanischen Gesichtszügen und im ganzen eher gewaltig. Durch die blaue Dämmerung leuchtete sein weißes Lächeln.

"Herr", sagte der Neger, "haben Sie Feuer?", und er wies einen Zigarettenstummel vor.

"Ich rauche nicht", antwortete Einstein, der erstaunt stehengeblieben war.

Darauf der Neger: "Wollen Sie mir nicht einen Drink bezahlen?" Hochgewachsen war er, jung und wild.

Einstein suchte vergebens in seinen Taschen: "Ich weiß nicht ... Ich habe kein Geld bei mir ... Ich bin nicht gewöhnt ... Es tut mir wirklich leid ..." Und er wandte sich zum Gehen.

"Nichts für ungut", sagte der Neger. "Aber ... entschuldigen Sie ..."

"Was willst du denn noch?" fragte Einstein.

"Ich habe mit Ihnen zu sprechen. Deshalb bin ich da."

"Mit mir? Aber wieso...?"

Der Neger sagte: "Ich habe mit Ihnen etwas ganz Geheimes zu besprechen. Ich kann es Ihnen nur ins Ohr sagen." Seine Zähne leuchteten noch heller als zuvor, denn inzwischen hatte sich die Finsternis herabgesenkt. Jetzt neigte er sich zu Einsteins Ohr nieder: "Ich bin der Teufel Iblis", flüsterte er, "ich bin der Todesengel und muß deine Seele mitnehmen."

Einstein wich einen Schritt zurück. "Ich habe den Eindruck", sagte er mit harter Stimme, "daß du zuviel getrunken hast."

"Ich bin der Todesengel", wiederholte der Neger. "Sieh her."

Er trat auf die Hecke zu, riß einen Zweig ab, und in wenigen Sekunden verfärbten sich die Blätter, vertrockneten, wurden grau. Der Neger blies darauf. Und alles - Zweig, Blätter und Stengel - flog als feiner Staub davon.

Einstein senkte den Kopf: "Also ist es soweit? Aber gerade heute abend, hier, mitten auf der Straße?"

"Das ist mein Auftrag."

Einstein sah sich um, aber nirgends war ein lebendes Wesen zu erblicken. Ausgestorben die Straße mit ihren brennenden Lampen. Ganz weit hinten an der Kreuzung waren die Lichter von Autos zu erkennen. Einstein blickte auch zum Himmel empor, der hell war und in dem alle Sterne an der rechten Stelle standen. Gerade jetzt ging die Venus unter.

Einstein sagte: "Hör mich an - laß mir noch einen Monat Zeit. Du bist gerade jetzt gekommen, während ich eben im Begriffe bin, meine Arbeit zu vollenden. Ich bitte dich nur um einen Monat."

"Das, was du entdecken willst", sagte der Neger, "das wirst du sofort wissen, wenn du mit mir gehst."

"Das ist nicht dasselbe. Welchen Wert hat das, was wir drüben ohne jede Anstrengung erfahren? Meine Arbeit ist wichtig. Ich bin seit dreißig Jahren mit ihr beschäftigt, und jetzt fehlt mir nur noch ganz wenig..."

Der Neger grinste. "Einen Monat hast du gesagt?... Aber versuche nicht, dich vor mir zu verstecken, wenn dieser Monat um ist. Auch wenn du in das tiefste Bergwerk flüchtest, würde ich dich sogleich zu finden wissen."

Einstein wollte noch eine Frage stellen, aber der Neger hatte sich bereits in Nichts aufgelöst.

Ein Monat ist lang für den, der einen geliebten Menschen erwartet, doch sehr kurz für den, hinter dem der Todesengel steht. So verging dieser Monat wie in einem Atemzug, und am Abend fand sich Einstein am vereinbarten Orte ein. Da war die Tankstelle wieder und die Bank mit dem Neger; nur daß der jetzt über dem Overall einen alten Militäranzug trug. Es war kalt in dieser Nacht.

"Da bin ich", sagte Einstein und legte ihm die Hand auf die Schulter.

"Und deine Arbeit? Ist sie fertig?"

"Sie ist nicht fertig", erwiderte der Gelehrte traurig. "Laß mir noch einen weiteren Monat! Ich schwöre dir, das genügt mir. Diesmal bin ich sicher, daß ich fertig werde. Glaube mir, ich habe Tag und Nacht gearbeitet, aber die Zeit reichte nicht. Jetzt fehlt mir nur noch ganz wenig."

Ohne sich umzuwenden, zuckte der Neger mit den Achseln. "Alle seid ihr gleich, ihr Menschen. Nie zufrieden. Auf den Knien fleht ihr um Aufschub, und immer habt ihr eine Ausrede..."

"Aber es ist eine schwierige Arbeit, mit der ich beschäftigt bin. Noch nie hat ein Mensch..."

"Ich weiß, ich weiß", gab der Todesengel zurück. "Du suchst den Schlüssel zum Universum, nicht wahr?"

Beide schwiegen. Es war eine nebelige Winternacht, eine von jenen Nächten, in denen man ungern aus dem Hause geht.

"Nun?" fragte Einstein.

"Nun, dann geh... Aber ein Monat ist rasch um."

Er war sehr rasch um, dieser Monat. Noch nie hatte die Zeit so gierig vier Wochen verschlungen. Ein eisiger Wind wehte an jenem Dezemberabend und ließ die letzten, vergilbten Blätter auf dem Asphalt rascheln. Unter der Baskenmütze flatterte die weiße Mähne des Gelehrten. Wieder stand da die Tankstelle, und neben ihr saß der Neger, eine Pelzhaube auf dem Kopf, zusammengekauert, als schliefe er.

Einstein trat auf ihn zu, berührte zögernd seine Schulter. "Da bin ich."

Der Neger zog den Mantel enger um sich und klapperte vor Kälte mit den Zähnen.

"Du bist's?" - "Ja, ich bin's" - "Also fertig?" - "Ja, Gott sei Dank, ich bin fertig!" - "Ist der große Kampf beendet? Hast du gefunden, was du suchtest? Hast du das Universum entschlüsselt?"

Einstein hüstelte. "Ja", sagte er scherzend. "In gewissem Sinn ist das Universum jetzt in

Ordnung.''

''Also kommst du? Bist du bereit zu reisen?''

''Gewiß. Das war ja abgemacht.''

Plötzlich sprang der Neger auf und lachte, wie nur ein Neger lachen kann. Dann stieß er seinen Finger in Einsteins Magen, so daß dieser beinahe hintenüberfiel.

"Geh! Geh, alter Narr... Laufe nach Hause, daß du dir nicht eine Lungenentzündung holst. Ich habe nichts mehr mit dir zu tun.''

"Du läßt mich? ... Wozu dann diese Geschichten?"

"Wichtig war nur, daß du deine Arbeit beendetest. Nichts anderes. Und dazu habe ich es gebracht ... Weiß Gott, wenn ich dir nicht diese Angst eingeflößt hätte, du hättest noch und noch dazu gebraucht.''

"Meine Arbeit? Was kümmert dich meine Arbeit?"

Der Neger lachte. "Mich kümmert sie nicht. Aber ich habe meine Vorgesetzten dort unten, die Oberteufel. Und sie sagen, daß schon deine ersten Entdeckungen ihnen äußerst nützlich gewesen sind... Du kannst nichts dafür, aber das ist so. Ob es dir nun recht ist oder nicht, lieber Professor, die Hölle hat von dir große Vorteile gehabt. Und jetzt rechnet man dort auf deine neuen...''

"Unsinn!" sagte Einstein gereizt. "Was gibt es Unschuldigeres auf der Welt? Kleine Formelchen, reine Abstraktionen, harmlos, zwecklos..."

''Bravo!'' schrie Iblis und stieß ihm neuerdings den Finger in den Magen. "Bravo! Glaubst du denn wirklich ... man hätte mich für nichts und wieder nichts ausgeschickt? Die dort unten hätten sich geirrt ... meinst du das im Ernst? Nein, nein. Du hast ausgezeichnet gearbeitet. Die Herren dort unten werden hochbefriedigt sein ... Oh, wenn du wüßtest...!''

"Wenn ich was wüßte?"

Doch der andere war bereits verschwunden. Weder von der Tankstelle war etwas zu sehen noch von der Holzbank. Nur der Wind wehte durch die Nacht, und in der Ferne schimmerten die Lichter der Autos. In Princeton, New-Jersey.

Ein ordnungsgemäßer Abschluß des Lebens

Ein Gespräch mit dem Bestattungsunternehmer Peter Berg von Dr. Ekkehard Krüger

Das Unternehmen "Pietät" wurde 1894 von Friedrich Berg in Flensburg gegründet. Friedrich Berg (I.) hat sich damals gleich auf das Bestattungswesen konzentriert. Das Unternehmen ist das älteste dieser Art in Flensburg. Als ich die dezent ausgestatteten Räume des Unternehmens betrat, erwartete ich, von einem würdigen, älteren Herrn mit Jahrzehnte alten Trauerfalten im Gesicht empfangen zu werden. Stattdessen trat mir ein junger Mann - wie sich später herausstellte - von 28 Jahren entgegen. Ich fragte nach dem Chef Peter Berg. "Der bin ich selbst." Im Jahre 1982 hat Peter Berg mit 22 Jahren das Unternehmen in der vierten Generation nach dem plötzlichen Tod seines Vaters, Friedrich Berg (III.) übernommen (sein älterer Bruder, Friedrich Berg (IV.), wollte lieber als Handwerker weiterarbeiten). Peter Berg ist nach Schulzeit, Bundeswehr und einem einjährigen Praktikum bei einem Kieler Bestattungsunternehmen in die entstandene Lücke gesprungen. Heute teilt er sich mit seiner Frau die Firmenleitung, den Innendienst und die Kontakte zu den Behörden. Er beschäftigt darüber hinaus fünf festangestellte Mitarbeiter.

Gesetzliche Regelungen

Dr. Ekkehard Krüger: Was mich als erstes interessiert, sind die gesetzlichen Regelungen: Muß man eigentlich den Leichnam sofort aus dem Haus geben, wenn jemand verstorben ist?

Peter Berg: Nein. Es gibt vom Land Schleswig-Holstein eine sogenannte Polizei-Verordnung, das ist ein Landesgesetz, welches bei uns die Dinge regelt. Diese Polizei-Verordnung sieht vor, daß innerhalb von 36 Stunden nach dem Tode jemand, der verstorben ist, in eine - schlimmes Wort - öffentliche Leichenhalle überführt werden muß; dazu gehören Friedhofseinrichtungen, Krematorien und auch Krankenhäuser.

Wenn nun jemand zu Hause verstirbt und die Angehörigen möchten gern zu Hause von ihm Abschied nehmen, bleibt er entweder in seinem Sterbebett, oder wir kommen und sargen ihn ein. Und dann dürfte er in der Regel nur 36 Stunden nach dem Tode zu Hause bleiben.

Nun kann man telefonisch und schriftlich beim Ordnungsamt beantragen, diese Frist bis zur Beisetzung zu verlängern, wobei das in der Regel nicht länger als 48 Stunden, höchstens drei Tage sein sollte, um den natürlichen Veränderungen entgegenzukommen.

E.K.: Spielt dabei auch die Seuchengefahr eine Rolle?

P. Berg: Ja. Die Polizei-Verordnung sieht vor, wenn jemand doch länger zu Hause aufgebahrt werden soll, daß diese Ausnahmegenehmigung beim Ordnungsamt beantragt werden muß. Dieses nimmt Kontakt mit dem Arzt auf, der den Tod festgestellt hat. Es wird geklärt, welche Ursachen vorlagen, Krankheiten, Infektionen und dergleichen. Danach wird entschieden, ob dieser Verlängerung zugestimmt wird oder nicht.

Veränderungen des Leichnams

E.K.: Sie haben eben von natürlichen Veränderungen des Leichnams gesprochen. Wie stellt sich das denn für Sie dar?

P. Berg: Natürliche Veränderungen sind in diesem Bereich immer anzutreffen. Ich gehe mal mehr auf die biologischen Vorgänge ein. Gehen wir davon aus, daß jemand zu Hause eines natürlichen Todes stirbt, jemand der das normale Sterbealter erreicht hat, so Mitte 70, Anfang 80. Da jetzt der Kreislauf nicht mehr arbeitet, setzt sich das Blut an den tiefergelegenen Stellen des Körpers ab und sammelt sich dort. Dann tritt oft eine bläuliche Färbung auf - an den Fingerspitzen zum Beispiel, an den Beinen, auf dem Rücken -, die aber erst nach zwei bis drei Tagen ersichtlich wird. Das sind die ersten Anzeichen; wenn sie zu bemerken sind, spricht man mit den Angehörigen, von denen eine offene Aufbahrung gewünscht wurde, daß man den Sarg jetzt lieber schließen sollte. Denn wenn dieses Stadium erreicht ist, treten auch die - schlimmes Wort - Verwesungserscheinungen an dem Verstorbenen auf, die sich nicht vermeiden lassen. Diese Verwesungserscheinungen stellen sich dar in Flüssigkeiten, die austreten, in Gerüchen, die bemerkbar werden und für unsere Sinnesorgane nicht mehr schön sind.

Auch das Aussehen verändert sich: Wenn jemand eine Woche im Hause liegt, in der natürlichen Umgebung, dann ist es in der Regel so, daß er nicht mehr schön anzusehen ist, weil die Muskeln, das Gewebe erschlaffen. Dann verändert sich ein Mensch und man erkennt ihn oft nicht wieder.

E.K.: Nach der anthroposophischen Auffassung ist es so, daß das geistige Wesen, das in dem Körper gelebt hat, etwa drei Tage in der Nähe des Leichnams verbleibt, und daß so lange auch noch Lebenskräfte in dem Leichnam anwesend sind (also das, was normalerweise Gesundheit und Krankheit regelt). Das würde sich in etwa mit den Beobachtungen decken, die Sie geschildert haben. Ich möchte Ihnen gern ein Gedicht von Rudolf Meyer vorlesen, in dem der Vorgang tiefergehend beschrieben ist:

So lag er da, vom Todeskampf erschlafft,
Die Augen wie nach innen aufgeschlossen,
Von Mühsal noch die Züge leis umflossen,
Die sich im Erdendienst so streng gestrafft.

Doch sanfte Hände modelten zur Nacht
Das Antlitz neu. Es füllte sich mit Staunen,
Als wollte es von Rätseldingen raunen,
Die sich enthüllen dem, der aufgewacht.

Am andern Tage sah man um den Mund
Das Lächeln spielen wie von einem Kinde,
Als ob er ein Geliebtes wiederfinde
Und dran genese bis zum Herzensgrund.

Dann wich auch dies. Er harrte unbewegt
Und hingegeben jenem letzten Ernst -
Nur noch verweilend, daß du schauend lernst:
Wie es der Geist ist, der den Körper prägt.

(Rudolf Meyer)

P. Berg: Soweit ich das Gedicht verfolgen konnte, spiegelt es das wider, was wir in unserer täglichen Arbeit auch bemerken: daß diese drei bis vier Tage eine Schwelle sind innerhalb der natürlichen Vorgänge nach dem Ableben eines Menschen. Man kann sagen, nach dem dritten, vierten Tag - das variiert - ist der Verstorbene nicht mehr der, der er vorher war, und man sollte wirklich sehen, daß jemand, der Abschied nehmen möchte, dies innerhalb der Drei- bis Vier-Tagefrist tut.

Nun gibt es aber auch die Fälle, in denen jemand durch eine Infektion oder eine Vergiftung stirbt; dann treten die Veränderungen schneller auf. Diese treten ebenfalls schneller auf, wenn jemand an Krebs gestorben und vorher massiv durch Bestrahlung und Medikamente behandelt worden ist. Diese Medikamente arbeiten im Körper nach dem Ableben noch weiter. Die chemischen Prozesse, die noch im Körper ablaufen, beschleunigen somit oft die Veränderung.

Der Bestatter und die Hinterbliebenen

E.K.: Wie erleben Sie als Bestattungsunternehmer den Kontakt mit den Angehörigen. Sind Sie da als Psychiater gefordert oder als Psychotherapeut...?

P. Berg: Nein - da wären wir überfordert. Bei uns besteht die Schwierigkeit darin, uns nach dem bei uns eingegangenen Anruf der Familie auf diesen Personenkreis einzustellen. Wir wissen ja in der Regel nicht: Wer ist das? Welche Verhältnisse liegen vor? Wir müssen jetzt versuchen, dieses Objekt "Bestattung" dort gerecht und vernünftig anzubringen. Damit meine ich, daß man die Wünsche der Angehörigen erfüllt - so daß sie auch noch in zehn Jahren sagen können: "Das ist genau das gewesen, was der Verstorbene und wir uns vorgestellt hatten." Wir müssen die Bestattung finanziell angemessen durchführen, also weder zu günstig noch zu aufwendig - man sagt auch "standesgemäß".

Der Umgang in diesem Gespräch ist verschieden: Wenn jemand stirbt, der 80, 90 Jahre alt geworden ist, dann kann man mit dessen Angehörigen auch über das vergangene Leben sprechen. Man muß sich nicht nur auf das Thema Bestattung beschränken. Wenn jemand Jüngeres stirbt, egal ob es ein Kind ist oder jemand, der aktiv im Leben gestanden hat, dann ist die Schockreaktion in der Regel so groß, daß man das Gespräch nur auf die Bestattung beziehen kann; also darauf, welche Formalitäten zu bedenken sind, Papiere, Urkunden,

Versicherungen, Abwicklung mit den Behörden, Vorbereitung der Trauerfeier und Beisetzung usw.

E.K.: Das ist dann das einzige, wofür die Fassung der Angehörigen reicht, und, wenn das Gespräch näher an den Verstorbenen selbst kommt, dann bricht diese Fassung zusammen?

P. Berg: Ja, man erreicht dann eine Schwelle, eine Situation, in der die Unmittelbarkeit der Erinnerung wieder da ist und der Verlust so akut gespürt wird, daß die Menschen in sich zusammenbrechen. Man hat dann keine Möglichkeit mehr, das Gespräch fortzusetzen. Man muß deshalb versuchen, das Gespräch auf einer Ebene zu führen, wo beide Seiten sich halten können und beide Seiten auch noch vernünftig und klar denken können.

E.K.: Ist die Entscheidungsfähigkeit der Angehörigen im Vergleich zur 'normalen' Lebenssituation herabgesetzt? Muß man sehr vorsichtig sein, um die Angehörigen nicht zu überfahren - im eigenen Interesse...?

P. Berg: Ja.

E.K.: ...oder kann es auch dazu führen, daß man aus zu großer Zurückhaltung unterhalb dessen bleibt, was die Angehörigen eigentlich wollen? Da gibt es wahrscheinlich eine Bandbreite der Möglichkeiten, die schwer zu ermessen ist?

P. Berg: Wir sind auf der einen Seite Kaufleute und auf der anderen Bestatter. Man muß in einer Bestattungsberatung auf die Wünsche der Angehörigen eingehen. Das heißt, wenn jemand einen Wunsch an mich heranträgt, muß ich ihn über die Folgen aufklären. Ich muß über die finanzielle Seite aufklären und mit ihm offen darüber sprechen. Ich mun nun auch eine Reihe sachlicher Fragen stellen, die aufgrund der Abwicklung bei den Behörden heutzutage unabwendbar sind: nach persönlichen Urkunden, nach Wünschen betreffs des Grabes, wo das Grab liegen und ob es eine Erd- oder Feuerbestattung sein soll. Das sind viele Fragen, und das Problem ist oft, daß die Menschen sich zeitlebens darüber keine Gedanken gemacht haben.

Wir erleben immer noch ältere Ehepaare, die 50, 60 Jahre verheiratet sind und das Thema "Tod" nie angeschnitten haben. Wenn dann ein Ehepartner herausgerissen wird, ist der andere hilflos und weiß nicht, was der Verstorbene gewünscht hat. Man sollte generell einmal im Leben gefühlsfrei die gewünschte Bestattungsregelung besprechen und Vorsorge treffen. In dem Moment des Todes eines nahen Angehörigen, ist man mit Gefühlen belastet und nicht mehr derjenige, der man noch einen Tag vorher gewesen ist. Ein Mann kann große Verhandlungen führen, Millionengeschäfte tätigen, aber wenn die Ehefrau stirbt, ist auch ein solcher Mensch oft wie ein kleines Kind. Die Menschen wissen oft nicht, wohin sie sollen, und haben in der Regel keinerlei Erfahrung mit dem Tode.

E.K.: Ich denke mir, daß da auch eine große Mühe eine Rolle spielt, weil man es dem Verstorbenen recht machen möchte, aber nicht weiß, was der eigentlich wollte.

P. Berg: So ist es. Wenn jemand eine Bestattung durchführen muß und mit dem Partner vorher nicht darüber gesprochen hat, welche Form der Bestattung gewünscht wird, dann taucht hinterher immer die Frage auf: "Habe ich es in seinem Sinne getan?" Man sollte seinem Partner, seinen Kindern oder anderen nahestehenden Menschen sagen: "Wenn mir etwas passiert, liegen meine Unterlagen da und da." Und dann sollte etwas über die Form der Bestattung beiliegen, ein Wunsch, eine Liste. Denn nichts ist für die Hinterbliebenen schlimmer, als in dieses große Loch hereinzukommen: "Ich weiß gar nicht, was sie (oder er) wollte." Jeder Mensch hat sich irgendwann einmal Gedanken gemacht, Beispiele gesehen von Erdbestattungen oder Feuerbestattungen, und sich gesagt: "So möchte ich's auch haben", oder: "So möchte ich's nicht haben."

Wir Bestatter leben dann im Konflikt, wenn die Angehörigen Wünsche äußern, eine Richtung angeben, bei den vielen Einzelheiten, die geregelt werden müssen, den richtigen Weg zu halten. Man kann Angehörige in diesem Moment sehr leicht überfordern. Da ist es in unserer Situation geboten alles miteinander abzustimmen, was man klären kann. Natürlich sollte man möglichst viel klären, denn nichts ist schlimmer, als wenn nach dem Gespräch noch viele Fragen offen sind ...

E.K.: Haben Sie da so eine "Checklist"?

P. Berg: Ja, früher war das einfacher, denn früher war der Verwaltungsaufwand bei uns lange nicht so groß.

Arbeitsgänge des Bestatters

Die Formulargestaltung sieht so aus, daß wir einmal die notwendigen Fragen stellen, die wir für die Bearbeitung brauchen und gleichzeitig auch für das Standesamt, Friedhofsamt, Gesundheitsamt usw. verwenden. Dann haben wir für uns eine "Kontrolliste" - intern hier im Betrieb -, die derjenige, der die Beratung durchgeführt hat, anschließend im Büro ausfüllt: Was muß an Formularen ausgefüllt werden? Überführung? Vorbereitung? Trauerfeier? Termine? Orgel? Gesang? Die Vermittlung eines Geistlichen oder die Vermittlung eines Redners für die Trauerfeier?

Das sind Dinge, die uns anvertraut werden und die wir regeln müssen. Das muß klappen. Denn wenn etwas schiefgeht, bleibt alles in der Erinnerung der Leute vorhanden. Wir müssen noch viel korrekter arbeiten als andere. Deshalb haben wir diese internen Kontrollisten und bearbeiten sie zu zweit, um die Gedanken zu vertiefen.

Wenn wir etwas vergessen haben oder nicht fragen konnten, weil es einfach nicht ging, melden wir uns am nächsten oder übernächsten Tag wieder und weisen auf das hin, was noch geregelt werden müßte. Oder wir sagen in der Woche nach der Trauerfeier, was noch zu regeln wäre, zum Beispiel Rentenanträge, Abräumen der Blumen von der Grabstätte, Termine für die Urnenbeisetzung, falls sie ansteht, Danksagungen usw.

E.K.: Dann hört für Sie das Geschäft mit der eigentlichen Trauerfeier gar nicht auf? Ist das nur ein erster Höhepunkt und geht es eventuell noch wochenlang weiter, bis so ein Fall wirklich abgeschlossen ist?

P. Berg: So ist es. Denn nach der Trauerfeier - Abschiednahme möchte ich sie nennen - ist man irgendwie erleichtert. Nach der Bestattung können die Angehörigen in der Regel zum ersten Mal weiter nach vorne schauen und sich um das kümmern, was in der Woche vor der Beisetzung liegengeblieben ist. Da fallen Dinge wie die Versorgung der Familie an, finanzielle Regelungen, die Fortsetzung des Berufes usw. Deshalb haben sie wieder andere Gedanken im Kopf und sind auch uns gegenüber aufgeschlossener. Es besteht nicht mehr das Muß wie unmittelbar nach dem Tod. Jetzt kann man mit den Angehörigen auch neutraler über die Dinge sprechen und auch diejenigen Formalitäten regeln, die ein, zwei, drei Wochen Zeit haben.

Die Betroffenheit des Bestatters

E.K.: Wie ist es, wenn ein junger Mensch gestorben ist; werden Sie dann auch mit der Frage nach dem Sinn des ganzen Geschehens konfrontiert?

P. Berg: Natürlich.

E.K.: Schaffen Sie es, dabei "außen vor" zu bleiben? Wo liegt die Grenze des Bestattungsunternehmers?

P. Berg: Das ist in der Person eines jeden einzelnen begründet. Auf meine Person bezogen ist es so, daß ich ja in diesem Haus aufgewachsen bin. Drei Generationen von uns wohnten hier im Haus, alle waren an den Betrieb gebunden und das Thema war immer bei uns vor Ort. Als ich in den Beruf gekommen bin, habe ich mir oft die Frage gestellt: "Schaffst Du das überhaupt, jeden Tag die verstorbenen Menschen oder auch die trauernden Angehörigen in ihrer Gefühlsproblematik vor Dir zu haben?"

Man kann lernen, mit diesen Problemen umzugehen. Jemand, der einen Trauernden trifft, und das nicht kennt, mit ihm umzugehen, ist oft vor ein Problem gestellt und er wird dann mit traurig. Die Trauer wird angezogen. Wir müssen uns davon freihalten. Der Bestatter darf nicht mittrauern, denn sonst verliert er sich selbst, und das ist einfach zu aufreibend.

E.K.: Und wenn ein junger Mensch stirbt - so jung wie Sie?

P. Berg: Dann wird einem bewußt, daß man davon nicht frei ist. Man denkt ja, man selbst stirbt erst, wenn man älter ist - es kann aber auch morgen passieren oder in dem Moment, wo man das Haus verläßt. Das wird einem unmittelbar bewußt; und in den Stunden und Tagen nach einem Gespräch, in dem die Bestattung eines jungen Menschen zu klären war, geht man viel umsichtiger und vorsichtiger mit seinem Leben um. Man denkt dann auch schon mal häufiger über gewisse Verhaltensweisen nach, über Lebensstil, Auftreten und alles, was einen im persönlichen Leben betrifft.

Dann besteht die Schwierigkeit, mit den nahen Angehörigen umzugehen, mit ihnen zu sprechen. Da haben Menschen unmittelbar nach dem Tode eines Angehörigen bei mir angerufen und gesagt: "Kommen Sie bitte mal." Mit denen konnte ich zunächst vollkommen wertfrei sprechen, so als wenn dieser Tod gar nicht da war. In diesen Fällen wurde mir bewußt, daß der Tod noch gar nicht in die Menschen eingedrungen war. Die Abwehrhaltung war gegenüber der Todesnachricht so groß, daß man wohl schon die Bestattung sah, aber das Thema Tod, Verarbeitung des Todes, Leben mit dem Verstorbenen war überhaupt noch nicht anwesend. In den Tagen der Beisetzung oder Trauerfeier wird vielen Menschen erst bewußt, daß dieser Angehörige tot ist; oder auch bei den typischen rituellen Handlungen wie dem Absenken des Sarges in der Kapelle bzw. in die Grabstätte hinein. Auch dieses ständige Wiederholen des Vorganges des Sterbens gegenüber den nahen Angehörigen, Verwandten, Nachbarn, auch bei der Kaffeetafel nach der Abschiednahme oder durch die Aufgabe einer Danksagung - alles das sind Dinge, die sehr, sehr schwer sind für jemanden, der einen lieben Menschen verloren hat. Wenn man es aber schafft, diese Dinge durchzuführen, soll man es auf jeden Fall selbst tun, um diesen Tod auch zu er-leben.

Wenn jemand verstorben ist und nur vom Krankenhaus abgeholt und in ein Krematorium überführt wird, die Einäscherung ohne vorherige Trauerfeier durchgeführt und die Urne schließlich anonym beigesetzt wird, dann haben die nahen Angehörigen diesen Tod nie erlebt. Dieses Nicht-Erleben des Todes ist etwas, was mehr und mehr um sich greift, und dann komme ich mir manchmal vor wie ein Menschenbeseitiger.

Grabsteine vom Nebeler Friedhof auf Amrum.
Diese Kapitänsgrabsteine enthalten meist die ganze Lebensgeschichte und Familienchronik der Verstorbenen, mit dem Tod als positiv hingenommenem Lebensabschluß.

Anonyme Bestattung

E.K.: Ist es tatsächlich so, daß die anonyme Bestattung, auch ohne vorhergehende Trauerfeier, häufiger wird?

P. Berg: Ja. Wir erhalten in zunehmendem Maße Anrufe nach dem Motto: "Herr Berg, bitte kümmern Sie sich mal drum, mein Angehöriger ist gestorben. Welche Papiere, Unterlagen brauchen Sie? Führen Sie bitte alles Notwendige durch. Wir kommen nicht hoch nach Flensburg." Das ist für uns nichts Ungewöhnliches mehr. Meinen Vater hat das früher immer sehr gestört, daß ein Leben so abbricht. Wenn heute jemand ohne Trauerfeier und anonym beigesetzt werden soll, dann holen wir generell einen Geistlichen seiner Konfession und bitten ihn, eine Aussegnung vorzunehmen. Das tun wir generell, wenn kein Angehöriger da ist, oder auch, wenn jemand stirbt, der keine Angehörigen hat. Es ist für uns üblich, mit dem Geistlichen aus seinem Wohnbezirk zu sprechen, ihm mitzuteilen, wann die Beisetzung ist, und ihn zu bitten, eine Aussegnung vorzunehmen.

E.K.: Und wie reagieren die Geistlichen darauf? Tun sie das gern?

P. Berg: Die Pastoren freuen sich, daß wir sie darum bitten. Das machen Kollegen von uns auch noch, teilweise zumindest.

E.K.: Das zeigt ja eigentlich, daß Sie selbst ein religiöses Verständnis von Ihrem Beruf haben. Das hat einen Sinn, wenn man die Gewißheit hat, daß die Seele des Verstorbenen weiterlebt, so wie das in der Bibel nachzulesen ist. Sie meinen offenbar, daß durch die sakrale Handlung ein ordnungsgemäßer Abschluß des Lebens geschaffen werden muß...

P. Berg: Richtig!

E.K.: ...damit die Seele sozusagen frei wird für das, was danach möglich oder notwendig ist.

P. Berg: Ja. Wir kommen hier in einen Bereich, mit dem ich mich *so* noch nicht beschäftigt habe.

E.K.: Sie sollen jetzt auch kein Glaubensbekenntnis ablegen. Ist es vielleicht eher eine Tradition, die Sie übernommen haben?

P. Berg: Ja. Soweit ich weiß, gab es früher diese Anonymität gar nicht. Allerdings wurden wir hier in Flensburg unmittelbar nach dem Krieg damit konfrontiert, als die "Namenlosen" ankamen, vertrieben aus ihrer Heimat, ohne Angehörige, versprengt und hier oben verstarben. Diese Menschen wurden immer mit Hilfe eines Geistlichen beigesetzt. Dann gab es dieses Problem für uns wiederum 20, 30 Jahre überhaupt nicht. Mitte der siebziger Jahre kam es allerdings wieder auf, als die Verstädterung sich so richtig durchgesetzt hatte, diese Entfremdung der Menschen voneinander, dieses Nicht-mehr-aufeinander-Zugehen. Da waren viele Menschen alleingelassen. Und aus diesem Alleinsein heraus haben viele von sich aus gesagt: "Keine Trauerfeier, keine öffentliche Abschiednahme, keiner soll da sein", oder es wurde auf Wunsch der Angehörigen entsprechend durchgeführt. Als ich selbst zum ersten Mal damit konfrontiert wurde, habe ich mir gesagt: "So ein Mensch kann doch nicht einfach verschwinden." Wenn er einfach so verschwindet, so ist das, als ob ich ihn in den Papierkorb werfe. Man erlebt sich dann als Beseitiger von Menschenresten. Das kann ich mit mir selbst nicht vereinbaren. "Das geht nicht!", habe ich mir gesagt, "da muß etwas geschehen!" Seit dieser Zeit haben wir jeweils einen Geistlichen angerufen oder einen Redner, der für Konfessionslose gesprochen hat. Dann haben wir konduliert und an der Urne oder am Sarg Abschied genommen, sind zum Grab gegangen, haben die Urne oder den Sarg beigesetzt und dann noch ein Gebet gesprochen. Seitdem wir so vorgehen, kann ich vor mir selbst besser bestehen - nicht einfach nur das zu tun, was andere mir auftragen, sondern auch da noch etwas Christliches, etwas für die Seele des Menschen, getan zu haben.

Sterbevorsorge und anonyme Bestattung

E.K.: Wie ist das im Rahmen der Sterbevorsorge, der "Bestattungsvorsorge"? Wenn jemand zu Ihnen kommt, der alleinstehend ist und das alles regeln will: Kann man einen regelrechten Vertrag machen, vorher bezahlen und das Ganze zu seinen Unterlagen nehmen? Wenn so jemand eine anonyme Bestattung wünscht, können Sie das akzeptieren?

P. Berg: Ja, akzeptieren schon. Ich bin einfach froh über jeden, der sich um seine eigene

Bestattung kümmert. Er entlastet seine Familie. Er entlastet auch uns, da wir gefühls- und wertneutral mit dem Betroffenen und mit den Angehörigen sprechen können. Wenn nun der Sterbefall eintritt und wir haben den Vorsorgevertrag vor uns liegen und da steht drin: "Ich verfüge hiermit, daß nach meinem Ableben keine Abschiednahme oder Trauerfeier durchgeführt wird. Ich möchte anonym beigesetzt werden", dann ist es meine Pflicht, diesen Wunsch zu akzeptieren und durchzuführen. Aber es ist auch dann so, daß wir die Beisetzung mit einem anderen Termin auf dem Friedhof kombinieren, daß zumindest ein Geistlicher, der zu einer anderen Trauerfeier kommt, noch kurz am Sarg ein Gebet spricht und eine kleine Aussegnung vornimmt. Das ist eine Sache, die ich für mich brauche. Wenn die Angehörigen nichts Gegenteiliges äußern und der Betreffende selbst in seinem Auftrag nichts Gegenteiliges geäußert hat, dann machen wir es so. Wir sprechen das auch an, und die meisten, die diesen Wunsch geäußert haben - und es wird immer häufiger, daß jemand für sich eine anonyme oder stille Beisetzung wünscht -, die meisten haben es sehr dankbar aufgenommen, daß wir es so vorgeschlagen haben. Wir haben es noch nicht erlebt, soweit ich weiß, daß unser Wunsch abgelehnt worden ist. Aber es ist für viele nicht zu verstehen, daß wir das von uns aus so machen.

E.K.: Es ist auch vielleicht bei demjenigen, der da kommt und sagt: "Ich will mit alldem nichts zu tun haben", doch die Frage nach dem Sinn des Todes versteckt gestellt, nach dem Motto: "Da ist jemand, der mir dazu etwas sagen kann". Und wenn das ein Gesprächspartner ist, der nicht alles akzeptiert, sondern dem seine eigene Haltung entgegenstellt, dann kann wirklich eine Auseinandersetzung stattfinden. Ich kann mir vorstellen, daß viele Menschen auf dieses Gegenüber sogar gewartet haben; daß da jemand ist, zu dessen Berufsauffassung eine solche Handlungsweise dazugehört und dem man sich deswegen nach dem Tode anvertrauen kann.

P. Berg: Genau! Viele Menschen, die zu uns kommen, um eine Vorsorgeregelung zu treffen, haben sich wirklich Gedanken darüber gemacht. Es sind Menschen, die irgendwo am Scheideweg stehen, die sich sagen: "An sich bin ich fällig, normalerweise müßte ich bald sterben." Oder es kommt jemand, der diese Sache für sich wissen möchte. Da viele Menschen zu uns kommen, die alleinstehend sind, wird eben oft diese stille Beisetzung gewünscht, aus dem Gedanken heraus, ihren Kindern nicht zur Last zu fallen. - Die Kinder wurden in der Regel nicht dazu befragt. - Wenn dann der Sterbefall eingetreten ist, sind diese oft erstaunt, daß die anonyme oder stille Beisetzung gewünscht worden ist, und auch enttäuscht - denn sie wollten das doch gar nicht. Also das ist ein Zeichen, daß da der Konakt zwischen den Familienteilen nicht mehr bestand.

E.K.: "Jetzt tut sie (oder er) uns das auch noch an." So ein Gefühl kommt dann auf, nicht wahr?

P. Berg: Ja genau! Derjenige, der das bei uns in Auftrag gegeben hat, hat aus der Vergangenheit gelernt: "Die Kinder melden sich nicht mehr, also wollen sie nichts von mir." Die Beziehung ist dann oft von beiden Seiten gestört, und im konkreten Fall treffen wir da oft auf gegenteilige Meinungen zwischen demjenigen, der Vorsorge getroffen hat, und den Angehörigen.

Rechtliche Verbindlichkeit der Bestattungsvorsorge

E.K.: Was gilt denn dann? Gilt das schriftlich Festgehaltene, vom Verstorbenen Unterschriebene wie in der testamentarischen Verfügung?

P. Berg: Das sind persönliche Einstellungen. Diese Vorsorgeverträge sind rechtlich schwierig zu handhaben. Jemand, der einen Vertrag bei uns abschließt, müßte dies normalerweise notariell beglaubigen lassen. Denn durch seinen Tod hat der Vertrag erst einmal in sich keine Gültigkeit.

E.K.: Also ähnlich wie beim Testament auch?

P. Berg: Richtig, er müßte es normalerweise testamentarisch aufsetzen, damit der Wunsch erfüllt wird. Dann müßte er aber auch noch dafür sorgen, daß die Angehörigen diese Verfügung rechtzeitig erhalten.

Da die Menschen in der Regel nicht die Erfahrung haben, solche Bestattungsvorsorge fachlich richtig vorzubereiten, kommt man zu uns. Wir helfen mit unseren Formularen. Unser Auftraggeber unterschreibt und wir unterschreiben. Wünschen die nahen Angehörigen nach dem Ableben eine Änderung des Vertrages in seinem Inhalt, ist das eine Sache, die von den Angehörigen entschieden werden muß. Ich sage: "Das ist der persönliche, ausdrückliche Wunsch gewesen. Wir führen das jetzt an sich so durch, wie es gewünscht worden ist. Wenn Sie etwas anders haben wollen, müssen Sie das selbst entscheiden." Und dann führen wir es so durch, wie es von den Angehörigen gewünscht wird, weil wir letztendlich ja auch davon leben.

Aber diese Situation ist sehr selten. In der Regel werden die Wünsche der Verstorbenen respektiert. Gewisse Änderungen im Ablauf, die nicht den Inhalt verändern, sind ja immer möglich.

Die Leistungen eines Bestattungsunternehmers

E.K.: Jetzt möchte ich gern ganz praktisch nach dem Leistungskatalog eines Bestattungsunternehmers fragen. Woraus besteht dieser?

P. Berg: Also zu unterscheiden sind einmal generell die Erd- und die Feuerbestattung. Bei der Erdbestattung kann man hier auf jedem Friedhof beigesetzt werden. Da kümmern wir uns um die Anbahnung eines Grabkaufes oder die Verlängerung der Nutzung vorhandener Grabstätten. Vielleicht fange ich einmal ganz oben an: Unsere Aufgabe ist es, Menschen zu bestatten, und dazu gehört eine Menge von Formalitäten. Das beginnt mit der Besorgung einer Todesbescheinigung beim Arzt. Diese Bescheinigung mit den persönlichen Urkunden geben wir zum Standesamt des Sterbeortes und beantragen dort Sterbeurkunden. Dann sorgen wir dafür, daß diese Sterbeurkunden weitergehen an das Gesundheitsamt, Ordnungsamt, Friedhofsamt und das Einwohnermeldeamt. Fernerhin kümmern wir uns um die Abwicklung von Versicherungen, daß Lebens- und Sterbegeldversicherungen eingereicht werden, unmittelbar zur Bestattung gehörend. Darüber hinaus kann der Wunsch geäußert werden, daß wir auch andere Dinge klären: die Abmeldung von Versorgungsbezügen, Telefon, Radio, Hausratversicherung, Haftpflichtversicherung. Das kann sogar - wenn es gewünscht wird und für uns die Möglichkeit besteht - bis zur Wohnungsauflösung inklusive der Übergabe an den Vermieter gehen. So versuchen wir heute, einen umfassenden Service zu bieten, um den Angehörigen diese, im Zusammenhang mit der Bestattung stehende, Dinge zu erleichtern. Ich persönlich bin allerdings der Meinung, daß die Angehörigen vieles davon selbst tun müßten.

E.K.: Aus dem Grund, den Sie vorhin genannt haben, damit sie den Tod überhaupt verarbeiten können?

P. Berg: Ja, und damit sie sich nachher sagen können: "Ich habe das nicht so an mir vorübergehen lassen. Ich habe etwas getan." Dann gehört zu unseren Aufgaben die Überführung eines Verstorbenen vom Sterbeort zum Ort der Trauerfeier, zum Ort der Beisetzung, unter Beachtung der rechtlichen und hygienischen Bestimmungen. Weiterhin die pflegliche Behandlung eines Verstorbenen, Einsargung, Aufbahrung auf dem Friedhof oder im Hause, die Vermittlung von Blumen zur Trauerfeier, Aufsetzen und Veröffentlichung einer Traueranzeige, dazu auch Trauerdrucksachen, die verschickt werden. Dann, daß die Träger zur Beisetzung erscheinen, daß die Dinge drumherum geregelt werden. Alles dient dem Zweck, daß die Familie bis zum Tag der Trauerfeier oder Bestattung von den gröbsten Nöten befreit ist und sich auf die Trauerfeierlichkeit vorbereiten kann.

Nach der Trauerfeier kümmern wir uns darum, daß Termine wahrgenommen werden, daß zum Beispiel für Witwen oder Witwer bei den Versicherungsämtern die notwendigen Anträge gestellt werden, daß nach der Beisetzung die Grabstätte wieder hergerichtet wird und Danksagungen erfolgen, wenn dies gewünscht wird.

Man sollte auch nicht vergessen, daß wir die Versicherungen, die eingereicht worden sind, abrechnen, d.h. die Versicherungen überweisen an uns die Versicherungsleistung und wir verrechnen das mit den Kosten, die bei uns entstanden sind, mit den Vorlagen für Zeitungsanzeige, Träger, Blumen und schließlich auch mit den Friedhofsgebühren. Das listen wir alles in einer Kostenabrechnung auf und senden den Angehörigen diese Abrechnung zu. Und daraus ergibt sich dann ein Überschuß oder Unterschuß bei uns, d.h. daß wir Restbeträge auszahlen bzw. in Rechnung stellen.

E.K.: Ist es nicht ziemlich delikat, wenn man mit den Angehörigen diese Leistungen verabredet? Haben Sie schon oft erlebt, daß hinterher, wenn die Rechnung kommt, gesagt wird: "Das wollten wir doch gar nicht haben!", oder: "So hatten wir uns das nicht gedacht"?

P. Berg: Man muß in einem Trauergespräch die Beratung nach beiden Seiten hin durchführen: Die persönliche Beratung über die Verhaltensweisen und in bezug auf das vorhandene Geld und die Beratung über unsere Leistungen und die Leistungen der anderen Beteiligten. Unsere Leistungen sind: Artikel wie Sarg, eventuell Urne, Wäsche und Dienstleistungen. Ich komme in der Regel am Ende des Gespräches auf diesen Punkt zurück und sage: "Ich möchte Sie darauf hinweisen, welche Kosten entstehen können." Allein schon das Anbieten eines Sarges ist häufig sehr schwer, weil die Menschen das Objekt Sarg ja nicht freiwillig kaufen. Den brauchen sie einfach. Er ist gesetzlich vorgeschrieben, egal ob Erd- oder Feuerbestattung. Dann versuche ich, die Menschen dahingehend zu beraten, daß die Möglichkeit besteht, alles auszusuchen, und dann ermittle ich die Kosten und nenne den Angehörigen den vorläufigen Endpreis, damit sie sich darauf einstellen können.

Oft hört es ja bei uns nicht auf. Dann kommen noch Kosten, die mit der Grabgestaltung zusammenhängen oder auch die Frage eines eventuellen Grabsteins. Da versuchen wir dann die Angehörigen auch noch darauf hinzuweisen, daß man jetzt doch mit dem Geld, das man hat, vorsichtig umgeht, weil sich eine Menge an Kosten sammelt. Um Preise zu nennen, kann eine Bestattung für 1.500 DM durchgeführt werden oder auch für 15.000 DM. Das ist alles möglich. Die meisten unserer Bestattungen liegen im Endpreis inklusive Friedhofsgebühren bei 4000 bis 5000 DM.

E.K.: Und was tragen die Kassen dazu bei?

P. Berg: Von den Ortskrankenkassen werden etwa 3.000 DM gezahlt bei einem Rentnersterbefall, von den Ersatzkassen 4.000 DM. Bei Berufstätigen wird dieses Sterbegeld nach dem laufenden Einkommen berechnet. Es läßt sich demnach auch ungefähr vorhersagen.

Veränderte Bestattungsformen und deren Folgen

E.K.: Ich möchte noch einmal nach dem Verhältnis der Erdbestattungen zu den Feuerbestattungen, der stillen Beisetzungen und anonymen Bestattungen fragen: Wie ist das zum Beispiel in Flensburg?

P. Berg: Wir haben seit 1935 in Flensburg ein Krematorium und seitdem ist ein ständiger Anstieg der Feuerbestattungen zu verzeichnen. Heute haben wir in Flensburg ca. 60 bis 70 Prozent Feuerbestattungen. Die anschließenden Urnenbeisetzungen finden in vorhandenen Familiengrabstätten, in neuerworbenen Grabstätten oder auf dem anonymen Teil eines Friedhofes statt. Es kommt auf den Friedhöfen in Flensburg und der näheren Umgebung - sagen wir mal so ad hoc - jetzt auf zwei Grabstätten ein anonymer Bestattungsplatz. Und die heutige Entwicklung zeigt einen Weg, der zu der Frage Anlaß gibt: Was wird eines Tages aus den Friedhöfen? Wenn man sich überlegt, daß ein Drittel der Flensburger Bevölkerung heutzutage auf diesem anonymen Teil der Friedhöfe beigesetzt wird, ist das eine Entwicklung, deren Folgen man noch gar nicht überschauen kann. Das merken vor allem die Steinmetze und Gärtner. Man kann, wenn man über einen Friedhof geht, sehen, daß immer mehr Lücken entstehen.

E.K.: Das wird mehr ein Park.

P. Berg: Ja, das wird mehr und mehr zum Park. Im ländlichen Bereich wird die anonyme Bestattung allerdings kaum angewandt. Auf den Flensburger Friedhöfen aber sieht man zunehmend mehr Lücken in den Gräberreihen. Menschen ohne Angehörige verfügen oft selbst: "Ich möchte auf dem 'namenlosen Friedhof'(so heißt dieser Teil) beigesetzt werden." Das folgt aus der zunehmenden Vereinsamung vieler alter Menschen, die dann auch genauso einsam und still beigesetzt werden, eben anonym. Man kann eine Kultur daran erkennen, wie die Menschen beigesetzt und begraben werden. Das ist in Amerika, Frankreich, England und Deutschland unterschiedlich. Man kann die jeweilige Kultur daran wiedererkennen. In England zum Beispiel ist es so, daß Gräber in der Regel gar nicht gepflegt werden. Da wächst Gras drüber. Und wenn man einen Engländer fragt, sagt er: "Ich muß nicht zum Friedhof gehen, um an diesen verstorbenen Menschen zu denken. Er ist noch bei mir und ich denke an ihn." Und so ist das Thema Grabpflege für ihn eben geklärt. Für uns Deutsche hier im norddeutschen Raum ist es oft so, daß Verstorbene nicht einmal mehr im Herzen weiterleben. Viele Menschen setzen ihre nächsten Angehörigen bei und sagen klipp und klar: "Ich geh' nicht zum Friedhof, weil ich kein Friedhofsgänger bin. Ich habe zu Hause ein Bild von meinem nahen Angehörigen stehen, das reicht mir."

Nachbemerkung:

Nach dem Durchlesen dieses Textes schrieb mir Peter Berg: "Ich meine, daß in unserem Gespräch das Problem der anonymen Bestattung als zu dominant, zu allgemein wiedergegeben wurde. Man sollte zum Ausdruck bringen, daß die meisten Menschen von ihren verstorbenen Angehörigen immer noch traditionell Abschied nehmen, daß sie trauern, mitfühlen und diese Trauer nach außen zeigen." Dieses sind etwa zwei Drittel der Bestattungsfälle.

Das zitierte Gedicht von Rudolf Meyer entnahmen wir der kleinen Textsammlung: "Den Toten zur Feier", die Rudolf Meyer im Verlag Urachhaus, Stuttgart 1973, herausbrachte.

"Der Mensch muß lernen, sich als das 'Werdewesen' zu verstehen."[1]

INTERVIEW MIT GISELA GAUMNITZ UND DR. CONRAD SCHACHENMANN
von Birgit Diebel

Gisela Gaumnitz: *1944 in Preussisch Eylau geboren, nach der Flucht Kindheit und Schulzeit in Köln-Rodenkirchen. Erste Begegnung mit der Anthroposophie mit 14 Jahren; Geigenunterricht in Bregenz, Musikschule in Köln, Musiklehrerdiplom, 3 Jahre Unterricht am Jugend-Schulmusikwerk der Stadt Köln. Ausbildung zur Kindergärtnerin mit staatlichem Examen und Anerkennungsjahr im Waldorf-Kindergarten bei Frau K. Proske. Mitarbeit beim Aufbau des Johanneshauses, wie Kulturprogramm, Festgestaltung u.a., Aufbau der therapeutischen Betreuung im Wohnbereich Pflege, Mitgestaltung der gemeinschaftlichen Pflegedienstverantwortung, Fortbildungsveranstaltungen, Verantwortung für das Mitarbeiterwesen und in der Heim- und Geschäftsleitung.*

Conrad Schachenmann: *Dr. jur., 1921 in Basel geboren, Realgymnasium, Studium der Rechtswissenschaft mit fachübergreifendem Interesse. 1940 Kletterunfall mit Querschnittslähmung, anthroposophische Studentenarbeit, Werkstudent; 21 Jahre selbständiger Unternehmer für Industrie-Antriebstechnik, Verlag "Die Pforte", C.S. Picht-Bibliothek, Humanus-Stiftung Basel, literarischer Nachlass Jaques Lusseyran, Initiative Hägelberg, Übernahme der Verantwortung für die Lebensgestaltung im Alter im Johanneshaus Öschelbronn, Nikodemuswerk, Humanus-Institut für Altersfragen aus anthroposophisch orientierter Geisteswissenschaft.*

Die biographische Situation alter Menschen ist heute eigentlich paradox. Zum einen nimmt das Greisenalter einen immer größeren Raum in der Biographie ein, aber andererseits gelingt das Altwerden immer weniger Menschen auf befriedigende Art und Weise. Der Wert des Alters wird heute an der körperlichen Fitness gemessen, so daß das seelische Befinden eines alten Menschen in Abhängigkeit von den physischen Abbaukräften gesehen wird. Die sogenannten Alterstugenden haben keinen Wert mehr. Das Alter ist aber nicht nur von körperlichem Abbau gekennzeichnet, sondern ist auch eine seelisch sehr stark belastete Lebensstufe. Die Selbstmordraten steigen und immer häufiger treten neben der Sklerose und der Alzheimer Krankheit die verschiedensten, mehr die Psyche verändernden geronto-psychiatrischen Alterskrankheiten auf.

Die Menschen erreichen ein immer höheres Durchschnittsalter, und mit dem Alter treten immer mehr altersspezifische Probleme auf. Für das Jahr 2000 wird erwartet, daß ca. ein Viertel der Menschen in der Bundesrepublik über 65 Jahre alt sein wird. Aber erst seit einigen Jahren spricht man vermehrt davon und warnt vor den Problemen, die dadurch auf die Menschen zukommen werden.

Der Beruf des Altenpflegers ist noch relativ jung. Anfang der siebziger Jahre sind die ersten Ausbildungen mit Anerkennungsjahr und Diplom in der Bundesrepublik Deutschland abgeschlossen worden. Bis dahin war diese Tätigkeit ein Anlernberuf. - Ich fuhr nach Niefern-Öschelbronn in das "Zentrum für Lebensgestaltung im Alter" zu Dr. Conrad Schachenmann und Gisela Gaumnitz, um zu erfahren, welche besonderen Aspekte sich im Zusammenhang mit der anthroposophischen Altenpflege ergeben.

Birgit Diebel: Ich möchte als erstes auf die Alterungsprozesse zu sprechen kommen. Rudolf Steiner spricht davon, daß wir zwar physisch altern, daß aber unser Ätherleib, wenn wir geboren werden, eigentlich ein Greis ist und im Laufe unseres Lebens immer jünger wird, während unser physischer Leib altert. Das ist eine Tatsache, die man sich nicht so einfach vorstellen kann. Wie kann man das erklären? Bin ich nun alt oder jung?

Gisela Gaumnitz: Sie sind alt geboren und jung geworden, aber nur im Ätherleib.

Dr. Conrad Schachenmann: Und Sie werden - Ihren Ätherleib betreffend - immer jünger. Da ist eine Schwierigkeit, wenn wir vom anthroposophischen Gesichtspunkt aus über das Altern sprechen. Wir können nicht ohne Berücksichtigung der anthroposophischen Menschenkunde und der Tatsache der Reinkarnation in vollem Umfang über das Altern sprechen.

B.D.: Was heißt denn anthroposophisch gesehen: alt geboren und jung geworden?

G. Gaumnitz: Wir können das aus dem, was Rudolf Steiner sagt, erklären. Ab dem 35. Lebensjahr lockert sich der Ätherleib aus dem physischen Leib so heraus, daß er sich wieder mehr mit dem Kosmischen verbinden kann. Der Ätherleib wird sozusagen weiter.

B.D.: Das Ausweiten des Ätherleibes entspricht dann dem Jüngerwerden?

G. Gaumnitz: Ja, der Ätherleib löst sich aus der engen Beziehung zum Individualisierten, in das er sich hineinbegeben mußte, weil der Mensch einen physischen Leib braucht, ein wenig heraus und verbindet sich schrittweise wieder mit dem allgemeinen Äther. Das ist eine Art Wiederaufnahme der Sonnenkräfte. Dazu heißt es bei Rudolf Steiner:

"Der physische Leib wird immer älter. Der ätherische oder Bildekräfteleib, der ist alt, wenn wir geboren werden, er ist nämlich, wenn wir seiner wahren Natur nachforschen, da alt und er wird immer jünger und jünger. So daß wir sagen können, das erste Geistige in uns wird - im Gegensatze zu dem Physisch-Leiblichen, das schwach und unkräftig wird - immer kräftiger, immer jünger. Und wahr, wörtlich wahr ist es: wenn wir anfangen, Runzeln im Gesicht zu kriegen, dann blüht unser Ätherleib auf und wird pausbackig..."[2)]

Wenn Rudolf Steiner davon spricht, daß der Ätherleib pausbackig wird, dann heißt das, daß der Ätherleib fülliger wird. Aus der Beengtheit des Schicksals von "Lieschen Müller" tritt der Ätherleib mit dem allgemeinen Äther in Verbindung. Er wird wieder mehr in die kosmische Sphäre hineingetragen.

Das 35. Jahr - Ein Wendepunkt in der Biographie

B.D.: Mit dem Jüngerwerden des Ätherleibes hängt nun das Altwerden des physischen Leibes zusammen. Was ist aber das Altern des Menschen? Welches sind die Alterungsprozesse?

C. Schachenmann: Bis zum 35. Lebensjahr ist die Alterung ein Wachstum. Die Aufbaukräfte im Physischen sind bis dahin stärker als die Abbaukräfte. Beginnend mit dem 35. Lebensjahr werden die physischen Abbaukräfte stärker als die Aufbaukräfte. Da stimmt die Anthroposophie mit der Anthropologie überein. Auch die Naturwissenschaft sagt, daß dort die Wende eintritt; dies ist zellphysiologisch nachzuweisen. Es gehen die naturwissenschaftlichen Fragen dahin, wie man das Leben verlängern kann, wobei zuwenig berücksichtigt wird, was das seelisch-geistig bedeutet. Vom Anthroposophischen her betrachtet man das Altern mehr unter dem seelisch-geistigen Aspekt; es wird begleitet von physischen Alterungsprozessen, aber der seelisch-geistige Gesichtspunkt ist der wesentlichere.

G. Gaumnitz: Die Alterungsprozesse, so wie wir sie verstehen, finden eigentlich nur im Physischen statt. Die anderen Leiblichkeiten reifen, die Essenz des Lebens bleibt in diesen Leiblichkeiten erhalten, auch im Nachtodlichen, wo natürlich auch noch Bildungsprozesse stattfinden. Diese Essenz kommt in der nächsten Reinkarnation zum Tragen. Wirkliche Alterungsprozesse finden nur im physischen Leib statt. Der Ätherleib, der Astralleib und das Ich werden im Laufe des Lebens reifer, voller und fruchtiger.

B.D.: Mit dem 35. Lebensjahr tritt eine bedeutende Wende im Leben eines Menschen ein; was verändert sich in dieser Zeit?

G. Gaumnitz: Bedingt durch das Seelisch-Geistige im Menschen tritt eine physische Wende ein: Äther-, Astralleib und Ich folgen jetzt den Gesetzmäßigkeiten, die nicht mehr dem physischen Aufbau zu dienen haben.

C. Schachenmann: Das physische Altern entsteht daraus, daß sich die geistigen Wesensglieder des Menschen jetzt anders entwickeln. Bisher haben sie das Physische mit aufgebaut, sie haben in es hineingearbeitet. Das ändert sich mit dem 35. Lebensjahr und in der letzten Konsequenz zerstören diese Leiber das Physisch-Leibliche wieder, um sich davon freizumachen. Das ist der Lebensgang, daß sie sich wieder freimachen vom Physischen, um wieder in das Kosmisch-Geistige zurückkehren zu können.

G. Gaumnitz: Um das zu verdeutlichen, können wir folgendes Bild nehmen: Ein junger Mensch löst sich gegen das 21. Lebensjahr aus der Familie heraus. Die Familie ist aber immer noch da, wie von außen kameradschaftlich, freundschaftlich begleitend. So können wir uns das auch mit den Leiblichkeiten vorstellen, sie lockern sich aus dem physischen Leib etwas heraus, sie sind aber noch da, sonst könnten wir gar nicht leben. Sie lockern sich heraus, um sich wieder stärker mit dem Geistigen verbinden zu können. Das Irdische wird dadurch noch irdischer, weil es nicht mehr so sehr vom Lebendigen und Seelisch-Geistigen durchpulst wird. Der Tod tritt ein, wenn sich der Ätherleib und der Astralleib aus dem physischen Leib ganz herausziehen.

B.D.: Wie alt wird normalerweise ein Mensch? Bis zu welchem Alter lassen sich entwicklungsmäßig bei jedem Menschen die gleichen Schritte verfolgen?

C. Schachenmann: Dazu müßte man eigentlich die gesamte Biographik aufarbeiten. Vereinfacht können wir einige wesentliche Merkmale nennen: Da sind die ersten drei Jahrsiebte, in denen der Mensch den physischen Leib voll ausbildet, dann folgen drei Jahrsiebte, in denen sich das Seelisch-Geistige ausbildet, und dann folgen drei Jahrsiebte, in denen sich die höheren geistigen Glieder des Menschen ausbilden. Die Reifung, wenn sie normal verläuft, kann bis ins hohe Alter stattfinden. Wenn Störungen auftreten, dann kann sich das im Alter physisch oder seelisch-geistig auswirken. Rudolf Steiner hat dazu folgenden Gesichtspunkt geschildert: In der ersten Lebenshälfte arbeitet der Mensch hauptsächlich diejenige Vergangenheit auf, die er aus dem Vorgeburtlichen mitbringt; in der zweiten Lebenshälfte baut er in der Ausreifung seiner Lebensfrüchte die Zukunft des Nachtodlichen und seiner folgenden Inkarnation auf. Dieser Aspekt ist natürlich nur im Zusammenhang der wiederholten Erdenleben zu verstehen.

Die Vergangenheit des Menschen wird im Bewußtsein, in den Gedanken aufgearbeitet, während die Zukunft im Willen, der schlafend ist, vorbereitet wird. Der Mensch ist wach im Gedankenleben, traumhaft im Gefühlsleben und schlafend im Willensleben. Im Verlauf der Biographie legen wir Keime für die Zukunft an, wir können aber auch, wenn wir uns dessen bewußt sind, im gegenwärtigen Leben Zukünftiges hervortreten lassen.

Während eines Großteiles der ersten drei Jahrsiebte werden wir von den Eltern und von den Erziehern geführt, dann aber müssen wir die Dinge mehr und mehr selbst ergreifen. In den drei Jahrsiebten, die dann folgen - also zwischen dem 21. und dem 42. Lebensjahr -, stehen wir in der Sonnensphäre. Innerhalb dieser drei Jahrsiebte bilden wir die Empfindungsseele, die Verstandesseele und die Bewußtseinsseele aus. Im Laufe dieser Zeit können wir natürlich auch Vergangenes aufarbeiten. Wenn wir es richtig bewerkstelligen, dann werden wir unser Schicksal erfüllen, müssen es dann aber zu dem hinführen, was in die Zukunft weist. Vom 56. bis zum 63. Lebensjahr steht man dann in den Saturnkräften, und nach diesem Jahrsiebt wirken alle Planetenkräfte zusammen. Nach dem 73. Lebensjahr ist der Mensch dann wirklich frei, dann hören die Planetenkräfte auf zu wirken. Das ist der Höhepunkt des Lebens, denn dann kann die Weisheit folgen, die man aus der Tradition heraus kennt, wenn der Mensch die Früchte seines Lebens wirklich zur Verfügung hat. Jetzt kann der Mensch wirklich die Befreiung von den Wirksamkeiten der Planeten erfahren, er kann mit sich in Harmonie leben und auch so auf andere wirken. Wenn allerdings im Leben schwere Störungen aufgetreten sind, dann ist äußerlich unter Umständen nicht mehr viel zu bemerken, auch wenn der Mensch innerlich alle Stadien durchgemacht hat.

Ich habe neulich etwas Interessantes gefunden, was Rudolf Steiners Aussagen voll bestätigen würde. Ein Amerikaner namens Dr. Berril sagt, daß er herausgefunden habe, daß die Geisteskraft des Menschen ständig steige. Die Geisteskraft nehme bis zum 40. Lebensjahre rapide zu. Danach nehme sie zwar noch weiter zu, aber nicht mehr so schnell. Sogar mit 80 Jahren sei der Geisteszustand noch so gut, wie er mit 35 Jahren war. Das habe man durch Untersuchungen festgestellt. Während also bestimmte Fähigkeiten beginnen, mit der Mitte des Lebens abzunehmen, nimmt das umfassendere Bewußtsein und das integrierende Wissen zu.

"Die Art und Weise, wie die meisten von uns die reiferen Jahre des Lebens vergeuden, bietet ein trauriges Schauspiel, das aus Illusionen, Neidereien, aus stereotypen und engen Ausblicken besteht. (...) Das Ergebnis ist, daß wir am Ende der Jahre, die den Höhepunkt des Lebens darstellen sollten, hohl und schal geworden sind, bereit, unausstehliche, unwissende und hilflose Männer und Frauen zu werden, die an allen neurotischen Symptomen eines späteren Infantilismus leiden."[3)]

Ich finde das großartig, wie der pragmatische Amerikaner das darstellt. Rudolf Steiner spricht von Mumien, aus denen es heraustönt, was ihnen zur Gewohnheit geworden ist. Diese alten Mumien haben ihr lebendiges Denken nicht gepflegt, sondern sie denken nur noch das weiter, was sie gewohnheitsmäßig immer gedacht haben.

B.D.: Auf den entscheidenden Wendepunkt in der Biographie möchte ich noch einmal zu sprechen kommen. Welche Kräfte werden mit dem 35. Lebensjahr frei?

G. Gaumnitz: Vom 35. Lebensjahr an hat der Mensch wachsende Möglichkeiten, Geistiges zu denken. Vorher ist das nicht in gleicher Weise möglich. Vom 35. Lebensjahr an beginnt der Mensch zu erleben - vorausgesetzt er ergreift es bewußt -, daß die Gedanken und Empfindungen Realität werden. Man kommt in eine andere Lebensstimmung hinein. Von da an hat man eine ganz andere Verantwortung für das, was man denkt, fühlt und tut. Erst mit Vollendung des sechsten Lebensjahrsiebts kann der Mensch eigenständig in die Erfahrungen der geistigen Welt eintreten, wie es bis dahin niemals möglich war.

B.D.: Rudolf Steiner nannte es eine Gnade, wenn man um diese Zeit zum geisteswissenschaftlichen Schulungsweg findet.

G. Gaumnitz: Ja, weil sich dann die Bewußtseinsseele entwickelt hat. Rudolf Steiner hat immer wieder betont, daß das, was auf dem geisteswissenschaftlichen Schulungsweg liegt, im klarsten Bewußtsein des Denkens geschehen soll.

B.D.: Hat es demnach vor dem 35. Lebensjahr keinen Sinn, sich auf den geisteswissenschaftlichen Schulungsweg zu begeben?

G. Gaumnitz: Es hat natürlich einen Sinn, sich auch schon vor dem 35. Lebensjahr auf den Weg der geisteswissenschaftlichen Schulung zu begeben. Die Leiblichkeiten sind allerdings noch nicht ausgebildet, denn die Bewußtseinsseele wird erst um das 35. Lebensjahr frei. Das ist natürlich ein idealer Zeitpunkt, wenn man dann zum geisteswissenschaftlichen Schulungsweg findet.

C. Schachenmann: Vorher kann und sollte man natürlich einiges tun. Man kann Wissen aufnehmen und man kann sich in spirituellen Gedanken üben. Man sollte dabei aber nicht verkennen, daß man noch nicht die Kraft hat, sie in reale Erfahrungen der geistigen Welt umzusetzen. Das ist etwas, was man bei Rudolf Steiner immer wieder nachlesen kann. Der Mensch kann mit 50 Jahren Erfahrungen machen, die für den 40jährigen noch nicht möglich sind. Vieles braucht die Entwicklung. Der Mensch muß reif werden, ob er will oder nicht. Es bleibt nur die Frage, ob er diese Reife ergreift. Dazu kann ich vielleicht ein kleines Beispiel nennen, um das zu verdeutlichen: Sie lesen ein Buch mit 20 Jahren. Wenn Sie es dann mit 40 Jahren wieder in die Hand nehmen und darin lesen, dann kann es geschehen, daß Sie denken, daß das, was Sie da lesen, doch nicht in dem Buch stand, das sie vor 20 Jahren lasen. Das, was Sie mit 40 Jahren aufnehmen können, ist etwas anderes als das, was sie mit 20 Jahren aufnehmen können.

G. Gaumnitz: Was Sie mit 20 Jahren gelesen haben, ist ins Unterbewußte gegangen, es ist dort gereift. Sie können es mit 40 Jahren dann ganz anders verstehen, weil für das Verständnis Grundlagen gelegt wurden. Auch wenn Sie vorher keine Keime gelegt haben, können Sie mit 40 Jahren ein Verständnis erreichen, das Sie mit 20 Jahren noch nicht erreichen können. Sie können mit 40 Jahren ein anderes Urteil fällen, als Sie es mit 20 Jahren getan hätten, auch wenn es um Dinge geht, die Ihnen zum ersten Mal entgegentreten. Rudolf Steiner hat es einmal so zusammengefaßt: "...in der Jugend denkt der Mensch, im Alter begreift er."[4)] Dies wird möglich durch die freiwerdenden Leiblichkeiten.

B.D.: Ist es wirklich immer so, daß der 40- oder 50jährige etwas erfahren hat, was ich in meinem Alter noch nicht erfahren haben kann? Sind die Älteren heute wirklich immer älter? Machen alle Menschen naturgemäß diese Entwicklung durch, daß man immer sagen kann: "... in der Jugend denkt der Mensch, im Alter begreift er"?

C. Schachenmann: Wenn es um das reine Wissen geht, dann hat man doch oft den Eindruck, daß der junge Mensch mehr weiß als der ältere. Ob der ältere Mensch seine Erfahrungen wirklich in Taten umsetzen kann, hängt davon ab, inwieweit er sich bewußt und verantwortungsvoll mit den Erfahrungen des geistigen Lebens auseinandergesetzt hat. Natürlich ist die Anthroposophie eine große Hilfe, aber auch durch die Lebensreifung kann ein solches Bewußtsein entstehen. Es muß nicht unbedingt jeder Mensch mit der Anthroposophie diese Erfahrungen machen. Wir sehen heute ganz deutlich die Behinderungen, die dadurch entstehen, daß die Menschen nicht bewußt alt werden, sondern einfach irgendwie automatisch alt werden. Der physische Abbau, der unwillkürlich mit der Alterung eintritt, hindert viele Menschen daran, das Geistig-Seelische, das sich dann entwickelt, bewußt zu ergreifen. Dann ist es zwar richtig, daß diese Menschen Erfahrungen gemacht haben, die der junge Mensch nicht gemacht hat, aber sie können sie bewußtseinsmäßig nicht vermitteln. Die Gedanken sind körpergebunden, sie sind nicht lebendig und leibfrei geworden. Die eigentliche Aufgabe des Alters ist doch, sich geistig-seelisch, gelöst vom Leibe zu entwickeln, der den Alterungsprozessen unterliegt.

G. Gaumnitz: Die Loslösung vom Leib und die wirkliche Verbindung mit Geistigem führt dahin, daß der ältere Mensch mehr weiß. Dann erhebt sich aber die Frage, ob der ältere Mensch das ins Bewußtsein heben kann oder ob er in seiner Entwicklung irgendwann im Leben stehengeblieben ist, zum Beispiel mit 25 Jahren oder sonstwann.

B.D.: Von Natur aus entwickelt sich der Mensch heute nur noch bis zum 28. Lebensjahr, von da ab muß der Mensch seine Entwicklung bewußt ergreifen, sonst bleibt er stehen.

C. Schachenmann: Das können wir am besten mit der Schilderung des Geistesforschers

Rudolf Steiner belegen:

"Aber wir wissen, daß die Menschheit im Laufe der Entwickelung immer jünger wird, und heute wird sie nicht älter als 27 Jahre. Dann gibt die leiblich-körperliche Entwickelung nichts mehr her. So muß das, was zur Weiterentwickelung beitragen soll, aus dem Geiste geholt werden."[5)]

Heute ist es so, daß der Mensch mit 25 bis 27 Jahren stehenbleibt, wenn nicht ein Bewußtseinsprozeß in Gang kommt. In früheren Zeiten wurde der Mensch weise, weil die leiblich-seelische Parallelentwicklung bis ins 50. Lebensjahr reichte. Die Menschheitsentwicklung, und damit das Jüngerwerden der Menschheit, zu betrachten, ist etwas ganz Wichtiges. Wir müssen die Menschheitsentwicklung verstehen, und sehen, daß die Menschheit immer jünger wird, obwohl das sicher viele bestreiten werden. Wenn wir nicht in dem Augenblicke, in dem die leiblich-seelische Parallelentwicklung aufhört, unsere Entwicklung selbst in die Hand nehmen, dann wird die Menschheit immer kindischer und unmündiger.

Die Alten bleiben jung

B.D.: Der Mensch hat also Entwicklungsmöglichkeiten bis ins hohe Alter hinein, er muß diese Möglichkeiten jedoch bewußt ergreifen. Demnach müßten wir uns doch glücklich schätzen, so viele ältere Menschen in verantwortungsvollen Positionen, zum Beispiel in der Politik, zu sehen. Nun ist es aber so, daß viele junge Menschen denken: Dieser Mensch ist zu alt für diese Aufgabe. Woran liegt das, daß die alten Menschen den jüngeren in der Regel nichts mehr zu sagen haben?

C. Schachenmann: Das ist ja das Geniale, wenn Rudolf Steiner sagt, daß die Menschen nicht älter werden, sondern jung bleiben. Wir müssen lernen, beweglich zu denken. Ein junger Mensch erwartet eigentlich vom alten Menschen etwas. Aber diese alten Menschen entpuppen sich oft als nur äußerlich gealtert und sprechen - auch inhaltlich - seine Sprache. Sie sind seelisch nicht reif geworden, sind zum Beispiel bei 28 Jahren stehengeblieben. Sieht man aber nun auf das äußerliche Alter, dann kommt man eben dahin zu sagen, daß sie zu alt für diese oder jene Aufgabe sind. In Wirklichkeit aber sind sie "jung" geblieben, und das ist der Grund, warum sie den jungen Menschen nichts qualitativ anderes zu bieten haben. Wenn sich das nicht wandelt, wird sich das Schicksal der Menschen in der Zukunft dadurch entscheiden, daß die Menschheit sich nicht weiterentwickelt. Die Ehrfurcht vor dem Alter kann nur entstehen, wenn der ältere Mensch wirklich reift und Spirituelles pflegt, und somit auch wirklich Verantwortung tragen kann für das, was er denkt, fühlt und tut.

B.D.: So wie man vor ein paar Jahren die 18- bis 21jährigen als Wählerpotential entdeckt hat, so werden heute genauso von den politischen Parteien die über 65jährigen als Wählerpotential umworben. Die Altenbildung hat sich in den letzten Jahren als neuer, eigenständiger Bereich der Pädagogik herausgebildet. Es gibt Forschungsprogramme, bei denen es letztendlich darum geht, den alten Menschen als Wähler aktiv zu halten. Wenn sich der alte Mensch aber selbst entwickeln kann, dann wäre doch eine solche Altenbildung völlig überflüssig.

C. Schachenmann: Das Stichwort ist Geragogik. Diese geht in die Richtung, daß die alten Menschen an die Volkshochschulen und an die Universitäten geholt werden, damit sie sich weiterbilden und Wissen anhäufen. Die Geragogik hätte eigentlich einen ganz anderen Auftrag; das müßte man neu entwickeln im Gegensatz zur Pädagogik. Die Geragogik müßte den alten Menschen dahin bringen, das zu ergreifen, was er bisher in seinem Leben nicht ergriffen hat. Der Mensch hat sich bis ins hohe Alter hinein in der Regel nicht mit Geistigem, schon gar nicht mit einem geisteswissenschaftlichen Schulungsweg befaßt. An Geistiges müßte man den alten Menschen heranführen, und das kann man tun, indem man ihn da abholt, wo er steht. Das ist die große geragogische Aufgabe. Wie spreche ich zum Beispiel einen Arbeiter aus dem Kohlenpott an, der sagt: "Mit meinem Leben ist nichts los gewesen. Ich habe nur Schichtarbeit gemacht." Dann heißt es, den Menschen auf sein inneres Wesen hinzuweisen, wo er ein Geisteswesen ist.

B.D.: Altenbildung ist also nicht so zu verstehen, daß sich der alte Mensch mit Wissen vollstopfen soll, sondern so, daß der Mensch an seine eigentliche Aufgabe herangeführt werden soll, sich mit Geistigem zu beschäftigen?

C. Schachenmann: Ja, das wäre eigentlich die Aufgabe der Altenbildung. Dazu muß der Mensch aber das Geistige bejahen. Wenn er ein totaler Materialist ist, dann geht das nicht. Wenn ich der Meinung bin, daß nach dem Tode alles vorbei ist, daß danach nichts mehr kommt, wohin sollte ich den alten Menschen dann führen? Dann kann ich ihn nur zu einem momentanen Lebensgenuß verhelfen. Das ist das sogenannte Freizeitverhalten, wie es sich im Moment ausbreitet. Ein Stichwort in diesem Zusammenhang ist auch das Gedächtnistraining, das viel mit alten Menschen gemacht wird. Das Gedächtnis läßt normalerweise im Alter nach, aber das ist eine große Hilfe für den alten Menschen.

B.D.: Warum?

C. Schachenmann: Durch das Nachlassen des Gedächtnisses sind die Menschen an gewisse Dinge nicht mehr gebunden. Die Kräfte, die aus dem Gedächtnis schwinden, gehen nicht verloren, sondern arbeiten im Ätherischen weiter. Diese Kräfte wirken für die Zukunft.

B.D.: Dann wäre ja das ganze Gedächtnistraining, das mit alten Menschen in vielen Seniorenclubs gemacht wird, völlig verkehrt?

C. Schachenmann: Das ist es ja gerade, was wir hinterfragen müssen. Warum bilden wir noch das Gedächtnis aus? Der ganze Wissensstoff, den ich mir dort aneigne, hilft mir gar nicht weiter. Das Geistige kann dadurch nicht ergriffen werden, sondern ich halte fest an irdischen Fakten.

G. Gaumnitz: Das ist die eine Seite, aber die andere Seite des Gedächtnistrainings bewirkt das kontinuierliche Persönlichkeitsbewußtsein. Wenn wir kein Erinnerungsvermögen, kein Gedächtnis hätten, dann würden wir jeden Morgen wie neu geboren aufwachen. Wir würden ohne Gedächtnis unsere Persönlichkeit verlieren. Man muß das immer unter dem Gesichtspunkt des Geistigen, der Individualität betrachten. Man sollte den alten Menschen auf das Menschsein zurückführen. Das heißt, man sollte ihn auf die Willensimpulse, die er zur Inkarnation gefaßt hat, zurückführen. Dann kann man sich fragen: Ist das, was er gelebt hat, identisch mit dem, was er sich vorgenommen hat? Vielleicht besteht noch eine große Differenz, weil er das, was er sich vorgenommen hat, nicht in dieses Leben hineininkarnieren konnte. Wenn man das Menschenleben aber nur vom rein Irdischen anschaut, dann verliert man das Bewußtsein für das Geistige. Macht man nun solche Gedächtnisübungen nur, um Wissensstoff zu sammeln, dann ist das bestimmt keine wesentliche Hilfe für den alten Menschen zur Fortführung des Lebens. Wenn wir aber ein Gedächtnistraining machen, damit der alte Mensch sich nicht als Individualität in der Desorientierung verliert, dann kann das eine große Hilfe für ihn sein. Solange der Geist an den Leib gebunden ist, und der Leib ist ja ein kostbares Gefäß, sollte sich der Geist auch im Irdischen orientieren können und sich nicht verlieren. Gerade deshalb kämpfen wir auf den Pflegestationen darum, das Leib, Seele und Geist harmonisch miteinander verbunden bleiben.

B.D.: Dann geht es darum, daß das Geistig-Seelische sich nicht zu sehr von der Physis lockert, aber auch nicht zu sehr an die Physis bindet?

G. Gaumnitz: Ja, dieses Verhältnis des Geistig-Seelischen zum Leiblichen muß in eine Harmonie gebracht werden. Das Reiferwerden des Geistig-Seelischen muß bewußt ergriffen werden, damit es sich nicht verliert. Auf der anderen Seite darf das Brüchigwerden des Körpers nicht zu sehr im Vordergrund des Bewußtseins stehen, damit der Mensch sich nicht zu sehr in Leid und Resignation verliert. Der Mensch müßte dahinkommen zu sagen, daß er sein Leid akzeptiert und trägt, weil er weiß, daß er dadurch Erfahrungen macht, die für seine Entwicklung wichtig sind. Wenn eine solche Stimmung entsteht, ist etwas Sinnvolles erreicht.

C. Schachenmann: Das könnte man durch einige Schicksalsbeschreibungen untermauern. Es gibt alte Menschen, die jeden Morgen, wenn sie aufwachen, nicht wissen, wer sie sind. Sie können ihren Namen nicht sagen. So ein Schicksal hat zwei Gesichter. Bei dem einen ist das sehr leidvoll, er hält sich fest an ganz bestimmten Dingen. So gibt es Menschen, die den ganzen Tag über das gleiche wiederholen, sie sagen zum Beispiel: "Ich will heim." In diesen Fällen kann man als Pfleger sehen, daß dieser Mensch leidet. Er würde genauso zu Hause leiden, das hat nichts mit dem Ort zu tun, an dem er sich befindet. Es gibt aber auch Menschen, die nicht mehr wissen, wie sie heißen, die aber trotzdem eine gewisse Ausstrahlung haben. Bei so einem Menschen ist das Verhältnis des Geistig-Seelischen zum Leiblichen so, daß man den Eindruck hat, er trägt das Leibliche noch, ist aber schon in der geistigen Welt. Das drückt sich für die Mitmenschen so aus, daß man eine wirkliche Herzenswärme, die dieser Mensch ausstrahlt, spürt. Solche Menschen können eine Gemeinschaft sehr befruchten.

Das Schwächerwerden der Sinnesorgane in der richtigen Weise nutzen

B.D.: Nicht nur das Gedächtnis läßt im Alter nach, sondern auch die Sinnesorgane werden schwächer. Hat das eine ähnliche Bedeutung für das Alter?

C. Schachenmann: Das stimmt, die Sinnesorgane werden schwächer. Hier haben auch die Amerikaner durch Serien von Untersuchungen nachgewiesen, daß das Nachlassen der Sinnesorgane wieder zwei Seiten hat. Wenn ich eine Krankheit am Auge oder am Ohr habe, ist das natürlich etwas Besonderes, hier geht es aber um das rein altersmäßige Schwächerwerden der Sinne. Der alte Mensch ist nicht mehr so sehr der Vielfältigkeit der Sinneseindrücke gewachsen, er fängt an, auszusieben. Wenn der alte Mensch das richtig ergreift, dann tut er etwas Altersgemäßes, indem er seine Sinnesorgane in ihrem Schwächerwerden akzeptiert. Wenn der alte Mensch es akzeptieren kann, dann hört, sieht und riecht er durch diese gegebene Konzentration intensiver als der jüngere. Ein alter Mensch, der etwas beobachtet und es hinterher schildert, kann es oft präziser schildern als der junge Mensch. Der alte Mensch nimmt dann mehr wahr als der junge Mensch. Ich habe das selbst miterlebt bei einem Leiervorspiel. Die alten Menschen riefen alle: "Lauter, lauter." Der Spieler hat aber bewußt genauso leise weitergespielt wie vorher, und siehe da, alle haben es gehört, weil sie sich darauf konzentrierten und konnten die Tonfolge genau nachspielen. Das Schwächerwerden der Sinnesorgane ist sozusagen ein Schutz vor den ganzen Sinneseindrücken, die auf uns einstürzen - unser Ich zu verschmutzen drohen. Wenn ich diese Tatsache bewußtseinsmäßig ergreife, dann kann ich sie in der richtigen Weise nutzen. Wenn ich aber an der Tatsache kleben bleibe, daß meine Sinnesorgane schwächer werden, dann bleibe ich daran hängen, daß ich mich frage, was der Nächste und der Übernächste noch alles gesagt haben könnten. Wenn ich mich damit beschäftige, was ich alles nicht hören kann, dann kann ich mich auch nicht auf etwas konzentrieren, und komme dahin, daß ich schließlich gar nichts mehr höre. Dann verliere ich mich im Leid und kann das Schwächerwerden meiner Sinnesorgane nicht richtig ergreifen. Das stille Hören oder das intensive Sehen kann ich dann nicht ausüben.

B.D.: Eben beim Frühstück habe ich mich unten im Speisesaal mit einer 95jährigen Dame unterhalten, die sehr schwerhörig ist. Ich habe festgestellt, daß ich nur sehr sehr leise sprechen brauchte, dafür aber wohl artikuliert, damit sie mich verstehen konnte. Eigentlich habe ich sehr leise, dafür aber nur langsam und deutlich gesprochen.

G. Gaumnitz: Lautes Sprechen würde bei Schwerhörigen gar nichts nutzen. Das langsame, deutliche Sprechen ist sehr wichtig, weil das Verstehen langsamer wird.

B.D.: Beim jungen Menschen ist der Körper Träger oder Mittler des seelischen Lebens. Das seelische Wohlbefinden hängt stark vom körperlichen Wohlbefinden ab. Wenn nun der Verfall des Leibes sich als bestimmender Inhalt des Seelischen aufdrängt, dann sprechen alte Menschen nur noch über ihre Krankheiten. Wie kann es gelingen, ein leibfreies seelisches Leben zu entwickeln? Wir haben schon darüber gesprochen, daß es wichtig ist, ein leibfreies seelisches Leben zu entwickeln, aber es soll doch trotzdem an den Leib gebunden bleiben?

G. Gaumnitz: Ja, denn sonst wären wir tot!

C. Schachenmann: Ideal wäre es, wenn wir den Leib als Schale betrachten, die das Geistig-Seelische tragen kann, solange wir auf der Erde sind. Dazu muß der Leib gereinigt werden von dem, was die Materie an Schwere und Egoismen hereinbringt.

B.D.: Wie schaffen Sie es hier im Johanneshaus, die Menschen dahin zu bringen, daß sie sich nicht zu sehr an ihre leiblichen Krankheiten hängen und nur noch über ihre Krankheiten sprechen?

G. Gaumnitz: Durch ein reichhaltiges Kulturprogramm.

B.D.: Das habe ich bereits in der kurzen Zeit bemerkt, daß Sie hier ein sehr reichhaltiges Kulturprogramm anbieten. Eine Dame, mit der ich heute morgen am Tisch saß, erzählte mir, daß sie zum Beispiel Vorträge über die Adventszeit oder das Osterfest hält. Sie schilderte mir, daß sie durch die Vorbereitung auf ihre Vorträge so schön vom Altern abgelenkt werde. Ist

Ablenkung der Sinn Ihres Kulturprogrammes oder welche andere Intention verfolgen Sie damit?

C. Schachenmann: Es soll natürlich nicht ablenken, sondern andere Inhalte bieten als der bürgerliche Alltag; der alte Mensch soll sich nicht wahllos mit irgendetwas beschäftigen. Er kommt so schnell dahin, sich mit irgendetwas zu beschäftigen, nur um beschäftigt zu sein. Das ist so ein Zeit-Totschlagen; eine schlechte Beschäftigungstherapie geht in die gleiche Richtung.

Natürlich flüchtet sich der alte Mensch auch oft in seine Krankheiten und beschäftigt sich nur noch damit. Das Kulturprogramm soll ihn freimachen von den körperlichen Gegebenheiten. Es soll ihn hinweisen auf all die geistig-seelischen Fragen, die er im Leben mehr oder weniger bewegt hat. Der alte Mensch soll im Geistig-Seelischen tätig werden. Das kann er zum Beispiel dadurch tun, daß er malt oder musiziert. Wir pflegen sehr das Künstlerische - es finden Konzerte statt usw. -, aber natürlich auch das Studium der Geisteswissenschaft. Das findet in allen Formen hier im Johanneshaus statt. Es treffen sich kleinere oder größere Gruppen, es werden Vorträge gehalten. Das ist ja gerade die schwierige Aufgabe des Alters, die Rudolf Steiner geschildert hat: es soll das geistgemäße Altern gelernt werden. Vieles läuft über das Gespräch, über das Wahrnehmen des anderen und die Pflege der Gedanken. Das ist sehr wichtig. Die Pflege der Gedanken im Alter muß geübt werden.

Wir sind hier eine geistige Gemeinschaft. Goethe hat gesagt, daß eigentlich alt zu alt und jung zu jung gehören. Dann können dieselben Erfahrungs- und Reifegrade miteinander kommunizieren. Der alte Mensch ist, nach der Schilderung Rudolf Steiners, derjenige, der am freiesten ist. Solange man jung ist, ist man noch sehr stark ins berufliche Leben eingebunden, lebt auch sehr stark in der Konkurrenz mit anderen, aber im Alter ist man von all diesen Dingen frei. Damit hat der alte Mensch auch die Möglichkeit, diese Geistgemeinschaft besonders zu pflegen.

Die Aufgabe des Menschen im Alter

B.D.: Soll der alte Mensch soll noch berufsmäßig arbeiten?

C. Schachenmann: Er soll keinen Zwang mehr haben zu arbeiten. Er darf nicht mehr von seiner berufsmäßigen Arbeit abhängig sein. Wenn ihm das Schicksal allerdings auferlegt, bis ins hohe Alter zu arbeiten, dann ist es etwas anderes. Dann macht er so seine Biographie durch. An sich sollte der Mensch aber nicht mehr arbeiten, es ist auch normal, daß die Alten es an die Jungen abgeben. Sie helfen zwar dann und wann noch mit und befruchten auch die Arbeit der Jüngeren, aber es darf kein Zwang damit verbunden sein.

G. Gaumnitz: Es kommt noch ein weiterer Aspekt hinzu. Es gab schon immer die alten Menschen, die nicht gearbeitet haben. Ausnahmen gab und gibt es natürlich immer. Man sollte dahin kommen zu fragen: Was ist die Aufgabe des alten Menschen? Man könnte das natürlich auch so betrachten, daß man sagt, der alte Mensch arbeitet nicht mehr, lebt aber noch, wird alt. Dann kommt dieses böse Wort "Grufties". Es könnte dann gesagt werden, der alte Mensch nimmt uns die Ernährungsgrundlage weg. Aus diesem Bewußtsein heraus kann ein sehr starker Konflikt zwischen jung und alt hervortreten. Der alte Mensch arbeitet insofern, als daß er die Geistigkeit an der Erde hält. Das ist ein ganz anderer Aspekt des Alters. Das Kind bildet sich heran, um einmal im Physischen an der Erde zu arbeiten, um sozusagen im Physischen zu bauen. Der alte Mensch baut im Geistigen, das ist die Gegenseite, die wir wieder lernen müssen anzuschauen. Das ist eigentlich eine Dekadenz unserer heutigen Gesellschaft, daß wir mit dem Alter nichts anzufangen wissen.

B.D.: Das macht sich auch an der Situation in den Alten- und Pflegeheimen bemerkbar.

C. Schachenmann: Das ist ja die Sache mit der Geragogik, von der ich am Anfang sprach.

B.D.: Die Greisenhaftigkeit gehört wesensmäßig mit zum Menschsein. Warum ist die Greisenhaftigkeit so wichtig für die Menschheitsentwicklung?

G. Gaumnitz: Dazu muß man wieder das Menschenwesen genauer anschauen. Der Mensch hat den physischen Leib, den Ätherleib und den Astralleib. Es kommen die seelischen Glieder hinzu: Empfindungsseele, Verstandesseele, Bewußtseinsseele und die Geistleiblichkeiten: Geistselbst, Lebensgeist, Geistesmensch. Wenn diese drei letztgenannten Wesensglieder geboren sind, ist der Mensch physisch alt. Die drei letzten Jahrsiebte, die ich genannt habe, nennt Rudolf Steiner bereits das Greisenalter. Das, was über das 72. Jahr hinausgeht, wenn der Stern uns freiläßt, das sind die begnadeten Jahre. Das Schicksal hat den Menschen in diesen Jahren freigelassen in seiner Biographie. Jetzt kann die Fülle der geistigen Welt in freier Tat auf die Erde gestellt werden. Von hier aus kann man sehen, daß die eigentliche Aufgabe des alten Menschen ist, der weise Kopf mit Herz zu sein. Die Aufgabe des jungen Menschen ist, kraftvoll die Erde zu pflügen. Die Aufgabe des alten Menschen ist, die Geistwesen an der Erde zu halten, zu binden, hereinzubitten, damit die jungen Menschen dann etwas Gutes realisieren können. Die alten Menschen sollten Rat geben können, damit der junge Mensch seine Aufgabe erfüllen kann. Der junge Mensch kann eben noch nicht zu diesen Geistwesen vordringen, weil er die Leiblichkeiten dazu nicht hat. Die Menschheit ist immer dieses Ganze aus jungen und alten Menschen. Wenn wir die Menschheit nur bis zum 35. Lebensjahr betrachten, dann fehlt ein wichtiger Teil.

C. Schachenmann: Das ist aus der Geschichte der Menschheitsentwicklung zu begründen: Der Mensch entwickelt sich immer weiter in die Individualisierung hinein, dadurch auch in die Isolierung, die wiederum eine Notwendigkeit ist. Jetzt bleibt es die Frage: wie entscheidet sich die Menschheit? Die alten Menschen hätten jetzt eigentlich die Möglichkeit, das Geistige in die Menschheit hineinzutragen. So verstehe ich Rudolf Steiner, wenn er sagt, daß der junge Mensch den alten Mensch alt sehen möchte. Die Menschheit kann mit der Altersweisheit nichts mehr anfangen bzw. sie nicht ausbilden, weil sie so stark im Materialismus verfangen ist. Der Mensch entfernt sich vom Spirituellen, das würden auch alle großen Konfessionen bestätigen. Eigentlich hat der Mensch die Sehnsucht, das Spirituelle zu ergreifen. Das gelingt ihm aber oft nicht.

B.D.: Nun entscheiden sich die wenigsten Menschen für ein geistgetragenes Alter. Jeder Mensch hat aber - theoretisch gesehen - die Möglichkeit, sich dem Spirituellen zu- oder abzuwenden. Das heißt ja nun nicht, daß sich alle Menschen der Anthroposophie zuwenden müssen. Warum beschäftigen sich so wenige Menschen mit geistigen Inhalten?

C. Schachenmann: Schon Tatiana Kisseleff hat Rudolf Steiner gefragt: "Sie können doch nicht alle Menschen zur Anthroposophie bringen?" Daraufhin hat er geantwortet:

"Ganz bestimmt nicht, aber es gibt eine Lebenseinweihung." Die Menschen gehen durch Schicksale, da passiert ihnen viel und sie können ihr Schicksal verschlafen oder sie können es ergreifen. Am sichersten können sie ihr Schicksal ergreifen, wenn die Menschen alt werden. Wenn die Menschen die Möglichkeiten, die ihnen geboten werden, nicht aufgreifen, dann werden die Zerstörungskräfte, die Mumifizierungskräfte, immer stärker und stärker.

B.D.: Was können Sie zu dem junggebliebenen alten Studenten sagen, die noch mit 50 oder 60 Jahren an die Universitäten gehen?

C. Schachenmann: Ich kenne einige ältere Menschen, die mit 60 oder 65 Jahren noch ihren Doktor gemacht haben. Das geht aber meistens in die Richtung des Nachholens des Jungseins. Das Spirituelle wird dort nicht gegriffen.

G. Gaumnitz: Die Geistleiblichkeiten bis hin zum Geistesmenschen werden frei. Das ist das Urhafte des Menschen, das sich unbewußt mit dem höheren Ich entwickelt. Das Alltagsbewußtsein des Menschen hat an dieser Entwicklung keinen Anteil. Daneben gibt es das individuelle Schicksal des Menschen. Rudolf Steiner sagte einmal, daß die "Pfunde" des Lebens mit 25 Jahren zum Beispiel angebraucht sein können. Da kann also schon der Lebensfaden abreißen und jetzt wird dieser Mensch 90 Jahre alt, aber er kann nichts Neues mehr ergreifen. Das ist das Problem. Wenn ein Mensch bei 25 stehenbleibt, aber 90 Jahre alt wird, hat er natürlich von den Früchten, die mit 50 ausreifen, nichts zu sagen, trotzdem er den "Geistesmenschen" als Leiblichkeit, das heißt unbewußt in sich auch, entwickelt hat.

B.D.: Es ist doch so, daß die ersten drei Jahrsiebte auf die letzten drei Jahrsiebte, das sogenannte Greisenalter, zurückwirken. So wirkt das erste Jahrsiebt auf das neunte zurück, das zweite auf das achte usw. Ist es nun gezwungenermaßen so, daß wenn eine zu frühe intellektuelle Erziehung an die Kinder herangetragen wird, sich das im Alter negativ auswirkt?

G. Gaumnitz: Das wirkt sich notgedrungen aus. Rudolf Steiner sagte es in seinen pädagogischen Kursen ganz deutlich. Wenn der Mensch allerdings bis zum 35. Jahr zum geisteswissenschaftlichen Schulungsweg findet, kann er noch eine Menge kompensieren.

C. Schachenmann: Der Mensch kann aus Freiheit sich dem Geistigen zuwenden. Hinzu kommt, daß wir immer die Tatsache der wiederholten Erdenleben berücksichtigen müssen. Wir dürfen einen Menschen nie nur in einer Inkarnation sehen. Es ist ja nicht so, daß ich nun einem Fatum ausgesetzt bin, an dem ich nichts verändern kann. Außerdem habe ich an meinem Schicksal selbst mitgewirkt. Ich habe immer wieder die Chance, mein Schicksal aufzuarbeiten. Jede neue Inkarnation ist eine neue Chance. Unter diesem Gesichtspunkt müssen wir das alles betrachten, dann kann ich auch nicht die Schuld woanders suchen, sondern werde immer wieder auf mich zurückgeworfen und muß an mir arbeiten.

Der alte Mensch wird gmeinschaftsbedürftig

B.D.: Damit sind wir eigentlich bei den Aufgaben der Altenpflege angelangt, nämlich bei der Frage: Wie können wir den alten Menschen, der sich mit 35 Jahren nicht auf den geisteswissenschaftlichen Schulungsweg begeben hat, noch dahin bringen, daß er sich trotzdem mit Geistigem beschäftigt, weil das in spätere Inkarnationen hineinwirkt? Vorher möchte ich aber an eine andere Frage anknüpfen. Die Pflegebedürftigkeit aufgrund hohen Alters ist ein relativ neues gesellschaftliches Problem. Zur Zeit wird nicht zuletzt wegen der Misere in den meisten Altenheimen die häusliche Pflege gepriesen. Aber es ist eine soziale Tatsache, daß nicht einfach aus der Blutsverwandtschaft heraus eine intime Bindung vorhanden ist, so daß man seine Angehörigen nicht in jedem Falle zu Hause pflegen möchte. Manchmal ist der Weg ins Altenheim unumgänglich. Wann würden sie ein Pflege- oder Altenheim empfehlen. Wann ist häusliche Pflege sinnvoll?

C. Schachenmann: Man redet heute viel davon, daß die häusliche Pflege humaner sei und gibt Geld dafür, daß die Angehörigen ihre alternden Angehörigen zu Hause pflegen. Man begründet das damit, daß das früher auch so gewesen sei und will damit an alte Traditionen anknüpfen. Aber die Familie, die das leisten kann, gibt es schon lange nicht mehr. Das wäre nämlich die Großfamilie, die 25 bis 30 Menschen aller Altersstufen umfaßt. Vielleicht hat sie sich sogar selbst versorgt, auf jeden Fall war sie in irgendeiner Form ein großer Zusammenhang von Menschen. Diese Großfamilie war dann auch noch in größere Gemeinschaften, zum Beispiel in Dorfgemeinschaften oder auch in städtische - aber immer mit personaler Beziehung begabten - Gemeinschaften eingebunden. Das gibt es schon lange nicht mehr.

B.D.: Wie geht man nun mit dieser veränderten Situation um?

C. Schachenmann: Natürlich gibt es auch heute noch die Großmutter, die Märchen erzählt, und das ist auch gut so. Ein Problem wird es heute erst, wenn die Großmutter verwirrt wird. Das kann die heutige Familie nicht mehr auffangen. Die Großfamilie früher hat das sicherlich getan, konnte es auch leisten. Ob das dann immer menschlich zuging, ist eine andere Frage. Es gibt Schilderungen, die besagen, daß es zum Teil ganz ganz unmenschlich zuging. Wir müssen sehr vorsichtig sein mit dem Umgang mit der Vergangenheit. Es wäre völlig falsch zu sagen, früher war alles besser. Das stimmt nicht. Es gab früher eine Reihe von Problemen mit dem Zusammenleben der verschiedensten Generationen unter einem Dach. Heute wird diese Großfamilie idealisiert.

Wir müssen von unserer heutigen Situation ausgehen. Immer mehr Menschen sind heute individualisiert. Wenn ich es extrem beschreiben würde, könnte ich sagen, sie sind autistisch geworden. Die Frage muß jetzt heißen: Wie komme ich aus dieser individualisierten Situation in eine altersgemäße Situation hinein? Wir müssen uns fragen: Wird die Familie dem alten Menschen gerecht? Was kann die Familie für den alten Menschen wirklich tun? Wenn der alte Mensch stark ist, stützt die Familie unter Umständen nur seinen Egoismus, wenn er aber schwach ist, muß der alte Mensch sich der Familie unterordnen. Der alte Mensch muß sich dann dem Rhythmus der Familie anpassen. Wo bleibt da der ideelle Gewinn aus der Gemeinschaft? Ich habe immer schon im Paritätischen Wohlfahrtsverband davon gesprochen, daß wir eigentlich nicht von einer Altenheimbedürftigkeit, sondern von einer Gemeinschaftsbedürftigkeit sprechen müssen.

B.D.: Wird der alte Mensch denn eher gemeinschaftsbedürftig als der junge Mensch, der individualisiert lebt?

C. Schachenmann: Ja, der alte Mensch vereinsamt, kann deshalb leichter verkommen, wenn er allein bleibt. Wiederum sollte man nichts dagegen sagen, daß alte Menschen alleinbleiben. Es leben sowieso über 90 Prozent der alten Menschen allein oder in ihren

Familien. Der alte Mensch muß sich nicht unbedingt in einem Altenheim einfinden, um die Gemeinschaft zu pflegen. Das kann auf vielerlei Weise geschehen. Es setzt aber noch Beweglichkeit, Mobilität voraus. Eine Gemeinschaft, in der man auch zusammenlebt, die dann natürlich viele Möglichkeiten in sich birgt, muß vom alten Menschen auch gewollt werden.

B.D.: Wann wäre denn ein guter Zeitpunkt, sich zu entscheiden, in ein Altenheim zu gehen?

C. Schachenmann: Gemeinschaftsbildend kann eine Situation im Heim nur dann sein, wenn sie sich nicht auf die Pflegesituation polarisiert. Es muß eine mehrstufige Einrichtung sein, die von der Altenwohnung über das Altenwohnheim bis hin zur "Pflegestation" - die besser "Wohnbereich Pflege" genannt wird - alles in sich birgt. Es ist so einfacher zu bewerkstelligen, den schwerpflegebedürftigen alten Menschen, so weit es für ihn möglich und gut ist, in die Gemeinschaft zu integrieren. Wenn wir nur eine Gemeinschaft aus Pflegebedürftigen hätten, könnte es keine so lebendige Gemeinschaft mehr sein.

B.D.: Wie kann das konkret aussehen, zum Beispiel hier im Johanneshaus?

C. Schachenmann: Wir haben um die 50 Menschen, die sich jeden Tag sehr pflegebedürftigen Menschen annehmen. Dadurch entsteht eine ganz andere Situation, als wenn sich nur die Mitarbeiter allein um die zu Pflegenden kümmern müßten. Ohne die Mitarbeiter geht es natürlich nicht. Aber es entsteht eine andere Situation, wenn sich die Bewohner des Hauses mitbemühen, weil sie die zu Pflegenden dadurch in die Gemeinschaft hereinnehmen. Jeder bei uns aus dem Wohnbereich Pflege kann zum Beispiel mit in den Speisesaal hinunter zum Essen, wenn ihm das bekommt. Wenn er das gar nicht mehr kann, dann ißt er in einer kleinen Gruppe auf der Pflegestation. Einige essen natürlich auch auf ihren Zimmern, weil es nicht mehr anders geht. Aber unser Ziel ist es, den Menschen immer so weit wie möglich in die Gemeinschaft zu integrieren.

B.D.: Es gibt hier also kein einheitliches "Pflegepaket", das dem alten Menschen übergestülpt wird, sondern jeder sollte noch so viel selber leisten, wie er zu leisten imstande und willens ist?

C. Schachenmann: Ja, so ist es. Ein Stichwort ist heute die aktivierende Pflege. Sie wird aber in der Regel zu sehr unter dem medizinischen Gesichtspunkt gesehen. Man geht davon aus, daß man einen Menschen so reaktivieren will, daß er wieder nach Hause kann. Dabei berücksichtigt man aber meist nicht das Geistig-Seelische und schon gar nicht das Gemeinschaftsbedürfnis des alten Menschen.

B.D.: Die Altenpflege ist keine Krankenpflege. Worin liegt der Unterschied?

C. Schachenmann: Die Pflege, die Altenpfleger leisten, ist eine intensivere Pflege, als die Krankenpflege.

G. Gaumnitz: Die vordringliche Aufgabe des Krankenhauses ist die Rehabilitation und nicht die Pflege. Bei uns haben wir eine Großfamiliensituation aus der Wahlverwandtschaft heraus. Das ist einerseits eine Wahlverwandtschaft zwischen den Mitarbeitern und den Heimbewohnern, andererseits aber auch eine Wahlverwandtschaft der Heimbewohner untereinander. Natürlich findet eine Pflege statt, aber im Vordergrund steht das Leben, das Zusammenleben. Es kann keine gezielte Rehabilitation sein, sondern der Mensch braucht in seinem Lebensraum eine gezielte Hilfe.

B.D.: Es ist also Ihr erklärtes Ziel, daß jeder Mensch *sein* Leben leben kann und dafür die notwendigen Hilfen erhält? Würde das nicht auch bedeuten, daß jeder seinen eigenen Rhythmus beibehalten kann?

G. Gaumnitz: Das hat natürliche Grenzen. Wenn jemand um 16.00 Uhr Abendbrot essen oder um Mitternacht das Mittagessen haben will, dann sind dem natürlich Grenzen gesetzt.

C. Schachenmann: Dann hat er keinen eigenen Rhythmus mehr.

G. Gaumnitz: Es geht ja darum, daß der Mensch die Hilfen erhält, die er zum Leben braucht. Allein zu Hause hätte er diese Hilfen nicht. Zwar würde das Essen auf Rädern kommen, einmal am Tag käme vielleicht die Gemeindeschwester, ansonsten würde aber meist nichts mehr passieren. In einer solchen Situation vegetiert der Mensch dahin. - In der Gemeinschaft kann er seelische Anregungen erhalten, zum Beispiel durch gemeinsame Spaziergänge mit anderen Heimbewohnern oder durch Konzertbesuche u.ä. Hier kann eine Vielfalt an den Menschen herangetragen werden, durch die er noch eine Menge Lebenserfahrungen machen kann.

"Es kann auch jeder allein sein"

B.D.: Sie machen hier keine Beschäftigungstherapie in dem Sinne, daß Sie die alten Menschen dazu bringen zu basteln, zu malen oder zu singen?

C. Schachenmann: In diesem Zusammenhang haben wir ein interessantes Experiment erlebt, das allerdings schon einige Jahre zurückliegt. Ein junger Mann kam als Zivildienstleistender zu uns und fragte: "Warum malt Ihr mit der Frau X. nicht?" Wir kannten die Frau X., er nicht. So sagten wir zum ihm: "Probieren Sie es doch einmal aus." Er hatte nämlich Angst, daß wir diese Frau nicht aktivieren, indem wir nicht mit ihr malen. Er hat dann mit ihr gemalt, hat aber sehr schnell gemerkt, daß das nicht geht. Er tat damit der Frau etwas Schlechtes. Sie war fertig nach der Malstunde und auch er war fix und fertig. Danach hat er zu uns gesagt: "Jetzt verstehe ich, warum ihr nicht mit dieser Frau malt." Es ist also nicht in jedem Falle ungerecht, daß man den einen liegenläßt und ihn nicht beschäftigt. Malen heißt ja sowieso nicht beschäftigen, sondern schöpferisches Tun. Bei uns soll auch einer allein sein können in seinem Zimmer. Niemand wird gezwungen an irgendwelchen Veranstaltungen teilzunehmen. Solange der Mensch harmonisch und zufrieden ist, werden wir auch nichts unternehmen, ihn mehr in die Gemeinschaft zu integrieren. Das ist dann sein Schicksal, wie er sein Alter verbringt.

B.D.: Was würden Sie tun, wenn dieser Mensch, der sich nur zurückzieht, nörgelt und schimpft?

C. Schachenmann: Dann versuchen wir natürlich mit diesem Menschen ins Gespräch zu kommen und ihn dort abzuholen, wo er steht. Das wird dann in der Regel eine sehr sehr schwierige Sache.

G. Gaumnitz: Dazu braucht es sehr viel Geduld. Wir sehen natürlich, dieses oder jenes wäre jetzt nötig. Der Mensch sieht es aber nicht ein. Nun folgt der geragogische Prozeß. Man darf so einen Menschen nicht zwingen, man kann ihm auch nichts überstülpen, es folgt ein ganz intensiver zwischenmenschlicher Prozeß. Wir wollen die Menschen eigentlich nicht beschäftigen, sondern anregen, seelisch-geistige Erfahrungen zu machen, um eine andere Lebensqualität zu erreichen.

B.D.: Jeder kann also im Johanneshaus so an der Gemeinschaft teilnehmen, wie es seinem Wesen entspricht.

C. Schachenmann: Wir wollen die Gemeinschaft pflegen, zum Beispiel indem wir gemeinsam essen. Die Mahlzeiten liegen selbstverständlich zeitlich fest. Es macht eine Gemeinschaft auch aus, daß man zusammen ißt. Wir haben im Speisesaal die Tischgemeinschaften, die einerseits bestimmt sind durch die Speiseart, andererseits durch gemeinsame Interessen. Am Anfang haben wir gedacht, daß wir die Tischgemeinschaften - wir sitzen mit acht Menschen am Tisch - öfter wechseln, damit wir uns alle kennenlernen können. Das haben die alten Menschen aber nicht gewollt. Sie wollen wissen, mit wem sie am Tisch sitzen. Die Gemeinschaft ist wiederum so groß, daß es auch durchaus möglich ist zu wechseln, wenn es Ermüdungserscheinungen gibt. Es braucht einfach eine gewisse Größe, damit die Freiheitlichkeit nicht untergeht.

B.D.: Wie würden Sie mit einem alten Menschen sprechen, der nicht weiß, ob er in ein Altenheim gehen soll oder nicht? Gibt es Situationen in der Art, daß ein alter Mensch, der sich eigentlich vorgestellt hat, von seinen Kindern gepflegt zu werden, feststellt, daß die Kinder diesem Wunsch nicht entsprechen können, und er jetzt vor der Entscheidung steht?

C. Schachenmann: Ich kann Ihnen aus meiner 14jährigen Erfahrung sagen, daß die Situationen meistens sehr eindeutig sind. Es gibt Situationen, in denen es gar nicht mehr anders geht. Das sind die schweren Pflegesituationen. Dann folgt das Gespräch mit den Angehörigen, in dem man klärt, was das kostet, wie man alles regelt. Dann gibt es Menschen, bei denen es eigentlich von der Pflegebedürftigkeit her noch nicht notwendig ist. Diese Menschen haben in der Regel aber schon überlegt, ob sie nicht doch in ein Altenwohnheim gehen wollen. Diese Menschen sagen oft: "Eigentlich möchte ich ja nicht in ein Altenheim, aber ich sehe ja schon, meine Kinder können mich nicht aufnehmen." Dann bieten wir diesen Leuten an, sich das Haus anzuschauen oder auch mal zwei Wochen "probezuwohnen". Zu diesem Zweck haben wir Gästezimmer, die natürlich auch für Besuche von Verwandten genutzt werden. Es gibt auch die Möglichkeit, hier Urlaub zu machen. Auch die sogenannte Kurzzeitpflege bieten wir an, zum Beispiel für die Urlaubszeit pflegender Angehöriger. Für viele Menschen ist es ein Problem, sich in eine Gemeinschaft hineinzufinden. Viele sind es nicht gewohnt, in Gemeinschaften zu leben. Es gibt aber auch einige, die es gewohnt sind, denen es natürlich nicht sehr schwerfällt. Wir haben die Erfahrung gemacht, daß die Menschen, die aus der Not heraus hierher kommen, es schwerer haben, sich in die Gemeinschaft zu integrieren, als diejenigen, die sich aus Freiheit dazu entschließen. Das Motiv, das die Menschen hierher bringt, ist die Gemeinschaft. Ich kann dazu vielleicht auch ein kleines Beispiel geben von einer Dame, die vor drei Jahren verstorben ist. Diese Dame wurde von Bekannten angesprochen, warum sie denn ins Johanneshaus gehe, sie hatte es doch so gut bei ihrer Tochter. Sie antwortete daraufhin: "Seitdem ich nicht mehr bei meiner Tochter wohne, habe ich ein besseres Verhältnis zu ihr." Aus der Distanz können oft bessere Verhältnisse entstehen, als wenn man tagtäglich mit den Alltagsproblemen verwoben ist. Das Verhältnis zu den Kindern und Enkelkindern blieb trotzdem lebendig. Die alte Frau hat dann dort ab und zu einmal Urlaub gemacht und konnte besser mit ihrer Familie zurechtkommen als vorher. Denn durch unsere Gemeinschaft war sie selbst harmonischer geworden, weil sie an sich gearbeitet hat.

Anforderungen an die professionelle Altenpflege

B.D.: Es muß professionelle Altenpflege geben, darüber sind wir uns einig. Welche Anforderungen müssen nun an den Altenpfleger gestellt werden? Die Altenpflege ist doch etwas anderes als die Kinder- oder die Krankenpflege. Bei Kindern tut man sicherlich vieles gegen ihren Willen, weil ihnen für vieles noch das Verständnis fehlt. Wie verhält es sich beim alten Menschen?

C. Schachenmann: Das kommt darauf an. Ich möchte nur einen Aspekt herausgreifen. Eigentlich müßte jetzt das ganze Berufsbild geschildert werden und der ''Pflegenotstand'' (Ausbildungsprobleme, unterbezahlter Beruf, es fehlen in der BRD 60.000 Pfleger/innen), aber das würde ein Interview für sich bedeuten.

Der alte Mensch kann sehr pflegebedürftig werden. Er verliert unter Umständen viele Fähigkeiten, bis hin zur Kontinenz. Wenn der alte Mensch nun kindisch geworden ist, dann werde ich auch bei ihm viele Dinge gegen seinen Willen tun müssen. Da stellt sich höchstens die Frage: wie bringe ich ihm die Notwendigkeiten, die er vielleicht nicht mehr einsieht, bei? Als Altenpfleger kann ich sehen, daß es gewisse Notwendigkeiten für ihn gibt, damit der alte Mensch nicht verkommt. Das ist im physischen wie auch im seelisch-geistigen Bereich so. Wenn ich etwas für ihn tue, dann kann er aufblühen. Wir pflegen die Menschen solange es geht in den Appartements. Solange die Wohngemeinschaft einen vewirrten Menschen noch tragen kann, kommt dieser Mensch nicht in die Pflegestation. Meistens ist es dann so, daß von der Gemeinschaft aus gesagt wird: ''Das geht jetzt nicht mehr, wir können ihn nicht mehr tragen.'' Für solche Menschen haben wir eine intimere Pflegestation, eine beschützende Abteilung. Die Gemeinschaft hat in der Regel sehr lange die Kraft, auch einen verwirrten Menschen zu tragen. Solche verwirrten Menschen können aber so unsozial werden, daß sie wirklich für eine Gemeinschaft nicht mehr tragbar sind. Wenn sie dann in die beschützende Pflegestation kommen, erfolgt in der Regel ein Aufblühen, weil sie jetzt wieder einen Rahmen vorfinden, der dem entspricht, was sie brauchen. Auf der Pflegestation ist ja ständig jemand da, der hilft und ansprechbar ist. Der Altenpfleger muß den alten Menschen ständig im Bewußtsein haben, muß aus ihm herausholen, was noch in ihm steckt. Das ist eigentlich die hohe Schule des Altenpflegers. Eine simple Formel ist zum Beispiel, daß wir den alten Menschen niemals duzen, sondern immer siezen. Auch wenn die alten Menschen es wünschen, daß wir sie duzen, werden sie von uns gesiezt. Wir müssen die Persönlichkeit, die hinter dem Erscheinungsbild steht, respektieren; auch bei einem verwirrten Menschen, der nicht mehr weiß, wie er heißt. Es gilt, diese Persönlichkeit, die im Leben dieses oder jenes geleistet hat, zu respektieren. Das ist analog beim seelenpflegebedürftigen Kind, das seinen Leib gar nicht erst richtig ergreifen kann, das muß ich genauso respektieren. Beim alten Menschen ist es so, daß er seinen Leib nicht mehr ergreifen kann. Wenn ich dem alten Menschen so bewußt gegenüberstehe, dann finde ich im Normalfall das richtige Verhältnis. Das kann ich vielleicht mit einem kleinen Beispiel verdeutlichen. Wenn ich eine Rose vor mir sehe, dann nehme ich sie eigentlich erst richtig wahr, wenn ich sie in mir aufblühen lasse. Der alte Mensch verhilft mir durch seine Ausstrahlung, mit ihm zurechtzukommen. Wenn er selbst diese Dinge geübt hat, dann hat er natürlich eine stärkere Ausstrahlung. Auch der verwirrte Mensch hat eine gewisse Stille um sich herum, hat eine Anlehnungsbedürftigkeit, er entfaltet Gemütskräfte. Schwierig wird es, wenn der alte Mensch aggressiv ist. Um mit aggressiven alten Menschen zurechtzukommen, muß ich stark in mir ruhen, um nicht zu reagieren. Dann muß ich dahin kommen zu denken, daß der alte Mensch nicht so sein würde, wenn er nicht dieses schwere Schicksal hätte. Wir machen natürlich Fortbildungen für Altenpfleger, um ein Verständnis für die verschiedensten Altersbilder zu entwickeln.

B.D.: Und wie sind die Mitarbeiter, die hier arbeiten, ausgebildet? Es arbeiten doch sicherlich - neben den "normalen" pflegerischen Berufen - auch Eurythmisten hier.

C. Schachenmann: Die Eurythmisten, die hier arbeiten, sind alles Heimbewohner. Die Menschen, die zu uns kommen, sollen und dürfen natürlich solange weiterarbeiten, wie sie möchten.

Das Johanneshaus ist von innen heraus gestaltet

B.D.: Mein Eindruck von diesem Haus ist, daß hier wenig für die Heimbewohner organisiert wird, sondern daß die Heimbewohner ihr Leben selbst organisieren, indem das, was sie mitbringen, hier im Hause gestaltend wirkt.

C. Schachenmann: Organisation muß dienend sein. Wenn sie auffällt, dann ist sie für mich schon zu stark. Natürlich muß eine gewisse Organisation da sein, aber die Organisation unseres Hauses ist so veranlagt, daß es von den Heimbewohnern selbst gestaltet wird. Deswegen nannten wir es auch "Lebensgestaltung im Alter". Wir haben vom ersten Tag an jeden Monat eine Hausversammlung gemacht. Am Anfang wurde in dieser Hausversammlung bis ins kleinste hinein das gestaltet, was Sie jetzt fertig vorfinden. Bis in die Gestaltung der Finanzen hinein wurde alles gemeinsam besprochen. Natürlich gibt es Zwänge, an die man sich halten muß, aber grundsätzlich haben wir alles gemeinsam besprochen. Das führen wir monatlich fort, manchmal hat es den Anschein, als wenn wir Kleinigkeiten besprechen müssen, aber diese Kleinigkeiten gehören auch zum Leben. Von den Kleinigkeiten bis hin zum Neubau des Saales wurde alles in der Hausversammlung besprochen. Wir haben zum Beispiel eine Baukommission gebildet, die den ganzen Saalbau begleitete. An diesen Hausversammlungen können die Mitarbeiter teilnehmen. In der Regel nehmen aber nur wenige daran teil. Selbstverständlich sind die Mitarbeiter dabei, die fachlich gefragt sind, weil es zum Beispiel um die Küche oder die Technik geht. Daneben existiert natürlich ein Heimbeirat, der gesetzlich vorgeschrieben ist. Der Heimbeirat hat bei uns eine etwas andere Funktion, da vieles einfach durch die Hausversammlung geregelt wird und nicht viel Arbeit für den Heimbeirat übrigbleibt. Die Arbeit der Mitarbeiter haben wir so strukturiert, daß jeder Bereich eine verantwortliche Selbständigkeit hat. Das ist etwas grundsätzlich anderes, als wenn man von Weisungsbefugnissen spricht. Wir haben selbstverständlich Verantwortungsträger für jeden Bereich, dazu bedarf es fachlicher Qualifikation. Ich kann ja nicht die Verantwortung für das Technische übernehmen, wenn ich keine technische Ausbildung habe. Die Verantwortungsträger aller Bereiche treffen sich zweimal im Monat, um das, was übergreifend ist, zu besprechen. Außerdem gibt es eine Pflegebesprechung. Die findet wöchentlich in diesem Raum hier statt. Ich lege Wert darauf, daß ich bei dieser Besprechung dabei bin, wenn es um die Probleme geht, die die Menschen in der Pflege betreffen. Frau Gaumnitz hat noch einmal in der Woche eine andere Besprechung, da sind die Vertreter der Pflegestationen unter sich. Das Haus ist eigentlich von innen heraus gestaltet, obwohl natürlich eine gewisse Organisation vorhanden sein muß. Wichtig ist in diesem Zusammenhang, daß über das einzelne Problem die Gesamtheit nie vergessen wird. Daneben gibt es die anthroposophische Struktur. Wir haben wöchentlich einen Zweig, wir haben vierzehntägig die Leitsatzarbeit und vierzehntägig die Hochschularbeit. Die anderen vielen Einzelgruppen bilden sich selbst.

B.D.: Sind alle Heimbewohner Anthroposophen?

C. Schachenmann: Nein, zwar ist die Mehrheit der Heimbewohner Anthroposophen, aber das Haus ist für alle offen, die die Anthroposophie nicht ablehnen. Bei Einführungsgesprächen sage ich immer: "Wenn Sie die Anthroposophie ablehnen, dann kommen Sie nicht." Das gilt gleichermaßen für die Mitarbeiter und die Heimbewohner. Das Haus ist eigentlich geschaffen worden, um denen, die aus dem anthroposophischen Leben kommen, etwas anzubieten für das Alter. Wir sind aber ansonsten ungebunden. Wir haben einmal in der Woche eine evangelische Andacht, einmal im Monat eine katholische Messe, zweimal wöchentlich die Menschenweihehandlung der Christengemeinschaft. Bei manchen ist ein Motiv, in das Johanneshaus zu kommen, eher die Ernährung, bei den anderen die Medizin. Uns ist das gleich, es ist jeder willkommen, der seelisch zumindest unbefangen dem Anthroposophischen gegenübersteht. Die Gestaltung im Haus kommt aber aus dem Anthroposophischen, zum Beispiel die Gestaltung der Jahresfeste, die regelmäßigen Vorträge, Konzerte usw.

B.D.: Wie ist es mit den Mitarbeitern? Kommen die Mitarbeiter aus dem anthroposophischen Leben?

C. Schachenmann: Bei den Mitarbeitern ist es die verschwindende Zahl, die im Anthroposophischen steht. Es gibt gar nicht so viele Anthroposophen in diesem Bereich. Natürlich müssen die Mitarbeiter das Anthroposophische hier mittragen. Sie müssen dem freundlich gegenüber eingestellt sein. Das tun sie auch alle gerne. Die meisten kommen ganz bewußt hierher, um unsere Arbeit mitzutragen. Wieviel dann der einzelne aufnimmt, oder wieweit er sich in die Anthroposophie hineinbegibt, ist eine freie Entscheidung jedes einzelnen. Das ist ganz unterschiedlich. Einige kommen regelmäßig zum Zweig, andere nehmen nur Teile auf, zum Beispiel therapeutische Aspekte. Es muß jedem selbst überlassen sein, inwieweit er sich das, was er in seiner Arbeit tut, erkenntnismäßig erarbeitet. Darin ist jeder hier frei. Für jeden ist hier die Möglichkeit vorhanden, anthroposophische Arbeit aufzunehnmen.

Die Alten sind unsere Zukunft

B.D.: Ich möchte zum Schluß dieses Gespräches noch einmal auf den Sinn des Alters zurückkommen. Wir haben schon über die Aufgabe des alten Menschen gesprochen, bisher in erster Linie in bezug auf die Menschheit. Ich möchte noch einmal auf den Sinn zurückkommen, der mit der eigenen Biographie des alten Menschen zusammenhängt. Welche Aufgabe hat der Mensch im Alter in bezug auf seine Biographie?

C. Schachenmann: Das könnte man vielleicht so beantworten: Welche Aufgabe hat der weise Mensch für eine Gesellschaft? Er lebt nicht mehr für sich, sondern für die Gemeinschaft. Er trägt in Gedanken die Aufgaben der Gemeinschaft mit, dadurch leistet er geistige Arbeit, die die mehr praktische Arbeit der jüngeren ermöglicht. Er gibt auch Rat, wenn sein Rat gefragt wird. Einige geben auch ungefragt Rat, obwohl man das eigentlich nicht tun sollte. Manchmal denkt man aber, daß es nötig ist. Wichtig ist, wenn man Rat gibt, daß man dies freilassend tut. Die andere Aufgabe ist das Rückschauen auf die eigene Biographie: nun kann ich zurückschauen, hoffentlich nicht im Zorn, sondern frei. Dazu gibt es auch Hilfen von Rudolf Steiner, wie man auf seine eigene Biographie schauen kann. Es gibt vieles im Leben, das einem Leid zugefügt hat, das einem Steine in den Weg gelegt hat, und jetzt kommt es darauf an zu erkennen, was es einem wirklich gebracht hat, wohin es einen geführt hat. Es geht darum, daß eigene Leben aufzuarbeiten, daran zu arbeiten, wie ich auf bestimmte Lebenstatsachen reagiert habe, wie sich das dann wieder ausgewirkt hat. Die Dankbarkeit und die Religiosität - im Sinne einer Seelen- und Geisteshaltung - spielen im Alter eine sehr große Rolle, die Dankbarkeit gegenüber der Natur und der gesamten Umwelt. Wenn im Kindesalter nicht die Ehrfurcht, die Dankbarkeit und die Religiosität gepflegt wurde, dann fehlt mir im Alter etwas. Es gilt im Alter auch aufzuarbeiten, wie es sich auf mein Leben ausgewirkt hat, daß gewisse Dinge an mich als Kind nicht herangetragen wurden. Im Alter soll der Mensch auch noch besser lernen, für den anderen Menschen Verständnis zu entwickeln. Wir haben hier in unserer Gemeinschaft damit angefangen, daß jeden Monat einer der Heimbewohner seine Biographie erzählt. Es kommt dabei nicht so sehr darauf an, daß uns dieser Mensch die letzten Geheimnisse erzählt, sondern es kommt vielmehr darauf an, daß er sich selbst mit seiner Biographie auseinandergesetzt hat. Einiges wird er dann der Gemeinschaft aus seinem Leben erzählen. Das ist außerordentlich fruchtbar, einerseits für die Gemeinschaft und andererseits für den einzelnen. Ich selbst habe mir zur Aufgabe gemacht, bei jedem Verstorbenen die Biographie darzustellen. - Bewußt klammere ich jetzt die Themen "Tod und Alter" und "Sterbebegleitung" aus, denn dazu ist keine Zeit, um darzulegen, daß wir Sterben als letzten Lebensakt ansehen und Lebensbegleitung pflegen wollen. Die Darstellung der Biographie bei einem Toten hat zwei Seiten: einerseits versuchen wir damit dem Toten gerecht zu werden, andererseits wird das Biographische in die Gemeinschaft hineingetragen. Wir leben oft jahrelang mit Menschen zusammen, die wir nur bruchstückhaft kennen. Wir erbitten uns bei der Aufnahme in das Johanneshaus auch zumindest eine Kurzbiographie, die natürlich auch ausführlich sein kann. Dazu wünschen wir uns vier Bilder: eins aus der Kindheit, eins aus der Jugend, eins aus dem mittleren Alter und eins aus dem späteren Alter. Daraus kann man viel über einen Menschen ersehen. Gleichzeitig fördert es die Beschäftigung mit dem Geistigen, wenn der Mensch beginnt, sich mit seiner Biographie im obigen Sinn auseinanderzusetzen.

B.D.: Diese Rückschau des Menschen am Ende seines Lebens hat konkrete Auswirkungen für die Zukunft?

C. Schachenmann: Ja, das ist doch auch einsehbar. Wir wissen eigentlich nie im Leben, ob das, was wir getan haben, richtig war. Dazu sagt der Geistesforscher, daß wir im Schlaf und im Unterbewußten immer wissen, ob die Taten, die wir getan haben, richtig waren. Dort wissen wir, was richtig gewesen wäre. Das wiederum bildet die Absichten in die Zukunft. Einen Schulungsweg gehen heißt, sich soviel wie möglich von dem bewußt zu machen. Davon werde ich in meinem diesmaligen Leben normalerweise nicht viel verwirklichen können. Das wirkt aber im Nachtodlichen, das bringe ich dann wieder ins nächste Leben hinein. Ich bin der Meinung, daß das immer mehr eine Aufgabe in der Zukunft sein wird, mit den alten Menschen ihre Biographie aufzuarbeiten, weil das in die Zukunft wirkt. Es wirkt in die zukünftigen Inkarnationen hinein. Die alten Menschen sind im Grunde unsere Zukunft. Sie sind später die jungen Menschen.

Anmerkungen:

1) Gisela Gaumnitz: Vom Alt-Werden, Verlag die Pforte, Basel 1987. S.1.
2) Rudolf Steiner: Mysterienwahrheiten und Weihnachtsimpulse. Alte Mythen und ihre Bedeutung. GA 180, Dornach 1966, Vortrag vom 11.01.1918, S.222 f.
3) Dr. Berrill, zitiert aus: Dorothy Carnegie: Nicht altern, sondern reifen. Bern 1957.
4) Rudolf Steiner: Die Polarität von Dauer und Entwickelung im Menschenleben. GA 184, Dornach 1968, Vortrag vom 14.09.1918, S.108.
5) Rudolf Steiner: Erdensterben und Weltenleben. Anthroposophische Lebensgaben... GA 181, Dornach 1967, Vortrag vom 21.05.1918, S.265.

Gespräche über den Tod

Aphoristische Seminarbeiträge zum Thema Tod und Sterben

von Hilde Stumpf*

Aus ihren Seminaren zum Thema Tod und Sterben schildert Hilde Stumpf stichwortartig einige wesentliche persönliche Aussagen von Seminarteilnehmern. Da wir erst wenige Tage vor dem Layout über einen möglichen Artikel mit Hilde Stumpf ins Gespräch kamen, mußte es bei den nachfolgenden Stichworten Hilde Stumpfs belassen werden (die Red.).

Versuch einer stichwortartigen Beispielsammlung aus den Originalaussagen der Teilnehmerinnen

- In der Familie Todeserlebnisse mitbekommen, zuerst als Kind, dann im späteren Alter. Es wurde beim Sterben nicht geholfen. Heute möchte ich diese Hemmschwelle überwinden.

- Was spürt ein Mensch allein im Krankenhaus, wenn er im Koma liegt. Wie kann man mit ihm reden? Wie redet man mit einem Sterbenden, der gar nicht religiös ist?

- Bisher wenig mit dem Tod beschäftigt. Befinde ich mich in einem Alter, daß ich dieses jetzt muß? Andere sagen: Was soll man sich schon jetzt damit beschäftigen, wenn man gesund ist?

- Möchte mehr über die Wiederverkörperung wissen; suche einen Sinn.

- Alte Mutter im Altenheim, braucht Pflege rund um die Uhr. Total verzweifelt und unleidlich mit dem Pflegepersonal. Sie möchte nicht mehr leben, entsprechende Versuche schlugen fehl. Bei Gesprächen macht sie sich total zu und ist überhaupt nicht religiös.

- Was passiert an der Schwelle zum Tod? Was ist dahinter und danach? Sicherlich kann man auch durch Schweigen helfen, aber ich möchte trotzdem mehr darüber wissen.

- Krebskranke im Freundes- und Bekanntenkreis, die noch nicht die Erde verlassen wollen. Manche finden zu irgendwelchen Sekten. Bin sehr vorsichtig mit Hilfe und Rat. Diese Kranken wollen nichts Übergestülptes; es tut weh, wenn man untätig zuschauen muß!

- Viele Teilnehmerinnen wurden durch schwere Krankheiten, Operationen oder Depressionen in Krisen geführt; dies sind eigentlich schon anfängliche Sterbeprozesse, die man auch entsprechend erlebt. Durch diese Erfahrungen haben sie ihre Angst verloren und trauen sich jetzt zu, Sterbende zu begleiten.

- Viele liebe Menschen hintereinander verloren, im Krankenhaus negative Erfahrungen mit dem Helfenwollen beim Sterben, zum Beispiel aus hygienischen Gründen. Später den Frieden gefunden, als der Partner innerhalb von zehn Minuten starb, während ich den Arzt holte. Aber als ich zurückkam, war im Zimmer ein solcher Friede, der sich auf mich legte, so daß ich keine Panik mehr hatte und große Ruhe fühlte.

Hilde Stumpf *(69): zwanzig Jahre als freie Beraterin in der Personalentwicklung tätig (vor allem mit Biographiearbeit und Menschenführung), später Tätigkeit in Volkshochschulen und Familienbildungsstätten, Gastdozentin im Freien Bildungswerk Bochum, Mitbegründerin des Freien Bildungswerkes in Münster.*

- Selbstmordversuche, bin erst heute damit fertiggeworden. Ich habe erlebt, wie ein Mensch aus einem Krankenhausfenster sprang und die Feuerwehr ihn abholte. Warum kann so etwas passieren? Warum tut ein Mensch so etwas? Und wie sieht die Anthroposophie dieses Problem? Der Tod wird heute so sehr verdrängt, ich möchte mich damit mehr auseinandersetzen!

- Alte Dame, lange verwitwet, Mann im Krieg gefallen, hat noch nie jemanden sterben sehen: Ich vermeide es, zu einer Beerdigung zu gehen und kann Menschen einfach nicht weinen sehen, ich kann nicht helfen, das laugt mich zu sehr aus! Ich bemühe mich, mich selbst nicht an das Leben zu klammern, sondern in einer gewissen Erwartung dem Tode entgegenzusehen. Ich bete um einen gnädigen Tod. Ich möchte die Kraft haben, ihn als würdig zu empfinden. Manchmal fühle ich mich schwebend, zum Beispiel nach einer Operation. In schweren Kriegszeiten hatte ich das Gefühl, daß einer von den Verstorbenen mir einen Weg gezeigt hat. Die Toten helfen uns, und dieses Gefühl prägt mich irgendwie!

- Kontakt zu Verstorbenen als Hilfe für das Leben erfahren: "Tote tragen Lebende". Wie können wir umgekehrt auch die Toten tragen? Brauchen sie das überhaupt?

- In Gesprächen mit schwerkranken alten Menschen ist es hilfreich, Erlebnisse aus der Biographie herauszugreifen. Beispiel: Der Angehörige einer Verstorbenen tat dies im Nachhinein und beschäftigte sich nochmals eingehend mit dieser Individualität, die auf den geistigen Weg gegangen war.

- Theoretisch keine Angst vor dem Tod, weil das Sterben zum Leben gehört. Da kann doch der Tod nicht so schlimm sein? Es ist natürlich theoretisch. Darüber möchte ich mehr wissen.

- Weniger ist es die Angst vor dem Tod, nachdem ich Sterbende begleitet habe, mehr eigentlich ist es die Angst vor dem Leiden und die Angst schwerkrank zu werden.

- Einem Freund ist ein Kind gestorben, konnte kein tröstendes Wort sagen. Das Sterben ist wohl anders bei einem Kind?

- Möchte alten sterbenden Menschen helfen können, wenn es soweit ist. Ich habe es schon einmal nicht gekonnt, weil ich es nicht ertragen konnte.

- Ehemann nach langer schwerer Krankheit verstorben, aber es kam doch plötzlich. Nachts wachgeworden, Gefühl, es sei jemand im Zimmer. Er war in diesem Augenblick gestorben, wie es sich später herausstellte. Wenn innige Beziehungen zu einem geliebten Menschen vorliegen, gibt es oft solche Erlebnisse von Kontakten zu Verstorbenen.

- Es wurde von einer Aufbahrung in einem kleineren Mietshaus erzählt. Die Mitmieter beschwerten sich, daß sie es nicht verkraften könnten, mit einem Toten unter einem Dach zu sein.

- Aus einem Seniorenclub wurde erzählt, daß dort einige ältere Menschen seien, die im Leben nichts von einer Kirche wissen wollten, in der Gemeinde nicht teilnehmen und auch von einem Leben nach dem Tod nichts glaubten. Sie gehen aber jetzt Kontakte zu anderen alten Menschen und zum Pfarrer ein, damit sie ein ordentliches Begräbnis bekommen.

- Noch ein Beispiel dazu: Der Pfarrer kannte den Verstorbenen gar nicht, und die Ansprache war für die Trauernden unverständlich.

- Mein Mann starb nach monatelanger Begleitung meinerseits: Es war doch eine reiche Zeit mit vielen guten Gesprächen, die wahrscheinlich sehr wichtig waren und mich getragen haben. Jetzt gehe ich freiwillig einmal wöchentlich ins Krankenhaus, habe praktisch jede

Woche mit Sterbenden zu tun (Krebsstation). Dabei geht es um Fingerspitzengefühl in letzter Konsequenz. Wie begleitet man richtig? Wie ist es möglich, die eigenen Ansprüche zurückzunehmen und zu erkennen, daß der tiefleidende Mensch, der stirbt, etwas wissen will, was ich nicht wissen kann, und daß ich ihm vielleicht etwas Falsches aufdrücke? Wie kann man das lernen?

- Wie schrecklich ist in unserer Gesellschaft das Sterben! Das war doch nicht immer so? Wie konnte das alles verlorengehen?

- Mich erschreckt der Tod selber nicht, allerdings die Hilflosigkeit, jemanden leiden zu sehen.

- Durch die Anthroposophie geht der Schrecken doch weit verloren. Sehe ich doch die Möglichkeit, daß das Sterben kein Ende ist. Hierüber möchte ich noch mehr Festigkeit bekommen, auch wenn es Menschen gibt, die meinen, daß sie einem Nichts entgegengehen.

- Wie kann man sich bei dem Sterbevorgang eines liebenden Menschen gedanklich verhalten. Interesse auch für Literatur, Bibeltexte und Gebete sowie für praktisches Wissen.

- Krebskranke helfen Krebskranken beim Sterben. Es werden Beispiele erzählt, die hier nicht wiedergegeben werden sollen. Alle Anwesenden erfahren, daß jede Begleitung und jede Aufgabe anders ist. Jeder stirbt seinen eigenen Tod!

- Auch die Angehörigen sollten mit einbezogen werden, auch in der Gestaltung einer Sterbefeier. Sie sind oft hilflos, schockiert oder überfordert. In manchen Krankenhäusern sind Angehörige nicht gern gesehen, wenn sie nicht helfen können.

- In manchen Krankenhäusern könne man begleiten, jedoch unmittelbar danach, auch oft unmittelbar vor dem Tod, würde man weggeschickt. Auch andere haben erfahren, daß sehr schnell das Bett gebraucht wird - das grelle Neonlicht und die weißen Wände schockieren - und keine Zeit mehr für einen Abschied in aller Ruhe vorhanden ist. Auch zur Leichenhalle würden Angehörige nicht zugelassen. - Es gab aber auch positive Erlebnisse aus anderen Krankenhäusern.

- Es ist vielfach bekannt, daß in anthroposophischen Krankenhäusern, nach und nach auch in kleineren konfessionellen Kliniken, zunehmend auch zu Hause, wenn der Verstorbene zum Beispiel lange gepflegt wurde, er drei Tage aufgebahrt wird. Diese drei Tage sind bedeutsam und wichtig, auch in früheren Zeiten wurde dies gewußt. Die Exkarnation ist erst nach drei Tagen beendet und die Seele geht dann in andere Zustände über.

- Eine alte liebe Großmutter begleitet (90). Sie starb in einem kleineren Krankenhaus außerhalb von Münster, sehr ruhig und feierlich. Es war für mich eine Bereicherung, ich habe erfahren, daß mir meine Kräfte für das Leben zurückgegeben wurden. Wenn ich diese verdrängen würde, bekäme ich Angst. Über Angst, Schuld und Trauer sollten wir auch miteinander sprechen.

Es könnten noch mehr Beispiele erzählt werden, aber dies ist eine Auswahl aus den unterschiedlichsten Beiträgen der Seminarteilnehmerinnen. Alle Beiträge wurden anschließend nach Themen geordnet und folgendermaßen zusammengefaßt:

- Der Sterbevorgang selbst und die Schwelle zum übersinnlichen Bereich;
- Selbstmord als Lösung? Probleme damit bei Angehörigen eines auf diese Weise

Verstorbenen sowie mit selbstmordgefährdeten Menschen. Was geschieht dabei im übersinnlichen Bereich?

- Tod von Kindern nach langer Krankheit, plötzlicher Unglücksfall von behinderten Menschen. Welchen Wert hat ein solches Leben?
- Probleme der Inkarnation; wenn ungeborene Kinder zurückgeschickt werden. Pflege kinder, Waisenkinder, Abtreibung, Gentechnologie, Leihmütter usw.
- Trauernde Angehörige, Angst und Schuldgefühle, schlechtes Gewissen
- Möglichkeiten der Bestattung, Aufbahrung zu Hause
- Was trägt durch den Tod hindurch?
- Erlebnisse von der Lockerung der Wesensglieder
- Den Verstorbenen loslassen und selbst loslassen können
- Erlebnis der Todesstunde eines nahestehenden Menschen aus der Ferne
- Ein neuer Beruf: Bestattungsredner; wenn ein Mensch keinen Pfarrer am Grabe haben will, kann dann diese Aufgabe ein anderer nahestehender Mensch des Verstorbenen übernehmen?
- Sterben im Krankenhaus und auf der Intensivstation?
- Sterbekliniken als Modelle?
- Modelle zur psychischen Bewältigung von Trauer, Angst und Sterbebegleitung

Es sind wahrscheinlich noch viele Probleme, die mehr und mehr bewußt werden sollten, wenn Angehörige ihre Sterbenden begleiten und in Verbindung damit die Bestattungsfeier wählen. Aber auch Freunde können diese Aufgabe übernehmen oder mittragen.

Bei allen derartigen Gesprächen wird die Tatsache schmerzlich und erstaunt bewußt, daß der Materialismus und das Wohlstandsdenken im christlichen Abendland überhand genommen haben. Das Kranksein, das Sterben und die Bestattung werden teurer und die Aufgaben mehr und mehr auf Laiengruppen und Sozialstationen übergreifen.

Wie packen wir diese beklagenswerte Situation an? Oder ist das ein Anstoß in Privatinitiativen, menschlichere Formen zu finden und zu einer neuen sozialen Ordnung zu entwickeln?

Der Weg ins Nichts

ZUM MASSENSELBSTMORD IN GUAYANA

Bernd Hansen

Am 18. November 1978, vor genau zehn Jahren, fand mit dem Massenselbstmord der Volkstemplersekte des Jim Jones in Jonestown/Guayana eine Menschengemeinschaft das wohl bisher grausamste selbstgewollte (?) Ende.

Etwa 900 Menschen, vom Baby bis zum Greis, wurden vergiftet bzw. vergifteten sich. Wie mag die geistige Welt auf solch ein Potential von Seelen reagieren, die auf grausame Art innerhalb weniger Minuten verstümmelt von der Erde gerissen werden? Wie wirkt dieser Tod? Dazu später.

Wenn man die Entwicklung der Volkstemplersekte zurückverfolgt, von ihrer Gründung bis zum Ende im Irrsinn, stellt sich die Frage: Wie können Menschen einen Prozeß zur Ent-Ichung so kraß vollziehen, sich derart in Abhängigkeit begeben, erpreßbar und manipulierbar werden - bis die Flucht bzw. der Austritt unmöglich werden -, während die totale Kontrolle und die Erschöpfung so dominieren, daß der grausame Frei(?)tod mit Kindern und Freunden der Befreiung im Leben vorgezogen wurde?

Unbefriedigt und aus Kritik an bestehenden Verhältnissen und Systemen ließen sie sich fangen von dem anfangs noch alternativen und scheinbar positiven Gaukelwesen einer unabhängigen Gemeinschaftsbildung, einem ''Eldorado'' für Menschen aus eher unteren Schichten und benachteiligten Rassen.

Das kippte bald um zu einer in jeder Sekunde sich offenbarenden engen Welt des Wahns, der Unterdrückung, der hierarchischen Hackordnung (nachgewiesenermaßen bis zur völligen Entmündigung, Familientrennung, Schlägen, Folter, Erniedrigungen wie öffentlichen Zwangsgeschlechtsakten etc.).

Reverend Jim Jones

Teilweise lassen sich solche Phänomene auf die meisten Sekten übertragen. Ich möchte nicht näher auf den Werdegang des "Reverend" James ("Jim") Warren Jones, geb. 13.05.1931, und seiner Volkstempler eingehen. Als Typisches nur dies: Die Entwicklung sozialkritischer und aus eigentlich religiöser Suche motivierter Utopien einer "besseren" Gesellschaftsform - aus der bald eine viel extremere, schlechtere und bösere wuchert -, gesteuert von einem Besessenen mit magischen Kräften, der in einem Konglomerat viel Aufgeschnapptes, Halbverdautes und Zugeflüstertes verschmilzt, ist sehr aufschlußreich und fordert zu näherer Beschäftigung heraus, was hier allerdings zu weit führen würde. Das Ausarten der Geschehnisse in Jonestown, diese dämonischen Eskalationen, die eigentlich aus der Leere leben, sind typisch für ein Phänomen, welches die irrationale Maxime der Unterwerfung: "Führer befiehl - wir folgen dir ...!" wieder einmal in die Welt brachte und die Außenstehende zunächst fassungslos macht. Die Leere der suchenden Menschen wird gefüllt mit Parodien von Kultischem, Pseudo-Riten und schwarzmagischen Praktiken, welche das unterbewußte Ahnen, das Bedürfnis nach folgendem ausnutzen:

Es gibt uralte, heilige Formen bzw. Riten, die Bilder höchster Wahrheiten sind und Bindeglieder von Mensch zu Mensch und Mensch zu Geist darstellen. Diese sucht die Seele in allen äußeren Gemeinschaften:

"Ohne Formen gibt es keine Kultur; es ist eine Täuschung, wenn man das Gegenteil glaubt. Nehmen wir zum Beispiel an, es gründe jemand eine Kolonie ganz formlos, ohne Riten, ohne Gebräuche. Für den, der die Dinge durchschaut, ist es klar, daß eine solche Kolonie ohne die Kirche, ohne Kultus und ohne religiöse Gebräuche eine Zeitlang ganz gut bestehen kann, weil die Leute noch nach den alten Anlagen leben, die sie mitgebracht haben. Aber sobald sie diese Anlagen verlieren, geht die Kolonie zugrunde, denn jede Kultur muß aus der Form herausgehoben werden. Das Innere muß äußerlich durch Formen ausgedrückt werden. Die moderne Kultur hat die Formen verloren; sie muß sie wieder gewinnen. Sie muß wieder lernen, auch äußerlich auszudrücken, was im Innern der Seele lebt. Die Form bedingt auf die Dauer das menschliche Zusammenleben." [1)]

Der Mißbrauch dieses Wissens, die Parodie und das unwahre Ausfüllen birgt schon den Untergang in sich, tausendfach belegt von Babylon über das "Dritte Reich" bis zu Bhagwan, da sich das eben Dargestellte nicht durch Schein und Blendung ewig weiterführen läßt. Bei Jim Jones wurde zuletzt gezielt auf den Massenselbstmord zugesteuert - zum Teil mit Blindübungen der Gifteinnahme, das heilige Abendmahl makaber parodierend!

Die Tragödie von Jonestown mit ihren Begleitumständen ist fast vergessen und die Stätte vom Urwald überwuchert - ähnliches wiederholt sich und findet an anderen Orten der Welt in veränderter Form statt; abgelöst durch andere Führerfiguren und andere Gruppierungen. Das heute mit Jonestown zusammenhängende Geschehen findet in der geistigen Welt statt!

Ich möchte auf den Selbstmord eingehen, ganz besonders auf den Selbstmord durch Cyankali, denn die Volkstempler brachten sich mit einem Gebräu aus Cyanid, Beruhigsmitteln, Geschmacksstoffen und anderen Drogen um.

Auf den Selbstmord aus kultureller bzw. kultischer Begründung möchte ich nicht näher eingehen, es gab ihn und gibt ihn (zum Beispiel bei Indianern, um der Schmach zu entgehen; Selbstmord von Witwen in verschiedenen Kulturen und Zeiten; Harakiri in Japan; Selbsttötung der Inuit (= Eskimos) aus sozialen Gründen im Alter und vieles mehr; wobei die höchste

Selbstmordquote heute bei den Eskimos und den Samen (= Lappen) liegt). Doch das hat mit dem Selbstmord der heutigen *westlichen* Kultur nicht direkt zu tun. Hierzu möchte ich Rudolf Steiner zitieren, der hier sehr eindringliche Worte spricht:

"Es soll nicht unerwähnt bleiben, daß die Erlebnisse dieser Region, der allgemeinen Seelenwelt, im besonderen Maße Selbstmörder durchmachen. Sie verlassen auf künstlichem Wege ihren physischen Leib, während doch alle Gefühle, die mit diesem zusammenhängen, unverändert bleiben. Beim natürlichen Tode geht mit dem Verfall des Leibes auch ein teilweises Ersterben der an ihn sich heftenden Gefühle einher. Bei Selbstmördern kommen dann noch zu der Qual, die ihnen das Gefühl der plötzlichen Aushöhlung verursacht, die unbefriedigten Begierden und Wünsche, wegen deren sie sich entleibt haben." [2)]

"Zu den verschiedenen Gefühlen, die dem Menschen im Leben anhaften, gehören besonders das eigentliche Daseinsgefühl, das Lebensgefühl, die Freude am Leben überhaupt, am Drinnenstecken im physischen Körper. Darum ist es eine Hauptentbehrung, keinen physischen Körper mehr zu haben. Wir werden nun dadurch das furchtbare Schicksal und die entsetzlichen Qualen jener Unglücklichen verstehen, welche durch Selbstmord aus dem Leben scheiden. Beim natürlichen Tod ist die Trennung der drei Körper verhältnismäßig eine leichte. Selbst bei Schlagfluß oder sonst einer schnellen natürlichen Todesart ist in Wirklichkeit schon längst die Trennung dieser höheren Glieder voneinander vorbereitet worden; sie trennen sich leicht, und die Entbehrung des physischen Leibes ist dann nur eine sehr geringe. Aber bei einer so gewaltsamen plötzlichen Trennung vom Körper wie bei einem Selbstmörder, wo noch alles gesund ist und noch fest zusammenhält, da tritt unmittelbar nach dem Tode eine starke Entbehrung des physischen Körpers auf, die furchtbare Leiden verursacht. Es ist ein furchtbares Schicksal. Der Selbstmörder fühlt sich wie ausgehöhlt und beginnt nun ein grausiges Suchen nach dem so plötzlich entzogenen physischen Körper. Nichts läßt sich damit vergleichen.

"Es wird nun mancher sagen: Der Lebensüberdrüssige hängt ja gar nicht mehr am Leben, sonst hätte er es sich nicht genommen. - Das ist eine Täuschung, denn gerade der Selbstmörder hängt zu sehr am Leben; weil es ihm aber die Befriedigung gewohnter Genüsse nicht mehr bietet, weil es ihm vielleicht durch veränderte Verhältnisse manches versagt, darum geht er in den Tod, und darum ist ihm nun die Entbehrung des physischen Körpers unsagbar groß..." [3)]

Nun gibt es zu den ganzen differenzierten Äußerungen Rudolf Steiners über das Leben nach dem Tode, die Welt, in der Verstorbene sich befinden, die Sphären und die Wesen, denen sie begegnen, eine Fülle von Vorträgen; doch auch zum Tode durch Cyankali gibt es eine längere Stelle, die ich hier wiedergebe:

"Aber nun, wenn wir heute, so wie wir nun einmal sind auf der Erde, Cyankali in uns hineinbringen, dann vernichtet das in unserem Körper alle unsere Bewegungen und Lebenskräfte. Und das Schlimme ist, daß immer Gefahr vorhanden ist, wenn einer sich mit Cyankali vergiftet, daß das die Seele mitnimmt und der Mensch, statt daß er in der Seele weiterleben könnte, überhaupt in der ganzen Welt verteilt wird und namentlich im Sonnenlicht verteilt wird.

"Wenn anthroposophische Erkenntnisse sich verbreiten würden, so würde sich kein Mensch mehr mit Cyankali vergiften. Es würde ihm gar nicht einfallen! Daß Vergiftungen mit Cyankali eintreten, das ist nur die Folge der materialistischen Weltanschauung, weil die Menschen glauben: tot ist tot, ganz gleichgültig, ob man durch Cyankali den Tod erleidet oder durch die innere Auflösung. Das ist aber nicht gleichgültig! Wenn man durch die innere Auflösung den Tod erleidet, dann haben Seele und Geist den gewöhnlichen Weg zu gehen in die geistige Welt hinein; sie leben eben weiter. Wenn Sie aber durch Cyankali sich vergiften, dann hat die Seele die Absicht, überall mit jedem Körperteilchen mitzugehen, und namentlich sich auszubreiten im Stickstoff und sich aufzulösen im Weltenall. Das ist der wirkliche Tod von Seele und Geist. Wenn nun die Menschen wissen würden, daß Seele und Geist der eigentliche Mensch ist, dann würden sie sagen: Wir können unmöglich diese furchtbare Explosion hervorrufen, die dann hervorgerufen wird in feiner Weise im ganzen Weltenall, wenn ein Mensch sich vergiftet mit Cyankali. - Denn jeder Mensch, der sich mit Cyankali vergiftet, der schaltet sich ein auf eine unrichtige Weise in den Strom, der von der Erde zur Sonne geht. Und man müßte, wenn man die richtigen Instrumente hätte, jedesmal, wenn sich ein Mensch durch Cyankali vergiftet, in der Sonne eine kleine Explosion sehen. Und die Sonne wird schlechter dadurch. Der Mensch verdirbt das Weltenall. Wenn sich der Mensch mit Cyankali vergiftet, dann ist das so, daß er eigentlich die Sonne ruiniert! Und so ist es bei jeder Cyankalivergiftung..." [4)]

Nachdem Rudolf Steiner über die Planetenentwicklung, die Austritte von Sonne und Mond, die Beziehung der Elemente Wasserstoff, Kohlenstoff, Stickstoff und Sauerstoff zum Menschen und deren chemische Verbindungen gesprochen hat, kommt er zu dieser fundamentalen Äußerung über den Tod durch Cyankali: die fast völlige Auflösung des Menschen wird als möglich geschildert!

Er spricht von der Seele, die sich im Weltall aufzulöst und über den wirklichen Tod von Seele und Geist. Zwar sollte man nicht ausschließen, daß trotzdem ein Kern des höheren Ichs an einer weiteren Entwicklung teilnimmt, aber vielleicht nicht im Sinne der veranlagten Menschheitsevolution und wohl unter unendlicher Tragik für alle Wesen. Hier muß man auch an die Judenvergasungen denken und das Widerwärtige und Entsetzliche dieser Geschehnisse, wobei zu hoffen ist, daß durch unschuldiges Ermordet-Werden die Folgen nicht so verheerend sind, wie die geschilderten.

Rudolf Steiner sagt, durch Blausäurevergiftung würde durch das Cyankali der Sauerstoff in Stickstoff verwandelt und dadurch der Ätherleib zerrissen. Ein solcher Mensch habe nach dem Tode keine Rückschau und käme im nächsten Leben als Krüppel zur Welt.[5)]

Für mich stellt sich noch die Frage nach der moralischen Verantwortung der Menschen in Gruppenzwängen, deren Ich durch Beeinflussung und Magie zum Teil zerstört oder mindestens stark geschwächt ist. "Unwissenheit schützt vor Strafe nicht" sagt der Volksmund. Rudolf Steiner spricht von einer immer bestehenden okkulten Verantwortlichkeit des Menschen und sagt: "... das Nichtwissen ändert nichts am Karma..."[6)]

Besonders bezeichnend und wichtig zu wissen ist noch folgende Tatsache: Jim Jones sowie einige seiner Funktionäre ließen sich erschießen, nahmen also kein Gift ein und klammerten sich somit aus dem Strom ihrer Abhängigen aus! Vielleicht um weiter den Mächten, die sich ihrer bedienten, nützlich zu sein.

Aus der inneren Betroffenheit über die Guayanatragödie und den Informationen aus geisteswissenschaftlicher Erkenntnis gibt es für mich das kleine Fazit, durch Bewußtwerdung und Wachheit einen (bescheidenen) Beitrag zu leisten, ähnliches zu verhindern - im Austausch mit anderen Menschen, im Leben und im Denken.

Anmerkungen:

1) Rudolf Steiner: Vor dem Tore der Theosophie. GA 95, Vortrag vom 03.09.1906.
2) Rudolf Steiner: Theosophie. GA 9, II. Die Seele in der Seelenwelt nach dem Tode.
3) Siehe 1); Vortrag vom 24.08.1906.
4) Rudolf Steiner: Mensch und Welt. Das Wirken des Geistes in der Natur. GA 351, Vortrag vom 10.10.1923.
5) Thor Keller, in: Mitteilungen aus der anthroposophischen Arbeit in Deutschland. Nr.144, Johanni 1983. Ohne Angabe; soll Rudolf Steiner auf eine persönliche Frage geantwortet haben.
6) Rudolf Steiner: Okkulte Untersuchungen über das Leben zwischen Tod und neuer Geburt. GA 140, Vortrag vom 02.03.1913.

Zum Thema siehe auch: C.A. Krause: Die Tragödie von Guayana - Der Massenselbstmord. Ullstein-Buch, 1978.

Tantalos' Erben

Thomas Höfer

Gibt es im Leben des Menschen eine Gewißheit, so ist es die, daß er früher oder später aus dem Leben scheiden wird: Die letzte Gewißheit des Lebenden ist der Tod! Zumindest lebt diese Vorstellung im Bewußtsein vieler Menschen, und oftmals schließt sich die Überlegung an, daß, wenn man sowieso irgendwann sterben muß, der Zeitpunkt des Todes frei wählbar sei. Der Freitod, als Möglichkeit aus dem Leben zu scheiden, erscheint so legitim und nicht besser oder schlechter als andere Todesarten.

Die folgenden Ausführungen wollen nicht mehr, als ein Schlaglicht auf die, zum großen Teil im Dunkel des Nichtwissens liegende, Problematik des Freitodes oder Selbstmordes werfen. Die Zahlenangaben stützen sich dabei - soweit nichts anderes angegeben ist - für die Bundesrepublik auf statistisches Material des Statistischen Bundesamtes in Wiesbaden und für Schleswig-Holstein auf Zahlen, die mir freundlicherweise vom Kriminalpolizeiamt in Kiel zur Verfügung gestellt wurden. Auf exakte Angaben im mathematischen Sinne wurde der Anschaulichkeit halber, die ohnehin schon gering genug ist, verzichtet. Wer kann sich schon eine wirklichkeitsgetreue Vorstellung von 78,72 Menschen bilden, die sich durchschnittlich jedes Jahr im Alter zwischen zehn und fünfzehn Jahren in der Bundesrepublik töten? - Bei allen Zahlenangaben ist zu berücksichtigen, daß nur die amtlich registrierten Fälle erfaßt sind; die Dunkelziffer "liegt irgendwo zwischen unseren Betonsilos und Kleingärten verborgen"[1].

Statistik

Im Jahre 1985 nahmen sich bundesweit 12.617 Menschen das Leben, davon waren 8.576 männlichen und 4.041 weiblichen Geschlechts. Bildet man den Durchschnitt der absoluten Zahl an Selbstmorden in der Bundesrepublik von 1960 bis 1985, so ergibt sich eine Rate von 12.524 Selbstmorden pro Jahr; die größen Abweichungen finden sich 1962 mit 10.509 Suiziden und 1977 mit 13.926 Suiziden. Bezieht man die Selbstmordrate auf die Einwohnerzahl der Bundesrepublik, die bei ca. 60 Millionen liegt, so kommt man für 1985 auf eine Selbstmordrate von 29 pro 100.000 Einwohner. Schleswig-Holstein liegt mit einer Rate von 24 Suiziden pro 100.000 Einwohner für 1985 etwas unter dem Bundesdurchschnitt. Absolut wurden in Schleswig-Holstein für 1985 631 Selbstmorde und 1.312 Selbstmordversuche registriert. - Blickt man auf die Verteilung der Selbstmorde und Selbstmordversuche auf die Kreise Schleswig-Holsteins, so fand sich 1986 die höchste Rate in Lübeck (187), gefolgt von Kiel (184) und Pinneberg (175); die geringsten Raten fanden sich in Plön (39) und Dithmarschen (57). - Das Verhältnis von vollendeten und versuchten Suiziden betrug 1986 für Lübeck 1:4 und für Plön nicht ganz 1:1, das heißt, in Lübeck haben etwa viermal mehr Menschen einen Selbstmord versucht als vollendet, in Plön haben wenig mehr Menschen einen Selbstmord vollendet als versucht. Für ganz Schleswig-Holstein ist die Zahl der versuchten Selbstmorde doppelt so hoch wie die der vollendeten.

Auf welche Art und Weise versuchten die Menschen aus dem Leben zu scheiden? Auch hierfür liegen mir nur Zahlen für Schleswig-Holstein vor:

Am "beliebtesten" sind die verschiedensten Arten der Vergiftung, die 1986 40% der Selbstmorde und Selbstmordversuche ausmachten, wobei allerdings 80% nicht über einen Versuch hinauskamen. Die zweithäufigste Art ist das Erhängen (18% aller Fälle), und hier kamen 84% ums Leben, womit Erhängen eine sehr "sichere" Methode ist. Durch Schnitt und Stich versuchten 15,7% der selbstmordwilligen Menschen ihrem Leben ein Ende zu bereiten, erschießen wollten sich 58 Menschen (3,4%), von denen 42 ihr Ziel erreichten. Der Rest verteilt sich auf Sturz, Ertrinken, Überfahrenlassen und Sonstiges.

Bundesdurchschnittlich töten sich die meisten Menschen zwischen 45 und 50 Jahren, wobei allerdings Unterschiede zwischen den Geschlechtern festzustellen sind. Während Frauen sich am häufigsten im Alter zwischen 60 und 65 Jahren töten, tritt bei Männern eine Häufung zwischen dem 40. und 45. Lebensjahr auf. Die Entwicklung von 1945 bis 1985 zugrunde legend, fällt auf, daß sich die Selbstmordhäufung bei Frauen in ein späteres Alter verlagert hat (1949: 50-55 J., 1969: 55-60 J., 1979: 60-65 J.), bei Männern hingegen in ein früheres (1949: 50-55 J., 1971: 40-45 J., 1978: 35-40 J.). Insgesamt sind die Altersschwankungen bei den Männern größer als bei den Frauen. Auch hier ist die absolute Zahl der Selbstmorde bei Männern ca. doppelt so hoch wie bei Frauen.

Was treibt die Menschen in den Tod?

Suizid ist die dritthäufigste Todesursache der Bevölkerung zwischen 15 und 45 Jahren[2]. Was treibt alle diese Menschen in den Freitod? Was sind die Gründe, wo liegen die Motive? Zwar ist es wahr, daß "unzählige Fälle (...) uns ein Rätsel"[3] bleiben und die meisten Menschen ihr "letztes Geheimnis mit ins Grab"[4] nehmen, insbesondere wenn man nach den letzten Gründen fragt und es nicht bei Vermutungen der Hinterbliebenen belassen will; es ist aber nicht so, daß sich gar keine Angaben machen ließen.Folgt man der Statistik für Schleswig-Holstein, die hier Selbstmorde und Selbstmordversuche zusammenfaßt, so gibt am häufigsten eine unheilbare Krankheit oder ein Nervenleiden das Motiv (29%), es folgen Familienzwistigkeiten (18%), Liebeskummer (15%) und wirtschaftliche Gründe (7%). In 1% der Fälle liegt der Grund in schulischen Schwierigkeiten, bei 26% der Fälle sind die Motive nicht näher aufschlüsselbar, bei 1% sind sie gänzlich unbekannt.In dem schon zitierten Buch von Rainer Winkel[1] werden eine Reihe von Motiven genannt, die allerdings von einem anderen Gesichtspunkt aus gefunden wurden, nämlich dem der psychischen Disposition der Selbstmörder ohne Berücksichtigung statistischer Häufigkeiten. Welche zum Selbstmord führenden Gründe sind denkbar?

- Man wird mit einer ausweglosen Situation nicht mehr fertig.
- Man sieht - besonders angesichts einer beginnenden, möglicherweise unheilbaren Krankheit - keine adäquaten Lebensmöglichkeiten mehr.
- Man verzweifelt an dem nicht überbrückbaren Gegensatz von idealistischen Ansprüchen und grausamer Wirklichkeit.

- Man will auf verborgenes Leid aufmerksam machen.
- Man entzieht sich einer bestimmten Verantwortung
- Man kann den Verlust eines geliebten Menschen nicht ertragen.
- Man wird mit Angst und Terror, Einsamkeit und Verlassenheit nicht länger fertig.
- Man hält das Leben an sich für sinnlos.
- Man wird im Zuge einer neurotischen oder psychotischen Erkrankung in den Tod getrieben.[5)]

Diese Liste ist sicher nicht vollständig, die tatsächlichen Gründe werden beinahe ebenso vielfältig sein, wie die Zahl der Selbstmorde selbst. Aber wenn Rainer Winkel sagt, daß "diese und auch andere Motive (...) sich in der Regel zu einem Syndrom bündeln, daß ein Weiterleben als sinnlos erscheinen läßt"[6)], dann weist er damit auf etwas ganz Bestimmtes hin, das wohl den allermeisten Selbstmördern gemein ist: der Selbstmörder will nicht mehr leben und wählt daher den Tod. Diese Einsicht könnte trivial erscheinen, ist es bei genauerer Betrachtung aber nicht: Der Grund für den Selbstmord liegt innerhalb des Lebens, der Mensch will in der Regel nicht sterben, weil er tot sein möchte, sondern weil er nicht mehr leben will. Der Tod wird als Beendigung, wenn nicht gar als Negation des Lebens verstanden.

"Heute aber ist der Selbstmord in den allermeisten Fällen die Konsequenz einer Weltanschauung, für die das Leben zwischen Geburt und Tod das einzige ist. Und wenn ein in dieser Anschauung gefangener Mensch vielleicht das einzige verliert, was ihm in der Welt Freude macht, sei es Vermögen, Ehre oder Liebe (...), so finden wir das psychologisch verständlich."[7)]

Die Frage, was mit einem Menschen nach dem Tode geschieht, was mit einem selbst nach dem Tode geschieht, wird meist gar nicht gestellt; sie scheint ja auch ohne rechte Substanz zu sein. Tatsache ist doch zunächst, daß ein Mensch, der stirbt, für die (meisten) Weiterlebenden aufhört zu existieren; er scheidet aus dem Leben aus und kann in den Fortgang der Geschehnisse nicht mehr eingreifen. Wie gesagt: So stellt es sich für die meisten Menschen dar, die weiterleben. Daraus schließt dann jeder für sich, daß mit dem Tod auch für ihn Schluß sei, da das Bewußtsein des heutigen Menschen sich nur auf das eine Leben zwischen Geburt und Tod erstreckt. Möglicherweise aber ist der Grund für diese Vorstellung nur in einer mangelhaften Wahrnehmung der Wirklichkeit zu suchen. Vor Kolumbus dachte man auch, jenseits des Meeres sei nichts, weil man nichts sehen konnte, ganz zu schweigen von der Vorstellung, die Erde sei eine Scheibe und man könne am Rand herunterfallen. Daraus ist ersichtlich, daß sich der Mensch seine Vorstellungen von den Dingen und Sachverhalten anhand seiner Wahrnehmungen bildet und diese erst korrigiert, wenn er neue Wahrnehmungen macht, oder ihm glaubwürdig erscheinende Wahrnehmungen anderer Menschen berichtet werden, die die gebildete Vorstellung ergänzen oder ihr zuwider laufen. Die Wahrnehmungen an sich bleiben richtig, denn auch heute können wir Amerika mit bloßem Auge von Spaniens Küsten nicht erspähen, und wir erleben auch die Erde weiterhin als flach. Auf ein nachtodliches Leben übertragen heißt das, daß man mit Äußerungen, die ein solches als nicht existent bezeichnen, vorsichtig sein muß, zumal es ja zu allen Zeiten der Menschheit Menschen gegeben hat, die von einem nachtodlichen Leben konkrete Vorstellungen hatten.

Für uns hat heute angesichts des Todes nur eines Gewißheit (es sei denn, wir verfügen über hellsichtige Fähigkeiten): mit dem Tode eines Menschen beginnt sich sein Körper aufzulösen, er zerfällt, wird zu Erde. Ist der Mensch aber mit seinem Körper identisch, erschöpft sich sein Menschsein mit seiner Körperlichkeit?

Für den Selbstmörder scheint diese Auffassung gültig zu sein; er geht davon aus, daß er, wenn er sich das Leben nimmt, aufhört zu existieren. Damit - so diese Anschauung weiter - verlieren auch die Probleme, Schwierigkeiten und Situationen, aus denen man zu entfliehen oder die man zu umgehen sucht, jede Gegenständlichkeit. "Wenn ich nicht mehr bin, habe ich auch keine Schwierigkeiten mehr, kann ich nicht mehr leiden."

Ganz anders würde sich die Sache darstellen, wenn der Mensch nach dem Tode nicht aufhören würde zu existieren, wenn der Körper zwar stürbe, das Bewußtsein aber nicht. Wie wäre es, wenn der Mensch weiterhin ein Bewußtsein seiner selbst hätte, wenn er seine Fähigkeit zu empfinden nicht verlieren würde?

Angenommen, jemand verübt Selbstmord, um sein Leben und damit auchbestehende Schwierigkeiten und Konflikte zu beenden. Dieser Mensch nimmt sich zunächst einmal die Möglichkeit, seine Schwierigkeiten und Konflikte zu bearbeiten oder gar zu lösen, da er mit den weiterlebenden Menschen, an die sich diese Probleme binden, nicht mehr in eine, wie auch immer geartete, für beide bewußte Auseinandersetzung treten kann. Wenn der Selbstmörder wirklich ganz und gar aufhören würde zu existieren, wäre ja "alles bestens". Wenn nun aber das Bewußtsein eines Menschen mit dem Tode nicht erlischt, er also weiter um seine Probleme weiß und sie als die eigenen erlebt, so muß er nach dem Tode in einem noch viel stärkeren Maße an ihnen leiden als zu Lebzeiten, weil jetzt nicht nur an den Problemen gelitten wird, sondern zusätzlich an dem Bewußtsein, diese nun nicht mehr lösen zu können. Der Selbstmörder käme in die fatale Lage eines Tantalos, den ein Bedürfnis in aller Stärke quält, der es aber nicht befriedigen kann, weil sich die Ebene, auf der sich die Bedürfnisbefriedigung vollziehen könnte, seinem Zugriff entzieht, sich als unerreichbar erweist.

Dieses Gedankenexperiment klingt nun zunächst reichlich hypothetisch, denn schließlich können wir ja nicht wirklich wissen, wie es mit uns nach dem Tode aussieht. Aber so wie Kolumbus nach seiner Rückkehr nach Spanien seinen Landsleuten erzählen konnte, was er gesehen hatte, so gibt es Leute, die etwas über das Dasein des Menschen nach dem Tod aus eigener Erfahrung erzählen können. Worauf ich hier abheben möchte, sind Berichte von Menschen, die dem Tode nahe waren oder auch schon für tot erklärt worden sind (etwa als Folge eines Unfalles, Ertrinkens etc...), die dann aber doch weiterlebten. Diese Menschen hatten bestimmte Erlebnisse, die sich in weiten Teilen untereinander decken. Der erste dieser Berichte ist, soweit mir bekannt, der von George C. Ritchie, dessen Erlebnis an der Schwelle zum Tod in das Jahr 1943 fällt. Er schildert in seinem Buch "Rückkehr von Morgen" seine Erlebnisse, von denen ich hier eines zitieren möchte. Zum besseren Verständnis sei noch gesagt, daß Ritchie sich in Begleitung eines strahlenden Lichtwesens befand, das ihn während seines "Todes" begleitete und das er als Jesus Christus ansprach.

»In einem Haus folgte ein junger Mann einem älteren von einem Raum in den anderen. "Es tut mir leid, Pa"' sagte er immer wieder. "Ich wußte nicht, daß es Mama so treffen würde! Ich habe es nicht besser verstanden." Aber obwohl ich ihn ganz klar sprechen hören konnte, war es offensichtlich, daß der Mann, zu dem er sprach, ihn nicht verstand. Der alte Mann trug ein Tablett in einen Raum, in dem eine ältere Frau saß. "Es tut mir leid, Pa", sagte der junge Mann wieder. "Es tut mir leid, Mama."' Ohne Ende, immer wieder in Ohren, die ihn nicht hören konnten. Verständnislos wandte ich mich an den Glanz neben mir. Aber obwohl ich fühlte, wie sein Erbarmen gleich einem Strom in den Raum vor uns floß, erleuchtete meine Sinne kein Verstehen. Verschiedene Male hielten wir vor ähnlichen Szenen an. Ein Junge verfolgte ein Teenager-Mädchen durch die Gänge der Schule. "Es tut mir leid, Nancy!" Eine Frau in mittleren Jahren bat einen grauhaarigen Mann, ihr zu vergeben. "Was tut ihnen so leid, Jesus?" bat ich. "Warum hören sie nicht auf mit Menschen zu reden, die sie nicht verstehen können?" Von dem Licht neben mir kam der Gedanke: Sie sind Selbstmörder, gebunden an die Folgen ihres Handelns.«[8)]

Diese Schilderung ist zunächst wenig beweiskräftig, könnte sie ja auch einer Illusion oder Wahnvorstellung entspringen. Interessant ist aber nun, daß Raymond A. Moody Schilderungen von Menschen gesammelt hat, die ähnliche Erlebnisse wie Ritchie hatten. Er hat diese Berichte, die inzwischen nach Hunderten zählen, ausgewertet und seine Ergebnisse in zwei Büchern veröffentlicht. In Moody's zweitem Buch gibt es ein Kapitel, wo er über Erfahrungen berichtet, die Selbstmörder nach einem Selbstmordversuch hatten, wobei die Selbstmörder natürlich überlebten.

»Als ich das Manuskript meines ersten Buches abschloß, waren mir nur sehr wenige Fälle von Todesnähe begegnet, die auf einen Selbstmordversuch zurückgingen. Ich finde es sehr selbstverständlich, daß Menschen, die so etwas erlebt haben, sich noch mehr scheuen, darüber zu sprechen, weil sie vielleicht immer noch Schuldgefühle haben wegen ihres Suizidversuchs. In der Zwischenzeit sind mir nun allerdings einige weitere Fälle dieser Art bekannt geworden. Alle Zeugnisse aus dieser Personengruppe stimmen in einem Punkt überein: daß nämlich ihr Selbstmordversuch gar keine Lösung gebracht habe. Sie mußten erleben, daß sie nach wie vor mit genau denselben Problemen konfrontiert waren, denen sie sich durch Suizid zu entziehen versucht hatten. Gleichgültig, was das für eine Sache war, der sie hatten ausweichen wollen - dasselbe Problem bestand weiter auf der anderen Seite und war genauso ungelöst wie zuvor.

Eine Frau sprach davon, sie habe sich 'eingesperrt' gefühlt in eben derselben Lebenslage, die sie in den Selbstmordversuch getrieben hatte. Es kam ihr so vor, als würde sich der Zustand, in dem sie sich vor ihrem 'Tode' befunden hatte, unablässig wiederholen wie in einem Zyklus. "Dieses Problem, wovon ich Ihnen erzählt habe - Sie wissen, was ich damit meine -, ja, also wenn ich heute daran zurückdenke, dann scheint es so wichtig auch nicht mehr zu sein, natürlich, weil ich die Sache ja inzwischen mit mehr Vernunft ansehe. Aber zu der Zeit damals, da war ich noch nicht soweit, mir fehlte die Reife, die man erst als Erwachsener hat, und deswegen kam mir alles ungeheuer wichtig vor... Also, die Sache war die, daß meine Schwierigkeit weiterexistierte, und zwar auch, als ich 'tot' war. Es hatte den Anschein, als würde sie sich ständig wiederholen, wie bei einer angeknacksten Schallplatte. Zuerst erlebte ich die Sache von Anfang bis Ende und dachte dann: 'Ein Glück, jetzt ist es überstanden!' Aber dann ging es sofort wieder von vorne los, und ich mußte denken: 'Oh nein, nicht noch einmal!'"

Alle haben gesagt, nach dem, was sie jetzt erlebt hätten, würden sie nie wieder an einen Selbstmord denken. Ihr Standpunkt war jetzt, daß sie einen Fehler gemacht hatten und nun sehr froh sein konnten, daß ihr Suizidversuch mißlungen war. So fragte ich zum Beispiel einen Mann, ob er auf Grund dessen, was er in seinem 'Tod' erfahren hatte, jemals in die Lage kommen könne, sich ein weiteres Mal für den Freitod zu entscheiden: "Nein", war seine Antwort. "Ich werde das nicht noch einmal tun. Beim nächsten Mal werde ich eines natürlichen Todes sterben. Denn eine Sache habe ich beim letzten Mal wirklich begriffen, daß nämlich unser Leben hier nur ein ganz kurzer Zeitraum ist und daß wir so viel zu tun haben, während wir hier leben. Wenn wir sterben, beginnt die Ewigkeit."[9]

Diese Berichte, die Moody gesammelt hat, decken sich mit der Erzählung Ritchies. Ein Selbstmörder tötet sich selbst, aus welchen Motiven auch immer, mit dem Ziel, seinem Leben ein Ende zu bereiten. Nun scheint es aber berechtigte Hinweise dafür zu geben, daß sich der Tod nicht in dem Sinne einstellt, daß er einen Schlußpunkt setzt, sondern daß er eine Pforte ist, nach deren Durchschreiten das Leben in anderen Formen weitergeht. Der Selbstmörder sieht sich in der gleichen Situation wie zuvor, nur kann er sie nicht mehr beeinflussen, was sein Leiden verstärkt.

Für den einzelnen, selbstmordwilligen Menschen hat es wohl wenig Sinn, hielte man ihm vor, er werde an den Folgen eines Selbstmordes mehr Leid auszustehen haben als in seiner momentanen Lage, erscheint ihm doch gerade diese unerträglich genug. Nicht einmal abschreckenden Charakter dürfte eine solche Feststellung haben.

Aber ich meine, daß aus der Einsicht in die Freiheit, die der Mensch hinsichtlich der Frage hat, ob er sein Leben fortsetzen will oder nicht, eine Verantwortung entspringt, sich über die Folgen seines Tuns aufzuklären, bevor man zur Tat schreitet.

Anmerkungen:

1) Rainer Winkel: Pädagogische Psychatrie für Eltern, Lehrer und Erzieher. Eine Einführung in neurotische und psychotische Schul- und Entwicklungsmöglichkeiten. Frankfurt a.M. 1981, S.133.
2) R. Winkel, a.a.O.
3) Friedrich Husemann: Vom Bild und Sinn des Todes. Geschichte und Psychologie des Todesproblems. Frankfurt a.M. 1982, S.123 f.
4) Ebenda.
5) Vgl. R. Winkel, a.a.O, S.132 f.
6) Ebenda, S.131.
7) F. Husemann, a.a.O, S.123.
8) George C. Ritchie: Rückkehr von Morgen. Marburg an der Lahn 1983.
9) Raymond A. Moody: Nachgedanken über das Leben nach dem Tod. Reinbek bei Hamburg 1978.

Bücherschau

Arie Boogert: Vom Sterben von kleinen Kindern

Erfahrungen, Gedanken und Texte zum Rätsel des frühen Todes.
Verlag Urachhaus, Stuttgart 1986. 294 Seiten, brosch., DM 28,-

Es fällt mir schwer, dieses Buch zu "besprechen", weil es mir - vom ersten Kennenlernen an - ein ständiger Begleiter geworden ist. Mir ist es so wertvoll geworden, daß ich mich ihm kaum "gegenüberstellen", es "kritisch beleuchten" kann. Ich schreibe deshalb lieber, was mir das Buch bedeutet.

In die Hand bekommen hatte ich es wenige Tage, bevor ein mir sehr lieber Cousin starb, der einige Jahre jünger war als ich. Es lag nah, in dieser Situation das Buch mit auf die Reise zu nehmen. Seither habe ich es vielfach empfohlen, weil es mir in der konkreten Abschiedssituation sehr hilfreich war.

Das Buch ist in vier Abschnitte gegliedert:

- I Sterbebeistand - Lebensbeistand (ca. 100 Seiten)
- II Texte aus Vorträgen von Rudolf Steiner (ca. 60 Seiten)
- III Gedichte und Sprüche (als Trost für Eltern; ca. 20 Seiten)
- IV Märchen und Erzählungen (die man schwerkranken und sterbenden Kindern vorlesen und erzählen kann; ca. 100 Seiten).

Über die Auswahl der Sprüche, Märchen und Geschichten kann man streiten - sie ist immer subjektiv. Mich hätte es gefreut, wenn bei den Märchen der Brüder Grimm auf den Abdruck verzichtet worden wäre - sie sind eh' in jeder Familie mit Kindern vorhanden - und statt dessen noch weitere, schwerer erreichbare Märchen und Geschichten zum Abdruck gekommen wären.

Was mir aber das Buch zum lieben Begleiter gemacht hat, ist der erste Teil. Hier ist in sorgfältiger, klarer Darstellung eigentlich alles enthalten, was mir - neben meinen Lieblingsgedichten und -bildern zum Thema Tod - ermöglicht, die Anwesenheit des Todes, meinen eigenen Tod und den meiner Kinder und Verwandten zu bejahen, den Wechsel von Angstvorstellungen und Vertrauen, Sorge und Zuversicht in meinen Gefühlen zuzulassen.

Nach einer Einführung gibt es hier die Kapitel: "Kinder und Tod", "Der Tod im Leben von Kindern", "Erwachsene und der Tod", "Der Weg durch den Tod - Leben nach dem Tod", "Beim Sterben von Kindern", "Unser Kind stirbt". Alles, was hier zu lesen ist, ist bestimmt, aber doch freilassend formuliert. Einige Beispiele mögen dies verdeutlichen:

"Der Tod ist überall in unserer Umgebung und kommt doch unvermutet, wenn er kommt. Darum ist es gut, sich ab und zu die Frage zu stellen, was der Tod 'eigentlich' ist. Auch wenn man keine vollkommen befriedigende Antwort findet, auch wenn man sicher ist, daß die Antwort, die einem ein paar Jahre später gegeben wird, wieder anders sein wird." (S.12)

"Wenn man weiß, daß ein Kind sterben muß, dann muß man sich klar sein, daß es einen nun mehr denn je braucht. Es braucht nun viel Verständnis und Trost, vor allem aber braucht es die Nähe des Erwachsenen. Das Kind hat selbst noch kein eigentliches Bewußtsein vom Tod; er ist noch nicht in das kindliche Lebensgefühl aufgenommen. Als Erwachsener 'weiß' man vom Tod, man weiß, was auf der Erde an der Schwelle zum Tod geschieht. Das Kind weiß intuitiv 'noch alles' aus der geistigen Welt, aber hier auf Erden ist es hilflos. Auch wenn man als Erwachsener wenig mit dem Gedanken an ein Dasein nach dem Tod anfangen kann, hilft man dem todgeweihten Kind durch seine Anwesenheit." (S.71)

"'Einen heilenden Todeskampf' nennt Anne Surie die letzte Erfahrung mit ihrem sterbenden Kind, einen Todeskampf, der auch für sie heilend ist, weil sie 'wachgerüttelt' wird. Ich habe bereits darzustellen versucht, was das Wesentlichste beim Begleiten sterbender Kinder ist. Der Erwachsene muß die Umwandlung, die innere Umkehr durchmachen, die der Tod mit sich bringt, und zwar schon dann, wenn das Kind noch lebt. Man muß für das Kind den Sterbeprozeß durchmachen, und darin liegt für den Erwachsenen die Heilung.

"Wenn es uns ein wenig gelingt, auf diese Art und Weise unserem Kind das Geburtsgeleit zu geben, machen wir gewissermaßen das durch, was wir 'von Natur aus' erfahren, wenn wir alt werden." (S.88)

"Das ist die Gefahr jeder Trauer: daß wir den Tod noch bekräftigen. Man muß es sich abgewöhnen, auf den Verstorbenen zu warten, man muß lernen, mit seiner Abwesenheit, mit seinem Fehlen in der äußeren Umgebung zu leben. Man würde ihn völlig verlieren, könnte man nicht auf die Kraft zurückgreifen, die durch innerlich geahnte oder erfahrene Wiedergeburt freigemacht wird. Nur durch den Gedanken an die Wiedergeburt kann man sich von sich selbst und von den Gedanken und Vorstellungen befreien, die sich vor allem um die eigene Person drehen. Die Frage, die sich voller Auflehnung gegen das Schicksal immer wieder durchringt: 'Warum mußte gerade mir das passieren?' ist nicht sehr fruchtbar. Die moralische Frage, die der Tod demjenigen stellt, der das Sterben mitmacht, ist nie vergangenheitsorientiert, sie weist vielmehr in die Zukunft.

Darum ist es viel sinnvoller, auf die Haltung zu achten, die während der Trauer wachsen kann: 'Wie finde ich, nach allem, was geschehen ist, mit allem, was ich durchgemacht habe, einen neuen Platz im Leben?' Während man dem sterbenden Kind beigestanden hat, hat man sich verändert, das wird man immer deutlicher feststellen.

Wie nimmt man den Faden seines Lebens wieder auf? Aus der Kraft der Erinnerung. Die Erinnerungen an das Kind werden einem dabei helfen. Die Trauer, die schmerzhafte Entwöhnung, wird darum vor allem in der Umgebung stattfinden müssen, in der die Erinnerungen zu Hause sind. Es wird so weit kommen, daß man zeitweilig verzweifelt ist und Angst hat, die Erinnerungen könnten einem entgleiten; häufig werden sie erst einmal undeutlich, doch in dem Maße, in dem es einem gelingt, den Faden des eigenen Lebens wieder aufzunehmen, werden sie wieder stärker und reicher werden. In dem Maße, in dem das eigene Leid stiller wird, werden die Erinnerungen stärker." (S.91 f.)

Hier sind nun nur Textbeispiele ausgewählt, die sich auf das eigentliche Thema des Buches beziehen. In ähnlich klarer Weise aber wird auch beschrieben, was nach anthroposophischer Erkenntnis der Tod, das Sterben ist. Hierzu sind die Auszüge aus Vorträgen Rudolf Steiners hilfreich. Sie sind so ausgewählt, daß sie jeweils in sich einen Sinn ergeben und sich darüber hinaus gegenseitig interpretieren. In der kurzen Einleitung zu diesem Teil werden wichtige Verständnishilfen gegeben und der Zeitbezug der Texte kurz erläutert. Dies erleichtert das Einlesen. Dabei habe ich bei längerem Umgang die Wiederholungen (die durch die Entstehung der Texte zwangsläufig gegeben sind) und die wechselnden Schattierungen (je nach Vortragsort und Zuhörerschaft) eher als hilfreich denn als störend empfunden.

Ich möchte diesem Buch eine weite Verbreitung wünschen.

Ekkehard Krüger

Vom Alt-Werden

Eine Materialsammlung aus der Rudolf Steiner-Gesamtausgabe, zusammengestellt durch Gisela Gaumnitz.

Verlag Die Pforte, Basel 1987. 349 Seiten, DM 54,-

Das Buch "Vom Alt-Werden" ist eine Zitatensammlung aus dem Gesamtwerk Rudolf Steiners, zusammengetragen unter dem besonderen Aspekt des Alt- und Älterwerdens. "Wann beginnt eigentlich das Altern? Natürlich kann man sagen, mit dem ersten Atemzug, dann meint man eigentlich das 'Älterwerden'." (G.G., S.XVII). Wenn vom Altern und Altwerden die Rede ist, meint man die zweite Lebenshälfte, die mit 35 Jahren beginnt. Da Rudolf Steiner keinen Kurs über das Altern und Älterwerden gehalten hat, ist diese Materialsammlung für denjenigen, der sich mit dem menschlichen Lebenslauf unter diesem Gesichtspunkt beschäftigen möchte, sehr hilfreich. Das Ergebnis der Arbeit von Gisela Gaumnitz kann, da sie die Aussagen Rudolf Steiners den verschiedenen Kursen entnommen hat, nicht mit einem geschlossenen Kurs verglichen werden. Ihr Verdienst ist es, die Erläuterungen Rudolf Steiners zu diesem Buch zusammengetragen und thematisch geordnet zu haben. Die Autorin hat die verschiedenen Äußerungen hilfreich durch Einleitungen in die einzelnen Kapitel und Stellungnahmen zwischen den Zitaten miteinander verbunden. So ist mit diesem Studienmaterial aus dem Gesamtwerk Rudolf Steiners ein Beitrag zur Alterskunde durch die Anthroposophie geleistet.

Wie umfassend das Thema "Altwerden" gesehen werden muß, können folgende Worte von Gisela Gaumnitz ausdrücken:

"Sieht man nur auf den jungen Menschen, so hat man nicht das Ganze des Menschenwesens erfaßt, denn es gehört der mittlere und alte Mensch dazu. Erst die drei in ihrer Verschiedenheit zusammengesehen, bilden eine Ganzheit.

"Rudolf Steiner zeigt in einer Fülle von Aspekten, wie man immer wieder neu auf den Lebenslauf schauen kann und sich die Gesetze der Menschen- und Erdenentwickelung in ihm offenbaren.

"Es gilt, durch das Anschauen der Lebensalter zum Erleben des wirkenden Geistes zu kommen (GA 181, 21.05.1918), im Anschauen des Lebenslaufes sich zu finden und sich zu erkennen als der aus Vergangenheit, Gegenwart und Zukunft Gewordene. Das Werdewesen Mensch zeigt sich als nicht begrenzbar durch Geburt und Tod. Es muß der Begriff des kosmischen Lebenslaufes hinzugefügt werden, dann erst zeigen sich die impulsierenden Kräfte in dem Wechselspiel von Evolution und Involution, zwischen Makrokosmos und Mikrokosmos.

"Man kann den Lebenslauf in seiner wahren Gesetzmäßigkeit ohne das Vorgeburtliche und Nachtodliche nicht verstehen.

"Man kann ihn aber auch nicht verstehen, wenn man ihn nicht fortwährend durchpulst weiß von den göttlich-geistigen Gesetzen und Wesen. Diese spiegeln sich in der Wechselbeziehung zwischen Seelisch-Geistigem und Physisch-Leiblichem. Sie spiegeln sich auch in der Entsprechung der Lebensjahrsiebte zu den Planeten, der drei Lebensalter zu der Vaterwelt, der Sohneswelt und der Welt des Heiligen Geistes, in der Zeit karmischer Forderung und der der karmischen Erfüllung.

"Der irdische Lebenslauf stellt sich dar als die aus der Götterweisheit gewordene Möglichkeit, in der der Mensch die Freiheit und die Liebe als Zukunftsziel anzustreben hat." (S.15)

Diese Einleitung in einen Themenbereich - beispielhaft herausgegriffen - zeigt, wie komplex die unterschiedlichen Aspekte, die mit dem Altwerden zusammenhängen, behandelt werden. Denjenigen, die sich mit dem Themenkreis beschäftigen, bietet das Studienmaterial wertvolle Hinweise und Anregungen, die sich sowohl als Einstieg als auch zur Vertiefung der Arbeit am Thema "Alt-Werden" eignen.

Birgit Diebel

G. Göckenjahn / H.-J. v. Kondratowitz (Hg.): Alter und Alltag

Suhrkamp Verlag, Frankfurt a.M. 1988. 411 Seiten, kart., DM 22-

Das vorliegende Buch beinhaltet 16 Beiträge verschiedener Autoren zum Umfeld des Themas, das in drei Hauptteile gegliedert ist:

1.Strukturen: Altersbilder, Institutionen, Leistungen;
2.Lebenswelten: Die Organisation von Zeit und Sinn;
3.Lebenswelten: Verdrängung und Gegenwelt.

Ausgerechnet im ersten Teil des Buches wimmelt es von aneinandergereihten Fremdworten, soziologischem Fachlatein, die erst überwunden werden müssen. Danach wird es interessant und - oft betroffenmachend - lebensnah.

Der Darstellung einer Chronologie der Altersauffassungen - ein historischer Überblick vom Alter als Qualität, dem sozialen Altern und dem Alter als Schwäche in der heutigen Gesellschaft - folgt ein Kapitel über Altersheime, belegt mit vielen Beispielen: "Allen zur Lust, niemanden zur Freude". Die Altersheime werden als historische Hinterlassenschaft betrachtet; die Tötung alter Menschen im Dritten Reich ("Euthanasieprogramm") kommt ebenso zur Sprache, wie in einem späteren Kapitel die Gewalt gegen Alte und deren Erniedrigung in einer Vielzahl von Heimen und Einrichtungen, wie durch Zeugenaussagen dokumentiert wird.

Die Angst vor dem Sterben, das Verdrängen des Todes wird auf den Nenner gebracht: "Der fremde Tod ist näher gerückt, der eigene fremder geworden!"

Mit dem Altern setzt sich der zweite Hauptteil des Buches auseinander. Der Komplex Altern und Arbeit wird in der Art biographischer Reportagen lebendig und nahegehend behandelt; ''Ruhestand und Langeweile'' heißt folgerichtig eine weitere Kapitelüberschrift. Auch positive biographische Schilderungen sind in verschiedenen Lebensläufen vorhanden. Alte Menschen schildern ihre Kontakte, Freundschaften und ihren Umgang mit dem Tod, wobei ein nachtodliches Leben und der Tod als Übergang nicht erkannt werden und weitere ''metaphysische'' Überzeugungen als ''sinnstiftendes Konstruktionsprinzip'' gewertet werden.

Es folgen Analysen von Festen und Jubiläen, die meines Erachtens etwas kraus bewertet werden. Dann jedoch wieder ein lebensnahes Kapitel über "demente Alte" in der Familie und die daraus resultierenden Probleme. Die ''Seniorenkulturarbeit'' wird beleuchtet und als in der Regel oberflächlich oder als "pseudo-therapeutische Klientelisierung der Alten" bezeichnet. Thesen, Beispiele und Gespräche münden schließlich in einem neuen Verständnis aktiver Senioren und in neuen Konzepten.

Im dritten Hauptteil des Buches wird eine anglo-jüdische Altentagesstätte in London vorgestellt und als isolierende Abschiebeanstalt entlarvt - stellvertretend für viele Einrichtungen. Jedoch wird auch die Altendistanz der Alten, die Nichtbeachtung des Todes oder das Nicht-wissen-Wollen, die Passivität alter Menschen mit einbezogen. - "Der verdrängte Körper" lautet das Thema eines weiteren Kapitels, in dem einiges zur Sprache kommt: Sexualität, die physisch-seelische Verwahrlosung, die Flucht in die Kindlichkeit, die kosmetische Pflege zur Vertuschung des Alters etc. Hier folgen auch die Gerichtsaktenauszüge über die obengenannte Gewaltanwendung gegen alte Menschen sowie eine Aufarbeitung dieser bedrückenden Tatsachen.

Das Problem alternder Ausländer in der Bundesrepublik Deutschland wird in verschiedenen Gesprächsbeispielen gezeigt. Alte Türken berichten: "Wer sich Allah nähert, wird frei von Frei-Zeit werden." - Behutsam und verblüffend offen sind Äußerungen französischer alter Menschen zum Thema Sexualität im Alter.

Eine umfassende Bibliographie folgt den einzelnen Kapiteln des Buches. Ein reiches Spektrum an Aspekten zu "Alter und Alltag", unvollständig und doch sehr anregend, teilweise sehr berührend und betroffenmachend, auch aufregend, läßt dieses Buch sehr interessant werden. Hier sind viele Dinge zusammengestellt, die dem Leser sonst kaum in dieser Breite zugänglich wird und ihm oft vielleicht auch vorenthalten werden.

Bernd Hansen

Frank Teichmann: Der Mensch und sein Tempel

Band 1: **Ägypten**
Verlag Urachhaus, Stuttgart 1978. 208 Seiten, 63 z. T. farbige Abbildungen, 45 Zeichnungen, Ln. DM 68,-
Band 2: **Griechenland**
Verlag Urachhaus, 2. Auflage Stuttgart 1985. 225 Seiten, 109 z. T. farbige Abbildungen, 27 Zeichnungen, Ln. DM 74,-
Band 3: **Megalithkultur in Irland, England und der Bretagne**
Die drei vorchristlichen Kulturarten in ihren Grundzügen.
Verlag Urachhaus, Stuttgart 1983. 252 Seiten, 104 z. T. farbige Abbildungen, 25 Zeichnungen, Ln. DM 74,-

Obwohl die zu besprechenden Bände der Reihe "Der Mensch und sein Tempel" jeweils bereits vor einigen Jahren erschienen sind, sollen sie hier kurz empfohlen werden. Den Anlaß dazu gibt das in diesem Heft veröffentlichte Gespräch mit dem Autor Frank Teichmann, für das unter anderem diese Bände zur Vorbereitung dienten. Die Thematisierung des Todes und des Verhältnisses des Menschen zum Tod ist in ihnen jedoch nur ein untergeordneter Aspekt, der eher beiläufig dann in das Blickfeld der kulturgeschichtlichen Betrachtung tritt, wenn durch den Sinn einer Tempelanlage oder durch die Art des religiösen Lebens der konkrete Bezug zum Tod und zum Leben nach dem Tod gegeben ist. Dies ist insbesondere dann der Fall, wenn die Tempelanlage auch als Grabesstätte gedient hat - wie zum Beispiel die Pyramide in Ägypten -, wenn sie als Ort kultischer Handlungen angesehen werden kann, in denen auch das Verhältnis zu den Toten gepflegt wurde, oder wenn der Zusammenhang mit Einweihungsriten zu vermuten ist, die eine Wesenserkenntnis des Menschen und seiner Beziehung zur göttlich-geistigen Welt, und damit auch eine Erkenntnis des Todes zur Voraussetzung hatten.

Das Hauptanliegen dieser Reihe ist jedoch - wie der diesbezüglich in allen Bänden gleichlautende Klappentext es bereits anzeigt -, den "intimen Zusammenhang der Menschen vergangener Zeiten mit den von ihnen geschaffenen Tempeln wiederzuentdecken". Dabei wird die Tatsache, daß die Baukunst Ausdruck der Bewußtseinsentwicklung des Menschen ist, nachvollziehbar erhellt, indem unter verschiedenen Gesichtspunkten das religiöse Leben, die Verehrung des Göttlichen und die Bilder und Ideen einbezogen werden, die sich als Gestaltungswille in den Bauformen ausprägen. Es wird gezeigt, wie diese Bauformen je dem Menschenbild und dem Bild des Kosmos entsprechen, und wie sie auf die Seele des Menschen wirkten, so daß er sich im Tempel dem Göttlichen öffnen konnte.

Neben detaillierten Beschreibungen der einzelnen Bauten und Anlagen, die auch aufgrund der hervorragenden Abbildungen eine klare Vorstellung vermitteln, stützen sich die Darstellungen - wo möglich - auf die Auswertung von Quellentexten, die der Autor zum Sprechen bringt. Es werden keine vordergründigen und weltanschaulich fixierten Deutungen gegeben, vielmehr wird durch die Art der Darstellung dem Leser die Möglichkeit zur prüfenden Urteilsbildung und zum Miterleben eröffnet. Durch die wissenschaftlich saubere und behutsame Vorgehensweise des Autors fällt es leicht, sich auf die Fragestellungen einzulassen und den Kulturgestaltungen in ihrem Verhältnis zu den Bewußtseinsformen des

Menschen empfindend nachzuspüren. In diesem Miterleben - und darin sehe ich für mich als Laien das eigentlich Wertvolle dieser Reihe - wird der Leser an die Quellen der Kulturen geführt, die sich seiner Bewußtseins-Bewegung auch in ihrer gegenwärtigen Bedeutung und in ihrem Bezug zum heutigen Wesen des Menschen schrittweise enthüllen können. Dadurch kann der Leser immer wieder unter neuen Aspekten Brücken zum eigenen Wesen schlagen und in einem interessanten Prozeß erleben, wie die Tempel vergangener Kulturen schließlich auch für die Selbsterkenntnis des Gegenwartsmenschen aussagekräftig werden. Insofern sind die Bände dieser Reihe echte anthroposophische Bücher, da sie die Denkbewegung und den Bewußtseinsprozeß des Lesers nicht - wie so oft - durch weltanschaulich geronnene Vorurteile und Bewertungen behindern, sondern über ein historisches oder auch ästhetisches Interesse hinaus zu einem Weg der Selbsterkenntnis des Menschen anregen.

In Anbetracht der Preise dieser Bücher - die durch Inhalt und Ausstattung gerechtfertigt sind - wiegt die Empfehlung, alle drei anzuschaffen, für manchen Geldbeutel sicher schwer; aber vorausgesetzt, daß sie dann auch gelesen werden, sind sie ein lohnender Erwerb.

Im dritten Band - "Megalithkultur" -, der auf den ersten beiden Bänden aubaut, entwirft der Autor ein Gesamtbild, indem er die Megalithkultur in ihrer Polarität zur ägyptischen Kultur und die spätere griechische Kultur als Mitte zwischen Norden und Süden darstellt. So ergibt sich dem Leser eine Zusammenschau dieser drei vorchristlichen Kulturarten in einem Entwicklungsprozeß, der als solcher nicht abgeschlossen ist.

Aus dem Zusammenhang der Gesamtbetrachtung gerissen, sei zum Thema dieses FLENSBURGER HEFTES aus dem Anhang des dritten Bandes über "Die Bedeutung der Grabbeigaben in Ägypten" zitiert:

"Zum einen fällt auf, daß die allermeisten solcher Objekte mit Schriftzeichen versehen sind - wenn auch nicht immer mit längeren Texten, so doch wenigstens mit dem Namen des Pharaos oder ihres Besitzers. Manche der Gegenstände tragen auch reichlichere Inschriften, die sowohl Namen und umfangreiche Titulatur wiedergeben, als auch auf die Zusammenhänge des Dargestellten Bezug nehmen. Zum zweiten - und das ist weniger auffällig - hat jedes Stück der Grabausstattung eine ganz bestimmte Bedeutung. Die vielfältigen Symbole und rätselhaften Formen bedürfen der Erklärung. Wir erwarten heute bei jeder ... Ausstellung einen möglichst ausführlichen Katalog, der uns helfen soll, das Gesehene einzuordnen. Der Ägypter aber hat die Zeichen 'gekannt'. Er strebte ja sein ganzes Leben danach, so viel wie möglich vom altersgrauen Wissen der Vorväter in sich aufzunehmen. Den 'millionenmal als wahr erprobten' Inhalt der Welt hat er studiert und so zu seinem dauernden Besitz gemacht. Nicht das Vergängliche hat ihn interessiert, sondern das Wahre, das ewigen Charakter hat. Nur dieses war wert, aufgeschrieben oder in Zeichen geformt zu werden. Damit ist ein Schlüssel gegeben für das Verständnis der ägyptischen Grabbeigaben; sie stellen allesamt eigentlich nichts anderes dar als die in Gegenstände geronnenen intellektuellen Inhalte des Grabinhabers. Die edlen, dauerhaften Materialien entsprechen dabei den unvergänglichen, ewigen Wahrheiten. Ein jedes Stück einer Grabausstattung stellt so einen Gedanken dar, den der Tote kennt und den er bis ins feste Material hinein wie 'aufgeschrieben' und für die Dauer bewahrt hat. Dieser ihm eigene Besitz wird ihm mitgegeben über den Tod hinaus. Ein Schmuckstück ist daher also in Ägypten nicht nur ein Gegenstand, der schön aussehen soll, sondern vor allem ein Objekt, das Träger eines edlen, wahrhaft wertvollen Gedankens ist." (S. 236 f.)

Und weiter unten heißt es unter Hinzuziehung einer Aussage Rudolf Steiners:

"Ein Toter kann die sinnliche Welt nicht mehr wahrnehmen, weil er keine Sinnesorgane mehr hat. Aber: 'Eines bleibt für den Toten immer wahrnehmbar - und es ist wichtig, gerade darauf sein Augenmerk zu wenden -, das ist dasjenige, worin die menschlichen Gedanken und Empfindungen hineingeflossen sind; und zwar sind es die menschlichen Gedanken, die dann wahrnehmbar sind. Das Salz als ein Naturprodukt nimmt also der Tote nicht wahr, so wie es im Salzfasse ist. Das Salzfaß, das vielleicht aus Glas oder aus irgend etwas anderem Stofflichen ist, nimmt er auch nicht wahr; aber insofern in das Salzfaß bei seiner Verfertigung menschliche Gedanken sich hineingenistet haben, nimmt der Tote diese menschlichen Gedanken wahr. Wenn Sie sich vorstellen, wie in unserer Umgebung überall, wo wir hinschauen, zu dem, was nicht bloßes Naturprodukt ist, menschliche Gedanken gewissermaßen die Signaturen abzugeben haben, nach denen sich diese Dinge anordnen, so bekommen Sie die Vorstellung von dem, was der Tote wahrnehmen kann.' Dieser Vortrag Rudolf Steiners, der einfach die Tatsachen des nachtodlichen Lebens schildert, kann uns zum Schlüssel werden für die ägyptischen Phänomene. Denn wenn der Tote die Gedanken wahrnehmen kann, die bei der Verfertigung der Gegenstände in die Formen eingegangen sind, dann kann der Ägypter alles das wiedererkennen, was er im irdischen Leben gedacht hat. Er rettete so sein diesseitiges intellektuelles Leben hinüber in den nachtodlichen Bereich." (S. 238)

Das dieser Bedeutung der Grabbeigaben zugrunde liegende ägyptische Kulturprinzip wird im Interview mit Frank Teichmann kurz charakterisiert.

Klaus-Dieter Neumann

FLENSBURGER HEFTE

ISSN 0932-5859

AUS UNSEREM VERLAGSPROGRAMM

Sonderheft Nr. 1 - PARTNERSCHAFT UND EHE

3. Auflage (14. - 30.Tausend), 174 Seiten, kart., DM 12,80

Gesetzmäßigkeiten einer Lebensgemeinschaft. Menschenkunde der Geschlechter. Mann und Frau in der Partnerschaft. Liebe und Ehe sind erlernbar: Das Soziale schaffen anstelle von Kampf und Flucht! Krisen und Brüche im 27. Lebensjahr. Notwendige Ich-Entwicklung der Frau. Sexualität und Liebe. Ehe-Idee, Ehe-Vorbereitung, Ehe-Pflege und Ehe-Alltag. Praktische Tips und Beispiele aus der Ehe-Beratung. Ein zeitgemäßer Ratgeber für die Gestaltung von Partnerschaft und Ehe.
Interviews mit Wolfgang Gädeke und Klaus Thoma. Vorträge von Klaus Fischer und Wolfgang Gädeke. Weitere Artikel und zahlreiche Abbildungen.

ISBN 3-926841-04-4

Sonderheft Nr. 2 - DAS GEHEIMNIS DER EAP

212 Seiten, kart., DM 12,80

Eine kenntnisreiche Hintergrundanalyse der Europäischen Arbeiterpartei - eine politische Gruppierung, die unter verschiedenen Tarnnamen Schlagzeilen macht. Die EAP: Idee, Geschichte, Programm, Praxis, Hintergrund. / "Ich hätte einem Monster zur Geburt verholfen" - Erstmalige Enthüllungen eines ehemaligen EAP-Mitgliedes. Wenn die EAP an die Macht käme... / Helga und Lyndon LaRouche. / Der Weg von der ersten Kontaktaufnahme zum selbständigen Kader. - So etwas haben sie noch nie gelesen!
Text von Wolfgang Weirauch; Interview mit Herbert Knoblauch. Zahlreiche Abbildungen.

ISBN 3-926841-05-2

Sonderheft Nr. 3 - COMPUTER, MEDIEN

144 Seiten , kart., DM 14,80

Spider in the web - die Vernetzung der Welt. / Faszination der Medien, die Angst vor dem Computer. / Welcome to the machine. / Mythos und Wirklichkeit - Was ist ein Computer? Entstehung, Funktion, Anwendungsmöglichkeiten und Gefahren, Auswüchse der Forschung. / Kann ein Computer denken? Menschliches Denken und Verantwortung. / Hacker - Datendemokratie oder technischer Terror? Reisen mit trojanischen Pferden - das Tor zur Welt. / Computerviren - der Tod der Systeme?! / Computerkinder - Mechanisierung der Kindheit. / Die Faszination der Bilder - die Droge im Wohnzimmer. / Medien im Dienst der Lüge.
Interviews mit Prof. Dr. Klas Diederich, Prof. Dr. Claus Eurich, Dr. Rainer Patzlaff, Steffen Wernéry, Prof. Joseph Weizenbaum; weitere Artikel, u. a. von Prof. Dr. Heinz Buddemeier und Prof. Dr. Helmut Göttsche, und Abbildungen.

ISBN 3-926841-12-5

Sonderheft 4 - PARTNERSCHAFT UND EHE II - BRIEFE

80 Seiten, kart., DM 9,80

47 Briefe von Leserinnen und Lesern zu den Themen Partnerschaft, Ehe und Sexualität. - Zerstört Sexualität die Liebe? / Männlicher Chauvinismus. / Aha und Oha. / Zumutungen der Eifersucht. / Wie Schuppen von den Augen... / Anstoß zur zweiten Halbzeit. / Archaische Leidenschaft. / Brutal ernüchtert. / An der Seite eines Mannes. / Ich bin Ich. / Reifere Frau und jüngerer Mann. / Allein leben - keine Partnerschaft? / Eine wirkliche Hilfe : zur Idee erheben. / Die Liebe bullert. / Vertrauen. / Eine natürliche Verhütungsmethode. / Mit Konflikten leben. / Vom Stuhl gerissen.

ISBN 3-926841-14-1

Heft 11 - TOD UND STERBEN

Stark erweiterte 2. Auflage, kart., DM 19,80

Heft 13 - HEXEN, NEW AGE, OKKULTISMUS

Erweiterte 2. Auflage, 204 Seiten, kart., DM 14,80

"Der schwarze Pfad" / Satanslyrik. / Dämonenaustreibung / "Ich war besessen" / Über Mediumismus und Spiritismus. Die Entstehung des Spiritismus. / Was steckt hinter den Aussagen von Medien? - Eine Skizze zum anthroposophischen Weiterstudium. / "Die feine Art zu töten" / Schwarze Messen, spiritistische Sitzungen - der neue Trend vieler Jugendlicher. / New Age, das Zeitalter des Wassermanns - die Sehnsucht nach dem Geist und die Verwirrung der Begriffe. / Berichte vom Kongreß "Geist und Natur". / Feuerläufe. / Neokeltismus und Neoschamanismus. / Heilige Pilze. / Die Glasrückerin. / "Ich werde absolut geführt" / Das "Geist- und Heilzentrum Saint-Germains".
Interviews mit Schwarzmagierin Ulla von Bernus, Carola Cutomo, Hexe Petra Singh, Gesundbeterin Edith Heldt und Herbert Wimbauer sowie weitere Artikel.

ISBN 3-926841-08-7

Heft 14 - ERNEUERUNG DER RELIGION. DIE CHRISTENGEMEINSCHAFT

Erweiterte 3. Auflage, 186 Seiten, kart., DM 12,80

Die Hierarchie in der Christengemeinschaft. Gemeindebildung. Ist die Sprache der Christengemeinschaft noch zeitgemäß? Anthroposophische Erkenntnisvertiefung des religiösen Lebens. / Die Sakramente im Wandel der Zeiten. Die ersten Gottesdienste. / Die Wandlung im Kultus der Christengemeinschaft. Der Phantomleib des Christus. Engel, Verstorbene, Elementarwesen, Dämonen. / Das evangelische und das katholische Sakramentsverständnis. / Ein Brief aus Leipzig zur Situation der Christengemeinschaft in der DDR. / Friedrich Rittelmeyer. / Das Dogma der Unfehlbarkeit. Gibt es eine katholische Anthroposophie? / Der Großinquisitor. / Theologie der Befreiung.
Interviews mit Ekbert Lasch, Johannes Lenz, Andreas Rüß, Arnold Suckau und Prof. Dr. Franz Georg Untergaßmair; weitere Artikel.

ISBN 3-926841-07-9

Heft 15 - WALDORFSCHULE UND ANTHROPOSOPHIE

2. Auflage, 108 Seiten, kart., DM 5,--

Wie sollte, kann oder darf die Anthroposophie in der Waldorfschule leben? In welchem Verhältnis stehen der Waldorflehrer und die Waldorfschule zur Anthroposophie und zur Anthroposophischen Gesellschaft? / Die spirituellen Grundlagen der Waldorfpädagogik und die inneren Aufgaben des Lehrers. / "Zusammenklang im Gesamt" - Die Waldorfschule im Beziehungsgefüge der sozialen Wirklichkeit. Zur Sozialgestalt der Waldorfschule. / "Lebendige Quellkräfte" - Zur Esoterik des Waldorflehrerberufes. Die Freie Hochschule für Geisteswissenschaft und ihre Gliederung in Sektionen. / "Kritik, wo ist dein Stachel?" - Kritiker und Gegner der Waldorfpädagogik. Der Vorwurf der Dogmatik.
Interviews mit Johannes Kiersch, Stefan Leber und Jörgen Smit sowie zahlreiche Artikel.

ISBN 3-926841-00-1

Heft 16 - KULTURVERGIFTUNG: RAUSCHGIFT, SUCHT UND THERAPIE

182 Seiten, kart., DM 7,80

"Das vergiftete Jahrhundert" - Neue Impulse durch die Jugend. Verschüttete Ideale. Der karikierte Himmel. / "Auf fremden Pfaden" - Über die Wirkung verschiedener Drogen. / "Der Kampf mit der Hydra" - aus der Arbeit des Rauschgiftdezernats Hamburg. / Aus der Praxis der anthroposophisch orientierten Drogentherapie - "Hilfe zur Selbstentwicklung" - "Kulturtherapie!"
Interviews mit Ron Dunselman und Jaap van der Haar, Dr. Olaf Koob, Kurt Burghard und Peter Fischer (Heilstätte Sieben Zwerge), Elliot Hiller (Lebensstudien-Gemeinschaft Melchiorsgrund), Aalt van den Berg (Stichting Arta), Bodo Franz und Hans Bergmann; weitere Artikel und zahlreiche Abbildungen.

ISBN 3-926841-01-X

Heft 17 - KULTURVERGIFTUNG: ALKOHOL

168 Seiten, kart., DM 7,80

"Der mürbe Becher" - Die historische Mission des Alkohols. / Über die physischen, seelischen und geistigen Wirkungen des Alkohols. Alkohol und Meditation. / "Seele im Schatten" - Gespräch mit Anonymen Alkoholikern. / "Alfred" - Selbsterfahrungsbericht. / "Wer zahlt die Zeche?" - Therapie im sozialen Verbund. / "Im Schatten des Räderwerks" - Alkohol in der Arbeitswelt.
Interviews mit Günter Mazur, Rita Rußland (IG Metall), Dr. Olaf Titze und Dr. Heinz Hartmut Vogel; weitere Artikel und zahlreiche Abbildungen.

ISBN 3-926841-02-8

Heft 18 - BIOLOGISCH DYNAMISCHE LANDWIRTSCHAFT, ÖKOLOGIE, ERNÄHRUNG

220 Seiten, kart., DM 12,80

Die Grundlage und die Methoden der biologisch-dynamischen Landwirtschaft. Beispiele aus Praxis, Erkenntnisbemühung und Forschung. / Saatgut und Pflanzenveredelung. / Der landwirtschaftliche Hof als Organismus, Individualität und Kulturstätte. / Konflikte oder Ergänzung zwischen Landwirtschaft und Naturschutz. / Degenerierte und vollwertige Ernährung. / Zusammenhänge zwischen Radioaktivität und AIDS?
Interviews mit Hellmut Finsterlin, Prof. Dr. Berndt Heydemann, Dr. Manfred Klett, Prof. Dr. Herbert H. Koepf, Dr. Udo Renzenbrink und Georg W. Schmidt, weitere Artikel und zahlreiche Abbildungen.

ISBN 3-926841-03-6

Heft 19 - MUSIK

208 Seiten, kart., DM 12,80

Entwicklung der Musik; Musik der Gegenwart. / "musica humana" - Was ist Musik? Die Verständnisschwierigkeiten für den Laien. Anthroposophie und Musik. / "Wo Dir der liebe Gott den Bleistift hält" - Durch Musik zum Selbst. Musik und Meditation. / "Jazz - Ausdruck des Zeitgeistes oder Magie?" / "Höre, so lebt Deine Seele jetzt!" - Wege zu einem neuen Hören. / "Ich kann mich verpuppen, sooft ich will" - Kosmische Klänge und Wiedergeburt. / "Wo Musik lebendig ist..." - Karlheinz Stockhausen. / "Schräge Töne" - Impressionen außereuropäischer Musik. / "Urmusikalisches" - Die Bedeutung des Zahlenhintergrun des der Musik im Wandel der Musikepochen. / Arvo Pärt. / Bob Dylan. / Terje Rypdal. / Frank Zappa. / "Natas - Satan" - Rückwärts gesprochene Texte auf Rock-Platten.
Gespräche und Interviews mit Pär Ahlbom, Prof. Joachim Ernst Berendt, Peter Michael Hamel, Diether Rudloff, Dr. Ingo Schultz und Karlheinz Stockhausen; weitere Artikel, u. a. von Prof. Dr. Hermann Pfrogner, und zahlreiche Abbildungen.

ISBN 3-926841-06-0

Heft 20 - SEXUALITÄT, AIDS, PROSTITUTION

180 Seiten, kart., DM 12,80

Anthroposophische Grundlagen der Sexualität. Instinkt, Trieb, Begierde. Der Unterschied von weiblicher und männlicher Sexualität. Die Paradoxie der Sexualität in sich selber. Perversionen der Liebe. / Geschlechtserziehung. AIDS in der Schule. / AIDS-Aufklärungskampagnen des Sozialministeriums von Schleswig-Holstein. Ein Besuch in den AIDS-Kliniken San Franciscos. / Gesprächsrunde mit einem HIV-Positiven über die Arbeit in Beratungsstellen. / "Die Lady mit der Peitsche" - Ge-spräch mit einer Domina über Prostitution und sadomasochistische Praktiken. / Gespräche mit einer minderjährigen Prostituierten, Mitarbeiterinnen des Café Sperrgebiet (Beratungsstelle für minderjährige Prostituierte) sowie Mitarbeiterinnen der Kaffee-Klappe (Treffpunkt für Frauen in St. Pauli). / Sexuelle Gewalt in der Familie.
Interviews mit Sozialministerin Gräfin Ursula von Brockdorff, Christina, Martina Funke, Wolfgang Gädeke, Marianne Kipp, Stefan Leber, Hilde Müller, Liliane von Rönn; weitere Artikel.

ISBN 3-926841-09-5

Heft 21 - AIDS

164 Seiten, kart., DM 14,80

HIV-Infektion und Immunschwäche - Verwechslung von Ursache und Wirkung. Schwächung des Immunsystems durch radioaktive Niedrigstrahlung und andere Umweltbelastungen. Der Petkau-Effekt. / AIDS - Krise des Männlichen? / "Die Rache des Kongo" / AIDS-Bekämpfung. Ist AIDS ein Problem Homosexueller? Epidemiologisches. / Was ist ein Virus? Wie funktioniert das Immunsystem? Die stofflichen Grundlagen der HIV-Infektion und des AIDS. / Naturwissenschaftliche Grundlagen der HIV-Infektion. AIDS-Forschung. Gibt es Hoffnung auf einen Impfstoff?
Interviews mit Michael Debus, Dr. med. Ruth Jensen, Prof. Dr. Meinrad Koch, Dr. Michael G. Koch, Prof. Dr. Jens Scheer, Prof. Dr. Wolfgang Stille.

ISBN 3-926841-10-9

Heft 22 - ERKENNTNIS UND RELIGION

Zum Verhältnis von Anthroposophischer Gesellschaft und Christengemeinschaft.

132 Seiten, kart., DM 14,80

Der Erkenntnisakt. Der anthroposophische Schulungsweg. Der menschenkundliche Ansatz der Erkenntnis und der Religion. Der Lebens- und Willensaspekt der Religion. Kultus als Bindemittel für das soziale Ganze. Anthroposophie will keine Religion sein! Die sieben Kultusformen. Religion im Lebensgang Rudolf Steiners. Die Christengemeinschaft kam in letzter Sekunde. Der Vortrag vom 30.12.1922. Das Verhältnis von Anthroposophischer Gesellschaft und Christengemeinschaft zueinander und das des einzelnen Menschen zu beiden Bewegungen. Sakramente. Die Bestattungsfrage.
Interview mit Rudolf und Wolfgang Gädeke.

ISBN 3-926841-13-3

Heft 23 - ENGEL

ca. 160 Seiten, 8 farbige Abb., kart., DM 16,80

Die Wesenheit des Engels. Schutzengel und ihre Mitgestaltung im menschlichen Schicksal. Die nächtliche Begegnung mit dem Engel. Wenn die Verbindung zu dem Engel abreißt. Das Mitwirken der Engel im Kultus, beim Gebet und der Meditation. Höhere Engel und ihre Verbindung mit Menschengemeinschaften. Der Mensch als Partner des Engels. / Schicksalsbejahung. / Engel und Kinder. Engel als Vorbild in der Selbsterziehung. / Zur Engellehre des Scotus Eriugena und des Thomas von Aquin. Die wechselseitige Beziehung von Mensch und Engel im Denken. / Geflügelte Wesen in der Kultur der Menschheit. / Entwicklung der Engellehre vom AT bis heute in der jüdischen und christlichen Tradition. Entwicklung der Engeldarstellung in der christlichen Kunst. / Auszug aus dem ersten Treatment Wim Wenders zu seinem Film "Der Himmel über Berlin".
Interviews mit G. u. E. Fischer, Dr. Dr. W.-U. Klünker, H.v. Kügelgen, H.-W. Schroeder.

ISBN 3-926841-15-X